医学论文写作指南

第2版

名誉主编　张玲媛

主　　编　王　禾　武国军

副 主 编　于　磊　王　栋

编　　者（以姓氏笔画为序）

于　磊　王　禾　王　栋　李　欣　张　更　张　波

李建华　李瑞晓　严奉奇　武国军　赵清波　秦卫军

倪建鑫　高　磊

编写秘书　席阿妮

人民卫生出版社

图书在版编目（CIP）数据

医学论文写作指南 / 王禾，武国军主编．—2 版．—北京：人民卫生出版社，2016
ISBN 978-7-117-23186-2

Ⅰ.①医… Ⅱ.①王… ②武… Ⅲ.①医学 - 论文 - 写作 - 指南 Ⅳ.①H152.3-62

中国版本图书馆 CIP 数据核字（2016）第 237142 号

人卫智网 www.ipmph.com 医学教育、学术、考试、健康，购书智慧智能综合服务平台

人卫官网 www.pmph.com 人卫官方资讯发布平台

医学论文写作指南（第 2 版）

主　　编　王　禾　武国军
出版发行　人民卫生出版社（中继线 010-59780011）
地　　址　北京市朝阳区潘家园南里 19 号
邮　　编　100021
E - mail　pmph @ pmph.com
购书热线　010-59787592　010-59787584　010-65264830
印　　刷　北京盛通数码印刷有限公司
经　　销　新华书店
开　　本　850 × 1168　1/32　　印张：19
字　　数　420 千字
版　　次　2004 年 7 月第 1 版　　2016 年 12 月第 2 版
　　　　　2023 年 11 月第 2 版第 6 次印刷（总第 19 次印刷）
标准书号　ISBN 978-7-117-23186-2
定　　价　42.00 元

打击盗版举报电话：010-59787491　E-mail：WQ @ pmph.com

质量问题联系电话：010-59787234　E-mail：zhiliang @ pmph.com

前 言

很高兴这本书能受到大家的欢迎，此次再版和各位读者见面，我甚为欣慰。

本书最初是由张玲媛老师牵头组织我的学生们查阅文献、总结自己在医学写作中的一些经验，在此基础上撰写而成的，本书对医学论文写作进行了全方位讲解，语言通俗易懂、实例具体详尽，以期为步入医学科研领域的初学者提供指导。本书列出部分医学论文写作中存在的问题，并提供一些规范，供大家参考。

第 1 版是在 2004 年由人民卫生出版社出版。迄今为止，出版十余年，印刷逾 30 000 余册，在医学界、尤其是医学生群体中反响热烈。十余年间，中国医学科研领域成果卓越，这是科研工作者一步步扎实积累的结果。我们欣慰地发现，目前已发表的医学论文规范程度越来越高，医学论文质量也在不断提升。此次再版，我们弥补了书中的一些错误和疏漏之处，希望进一步推动医学论文写作规范化进程。

关于此次再版，张玲媛老师再三交代，不再担任主编，之前由她承担的写作部分也改由我的学生们编写并增加一些新的内容，在出版过程中有什么困难她将全力给予支持，在此我们再次感谢并致以崇高的敬意。

王 禾

2016年10月于西安

目　录

1

第一部分

医学论文写作总论

第一章　医学论文概述

医学论文是传播精神文明、推进科学发展的载体；是医学科研和临床的书面总结；是进行工作总结、交流和提高医疗技术水平的重要工具。医学论文的质量高低是反映医学科学水平和动向的重要标志。医学论文是记录人类同疾病做斗争和医学发展进步过程的文献，也是医学科技工作者在医学基础研究和临床医学技术新发展、新成果的书面报告，它不仅是医学研究中的重要环节，也是医学科技信息产生、存储、交流和普及的主要方式，已越来越被受到广泛的重视。医学论文是以医药科学及其与之相关的现代科学知识为理论指导，经过科研设计、实验与临床观察或现场调查后，将所得到的直接材料，经过归纳分析、统计学处理等一系列加工后写成的具有一定先进性的文章。医学论文是科研过程的总结，它的水平高低，直接影响科研成果的价值和水平，也是科研工作者能力和作风的具体反映，因此撰写医学论文是医学工作者的基本功之一，也是医学科研不可缺少的组成部分。医学论文是科技论文的一种，由于医学专业的特点，医学论文的写作也有其惯用格式和特点。本章将就常见医学论文写作的有关问题进行简单的阐述。医学论文写作的目的包括：

一、贮存科研信息

在科学研究完成之后，需对其研究结果立即加以总结，并以论文或报告的形式阐明其发现及发明。否则，可能随着时间的推移，其发明与发现逐渐消失，致使后人可能再次重复前人所做的工作，造成不必要的人力与物力的浪费。因此，学术论文的写作就是贮存这些科研信息，使它成为以后新的发明、发现的基础（即站在巨人的肩膀上），不断丰富人类科技宝库。人类文明的延续与发展，正是凭借着这种连续性，在不断地积累、创造、再积累、再创造的过程中实现的。因此学术论文是贮存科研信息的重要载体，而写作论文则是总结科学发现的重要手段。

二、传播科研结果

早在19世纪，英国著名科学家法拉第就曾指出，对于科研工作，必须“开始它，完成它，发表它”（to begin，to end，to publish）。因为，任何一项科学技术的研究与发明，都是社会成员的个体劳动或局部承担的科研活动的结晶。对于全人类来说，很有必要将少数人的成果变成全人类的共同财富，这就需要相互交流、相互利用（也就是人们常说的科学技术没有国界），才能使科学技术不断地发展进步。而相互交流的方式之一就是利用科技论文付诸实施的。这种传播方式可以不受时间与地域的限制，也可以传播到后代。如1997年2月27日出版的英国《自然》杂志，首次报道了利用克隆技术（无性繁殖）培育出的一只绵羊，它无疑是基因工程研究领域的一大突破，在世界引起了强烈的震动。因此学术论文也是传播科研信息的重要载体。而且按照公认惯例，科学成果的首创权，必须以学术论文的形式刊登在学术期刊上，方能得到承认，而新闻媒体传播，是得不到正式承认的。

三、交流实践经验

从事临床及医疗工作一线的其他人员，通过不断地实践，积累出较多的成功经验和失败教训，这是十分宝贵的。将它们进行科学的分析和总结，并以论文形式发表交流，才能发挥巨大的指导与借鉴作用，造福于人民。

四、启迪学术思想

在大量的科研成果和实践经验的基础上，形成并发展起来了各种学术思想，这些学术思想通过论文的形式被不断地探索与交流，并相互启迪，形成新的学术思想，以促进科学事业的发展。

五、提高研究水平

科技论文写作是一种创造性的脑力劳动，它凝聚着巨大的艰辛。在写作的过程中，随着思维的深化，可提高科技工作中分析问题与解决问题的能力，促进科研水平的提高。

六、考核业务水平

发表科技论文的多少（数），对社会效益、经济效益的贡献大小（质），是评价科研工作者业务、科技成果的重要标准（必须是实事求是，科学的反映科研结果，决不允许造假）。当然也是进行业务考核与职称评定的重要依据之一（目前尤其重要），也是发现人才的渠道之一。

虽然学术论文仍然占据了医学论文写作目的的半壁江山，但是我们不能忽视医学论文写作的其他效用。即使是出于医学职称考核顺利通过、医学专业顺利毕业目的而写作的医学论文，仍然需要达到一定的学术专业价值。从根本上而言，医学论文能够获得发表都是因其内容与质量能够获得医学专业专家的肯定与认同，是对医学领域知识的再创造、再发现。医学论文写作目的不能仅仅从“功利”角度去衡量，而是应该全面考量医学论文写作的目的与价值！

（王　禾　李建华）

第二章　医学论文的分类与体裁

第一节　医学论文的分类

医学论文分类方法很多，主要按论文资料来源、写作目的、医学学科及课题的性质、研究内容及资料内容、论文的体裁等方式进行分类。

一、按论文资料来源分类

根据医学论文使用资料的来源，通常将论文分为原著和编著两大类。

（一）原著论文

原著论文又称为原始论文，即著作的原本，是作者经过具体选题所进行的调查研究、实验研究、临床研究的结果和临床工作经验的总结，是作者的第一手资料（即直接资料）。其内容比较广泛，可以是实验研究、临床观察、调查报告、病例报告、病例讨论；也可以是医学理论上的创新见解和新的科研成果；还可以是某种新理论、新技术应用与实际所取得的新进展的科学总结。原著论文既是具体单位和个人科研水平的重要标志，又是医学科研工作者提出的某些假说和观点的主要载体。它的主要形式有论著、著述、短篇报道（如病例报告、技术革新成果、经验介绍）等，医学期刊杂志文章主要由原著论文组成。原著论文应有作者自己的见解及新观点、新理论和新方法，以推动医学科学向前发展。

（二）编著论文

编著论文的主要内容来源于已经发表的资料，即以间接资料为主，属于第三次文献。结合作者个人的部分研究资料和经验，把来自多种渠道的、分散的、无系统的、重复的、甚至矛盾的资料，按照个人的观点和体系编排起来，使读者能够在较短的时间内了解某一学科领域或某一专题的发展水平及进展情况。在医学图书中编著所占的比例较大（如教科书、参考书、专著等），而在医学期刊杂志中的综述、讲座、专题笔谈、专题讨论等多属于编著之列，其中以综述为代表。

编著性论著内容虽不完全是笔者亲身所做的研究，但它充满着新观点、新见解、新设想、新资料。它为原著性论文提供大量最新信息，使医学某一领域或某一专题更加系统化、条理化、完整化和理论化，是医学论文的重要组成部分之一。

二、按论文写作目的分类

（一）学术论文

学术论文是对医学科学领域中的问题进行总结、研究、探讨，表述医学科学研究的成果和理论性的突破，并对科学实验或技术开发中取得新成就的文字总结，作为信息进行交流。

学术论文类型多种多样，按表达方式可分为专题式、综合式、提出假说式、商讨式、比较式等；按内容可分为理论型和实验型。它是学术会议交流的主要内容，也是医学期刊杂志的主要内容。

（二）学位论文

学位论文是为了用来申请授予相应的学位或某学科学术职称资格而写的论文。作为考核及评审的文件，用以表明作者从事科研取得的成果和独立从事科研工作的能力。可以是单篇论文，也可以是系列论文的综合。学位论文主要反映作者具有的科研能力及学识水平。学位论文包括毕业论文、学士论文、硕士论文、博士论文。

三、按医学学科及课题的性质分类

（一）基础医学论文

研究人体的解剖和生理功能、致病因素以及人体对致病因素的入侵和药物或其他治疗措施的干预所做出的反应，认识健康和疾病相互转化的规律称为基础医学。基础医学论文多数属于基础理论研究范围，包括实验研究和现场调查，少数属于技术交流范围，即介绍实验技术，有关仪器的设计、制造及使用等。

（二）临床医学论文

临床医学是研究人体各系统疾病发生的机制、诊断和治疗，促进疾病向健康转化的学科。临床医学论文多为应用研究范围，可分为诊断、治疗、护理等方面，有理论研究和技术报告，目前属回顾性总结分析的论文较多。

（三）预防医学论文

研究人群中疾病的发生、发展和流行规律及其预防措施，防止发生健康向疾病转化以及其中规律的学科称为预防医学。预防医学论文多为应用研究范畴，可分为卫生保健、防疫、流行病学调查等。

（四）康复医学论文

康复医学是研究如何恢复人类健康所应有的功能的学科。它包括了基础医学、临床医学的内容，还有各种恢复功能的疗法，如体育疗法等。康复医学论文包括了实验研究、应用研究和各种医疗康复机械的研制及其调查报告。

随着科学技术的发展，人们对医疗、卫生、保健需求更高，医学模式正在发生新的转变，以上四种分类，往往有交叉学科性质的论文，例如临床医学的论文有基础理论的研究，临床治疗的研究还有流行病学调查的内容，成为综合性医学论文。

四、按研究内容及资料内容分类

（一）实验研究

指用人工处理因素给予受试的人或动物后，再进行观察、研究、评价其效果的论文。

（二）调查研究

指在一定范围的人群内，对某种疾病（传染病、职业病、地方病等）的发病情况、病因病理、防治效果进行流行病学调查研究，对防治方案等提出评价的论文，此类论文在流行病、地方病或卫生学等方面常用。不加人工的处理因素。

（三）实验观察

不加人工的处理因素，对一定的对象进行观察而取得的资料。

（四）资料分析

用以往的资料通过统计学处理后再进行分析。

（五）经验体会

综合既往的资料和部分自己的实验观察与调查研究。

五、按论文的体裁分类

（一）论著

多为科研论文。基础医学多系通过科学实验的直接观察，发现和收集新的材料及结果，并有新的创见。科学上许多突破性成果就是通过这类研究所取得的。临床研究多系专题研究总结，也属实验研究论文，按设计项目做记录，对结果进行归纳、总结。

（二）经验交流

其内容可包括科研方法、科研经验、临床病例分析、病例报告（个案报告）以及临床病例讨论等。经验交流可为深入研究某些问题提供资料。比如疾病的首次发现、首次报道，虽例数不多，但只要资料翔实，便可进行交流。至于对某种疾病的诊疗所做的回顾性总结，经过分析找出其规律性，并从理论上加以阐述，从而进一步指导临床实践，无论经验或教训均可交流。

（三）技术方法、技术革新

指在技术方法上有创造性或重大改进，关于新技术的应用及操作步骤的文章。

（四）文献综述

是作者从一个学术侧面围绕某个问题收集一定的有关文献资料，以自己的实践经验为基础，进行消化整理、综合归纳、分析提炼而形成的概述性、评述性的专题学术论文。

第二节　医学论文的体裁

医学论文是医学科学研究（实验性或临床性）工作的书面总结，它是充分利用科学实践得来的论据，围绕主题假说，运用概念、判断、推理或反驳等逻辑思维进行论证和全面概括科研工作和卫生管理工作的全过程，提出科研成果或经验教训，体现了具体科研的水平及参加科研工作人员、卫生管理人员的科学态度。医学研究所涉及范围广泛，医学论文的种类多，体裁也很多，因此，能否恰当的选择论文的体裁，对于反映研究成果的好坏是非常重要的。

一、论著类文稿

论著是作者对具体选题所进行的调查研究、实验研究、临床研究的结果和临床工作经验的总结，有时也提出某些假说或观点。它是具体的单位和个人科研水平的反映，也是医学期刊杂志的主要部分。这类论文内容新颖、设计合理、方法正确、论证明确、结论可信。一般包括以下几种类型：

（一）实验研究

多为病因、病理、生理、药理、微生物、寄生虫等方面的研究。包括各种动物实验、新技术、新方法实验；新药的提取或合成、药理及毒性实验；动物外科手术实验；某种疾病的病原或病因的体外实验；某些药物的抗癌、抗菌、抗寄生虫实验；研究消毒、杀虫、灭鼠的实验研究。

（二）病例分析

对临床各科有一定数量的某种疾病（一般以百例以上为佳）的病因、临床表现、分型、治疗方法和疗效等进行分析、讨论、总结经验教训，并提出新的见解和建议，以提高疗效。

（三）疗效观察

指使用某种新药、新方法治疗某种疾病，对其治疗方法、治疗效果、剂量疗程、不良反应等采取双盲法或设立对照组，对新旧药物（疗法）的疗效进行比较，包括疗效的高低、疗法和药物的优劣，不良反应的种类及程度，并对其是否有推广应用价值及剂量疗程，提出评价意见。

（四）调查报告

在一定范围的人群里，对某一疾病（传染病、流行病、地方病、职业病）的发病情况、发病因素、病理、防治方法及其效果进行流行病学调查研究，对调查所得材料进行分析研究，从中提出问题，分析问题、解决问题、找出问题的规律，给予评价，并对治疗方案提出建议。

二、综述类文稿

文献综述是一种通过以某一专题为中心，收集近 3 ～ 5 年大量的原始医学文献，经过消化、分析、归纳、综合、整理而成的一种专题性的学术论文，其内容常包括历史性回顾、目前状况、争论焦点、存在问题、未来展望和最新进展。它一般是反映当前某一领域中某分支学科或重要专题的最新进展、学术见解和今后展望及建议，能反映出有关问题的新动态、新趋势、新水平、新发现、新原理和新技术等，为读者提供最新的医药卫生科研信息。一篇有价值的文献资料论文，不应是简单的文献堆砌。好的文献综述常常由有经验的专家撰写，以帮助提出问题及研究方向。对研究生及年轻医务人员来说，撰写文献综述是一种很好的学习方法。通过写作，可对某一专题有较全面的了解，为指导科研临床教学工作打下较好的基础。

文献综述的特点是：综合性、新颖性和融合性。所谓融合性是指将客观资料和主观论断融为一体，用文献综述表达方式来论述。它的撰写格式一般由前言、主体、总结和参考文献四部分组成。

三、病案报告类文稿

病案报告一般可分为个案报告、临床病例讨论和病例综合报道等形式。

（一）个案报告

这是临床工作中的一种论文形式，它主要是对在临床上遇到的特殊病例（包括罕见病例；具有特殊表现而使诊断困难的病例；对药物治疗出现特殊反应的病例；误诊、误治值得吸取经验教训的病例；病情表现典型、具有明确的教学价值的病例等）用个案报告的形式报道。该类文稿一般只选一两例病例，最多不超过五例，其目的是发表后，加深人们对该病的认识并逐渐积累经验。个案报告的写作格式一般为文题、病历摘要和讨论等，篇幅在1000字左右。

个案报告的取材关键是诊断必须明确无误。对罕见、疑难病例应有手术、活检、尸体解剖检查的证实，或有其他目前公认的检测结果支持。对某种药物副作用的确定先应排除其他药物同时服用的可能，明确是哪种药物，并具有停用该药后，症状消失，再服用该药后，症状又重新出现的表现，诊断才确定可靠。

（二）临床病例讨论

临床病例讨论是将临床上的疑难重症或较复杂的病例，对其诊断和治疗等问题进行集体讨论，力求得出正确的诊断和良好的治疗效果，然后将讨论的内容简要的整理成文稿。通过讨论，吸取经验，接受教训，提高分析问题、解决问题的临床思维能力，以启发和提高读者的诊断和治疗水平。这类文稿是百家争鸣、各抒己见、集思广益、共同提高的真实写照，也是活跃学术气氛和思想的重要方式。

临床病例讨论包括以下内容：病例摘要、临床讨论、病理检查及病例讨论和总结等。

（三）病例综合报道

用以总结某一疾病的病例或更多病例的临床表现的特点及治疗转归，以期寻找出一定的规律性。依据病例数的多少，论文的形式不同，大样本病例的形式接近临床论著。一般写作格式是：文题、导言、临床资料、讨论和参考文献。

四、述评类文稿

述评类文稿主要是对某一些科研项目、研究专题或某一期刊的某一篇文章、某一本书籍的某章、节或某一种疾病的诊断与治疗方法等所进行的思想性、理论性、逻辑性和学术性评论，提出评论者的见解、主张、观点和意见，使原著的逻辑性、学术性和理论性更臻完美。述评通常由某一方面的专家撰写，对该方面的研究工作具有指导性的作用。述评撰写的一般格式是前言、主体和总结。

五、讲座类文稿

讲座是指对某一专题或某一学科的讲授。根据对象的不同，可分为普及讲座和高级讲座。通过对现代医学科学技术的新理论、新知识、新技术、新方法的系统讲授，使读者了解医学科学发展的新动向、改善知识结构、更新技术知识，帮助基层医务工作者自学成才，推动医学科学技术的进步。

讲座的特点是：实用性、新颖性、系统性等。新颖性是讲座的核心，特别是高级讲座更要有新意，传播医学信息，促进医学科学的普及和发展。讲座写作要求重点突出、规范准确、精练易懂、文稿质量高。讲座一般由前言、主体和参考文献三部分组成，有的讲座根据需要还可附有思考题。

六、新技术与方法类文稿

新技术与方法类文稿主要是介绍新技术、新方法的应用，并说明其原理及有关知识。这类文稿在医学领域中有较大的实用性，它有利于新技术和新方法的传播和推广，有利于提高诊疗和技术水平，并对医学科研起到很好的推动和示范作用。

新技术与方法的写作范围很广，其内容包括新开展的各种手术方法、新诊疗方法、新的经验技术及其他辅助检查技术、各种新型设备的应用以及在原有技术基础上进行革新、改革的经验和成果等。

新技术与方法类文稿的特点是应具有描述新技术、新方法、新仪器的操作方法和步骤，这也是写作的重点；要详细的介绍或探讨新技术与新方法的原理；在实际应用过程中，实事求是的总结或说明使用情况及其效果；需要认真客观的讨论和比较新、旧技术或方法的优缺点，并提出进一步的改进意见。

新技术与方法类文稿的撰写格式包括：使用方法或操作步骤、技术原理、实际应用效果或结果、讨论或体会等。为了向读者形象表达所介绍的情况，尽可能采用图、表和照片加以说明。

七、学术讨论类文稿

学术讨论类文稿是在学术上还不是很成熟，没有形成系统或确凿的理论依据，而就某一专题现阶段的研究结果进行讨论座谈，或作者对实际工作中的一些不很成熟的经验及个别病例诊断治疗的经验教训等提出来供同行进行讨论，以引起大家对这个问题的重视。

八、中医类文稿

中医类文稿是阐述或探讨祖国医药学学术观点、理论和临床研究的学术论文。目前中医文稿编辑加工尚无统一的规范要求，但文稿的撰写应有鲜明的中医特点，按照祖国医学的传统特色来写，符合中医学原理。

中医文稿中颇具特色的医案医话是祖国医学进行学术交流、传播和继承中医药学的一种文稿体裁，具有中医文稿的基本特点，形式上表现了中医各家学派的独特风格。这类文稿的撰写要根据中医药学的辨证论治和理、法、方、药的基本精神，做到层次清楚、结构完整、重点突出、条理鲜明。

九、文摘类文稿

文摘类文稿是对某一篇论文所做的简略、准确的摘录。应主要摘录论文的主题、研究方法、目的、结果和结论的资料。其内容实际上是二次情报，个别部分也可包括一次情报特征。按其目的可分为报道性文摘、指示性文摘、压缩性文摘、专用性文摘四种。

十、译文类文稿

译文是报道国外医药卫生先进科学技术的一类翻译文稿。常以英文、日文、俄文、德文和法文等为翻译文种。翻译的过程包括理解、表达、核校、定稿四个连续的环节。译文要内容丰富、新颖、先进，选题要适合需要，反应迅速及时。译文要求概念清楚、逻辑严密、数据无误、文字简练，以规范化的汉语语言，确切而忠实的表达原作的内容与风格。译者可根据我国的需要，根据原著的科学性、学术性、先进性、实用性进行翻译。译文文稿可分为翻译全文、节译或摘译及翻译文摘。

十一、简报类文稿

简报类文稿是简要报道某方面的科研成果、少量病例或工作经验的报告性文稿。

十二、医学科普类文稿

医学科普类文稿是以医药学知识和医疗技术为内容，用通俗性科技语言深入浅出的向广大群众介绍防病治病、卫生保健知识与技能，使人类认识自身与自然的关系，提高自我调节和自我保护的能力。医学科普类文稿有着明显的实用性和针对性，根据其内容、性质可分为以下三类：

（一）知识性医学科普论文

它的任务是丰富读者的医药学基本知识，启迪思路，引起人们对生命奥秘的兴趣，获得各方面的医疗保健知识。写作的形式可根据不同的内容和对象采用对话、浅说、趣谈、史话、自述等。

（二）文艺性医学科普论文

它运用医学科学艺术化手法，向读者传播医学科技知识和信息等。写作形式一般采用报告文学、医学小品、诗歌、童话、科幻小说、寓言、电视、传记等多种形式。

（三）技术性医学科普论文

它通过对各种新技术新方法的介绍，开拓读者的视野、了解医学科技的动态、增长读者的知识。这类文稿应具有先进性和实用性，从我国的国情出发，介绍最适用、最先进的医学诊断、治疗和保健技术，也可采用适当的文艺手法撰稿。

十三、医学新闻报道类文稿

这类文稿是指对新近发生在医药学方面或卫生领域的事实的报道，包括医药科学技术的研究成果及其推广应用情况、医学工作者的思想动态、工作作风、职业道德、科研活动、学术交流、重要学术会议以及医药卫生有关的方针、政策和措施的报道。

医学新闻的报道不仅应具有普通新闻的共性，如真实、准确、新鲜、及时、简短、用事实说话、传播医药学信息外，还应具有科学性、知识性和通俗性等特点。

医学新闻报道的题材广泛、内容丰富、体裁多种多样。它的体裁和普通新闻大致相同，可分为消息、通讯、特写、专访、会讯等，写作方法与技巧也因内容、对象不同而异。

十四、会议文件转载或转载类文稿

会议文件转载或转载包括一些全国性重要的医学学术会议的开幕词、闭幕词、重要报告和讲话、会议纪要或重要的全国性和地区性专业会议讨论通过的学术总结、诊断标准、防治方案等。

（李建华　秦卫军）

第二部分

医学论文写作基础

第三章　论文选题与科研设计

医学论文的写作是从选题开始的，所谓选题，就是形成、选择和确定所要研究和解决的课题。课题是为各学科领域中需要研究、探讨的尚未被认识和解决的特定问题，是研究者力求获得研究结果的具体研究项目。选择课题是医学论文写作的第一步。

第一节　选题的重要性

选题是科学研究的起始步骤，是科学研究的主要组成部分，它在科学研究中具有特别重要的意义。医学论文的写作也是如此。选好、选准研究课题，等于论文写作成功了一半。有人说："题好一半文""选题好坏是写作成功的大半"，这些话是很有道理的。选题不当常常导致科研失败或总结不出有价值的成果。选题的重要性表现在以下几点：

一、选题是科学研究的第一步

医学科研的基本程序大体可分为选题、设计、实践、资料整理和总结撰文这几个步骤。选题是科研的第一步或起点，只有选定了课题，收集材料、动笔写作才有了方向。也只有选定了课题，科研梯队的建立、研究人员的组织、研究经费的申请等一系列工作才能进行，所以选题是一切科研的起点。选题具有启动作用，启动着整个科研探索；选题具有制约作用，它制约着科学研究的进程与方式，起定向作用。研究工作的真正开端就是从课题的确定开始的。

二、选题是论文成败的关键

写论文不外乎有两个问题：一是写什么，二是怎么写。选题就是解决写什么的问题，同时，怎么写也取决于写什么，因为选题决定论文写好以后产生的效果。课题有意义，写出的论文才有用，才会获得好的效果。如果课题毫无意义，即使精力花的再多，论文表达的再完美无缺，也是没有价值的，从这个意义上说，选题是论文成败的关键。培根说："跛足而不迷路能赶过虽健步如飞但误入歧途的人。"我国著名科学家钱学森也曾指出："学位研究生的研究课题要紧密结合国家的需要。一个临床的医学博士生不会治病怎么能行呢？在研究方法上要防止钻牛角尖，搞繁琐哲学。目前在社会科学中有些人就古人的一句话大做文章，反复考证，写了一大篇论文，我看没什么意思。"这些都深刻阐明了选题在科学研究和论文写作中的重要意义。

三、选题决定论文的价值和水平

论文是研究问题、表达研究成果的，选题则决定了研究什么和怎么研究。好的课题能推动科学事业的发展，从而产生好的经济效益；反之，选题不当，不但不利于科学的发展，没有积极的效益，而且浪费人力、物力和财力，给国家造成很大的损失。为国民经济服务，解决生产建设中迫切需要解决的科学技术问题，是科学研究的第一位任务，也是衡量科学论文价值的标准。因此，选题不仅决定科学研究的方向、研究成果的大小，而且决定论文的价值与水平。

但在实际中，人们往往对选题这个关键问题重视不够，处理不当。有的人由于个人成名成家的思想作祟，对国家科学事业的发展考虑较少，于是课题不从客观需求出发；有的人缺乏科学态度，没有做深入的调查研究，因而选题脱离实际；有的人只凭个人爱好、兴趣，忽视学科发展的需要，研究一些暂时或根本没有探讨必要的课题；有的人思想方法上偏颇，选题时过于片面，追求一些没有实际价值的课题等。个人能否独立地进行科学研究，重要的标志就是能否选择一个合适的、经过一定的努力能够解决的课题。

第二节 选题的原则

选题的原则又称论文选题的最佳考虑。首先要结合学科的发展方向，要有一定的基础和一定的延续性；其次要结合研究者的具体情况，经费有多少。应当在学科主要研究方向的基础上结合研究者具体的情况，主要是根据经费情况及实验技术掌握的情况来选题。发现课题不容易，选择最佳课题也非易事。理智的判断需要有标准，这就是选题的原则。一般来说，选题应遵循以下基本原则：

一、需求性原则

需求性原则是指课题的选择应面向社会的需要和科学理论发展的需要，这是选题的首要和基本原则。社会需要包括经济发展的需要、国防建设发展的需要、医疗卫生和文化教育的需要等，医学科研课题主要是面向医疗卫生的需要。科学理论发展的需要包括开拓科学领域、更新科学理论、改进科学方法等方面的需要。

需求性原则对发展研究、应用研究和基础研究具有不同的要求。发展研究担负着把科学技术直接转化为社会生产力的任务，其选题应将当前社会需要置于首要地位，充分注意新开发技术的经济效益和社会效益；应用研究致力于解决国民经济和社会生活中所提出的实际科学技术问题，其任务是把理论推进到应用形式，其选题方向应指向加强生产活动的技术基础，弄清技术原理；基础研究要从科学理论发展的需要出发，立足于本学科的前沿，去研究和发现自然界的新现象和新规律，为正确地认识和成功地改造世界提供根本性的理论性依据。

二、科学性原则

科学性原则是指课题必须符合最基本的科学原理和客观实际，也就是说要有理论根据和事实根据。选题必须建立在总结过去有关领域的科学实验结果和理论的主要遗产的基础上，否则为“空想”，一无所获。13世纪以来，人们不断研究永动机，牛顿晚年醉心于论述“上帝的存在”，这都是历史的教训。恩格斯说：“无论是在自然科学或是历史科学领域中，都必须从现有的事实出发，因而在自然科学中必须从物质的各种实在形式和运动形式出发。因此，在自然科学理论中也不能虚构一些联系放到事实中，而是应该从事实中发现这些联系，并且在发现之后，尽可能地在实践中证明。”但客观事物是在不断变化发展的，事实和理论也会随着实践的发展而发展。创造性的发现与发明多数是从对已知事实和已有理论提出怀疑开始的，因此科学性原则要求我们在选题时既要尊重事实，又要对已变动的事实提出怀疑；既要有理论的指导，又要敢于冲破旧的传统观念的束缚，敢于创新。当然对已被实践检验基本符合客观事实、现在又没有新事实所否定的理论，不应随意加以怀疑。

三、创新性原则

科学技术研究本质上是一种探索未知的活动，以解决前人没有解决的问题，因此，选题必须要有创新。选题的创新是科研的灵魂，贯穿于科研的全过程。创新性原则要求选题要突出一个“新”字，可以是前人没有接触过的课题，也可以是已有人接触过但尚可深入挖掘的课题，可以在前人基础上进一步研究，提出创造性的见解。

力求论据确凿，言之成理，增添一点新的东西。当然这种新不是故意标新立异，而是有自己的一得之见，哪怕是提供一点别人不知道的学科资料也有价值。

选题的创新性体现在以下几个方面：

（一）探索前沿，突破禁区

不迷信权威、书本、传统观念，张开想象的翅膀，不为名人、权威所吓倒。诺贝尔奖获得者李政道说："要跳到最前线去作战，问题不是怎样赶上，而是怎么超过。要看准人家站在什么地方，有什么问题不能解决。不能老是跟，那就永远跑不到前面去。"爱因斯坦说："想象力比知识更重要""知识是有限的，而想象力概括着世界的一切，推动着进步，并且是知识的源泉。"歌德说："幻想是诗人的翅膀，假说是科学家的天梯。"但被否定以后，不能盲目坚持。

（二）各学科之间交叉和渗透

要勇于开拓，填补空白。要寻找各学科之间交叉和渗透所产生的空白区。"处女地"问题最多，最需要研究人员去开垦和耕耘。要寻找部门与部门之间、课题与课题之间、被忽视或被视为畏途与力所不及的空白区域或薄弱环节。因为"科学在两门学科的交叉处是最有前途的"。难度较大、借鉴较少、荆棘丛生、拦路虎多，但又是施展才华、建功立业的广阔天地。

（三）补充前沿，有所前进

解放思想是前提，要敢于打"？"，抓住理论上的"瑕"作为研究突破口，或修正，或补充，或用新的方法、新的材料去验证，或从新角度、新层次上去论证，以得出更充实、更完善、更全面的新见解、新结论。

（四）纠正通说，正本清源

即对已被承认或流行的学术观点中的偏颇甚至错误进行纠正，消除其不良影响。如“实践是检验真理的唯一标准”在19世纪70年代末期的大争论，解放了思想，促进了我国改革开放和社会的大发展。

四、可行性原则

可行性原则是指要根据实际上已具备的或经过努力可以创造的主客观条件选题，否则，无论课题如何需要、如何先进、如何科学，也只能是徒劳而无法实现。选题必须考虑可行性，细致分析完成课题所需要的主客观条件。

主客观条件主要指人才、信息、经费和实验手段、管理四方面。人才指学术带头人的学术素养和组织才能，学术梯队的年龄结构、知识结构和技能组合，有无专人、时间与精力保证，学术梯队的团结和学风状况；信息指有无迅速、全面地获取信息的条件，包括图书资料、计算机信息、情报研究机构、资料室等；经费和实验手段是指经费是否充足，能否供给及时、必要的实验仪器、试剂、实验动物等；管理指规章制度是否健全，组织是否合理，任务的分解与衔接是否周密等。

一般应考虑以下几点：

（一）专业要对口

每个研究者都有自己的业务专长，选择的课题要力求与自己所学的专业对口，以便对研究内容具有一定的基础知识，是自己的特长和感兴趣的问题。基础理论比较扎实而又有特长的研究者，可选择侧重理论性的课题；动手能力强、实践经验比较丰富者，可选择技术性的课题，这样一来能快出成果。比如本科刚毕业的学生，可选择基础性课题，而有临床经验的研究者可选择临床课题，这样容易出成果。

（二）大小要适中

课题有大有小，有难有易。太大了，力不从心，难以完成；太小了，发挥不出水平，不能取得更好的成果，一般来说，选题不宜过大，提倡小题大做。一篇论文，不可能反映作者掌握的全部知识，所以不必去追求一定完成全面论述性的大问题。一个重要的小课题，如系学科中的关键问题，能够深入其本质，抓住要害，从各方面把它说深说透，有独到之处，论文就有分量。把一个小问题解决了，比隔靴搔痒、泛泛而谈要好得多。当然，如果题目选得太小，轻而易举，不费力气，在学科中不起任何作用，这样也不行。“小题大做”，是要能解决实际问题，能促进学科发展。

课题的大小难易也不是绝对的，关键在于如何确定具体的论证角度。这样大题也可以小做，小题也可以大做。一般来说，初搞科研和写作的同志，选题应从小到大，不能急于求成，应考虑自己是否有能力胜任；对于那些有能力的研究者，则可选择有难度的课题，在学术上做出较大的贡献。

（三）条件要具备

选题时还要考虑客观条件，比如有没有经费来源，有没有图书资料，有没有实验场所，有没有仪器设备，有没有实验用的原材料等。如果条件没有保证，题目选的再好，也无法顺利完成。

五、经济效益原则

经济效益原则包含两个方面的含义：其一，在选择课题时要考虑到本课题必须按经济规律办事；其二，在选题时要预测此课题完成后所带来的经济效益。经济效益原则不仅是主要原则，有时甚至还是关键的原则。

在自然科学领域，特别是应用、开发研究，要投资少，见效快，经济效益显著，应科学合理地支配自然资源，合乎国情，低消耗，产品讲求实用、经济。在社会科学领域，要认真预测和估计其近期和远期的经济效益，对经济发展、社会安定等起积极推动作用。

第三节 科研选题的方法

一、选题的基本程序

选题的一般程序包括以下几个步骤：

（一）调研、分析、发现问题

首先，必须进行文献调研和实际考察，以便全面地掌握科学问题各方面的情况。例如，科研选题的社会价值如何，在当前科学技术发展中有何重要的现实意义；国内外已做了哪些工作，解决到什么程度，已经得到什么结果和结论，还存在什么问题，关键在哪里。对于技术研究和开发，还必须了解实际需要和估量经济效益。然后，必须对所搜集的资料进行深入的分析，以便从中发现问题，并在新的起点上选择研究课题。

（二）初步论证和筛选课题

对经过调查研究提出的课题，必须经过初步论证，即对课题进行可行性研究，分析完成课题的主客观条件是否具备，有时还必须围绕课题设计一些实验。如有几个被选课题，则必须运用选题原则进行筛选，以确定一个更有价值且有把握的课题。

（三）评议和确定课题

课题初步选定后，还要举行开题报告会，由专家进行评议和论证，以确定课题是否可行或完善。开题报告的主要内容包括：课题的全称、分题、副题；课题的来源和立题的依据；课题的目的和意义；国内外对本课题研究的进展情况；完成课题的主客观条件；采用什么方法和仪器设备；研究哪些理论或技术问题；目前课题开展情况；完成课题的时间和预期的结果等。同时还应考虑课题的先进性，即课题是否具有科学价值；考虑完成课题的可行性，即是否具备完成本课题的必要条件。

二、选题的方式

（一）先研究后定题

这是研究者一般应选择的方式。即先查阅文献资料，了解本学科的现状和历史，前人的研究成果，当前争论的焦点，看最有价值的著作，寻找突破口。这种方法又称为“穷尽法”。“穷尽法”是一个理论思维过程，主要是新开拓的边缘学科、综合学科和交叉学科，这些学科大多为医学科学的前沿领域。这些选题要从未来着眼，争取远期效果。

（二）先定题后研究

常常是为适应当前的形势，顺应大多数医药卫生技术人员的需要或领导、上级的要求，即从社会实践中寻找课题，找资料去研究。题目来源有国家课题和个人自选两种途径，俗称为抓热门、赶潮流做法，又称“顺流法”。注意不要陷入“人云亦云”“拾人牙慧”等没有创见的境地。抱着科学的态度去做，往往也能取得成效。

（三）逆流法

即不找“热门”而找“冷门”的方法。寻求空白，别人未想到的我先想到，别人未看到的我先看到，别人未理解的我先理解。这是一种开发自己头脑的方式，需要作者具有丰富的想象力和创新精神，出奇制胜。

第四节 医学科研设计

选题是解决“做什么”，而设计是解决“怎么做”。科研设计是为了顺利地实现选题目标而制订的行动方案或计划。

一、科研设计的重要性

科研设计是对所研究课题的目的、内容、方法和结果的设想和计划。它和整个科研过程密切相关，是科研过程的先导和指南，也是实验数据统计处理的前提。它关系到能否按选题愿望出成果，成果的创造性大小，可靠性如何。

有经验的科学家常把自己的主要精力放在科研设计方面。在制订实验方案之前周密考虑、精心构思，从而取得成功。如法国著名细菌学家尼科尔由于精心设计，虽然实验做得很少，很简单，但十分有用。

我们往往在总结材料、撰写论文时感到不是这里少了些什么，就是那里多了些什么，毛病就出在实验前缺少周详的考虑和构思。精心构思，周密考虑，提高科研设计水平，是写好论文的关键一步。

二、医学科研设计的内容

医学科研设计是在拥有一定医学专业知识的基础上，根据统计学原理为某一调查、观察或实验所制定的具体工作计划和安排。它有利于增强科研过程的科学性，保证研究成果能确切地回答科研题目提出的问题，有利于多出、快出成果，同时保证实验数据的可统计性。

医学科研设计包括专业设计和统计学设计。专业设计要求保证工作的目的性和先进性，统计学设计要求保证研究成果的可重复性与经济合理性。后者分为调查设计与实验设计两类。调查设计有临床与流行病学调查，按时间又分为回顾性调查与前瞻性调查。

医学科研设计范围如下：

（一）按专业分类

1. 基础医学科研设计　设计的特点要体现它的主要工作场所在实验室，研究的主要对象是动物、微生物等。

2. 临床科研设计　设计的特点要体现它的主要工作场所在临床，如门诊、病房，也有实验室，研究的主要对象是病人。

3. 流行病学科研设计　设计的特点要体现它的主要工作场所是社会和现场，也有实验室，对象是人群及有关生物等，宜采用调查设计。

（二）按设计时间分类

1. 前瞻性科研设计　在研究工作开始以前进行设计，按设计积累数据资料。基础医学科研主要用前瞻性设计，临床医学、预防医学和流行病学科研的发展趋势也是多用前瞻性设计。因为这种设计的目的性明确，便于控制条件和影响因素，有针对性地解决实践或理论问题。

2. 回顾性科研设计　是在事情发生后，根据设计收集资料，推断其原因，找出规律性。如临床的病例分析，中医的医案，病理学的尸体解剖，流行病的疾病调查、死因调查等。

前瞻性科研设计与回顾性科研设计可以密切配合，互相促进，便于找出规律。例如对已发生的流行病做回顾性调查，再加上实验室进行前瞻性研究，从而使问题深入。

（三）按技术内容分类

1. 专业设计　是利用专业知识解决要通过科研解决的问题。专业设计水平的高低决定科研创造性的大小和学术水平的高低。要搞好专业设计，首先要钻研本课题的基础知识，熟悉有关进展情况。为此，必须查阅文献，向有经验的人学习，在掌握专业知识和课题进展的前提下，发挥创造性思维，提出工作假设。

成功的专业设计，如弗莱明1928年发现青霉素，是他在检查废弃的培养皿时偶然发现的。因为他多年来一直在研究溶菌现象，深知葡萄球菌不易发生溶菌现象，所以在被真菌污染的培养皿里，青霉菌周围的葡萄球菌被溶解这一现象就引起了他的注意，经过进一步研究，他发现了青霉素。又如1977年Sokoloff报道的用2-脱氧葡萄糖给动物静脉注射做脑放射自显影，可以确定微小到大白鼠一根胡子在大脑皮层的定位。这一研究方法连同其他新技术方法的应用，使一个古老的、"垂死"的学科——神经解剖学获得新生，使它从一门将死的学科一跃而成为现代最活跃的学科之一。创造这一技术方法的工作假设是创造性地用"不用则废"的道理。

专业设计应在提高科学性方面下功夫。临床科研的专业设计尤应注意：①疾病的诊断要有可靠的根据，设计中应制订出诊断标准。中医的辨证应力求有客观指标，这样才能避免同一病人不同的医生辨证结论不同。在缺乏客观指标时，有人主张采取集体评定的方法；②评定疗效的指标必须具体、客观，最好采用国际或国内统一标准。如肿瘤缩小1/2应是垂直方向两个最长径的乘积数字减半，单位应是长度的平方，应避免含糊不清、各人理解不同的判断疗效标准；③药物品种和质量应严格控制，同一批研究对象最好用同一批药物，才有可比性；④中药方剂如必须按辨证加减，应统一几种辨证和几种复方加减，治疗时不同医生均按协定方剂开处方，否则一人一证一方，则无法总结经验。

2. 数理统计设计 通常称为实验设计或调查设计。

数理统计设计是研究数据搜集、整理、分析、推断的科学，是科研不可缺少的有力武器。医学研究常是抽样观察，使事物的本质差异与抽样误差相混杂，必须通过适当的统计处理才能保证科研成果的可重复性和高效率性，使抽样误差减到最小程度，使处理的方法经济合理。做好数理统计设计，能用较少人力、物力、时间，做出经得起重复的结果。如我国对流脑菌苗的效果观察，1972 年以前由于缺乏严格对照，诊断标准不统一，观察几百万人的菌体菌苗效果波动在 10% ～ 90% 之间，得不出结论，浪费了大量的人力物力。1976 年加强了实验设计，用双盲法分组，提纯菌苗的效果在 60% ～ 70% 之间，结果较为可靠。

按研究者是否对研究对象施加干预，科研分为调查与实验两大类。调查是未施加任何干预，研究者“被动”地观察客观实际情况。

实验设计是对实验因素做合理和有效的安排，使非实验性因素均衡一致的一种科学方法。可最大限度地减少误差，达到高效、快速和经济的目的。实验设计在现代医学研究中占有不可缺少的地位，但它不能代替专业设计。专业设计也不能代替统计学设计，没有好的统计学设计将会导致浪费人力、物力，而且在许多情况下做结论没有把握。所以专业设计与统计学设计不是互相排斥的，而是相辅相成的。

三、医学科研设计的步骤

完整的统计设计，无论调查或实验，都应包括资料搜集、整理和分析的全过程。一个好的设计应使三个阶段的内容紧密联系，前后呼应，形成整体。医学科研设计从广义上说包括选题、文献准备、形成假说、调查设计或实验设计四个互相联系的步骤。其具体过程与科研设计的要求之间的关系可归纳为下表：

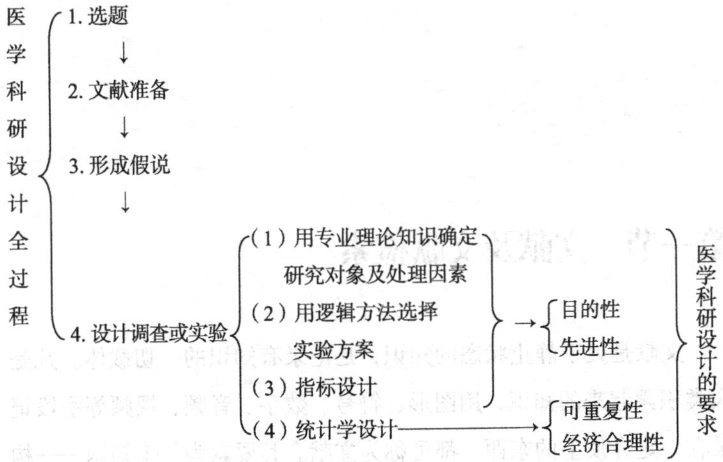

（王　禾　李建华）

第四章　文献检索

第一节　文献及文献检索

文献是处于静止状态的知识，是记录有知识的一切载体。凡是人类积累起来的知识，用图形、符号、数字、音频、视频等手段记录在一定介质上的东西，都可称为文献。其要素为：①知识——构成文献的实质内容；②记录——知识都要通过不同方式记录下来；③载体——记录和传递知识的一切介质。

现代科学技术的飞速发展，形成了“知识爆炸”的现象。近几十年来科学技术的成果，相当于几千年人类知识积累的总和，这就促进了各个知识领域中科学文献的急剧上升，普赖斯（D.S.Price）综合分析了大量的统计资料，发现科学文献数量的增长与时间成指数函数关系。当今的文献，除了具有数量庞大的特点外，还有类型复杂、文种繁多、发表分散、内容交叉重复、新陈代谢频繁等特点，这一情况在医学领域中显得更为突出。这些特点给科技人员获取情报资料带来了很大困难。掌握文献检索的方法，也就有了开启知识宝库的钥匙，就可取得事半功倍的效果，及时地了解本学科发展的动态和方向。

文献检索是一门理论性、实践性兼有的科学，只有理论联系实际，边学边用，才能真正掌握检索的技能，提高动手能力，独立思考能力和开拓精神。掌握了获取和利用文献的能力后，才能及时了解国内外本学科的发展水平和动态，不断吸收新的知识，改善自己的知识结构、提高医疗、教学和科研的水平。

第二节　文献检索的基本原理及工具

一、检索系统

检索的实质就是将用户的提问特征与文献组织诸法中的标识进行对比，然后将二者相一致或比较一致的内容提取出来，以满足用户的需要。因此，检索系统由两个部分组成：一个是存贮，即把大量杂乱无章的文献情报加以科学的组织，使之有序化；一个是检索，即运用已组织好的各种检索工具，将用户所需的情报提取出来。

检索者应懂得存贮和检索的这一基本原理，以求达到存贮与检索匹配问题上的高度一致，提高检索的效率。

二、检索工具

检索工具是检索系统的核心。它是在一次文献基础上，经过加工整理、编辑出版的二次文献，是搜集报道、存贮和查找文献线索的工具。

文献的类型是多种多样的，而人们检索文献的角度、深度和广度更是复杂多样。为适应这一要求，产生了多种多样的检索工具。从著录内容来划分，主要可分为：

1. 目录 目录是以一个完整出版物为单位，按一定次序编排的文献报道和检索工具。一个完整出版物指的是一种图书、一种期刊、一种报纸等。目录就以此为著录对象，描述出版物的基本特征。目录的种类很多，常见的有：①国家书目；②出版目录；③馆藏目录；④联合目录；⑤专题文献目录等。

2. 索引 索引是将图书、期刊等类型文献中所刊载的论文题目、作者，以及所讨论或涉及的学科主题、人名、地名、名词术语、参考文献等，根据需要，经过分析分别摘录出来，注明出处，并按一定原则和方法编排起来的一种检索工具。它与目录的区别在于，其著录对象不是以一个完整出版物为单位，而是以一个完整出版物中某一知识单元或某篇文章为单位，是提示包含在出版物中的情报的钥匙。索引一般分为：篇目索引、内容索引。

3. 文摘 文摘是一种描述文献外部特征，并简明扼要地摘录文献内容的情报出版物，检索工具的主体，二次文献的核心。它既可以帮助科技工作者查找到自己所需文献，而且能使读者以较少的时间和精力，掌握有关文献的内容，了解本学科、本专业的发展动态和最新成就，由于许多外国语种的文献一般都有英文文摘，在某些情况下，阅读文摘又可代替阅读原始文献。可以帮助读者克服掌握语种上的困难。对一些国内没有引进或很难找到的文献，也可通过文摘了解到其基本内容。文摘按内容压缩的程度可分为：指示性文摘、报道性文摘。

三、检索工具的形式

按照出版形式划分，检索工具主要有以下几种形式：

（一）传统检索工具

1. 卡片式检索工具　以卡片形式编制、出版和发行。按书名、分类、著者或主题方法逐步排列。能使不同时期、内容相同或相近的文献集中到一起。检索比较方便，同时还可以随时更新、校补、剔除，灵活性较大，但体积较大，不便于携带和保存。

2. 书本式检索工具　又分为：

（1）期刊式：即在一个名称下，定期连续刊行。如各种文摘杂志、索引刊物、连续的馆藏新书资料目录等。由于具有连续性的特点，不仅可查到近期文献，还可回溯查找到早期文献，曾是检索工具中最常见、最主要的形式。

（2）单卷式：这是围绕一定的学科专题，收集积累多年的有关文献而编印的。它像书一样单独出版，有的只出一本，有的按需要数年出一次，有的按编号不定期出版。由于专业性强、收录文献较全面、系统，排列组织切合专业研究需要，所以对专题文献检索较方便，使用价值较高。

（3）附录式：它不单独出版，一般附在期刊、资料或图书的末尾或中间，这种检索工具虽较分散（因附属于其他出版物，常不被人们重视），但它专业性强，有的往往是集中大量文献后精选出来的，如"引用书目""参考文献目录"等，都具有相当的参考价值，还有一种附录式检索工具，是许多专业期刊中所附的文摘、索引、新书通报、图书评论、产品目录、厂商一览、文献专览等，都具有检索特定情报的作用。

（二）现代检索工具

随着现代科学技术的发展，计算机、光盘及Internet网络技术已普遍应用于文献检索中，利用计算机上网进行文献检索已成为取代传统的手工检索的主要检索手段。通过计算机网络检索，可以轻而易举地获取过去需要花费很长时间才能检索到的文献，并且能获得远在异国最新的医学信息，极大地提高获取文献的效率。通过Internet可以便捷地查询资料，还可以在网上向有关专家或专业机构提问咨询、或参加专业新闻组的讨论，以解决临床工作中遇到的一些具体问题。故而，要想更好地为科研临床服务，应该掌握上因特网收集参考资料的方法。下面介绍一些有关的医学文献检索工具。

1. COM式检索工具　所谓COM式是指计算机输出缩微器（computer output microform），就是由计算机将存贮在计算贮器里的书目著录，按照人们指定的格式与排列系统进行输出，然后加以缩微而得到的胶卷或平片。它的优点是体积小，便于保存。

2. 计算机可读光盘检索　优点：①存贮密度高、容量大；②存取速度高，并具有随机存取的功能；③保存期长；④价格低廉，便于复制；⑤统一规格；⑥自成体系；⑦易学易用；⑧检索费用低。缺点：①光盘数据库是工业产品，因此，它只能是定期更新。更新周期快则1个月，慢则1年。较难满足需出奇制胜时掌握最新动态的用户；②目前光盘系统大多是单用户操作使用，每次只允许一个用户在机器上检索；③一个单位不可能购买所有光盘数据库，且有的联机文档没有相应的光盘数据库，因此在没有收藏所需数据库时，只能采用联机检索系统。

3. 网络数据库　数据库是按一定的结构和规则组织起来的相关数据的集合，是综合各用户数据形成的数据集合，是存放数据的仓库。网络数据库是重要的电子资源，与印刷型文献及光盘、磁盘等电子出版物相比，网络版数据库有着独特的优势，正日益受到图书馆及其用户的青睐。其特点是：

（1）规模大、数据量多，增长迅速。

（2）数据更新速度快、周期短。印刷版、光盘版一般为每季度或每月更新，而相应的网络版数据库通常是每周更新；电子期刊数据库的更新通常每周或每日更新，早于其相应的印刷版；报纸的电子版更新速度则更快，可以小时、分秒计算。

（3）网络数据库品种繁多，内容丰富：从学科范围看，既有单学科的，又有多学科综合性的；从文献类型看，既有电子期刊、电子报纸、电子图书，又有学位论文、会议录、专利、标准等数据库；

从文献的加工程度看，既有目录、索引、文摘等二次文献数据库，又有期刊论文、会议论文等一次文献数据库。

（4）使用方便、快捷：通过互联网为世界各地授权终端用户提供服务，且同一数据库可同时为多人取用，可做到24小时不停机。为检索、利用数据库提供了极大的便利，只要网路畅通，用户足不出户，即可查找、获取、利用所需信息资源，可克服图书馆传统服务受时空限制的缺陷，无需受信息资源储存的地理位置及图书馆开放时间的影响与限制。

（5）网络数据库的用户界面友好，易于理解、便于使用：网络数据库的用户界面设计通常直观清晰、生动直观；使用者对信息资源的查找利用具有选择与限定的自由，可对文献类型、出版时间、出版形式、可检字段等进行限定与选择。可在不同的数据库或文档、不同检索方式之间自由切换。可完成选择与链接操作。检索模块灵活、多样，除提供基本或简易检索模块，供初学者及一般用户使用外，还可提供各种形式的高级检索模块，以方便用户进行限定字段检索，或使用逻辑算符（AND、OR和NOT）、括号、位置算符、截词符和词根符等构造检索式，进行组配检索，使得检索更为灵活，更为准确。检索途径（入口）多，除提供关键词、题名、著者、刊名及字顺等多种检索途径外，类似INSPEC、Web of Scince等检索途径（入口）多而广的数据库将越来越多，前者提供有40个字段列表，每个字段都可作为检索入口，后者则提供有分子式等特殊多样的检索入口。数据库软件设有“帮助”功能，便于帮助查阅。

（6）网络数据库的生产标准、规范。如采用超文本、多媒体等先进成熟的信息处理技术，遵循通用的标准、协议与规范，使用IE、Netscape等标准浏览器，以及PDF格式文档标准阅读器Acrobat Reader等，既便于用户的操作使用，又便于数据的交换与系统的扩展整合，同时也为数据库的稳定、畅通使用提供了保证。

（7）数据档案格式多元，可包含更多传统纸本媒体无法提供的文档格式，而且输出方便。网络数据库数据文档常用的格式有PDF、ASCII（TEXT）及HTML，可满足不同的需要。此外，Word、PostScript格式文档亦常有所见。检索结果显示方式灵活、多样，主要表现在三个方面：一是每屏显示的记录数的限定；二是排序方式的多样化，可按相关度、出版时间、文献标题、著者、来源、语言、出版国家等多种方式升序或降序排列。如INSPEC数据库检索结果的排序方式即多达10种；三是显示格式的多样化，可提供题录、题录+文摘、全记录或选择字段等多种格式显示。

第三节　文献检索的策略、方法、途径及步骤

一、检索策略

检索策略，就是根据检索课题的具体要求而制定出一套具体、合理的检索方案。无论手工检索还是计算机检索，检索前都应具有一较好的检索策略，以便提高检索效率。检索策略一般包括以下内容：

（一）检索系统的确定

检索者应根据自己的检索课题选择合适的检索系统。选择的检索系统必须是包括检索者检索需求的学科范围，具有检索者需要或熟悉的检索途径。在计算机检索中还需要确定检索所需的文档及其名称或代码。

（二）检索途径的确定

各种检索系统一般都具有许多索引体系（即检索途径）。检索时，应根据课题需要或自己熟悉的情况进行选择。有时还应使用各种途径配合检索，以达到最佳检索效果。

（三）检索词的选定

各种检索途径都要有相应检索词（入口词）才能进行检索。如：分类途径以分类号作为检索词，主题途径以主题词作为检索词等。检索者必须结合自己检索课题的要求，根据检索词表，正确地选定检索词，正确地进行组配。计算机检索还需根据检索需求，用检索词编制布尔逻辑提问式。

二、文献检索的方法

文献检索的方法很多，这里主要介绍几种传统的检索方法。

（一）工具法

又称常用法，是目前最常用的检索方法，利用检索工具找文献。又分为顺查法、倒查法和抽查法。

1. 顺查法 是从前往后、由远及近查。比如已知前列腺癌放射治疗方法的产生年代，现在需要了解它的发展全过程，就可以运用顺查法从最初的年代开始，逐步往近期查找。这样查较费时，但能查得全、查得准。

2. 倒查法　是从后往前、由近及远查。其检索重点放在近期文献，只需查到基本满足需要为止。

3. 抽查法　是抓住某学科发展迅速，研究成果发表较多的时期，进行重点检索。这样做较省时间，但是必须在熟悉学科发展特点的情况下，才能有较好检索效果。

（二）追溯法

是从已知文献所附的参考文献入手，逐一追查原文，再从这些原文后面的参考文献逐一扩检，一环扣一环地追查下去。其缺点是查得文献不全面，且比较陈旧。

（三）分段法

是工具法和追溯法两者的结合，就是分期分段地交替使用上述两种查找方法，直到满足为止。可以弥补因检索工具不全面造成的遗漏。

（四）浏览法

为了获得检索课题的最新文献，直接去浏览尚未收编到检索工具中的原始论文期刊还是很有必要。浏览的方法主要是阅读检索课题的专业期刊和综合性核心期刊的目次表或主题索引，遇到相关文献再进一步阅读全文。这种方法受到馆藏期刊的限制，存在着一定的局限性，但不少专业人员常用此法以了解新而切题的文献。

三、文献检索的途径

各种检索工具提供的检索途径不完全一致，熟悉各种检索工具的检索途径是检索者应该具备的基本知识。文献检索就是根据文献的特征标识查找文献。文献的特征可分为文献的内容特征和文献的外表特征。文献的内容特征适宜于查寻文献线索；文献的外表特征适宜于查对文献。文献的内容特征是科技文献检索中的主要检索途径。

（一）从文献的内容特征查找文献

1. 主题途径　以主题词为检索标识，利用主题词索引查找文献的途径。

2. 分类途径　以文献内容在分类系统中所属的类别为标识，利用分类索引查找文献的途径。

3. 关键词途径　是以文献中出现的具有实质意义的词语为检索标识，利用关键词索引查找文献的途径。

4. 其他途径　分类主题途径、分子式索引途径、生物分类索引途径、属种索引途径等。

（二）从文献的外表特征查找文献

1. 题名途径　题名途径是以书名、刊名或文章的题名（篇名）作为检索标识，利用书名目录（索引）、刊名目录（索引）或题名索引查找文献的途径。

2. 著者途径　著者途径是以文献上署名的著者、译者、编者的姓名或机关团体名称作为检索标识，利用著者索引或机构名称索引查找文献的途径。由于著者比较复杂，通过英文的著者索引检索文献时应注意以下几点：①著者姓在前，用全称，名在后，用首字母；

②有些著者姓前有前缀，如 M、Mc、Mac，在索引中一律按 Mac 的字顺排在一起；③有些著者的姓前带冠词，如 De、Della、Des、La、Van、Vanden、Von，在著者索引中与姓名一起按字顺排列；④有等级制称号的著者姓名排在无等级制称号之后，如 Jons，W.M. Ⅱ（二世）排在 Jons，W.M 之后，Jons，W.M.Jr（小）排在 Jons，W.M. 之后；⑤中国人姓名按汉语拼音著录，俄国人姓名按“英俄文音译对照表”对译，日本人姓名按黑本氏“英日文音译对照表”对译；⑥学术团体，企业单位等名称按原名著录，并加国名以示区别；⑦有些著者索引仅在第一著者姓名下，著录文献篇名出处等，而在其他合著者姓名下用“See”引见第一著者。

四、检索步骤

根据各人对情报需求和检索习惯的不同，其检索方法、途径也不完全一样。但是，检索的基本步骤却是一样的，一般可分为：

（一）分析研究课题

检索者着手课题检索，首先必须对课题进行认真的分析，弄清课题的目的和意义，掌握与课题有关的专业知识和文献特征，明确课题检索的范围和要求。分析研究课题是整个检索过程的准备阶段，做得越细致，越充分，检索就越顺利，就能获得较理想的结果。

（二）编制检索策略

明确了解课题检索的目的和要求后，根据目的的要求来制定检索策略，包括上面所讲到的选择检索系统、确定检索途径、选定检索词等。不制定检索策略就匆匆进行检索，其目的性和应急性都很差，以致达不到好的检索效果。

（三）使用检索工具、查找文献线索

以上准备工作完成后，利用自己所选择的检索工具，查找课题所需的文献资料。在查找过程中，应根据实际情况灵活运用各种检索方法；还要根据出现的新问题，适应调整检索策略。检索到的结果随时记录，并进行初步筛选。

（四）索取原始文献满足课题需要

对检索到的、经过初步筛选的文献，要根据检索工具提供的文献出处（刊、书名、年、卷（期）、起止页等），进一步使用“馆藏目录”或“联合目录”等，找到原始文献收藏单位。然后向该单位联系借阅或复制，即可获得原始文献，收入个人的文献资料库，满足课题的需要。

第四节 计算机情报检索

随着计算机和网络检索工具的广泛应用，手工检索在实际应用中的作用越来越小。实际应用时，经过计算机或网络检索后，可直接获得原文或者到图书馆查找原文，从而跨过手工检索的过程，此处因篇幅有限，省略手工检索的内容。

一、计算机情报检索概述

（一）计算机情报检索的含义、原理

所谓计算机情报检索（下称机检）就是指人们根据特定的情报

需求，利用计算机从相关的机读数据库中识别并获取所需的情报信息。是19世纪50年代出现的一门新兴学科。它开辟了人类获取情报信息的新纪元，创立了情报检索的新篇章。

机检的原理，与手工检索的原理在本质上相同，但又有所不同。机检的基本原理是计算机将输入机检系统的用户提问标识（检索词）与已存贮在系统中数据库内的文献特征标识（标引词）进行机械性匹配比较，凡符合给定的比较原则和逻辑运算条件者即为命中情报。

（二）计算机光盘检索的特点

1. 光盘检索的优点　①存贮密度高、容量大；②存取速度高，并具有随机存取的功能；③保存期长；④价格低廉，便于复制；⑤统一规格；⑥自成体系；⑦易学易用；⑧检索费用低。

2. 光盘检索的缺点　①光盘数据库是工业产品，因此，它只能是定期更新。更新周期快则1个月，慢则1年，较难满足需出奇制胜时掌握最新动态的用户；②目前光盘系统大多是单用户操作使用，每次只允许一个用户在机器上检索；③一个单位不可能购买所有光盘数据库，且有的联机文档没有相应的光盘数据库，因此在没有收藏所需数据库时，只能采用联机检索系统。

二、著名医学光盘数据库介绍

（一）国外著名光盘数据库

1. MEDLINE光盘数据库　MEDLINE是1983年由美国国立医学图书馆（national library of medicine，NLM）编辑出版的国际综合生物医学信息书目数据库，是当今世界上最大也是最权威的生物医学文献数据库。它的内容涵盖三种重要的纸本医学文献检索工具：《Index Medicus》(医学索引)，《Index to Dental Literature》(牙科文献索引)，《International Nursing Index》(国际护理索引)。它收录了1965年以来世界70多个国家和地区出版的大约5000余种生物医学核心期刊的文献题录和文摘，累计文献量已达2000万篇，88%的文献原文是英文，76%的文献有英文摘要。涉及主要学科领域有：基础医学、临床医学、护理学、口腔医学、兽医学、卫生保健及预防医学等。到目前为止，全世界有近20家出版商获准转换MEDLINE数据库，发行MEDLINE的光盘产品，其中包括SilverPlatter(银盘)、Cambridge、DIALOG、OVID等公司。目前，银盘公司出版的MEDLINE光盘数据库是我国医学相关部门进口数量最大，使用频率最高的医学文献光盘数据库，数据更新周期为月更新。检索工具：WinSPIRS(SilverPlatter公司)，可免费下载。

2. 荷兰医学文摘光盘数据库(EM)　由荷兰阿姆斯特丹的埃尔斯维尔科学出版社(Elsevier Science Publishers B.v., 简称ESP)编辑出版的数据库，1947年创刊，42分册。目前已出版了包括手检本各个专题在内的全套的光盘数据库。收录了大约110个国家的近5000种生物医学期刊，近2000万条记录，覆盖基础、临床及药物相关文献；每年出1～4卷不等，每卷8、10、12期不等。检索工具：WinSPIRS(SilverPlatter公司)。除了光盘数据库，还有EMBASE.COM网络数据库可用。

3. 美国《生物学文摘》光盘数据库(BA on CD)　1926年创刊，半月刊。原由美国生物学会联合会编辑，生物学文摘公司出版。1964年起由美国生物科学信息服务中心（Bioscience Information Service，简称BIOSIS）编辑出版，1980年起与原《生物研究索引》结为姐妹刊，后者同年改名《生物学文摘／报告·评论 会议录》，简称BA／RRM。两刊每年摘录世界科技期刊9000多种，以及研究报告、评论、会议文献、专利文献和图书、报道文摘或题录50多万条，是生命科学主要的文摘和索引工具。其内容等同于印刷版，包括生物学传统领域（如：植物学、动物学、微生物学）；交叉学科（如：临床和实验医学、生物化学、生物物理）；相关领域（如：仪器和设备、方法学）等。收编了110多个国家和地区，23种文字的约6000余种期刊，每年收录约30万篇期刊文章，其中95%以上含有文摘。每三个月更新一次。检索工具：PC-SPIRS（SilverPlatter公司）。分印刷、光盘和网络版。

4. 美国化学文摘光盘数据库（CA on CD） 由美国化学学会（ACS）下属部门美国化学文摘社（CAS）编辑出版，是世界公认的最有代表性和权威性的化学文献数据库。内容对应于印刷版《化学文摘》，每月更新。收录了世界上约8000种科技期刊以及31个国家和地区的专利，年文献量约70万篇。其文献中74%为期刊论文，16%为专利文献，6%为会议论文，2%为学位论文，技术报告和图书各占1%。期刊文献中82.5%为英文文献，中文文献占5.9%。专利文献中54.5%为日本专利，9.7%为美国专利，中国专利占0.9%。内容涉及生物化学、物理及无机化学、分析化学、应用化学、化学工程、大分子化学、有机化学等。是生物医学工作者获取文献信息的主要工具之一。检索工具：CA on CD（for Windows）。

5. 科学引文索引光盘数据库（SCI）由美国费城科学情报研究所（Institute for Scientific Information，简称ISI）于1961年创刊，初为年刊，1966年改为季刊，1979年改为双月刊。收录了全球出版的数、理、化、农、林、医、地、生、工和环境等100个自然学科的3500种核心期刊和扩展版期刊6000种。年收录文献量60万条以上，包括原始论文、综述、会议文献等类型。坚持严格的选刊标准和评估程序挑选刊源，而且每年会略有增减，使其能全面覆盖全球最重要、最有影响力的研究成果。检索工具：Science Citation Index。

（二）国内著名光盘数据库

1. 中国生物医学文献光盘数据库（CBMdisc）由中国医学科学院医学信息研究所开发研制的综合性医学文献数据库。收录了1978年至今，1800多种中国生物医学期刊，以及汇编、会议论文的文献题录一千余万条。涵盖了《中文科技资料目录（医药卫生）》、中文生物医学期刊目次数据库（CMCC）中收录的所有文献题录。收录范围涉及基础医学、临床医学、预防医学、药学、中医学及中药学等生物医学的各个领域。检索工具：CBMLARS for CD。

2. 中国科学引文索引光盘数据库（CSCI）收集了我国出版的近千余种中、英文重要期刊上发表的约40万篇论文及其4千万条引文。内容覆盖数学、物理、化学、天文、地学、生物、农林科学、医学及工程技术等领域。是我国目前收集被引文献最多的电子出版物。该数据库如实地反映来源文章的论文题名、著者、著者机构及其所在地区、受基金资助情况和文章出处，并详细提供被引文献中中国人在国内外及外国人在中国发表文献的第一著者、被引文献名称、出版年、卷、期、页及文献类型等信息。

3. 中国学术期刊（光盘版）全文数据库　由清华大学光盘国家工程研究中心和北京清华信息系统工程公司联合主办，是我国第一个具有权威性的集成化、多功能电子学术期刊。分为理工、农业、医药卫生、经济法律、文史哲、社科综合、政论、教育和电子技术与信息科学9个专辑，7200多种期刊，其中医疗卫生专辑目前收录400多种期刊，内容按月更新。该刊将入编的期刊全文收入，图文混排，输出格式与期刊印刷一致，检索途径广泛，给用户的多入口检索和直接阅读全文带来很大方便。

4. 中国中医药文献光盘数据库　中国中医研究院中医药信息研究所研制的大型中医药文献计算机检索系统。收录了1984年以来国内公开发行的500余种生物医学期刊中有关中医、中药及药用动植物、中西医结合、针灸、气功、按摩、养生等内容的文献题录，其中60%以上附有文摘。文献量逾3万篇。1990年与针灸针麻文献数据库中文版合并。

针灸针麻文献数据库为中国中医研究院中医药信息研究所研制的另一计算机检索系统，是目前世界上惟一具有中英文两种版本的针灸文献数据库。收录了1984年以来10余种语言500多种国内外公开发行的生物医学期刊及有关的国际会议文献中的针灸针麻文献题录，其中中文版文摘率80%，英文版60%。被世界针联指定为向各国提供针灸医学文献检索服务的数据库。

5. 中国生物学文献光盘数据库（CBA）　由中科院上海文献情报中心于1987年研建，是目前国内容量最大的生物学文献综合性文摘数据库。收录了中文生命科学期刊近600种以及专著、会议录、专利等文献。年文献报道量1万条左右，累计数据近9万。包括1986年以来我国科技人员在生物科学领域所发表的各类文献，内容有：普通生物学、细胞学、遗传学、生理学、生物化学、生物物理学、分子生物学、生态学、古生物学、病毒学、微生物学、免疫学、植物学、动物学、昆虫学、人类学、生物工程学、药理学及其他相关科学技术领域。基本解决了中文生物学文献查找难的问题，可供从事生物学、农、林、医、牧及环境科学等领域的科研、教学和生产人员用于科研立项、成果查新和技术咨询等。是继《中文生物医学光盘数据库》(CBMdisc)之后，我国又一中文生物医学文献光盘数据库，与之互补使用，可提高中文生物医学文献检索的检索效率。

三、光盘数据库检索详解举例：MEDLINE光盘检索

（一）概况

MEDLINE CD-ROM数据库的记录由24个字段组成，各条记录的字段数根据实际情况有所不同。

MEDLINE CD-ROM数据库字段一览表

字段简称	字段全称及中译名	说明	字段检索举例
TI	Title 题名	题名均用英语表示，非英语文献题名加方括弧	Alcoholism in ti
TO	Original Title 原文题名	法语、德语等非英语罗马字母语种加原文题名	Sida in to

续表

字段简称	字段全称及中译名	说明	字段检索举例
CM	Comments 评论	本字段用于给出同种刊物中出现评论文章和被评论文章的出处	Comment in cm
AU	Author(s) 著者	84 年前给出所有著者；84 年后，第 10 位著者后用 “et-al”（等等）表示	Hamilton-ta in au
AD	Address of Author	第一著者的地址；88 年前无该字段	Duke in ad
SO	Source 文献出处	包括期刊名称缩写、出版年月；卷（期）：起一至页码	Br-dent-j in so：ann-p* in so
ISSN	International Standard Serial Number 国际标准期刊号	由 8 位数字组成，第 4、5 位间加 “—”，有些记录缺该字段	0735-6757 in issn
PY	Publication Year 出版年份	原文出版的年份，可用于把检索限于某一时间段	Py = 1984；1984 in py；Py > = 1985; py = 1985-1986
LA	Language of Article 文献语种	用于限定语种，若原文为非英语，则在原文语种后出现 “non-English”	German in la
CP	Country of Publication 出版国家	原文刊物出版国家	United-states in cp
AB	Abstract 摘要	该数据库中所有记录的摘要均为英文，取自原文，必要时缩至 250 字；1975 年前无该字段，目前约有 75% ～ 85% 记录含摘要	Cholesterol in ab
Mesh	题词	化用词，约有 16000 多个	

续表

字段简称	字段全称及中译名	说明	字段检索举例
MJME	Major MeSH Heading 主要主题词	为一篇文章的主要内容，亦选自MeSH词表，该字段中各个主要主题词前均有“*”号	Hepatitis in mjme
TG	Checktags 标志词	由标引员根据文章内容标引的标志词（或称特征词），有：Animal；Case-Report；Comparative-Study；Female；Human；In-Vitro；Male；Support-Non-US-Govt；Support-US-Gort-Non-PHS；Support-US-Govt-PHS	In-vitro in tg. tg = human
GS	Gene Symbol 基因符号	含文中基因符号或缩写	PyrB in gs
PT	Publication Type 出版类型	有：Editorial；Review；Journal-Article；Comment；Abstract；Monograph；Clinical-Trial；Multicenter-Study等	Editorial in pt
PS	Personal Name as Subject 文中主要论及人名	当文中含有某人的传记摘录、讣闻，或整文涉及某人的生平时，其姓名（姓全称，名缩写）出现于该字段	Freud-s in ps
CN	Contract or Grant Numbers 合同号或资助号	由美国公共卫生机构或国家卫生研究机构提供的经济资助的资助号或合同号	Mcj00950130 in cn

续表

字段简称	字段全称及中译名	说明	字段检索举例
RN	Contract or Grant Numbers 合同号或资助号	化学物质登记号是由美国化学文摘社给每一种已知化学物质的一个59位的号码，酶命名号来自国际生物化学联合会的酶命名表	
NM	Name of Substance 物质名称	与RN配合使用，不管是化学物质还是酶，均给出物质名称	Folic-acid in nm
AN	Accession Number 登录名	记录输入流水号，前二位为年份，每个从000001号开始	87128877 in an
UD	Update Code 更新号	记录输入年月，前二位为年份，后二位为月份，与印刷版Index Medicus的出版月相符	Ud = 8706; ud = 8704-8706 8706 in ud ; ud > 8706
SI	Secondary Source Identifier 第二来源标识符	该字段的形式为数据库缩写登录号，如：genbank/L20566	genbank in si
SB	Subset 子文档	包括：aim（含简版《医学索引》所收录刊物，含百来种核心期刊）; nursing（含《国际护理索引》所收录刊物）; dental（含《牙科文献索引》所收录刊物）	aim in sb ; nursing in sb

（二）MEDLINE CD-ROM的功能及其功能键（SilverPlatter公司）

SilverPlatter的MEDLINE CD-ROM检索系统的设计简便合理、功能齐全。除设定功能键外，每操作一步，屏幕下方均有相应的菜单提示，用户只需简单指导即可自行操作。

其功能主要有：

F1：帮助（Help）检索过程中遇到困难，可随时按F1或从菜单中选择Help，系统即会给出当前功能的帮助信息和帮助菜单。F1中含有各种检索指令、检索策略、功能键等的说明和举例。

F2：检索功能（Find）该系统的检索功能很强，可进行著者、著者地址、语种、国名、刊名缩写、国际标准期刊号、人名、物质名、化学物质登记号、酶命名号、基因符号、合同号或资助号、自由词、主题词独立检索或指定字段检索等。

F3：数据库使用指南（Guide）告诉用户数据库的结构与组成、各字段一览表、限定字段一览表、字段检索举例及禁用词（Stop Words）一览表等。

F4：显示检索结果（Show）对最后一条检索结果进行显示，显示中可做标记（用于打印和套录）、选择文中词、记录和字段显示选择等；若在期刊数据中输入馆藏信息，该字段还可做本馆收藏期刊显示。

F5：为禁用词（Stop Words）一些可能出现于每条记录中的无检索意义的词，如“have”“and”“of”等以外的记录中所有单词，包括用连词符连接词的一览表。较适宜于查找一些拼法不肯定的词，出现的是按字顺排列的单词表。供判断和选择。

F6：输出结果（Print；F10 + D：Download）对F4（Show）中做标记的记录或最后检索结果中全部或部分记录做全部字段或部分字段打印或套录（套录在软盘或硬盘中）。与显示相同，打印和套录时均有选择菜单可进行记录、字段及本馆收藏期刊等的选择。

F7：重新启动检索系统（Restart）原来的检索史全部清除。

F8：换盘及选择数据库。

F9：词表（Thesaurus）适宜于主题词检索。它由三个部分组成：轮排词表、所选词详解及 Mesh 树状结构表显示。

所选词表（Permuted List）是主题词及其参照词的字顺表，该功能下查找主题词，可以输入词的片段、一个完整的词或一个短语。

年选词详解（Selected Tem Detail）包含所选主题词的定义、标引历史注释、相关词、所选词上下位结构（包括所选词的族首词、直接上位词、所选词本身及其直接下位词）及树显示（Tree）。此功能下可做单个主题词检索（Single Term Search），可扩展主题词检索（Explode Term：同时查找该主题词及其下位主题词），或改变主题词检索（Change Selection）；一旦选定主题词，屏幕会主动显示与选定主题词相配合的副题词表（Subheading List）供选择，检索者可根据需要选择一个或多个或全部副题词进行检索。屏幕始终以菜单方式供逐步选择，直至检出结果，若选择错误可随时按 B（Back）键返回。

树状结构表显示（MeSH Tree Display）功能中，16000 多个 MeSH 词按等级排列在 15 个大类目中。许多词根据分类的上位词不同和等级排列需要，在不同的类目中重复出现。主题词按等级缩格排列，最左边的词等级最高。该功能下亦可做单个主题词检索、扩展主题词检索或改变主题词检索，还可显示族首词（Top），并返回。

F5 和 F9 的检索结果均显示于 F2，只有在 F2 状态下才能进行各检索词的组合，并显示检索结果。

其他功能：F10（Commands）：命令菜单（一级菜单）

F10 + C（Clear）：清屏（从Find屏幕删除去检索式）

F10 + Q（Quit）：退出检索到DOS状态

［Ctrl］+［Break］：中断检索、打印、套录、存贮检索史，或中断运行检索史

［Ctrl］+［PgUp］：显示上一条记录

［Ctrl］［PgDN］：显示下一条记录

［Esc］：返回到上个菜单

另外，该系统还有时间监督，阶段答复功能：如果检索式很复杂或寻找执行进行很长，用户对长时间的响应可能产生疑虑，“系统”的这个功能可以分阶段不停地给出答复。如在寻找过程中，屏幕下方会出现以下字样：“Search 5% complete 2 found so far”，即告诉检索者，目前检索了5%，有两篇命中（以上数字在不断变化）。指出错误，指导用户：用户在使用过程中，难免会出现一些操作失误或其他错误，“系统”随时提示用户错在哪里，该怎样操作。

（三）检索用逻辑及位置语

逻辑语或位置语	含义	举例	功能
And	逻辑与	A and B	使A、B二个检索词同时出现于一条记录中
With	同字段检索	A with B	使A、B二个检索词出现于一个字段中

续表

逻辑语或位置语	含义	举例	功能
Near（n）	相邻检索	A near B	使A、B二个检索词出现于同一句子中，并最多相隔n-1个单词
Or	逻辑和	A or B	使检索记录中出现A或B中的一个或两个
Not	逻辑非	A not B	使检索记录中只含A而不含B
In	字段限制	A in TI	使A出现于篇名中

（四）检索效率

提高检索效率的方法很多，在检索实践中可根据课题具体情况采用不同的方法。归纳起来主要有：

1. 提高查全率　经估计或初查后所需文献过少甚至查不到时，应尽量放宽检索用词。

（1）采用Explode（扩展）指令扩展主题词检索。

（2）采用“or”（逻辑）连接可能的同义词、相关词、单复数、形容词等同一概念的不同表达方式：如用newborn or neonatal or neonate or neonatus等查全新生儿这一概念。

（3）采用“*”截词符检索具有不同后缀的同一概念。如用compute*检索computer computed或computerize等。

（4）采用“？”替代一词中某一字母的变化形式。如用colo? r检索color或colour等。

（5）通过F5（Index）选择具有相同前缀的同一概念，作用类似于截词符，但可除去某些完全不相关而前缀相同的词。

（6）从显示记录选词，并检出结果。如在F2状态下输入PCR，检出结果并显示记录，见文中polymerase chain reaction为其全称形式，采用选词键S（Select Term）选下该词并检出结果。

2. 提高查准率

（1）采用主题词及主要主题词检索。

（2）采用副题词限制检索。

（3）采用“in”把某个检索词限定在某个字段。

（4）采用“and”“with”“near”缩小检索范围。

（5）采用LA、SB、AI、PT、TG等限制检索范围。

如：LA = ENGLISH把文种限于英文；SB = AIM，把刊物限于核心期刊；AI = AB把检索限于有摘要的记录；PT = REVIEW把检索限于综述文献；TG = HUMAN把检索限于临床报道。

（6）在已知著者、物质名、酶命名号、化学特登记号、基因符号等情况下，可直接检索，其专指性强，查准率高。

第五节 网上医学资源的检索

Internet是目前世界上最大的共享信息资源库，也是最大的信息交换网络。1986年，美国国家科学基金会（NSF），采用因特网（Internet）技术开发电脑网络供学术界使用，随着Internet在医学领域的普及和广泛运用，它对推动和促进医学事业发展的巨大价值也日益体现。到今天Internet已经遍及全球近百个国家和地区，而且

Internet上各种信息的注入速度日益增长。Internet对医学的影响和重要性不言而喻，了解Internet的基本知识、掌握一些获取医学知识和信息的Internet技术已成为广大医务工作者的当务之急。但要在渺如烟海的Internet中找出自己所需的信息并不是一件容易的事，为使大家更好地掌握Internet，利用它强大的网络功能进行各种医学信息的搜寻和获取，加快知识更新、扩大和国外先进技术的交流，现在介绍Internet上的医学资源及查找方法，并列出一些常用医学网址供大家参考。

一、Internet上的医学信息资源查寻导航

Web上的医学专业搜索引擎和免费检索节点：由于Internet上信息资源极为丰富而且还在快速地增加，刚刚踏入Internet世界的人面对这浩如烟海的知识宝藏往往茫然不知所措，令人无从下手。因此掌握几个好的专业搜索引擎能使我们少走很多不必要的弯路，快捷地找到自己需要的信息。下面列出几个常用的专业引擎供大家参考选用。

（一）Medline检索

Medline数据库是美国国立医学图书馆提供的规模最大、权威性最高的著名医学文献数据库。众多的医疗机构通过Internet提供免费Medline检索，常用免费Medline检索的网上节点有：PubMed

网址：http://www.ncbi.nlm.nih.gov/pubmed

（二）HealthAtoZ

网址 http://www.healthatoz.com

HealthAtoZ是一个功能强大的Internet医学信息资源搜寻器。收集的内容每周进行更新，信息经过医学专业人员的人工编排，可按分类及关键词的方式进行检索。同时它提供上千个医学讨论组，可选择感兴趣的申请参加。

（三）Medical Matrix

网址 http://www.medmatrix.org

Medical Matrix是一个大型医学信息搜索工具，内容全面更新快。它的特点是提供免费Mailing Lists，只要订阅了它的邮件列表，即可定期收到网上新增医学节点的通知和其他有关信息。

（四）Med Mark

网址 http://www.Medical marks.org

Med Mark在线医院及医学资源搜索，有分类检索和关键词检索两种检索方式，并提供其他搜索工具的链接。

二、PubMed

（一）PubMed简介

PubMed是一个免费的搜寻引擎，是因特网上使用最广泛的免费MEDLINE，是美国国家医学图书馆（NLM）所属的国家生物技术信息中心（NCBI）于2000年4月开发的。提供生物医学方面的论文搜寻以及摘要。其数据主要来源有：MEDLINE、OLDMEDLINE、Record in process、Record supplied by publisher等。数据类型：期刊论文、综述以及与其他数据库链接。收录范围广、内容全，包括医学及其他与医学相关的领域，如生物化学、分子生物学、细胞生物学、护理学、其他健康学科。检索途径多、数据更新快、检索系统完善、访问速度快等。提供了强大的查寻功能，用户可以非常容易地在普通检索界面内进行检索，且普通检索界面可以支持布尔逻辑组配，执行高级检索界面功能。是广大医务工作者和图书情报人员的首选网上检索系统。PubMed系统的特征工具栏提供辅助检索功能、侧栏提供其他检索如期刊数据库检索、主题词数据库检索和特征文献检索。提供检索词自动转换匹配，操作简便、快捷PubMed的资讯并不包括期刊论文的全文，但可能提供指向全文提供者（付费或免费）的链接。

OLDMEDLINE：含1950～1965年期间发表的200万篇生物医学文献。OldMedline的记录没有MeSH字段和摘要，记录的标记为：[PubMed-OLDMEDLINE for Pre1966]。

1. Journal Database 可通过输入期刊刊名、ISSN或Medline刊名缩写查询期刊的出版资讯。

2. MeSH Database 点选此功能后，在检索栏位中输入欲查询的词汇，可浏览PubMed资料库中所使用控制词汇。

3. Single Citation Matcher 使用栏位化的检索方式，找寻特定刊名、卷期、作者、篇名的文献资料。

4. Batch Citation Matcher 以指令式的方式批次检索资料库中相关的文献，只要输入刊名、年代、卷期、起始页、作者名、关键词其中部分栏位资料即可。

5. Clinical Queries 临床病理资料，本功能提供临床病理资料之查询，并依Haynes RB等专家所制订的最佳化检索策略之机制，使用者可先行选择检索方向，如：治疗方式（Therapy）、诊断方式（Diagnosis）、病因（Etiology）、预后状况（Prognosis）其中的一类，并可选择预期之检索结果是较具相关性（sensitivity）或精确率（specificity）较高的。

6. LinkOut LinkOut 为 PubMed 提供使用者连接外部网路资源之功能选项，连接内容包括国外图书馆馆藏目录、线上电子全文、书目资料库清单、消费者健康资讯、研究参考资料等资讯。如有外部资源的连接，使用者可在 PubMed 摘要书目中看到 LinkOut 此一选项。

7. 免费个人化检索服务—My NCBI 在 MY NCBI 服务页建立个人检索账号 / 密码后，即可使用个人化检索服务，该服务提供储存 / 删除检索结果、My LinkOut 设定及文献传递等个人化服务。

PubMed 是 NCBI Entrez 数个数据库查询系统下中的一个。

PubMed 是提供免费的 MEDLINE、PREMEDLINE 与其他相关数据库接入服务，MEDLINE 是一个拥有 1 亿字条的巨大数据库。

PubMed 也包含着与提供期刊全文的出版商网址的链接，来自第三方的生物学数据，序列中心的数据等。

PubMed 提供与综合分子生物学数据库的链接与接入服务，这个数据库归 NCBI 所有，其内容包括：DNA 与蛋白质序列、基因图数据、3D 蛋白构象、人类孟德尔遗传。

PubMed-cn 为丁香园旗下网站，专业的医学文献数据库，其数据每天与美国的 NCBI 数据中心同步一次。用户在检索文献时，可以立即看到该文献影响因子，用户可以在期刊数据库查询影响因子变化趋势、投稿指南、投稿经验等相关的信息。并且 PubMed-cn 提供国家自然科学基金查询，分析各个地区中标率，热门学科，是申请 NSFC 的好帮手。

（二）PubMed 检索方法

在检索文本框中输入一个或多个词语，然后按回车键或用鼠标点击“Search”按钮，PubMed 就会利用“自动词语匹配”功能将重要的词或词组用“AND”组合在一起进行检索。也可使用 MeSH/ 副主题词组配格式（MeSH 即美国国立医学图书馆编写的医学主题词表）进行检索，如：neoplasms/diet therapy［mh］。

“Automatic Mode—自动词语匹配”是检索系统将输入的检索词根据 MeSH 注释表、期刊名注释表、常用词组表和作者索引进行自动匹配的一种方式（图 1 ～图 16）。

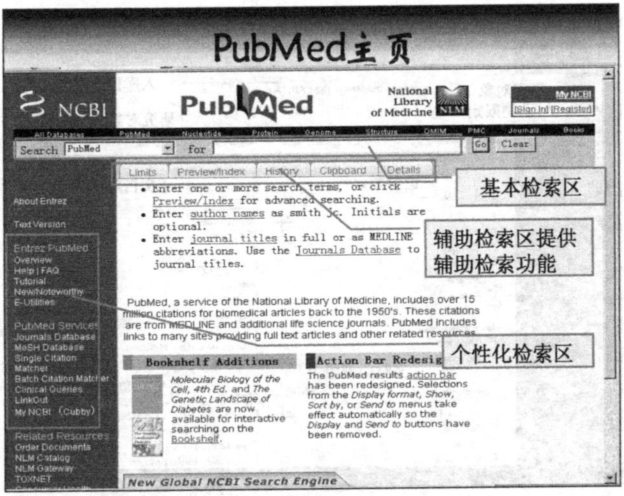

图 1

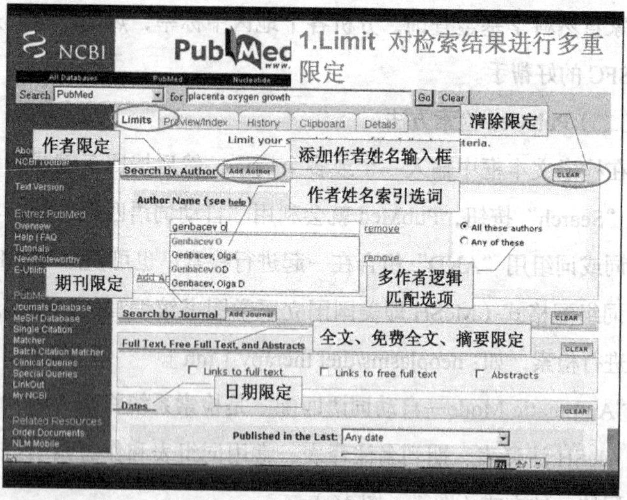

NCBI
PubMed
1.Limit 对检索结果进行多重限定
Search PubMed for placenta oxygen growth
Go Clear
Limits Preview/Index History Clipboard Details
清除限定
作者限定
添加作者姓名输入框
Search by Author Add Author
作者姓名索引选词
Author Name (see help)
genbacev o
Genbacev O
Genbacev, Olga
Genbacev OD
Genbacev, Olga D
remove
All these authors
Any of these
多作者逻辑匹配选项
期刊限定
Search by Journal Add Journal
全文、免费全文、摘要限定
Full Text, Free Full Text, and Abstracts
Links to full text
Links to free full text
Abstracts
日期限定
Dates
Published in the Last: Any date
CLEAR

图2

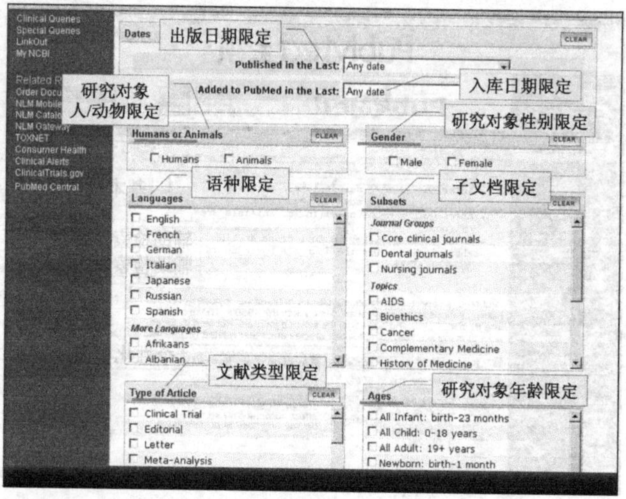

Dates
出版日期限定
Published in the Last: Any date
研究对象人/动物限定
Added to PubMed in the Last: Any date
入库日期限定
研究对象性别限定
Humans or Animals
Humans
Animals
Gender
Male
Female
语种限定
子文档限定
Languages
English
French
German
Italian
Japanese
Russian
Spanish
More Languages
Afrikaans
Albanian
Subsets
Journal Groups
Core clinical journals
Dental journals
Nursing journals
Topics
AIDS
Bioethics
Cancer
Complementary Medicine
History of Medicine
文献类型限定
Type of Article
Clinical Trial
Editorial
Letter
Meta-Analysis
研究对象年龄限定
Ages
All Infant: birth-23 months
All Child: 0-18 years
All Adult: 19+ years
Newborn: birth-1 month
CLEAR

图3

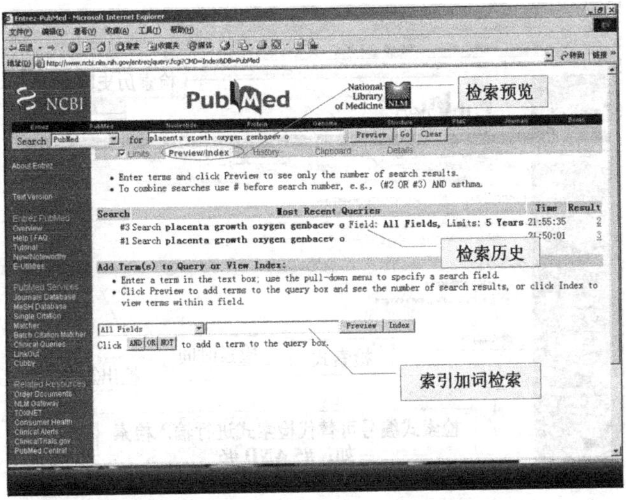

Entrez-PubMed - Microsoft Internet Explorer
NCBI
PubMed
National Library of Medicine
检索预览
Search PubMed for placenta growth oxygen genbacev o
Preview Go Clear
Limits Preview/Index History Clipboard Details
• Enter terms and click Preview to see only the number of search results.
• To combine searches use # before search number, e.g., (#2 OR #3) AND asthma.
Search Most Recent Queries Time Result
#3 Search placenta growth oxygen genbacev o Field: All Fields, Limits: 5 Years 21:55:35 2
#1 Search placenta growth oxygen genbacev o 21:50:01 3
检索历史
Add Term(s) to Query or View Index:
• Enter a term in the text box; use the pull-down menu to specify a search field.
• Click Preview to add terms to the query box and see the number of search results, or click Index to view terms within a field.
All Fields
Preview Index
Click AND OR NOT to add a term to the query box.
索引加词检索

图 4

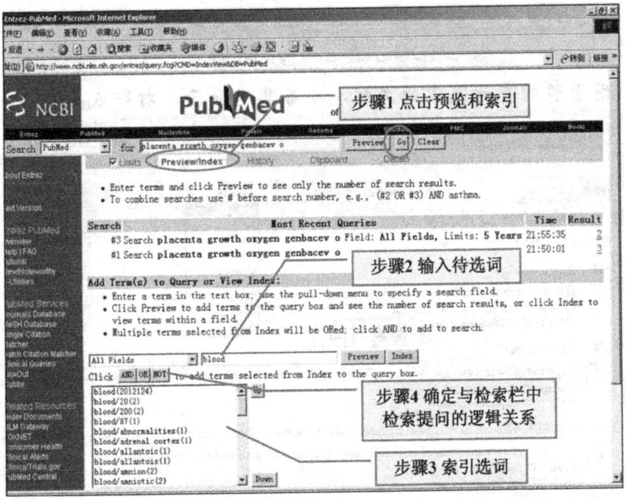

Entrez-PubMed - Microsoft Internet Explorer
NCBI
PubMed
步骤1 点击预览和索引
Search PubMed for placenta growth oxygen genbacev o
Preview Go Clear
Limits Preview/Index History Clipboard Details
• Enter terms and click Preview to see only the number of search results.
• To combine searches use # before search number, e.g., (#2 OR #3) AND asthma.
Search Most Recent Queries Time Result
#3 Search placenta growth oxygen genbacev o Field: All Fields, Limits: 5 Years 21:55:35 2
#1 Search placenta growth oxygen genbacev o 21:50:01 3
步骤2 输入待选词
Add Term(s) to Query or View Index:
• Enter a term in the text box; use the pull-down menu to specify a search field.
• Click Preview to add terms to the query box and see the number of search results, or click Index to view terms within a field.
• Multiple terms selected from Index will be ORed; click AND to add to search.
All Fields blood Preview Index
Click AND OR NOT to add terms selected from Index to the query box.
blood(2012124)
blood/20(2)
blood/200(2)
blood/87(1)
blood/abnormalities(1)
blood/adrenal cortex(1)
blood/allantoic(1)
blood/allantois(1)
blood/amnion(2)
blood/amniotic(2)
Up
Down
步骤4 确定与检索栏中检索提问的逻辑关系
步骤3 索引选词

图 5

检索历史回顾
Search PubMed for ((genbacev o) AND (#5))
Preview Go Clear
Limits Preview/Index History Clipboard Details
• Search History will be lost after eight hours of inactivity.
• Search numbers may not be continuous, all searches are represented.
• To save search indefinitely, click query # and select Save in My NCBI.
• To combine searches use #search, e.g., #2 AND #3 or click query # for more options.
Search Most Recent Queries Time Result
#6 Search genbacev o 02:13:58 69
#5 Search placenta growth oxygen 02:13:40 283
Clear History
检索式
检索时间
检出篇数
检索式编号可替代检索式进行输入检索
如：#5 AND #6

图 6

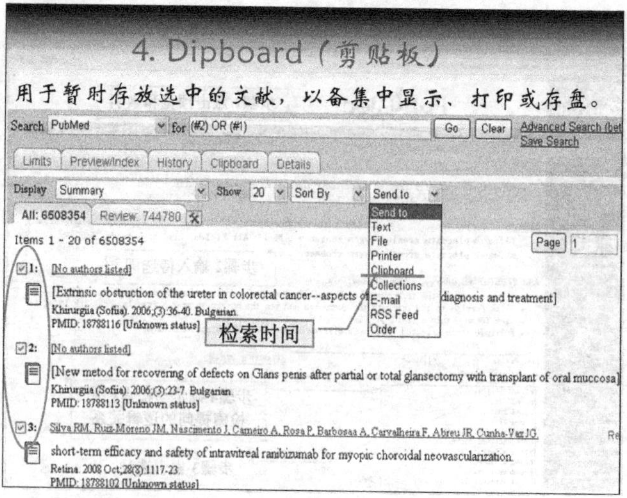
4. Dipboard (剪贴板)
用于暂时存放选中的文献，以备集中显示、打印或存盘。
Search PubMed for (#2) OR (#1)
Go Clear
Limits Preview/Index History Clipboard Details
Display Summary Show 20 Sort By Send to
All: 6508354 Review: 744780
Items 1 - 20 of 6508354
Send to
Text
File
Printer
Clipboard
Collections
E-mail
RSS Feed
Order
检索时间
1: [No authors listed]
[Extrinsic obstruction of the ureter in colorectal cancer--aspects of diagnosis and treatment]
Khirurgiia (Sofiia). 2006;(3):36-40. Bulgarian.
PMID: 18788116 [Unknown status]
2: [No authors listed]
[New metod for recovering of defects on Glans penis after partial or total glansectomy with transplant of oral muccosa]
Khirurgiia (Sofiia). 2006;(3):23-7. Bulgarian.
PMID: 18788113 [Unknown status]
3: Silva RM, Ruiz-Moreno JM, Nascimento J, Carneiro A, Rosa P, Barbosa A, Carvalheira F, Abreu JR, Cunha-Vaz JG.
short-term efficacy and safety of intravitreal ranibizumab for myopic choroidal neovascularization.
Retina. 2008 Oct;28(8):1117-23.
PMID: 18788102 [Unknown status]

图 7

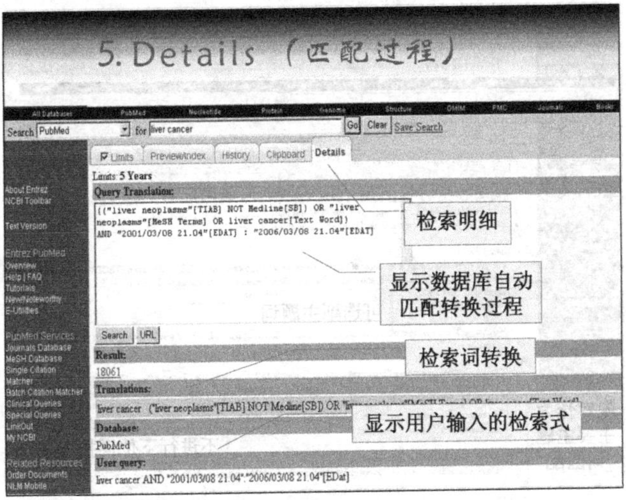
5. Details（匹配过程）
检索明细
显示数据库自动匹配转换过程
检索词转换
显示用户输入的检索式
Search PubMed for liver cancer
Limits: 5 Years
Query Translation:
(("liver neoplasms"[TIAB] NOT Medline[SB]) OR "liver neoplasms"[MeSH Terms] OR liver cancer[Text Word]) AND "2001/03/08 21.04"[EDAT] : "2006/03/08 21.04"[EDAT]
Result:
18061
Database:
PubMed
User query:
liver cancer AND "2001/03/08 21.04":"2006/03/08 21.04"[EDat]

图 8

MeSH Database
规范主题词数据库检索
肾衰竭饮食疗法课题
2.执行浏览
1.输入检索词
3.点按规范词可获详细注解
Search MeSH for kidney failure
1: Kidney Failure
A severe irreversible decline in the ability of kidneys to remove wastes, concentrate URINE, and maintain ELECTROLYTE BALANCE; BLOOD PRESSURE; and CALCIUM metabolism. Renal failure, either acute (KIDNEY FAILURE, ACUTE) or chronic (KIDNEY FAILURE, CHRONIC), requires HEMODIALYSIS.
Year introduced: 1993
2: Kidney Failure, Chronic
3: Kidney Failure, Acute

图 9

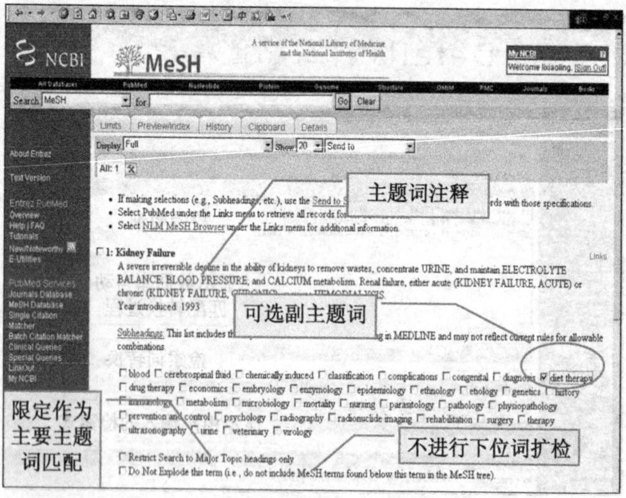
主题词注释
可选副主题词
限定作为主要主题词匹配
不进行下位词扩检

图 10

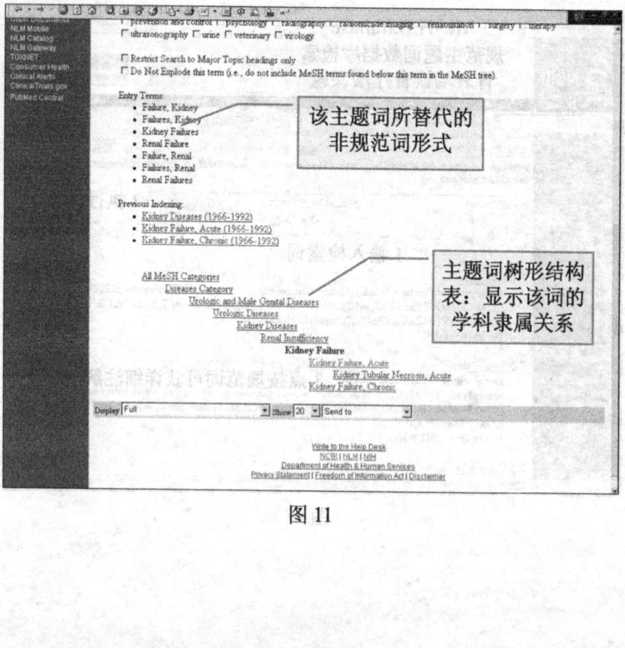
该主题词所替代的非规范词形式
主题词树形结构表：显示该词的学科隶属关系

图 11

Search PubMed for "Kidney Failure/diet therapy"[MeSH]
Limits: published in the last 1 year
All: 12 Free full text 1 Full text 7 Review 4
Items 1 - 12 of 12
检出结果更为专指
通过MeSH Database检索的结果，其中4篇综述文献

图 12

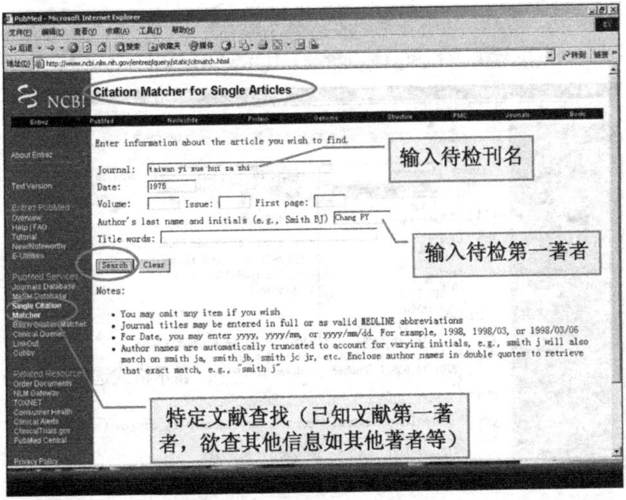

Citation Matcher for Single Articles
Enter information about the article you wish to find.
Journal: taiwan yi xue hui za zhi
Date: 1975
Volume: Issue: First page:
Author's last name and initials (e.g., Smith BJ) Chang PY
Title words:
Search Clear
输入待检刊名
输入待检第一著者
特定文献查找（已知文献第一著者，欲查其他信息如其他著者等）

图 13

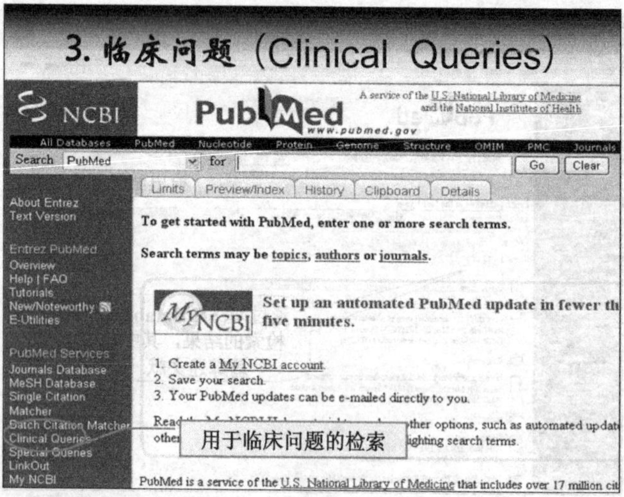

3. 临床问题（Clinical Queries）
NCBI
PubMed
www.pubmed.gov
A service of the U.S. National Library of Medicine and the National Institutes of Health
All Databases PubMed Nucleotide Protein Genome Structure OMIM PMC Journals
Search PubMed for
Go Clear
Limits Preview/Index History Clipboard Details
About Entrez
Text Version
Entrez PubMed
Overview
Help | FAQ
Tutorials
New/Noteworthy
E-Utilities
PubMed Services
Journals Database
MeSH Database
Single Citation Matcher
Batch Citation Matcher
Clinical Queries
Special Queries
LinkOut
My NCBI
To get started with PubMed, enter one or more search terms.
Search terms may be topics, authors or journals.
Set up an automated PubMed update in fewer th
five minutes.
1. Create a My NCBI account.
2. Save your search.
3. Your PubMed updates can be e-mailed directly to you.
用于临床问题的检索
PubMed is a service of the U.S. National Library of Medicine that includes over 17 million cit

图 14

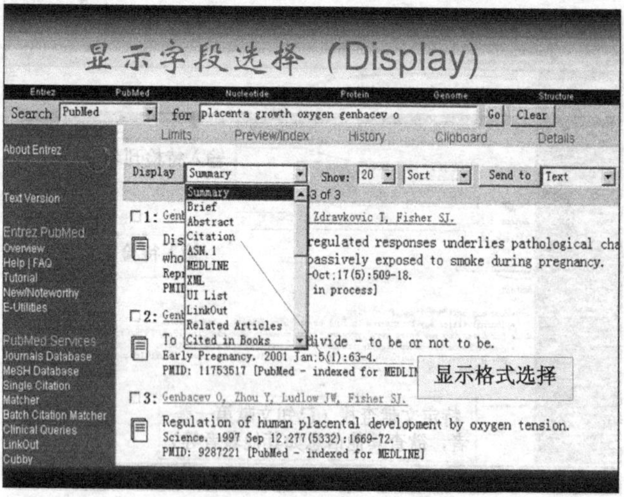

显示字段选择（Display）
Search PubMed for placenta growth oxygen genbacev o
Go Clear
Limits Preview/Index History Clipboard Details
Display Summary Show: 20 Sort Send to Text
Summary
Brief
Abstract
Citation
ASN.1
MEDLINE
XML
UI List
LinkOut
Related Articles
Cited in Books
Zdravkovic I, Fisher SJ.
regulated responses underlies pathological cha
passively exposed to smoke during pregnancy.
Oct;17(5):509-18.
in process]
divide - to be or not to be.
Early Pregnancy. 2001 Jan;5(1):63-4.
PMID: 11753517 [PubMed - indexed for MEDLIN
显示格式选择
3: Genbacev O, Zhou Y, Ludlow JW, Fisher SJ.
Regulation of human placental development by oxygen tension.
Science. 1997 Sep 12;277(5332):1669-72.
PMID: 9287221 [PubMed - indexed for MEDLINE]
About Entrez
Text Version
Entrez PubMed
Overview
Help | FAQ
Tutorial
New/Noteworthy
E-Utilities
PubMed Services
Journals Database
MeSH Database
Single Citation Matcher
Batch Citation Matcher
Clinical Queries
LinkOut
Cubby

图 15

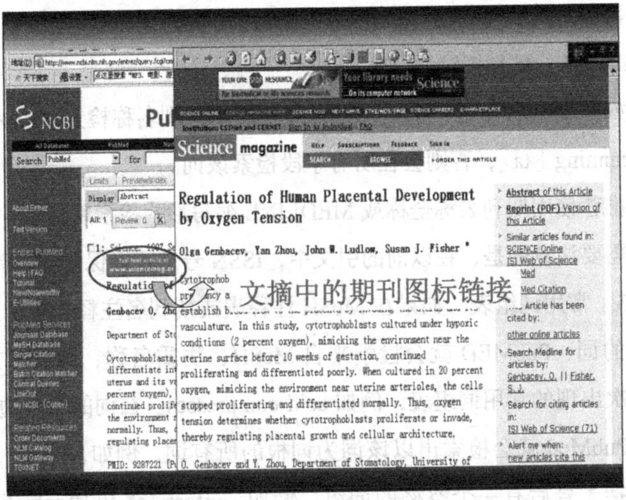

图 16

1. MeSH 注释表　MeSH 注释表包括 MeSH 词、副主题词、MeSH 词相关参照（也称款目词）、物质名称、物质名称同义词等。如果输入的检索词在注释表中发现有匹配的词，则该词将被作为 MeSH 词和自由词（即 textword）同时进行检索。

例如：如果输入 Vitamin h，PubMed 则会这样检索：（"Biotin［MeSH］OR Vitamin h［tw］）——vitamin h 是 MeSH 词 Biotin 的款目词。

2. 期刊名注释表　可以输入期刊名全称检索，如 Molecular Biology of The Cell；期刊名 MEDLINE 缩写名称检索，如 mol biol cell；或 ISSN 号检索，如 1059-1524。

如果期刊名称正好是医学主题词表（MeSH）中的词，例如 genetherapy、science、cell 等，PubMed 会将其当作 MeSH 词进行检索。因此，在此种情况下应使用期刊名称检索字段标识 [ta]，如 genetherapy [ta]。

如果期刊名称是一个单词，也需要使用期刊名称检索字段标识，如 Scanning [ta]，否则会在所有字段检索该词。

推荐使用期刊名称全称或 MEDLINE 缩写形式检索期刊。

需要注意的是，在以前的引文中，ISSN 号是不能保证的。

3. 常用词组表　如果在 MeSH 注释表或期刊名注释表中未发现匹配的词，PubMED 就会检索来自 MeSH、物质名称、题名和文摘中多次出现的常用词组表，例如 cold compresses。在词的右半边加 * 号，PubMed 就会检索出以该词为词根的所有词，例如，staph*，但不包括 * 号后有一个空格的词组，譬如，infection* 包括 infections，但不包括 infection control。此外，截词检索将关闭自动词语匹配功能，也不能进行扩展检索。如：heart attack* 不会匹配 MeSH 词，也不会扩展检索 myocardial infarction、myocardial stunning、shock、cardiogenic 这些方面的文献。

4. 作者　输入作者姓名时应采用姓 + 名（名的首字母缩写，不用标点符号）的格式，例如 Smith JA。PubMed 将自动地截取作者姓名中名的首字母以适应不同的名缩写。如果只输入作者的姓，PubMed 会在包括作者姓字段在内的所有字段进行检索，例如只输入 Li，则 PubMed 将像下面一样检索：Yang-Li 或 Yang。此外，如果使用双引号 “” 将作者的姓全称和名的第一个首字母引起来，并用作者检索字段标识符 [au] 限制，如 “Smith J” [au]，PubMed 将关闭自动截词，且检索姓名中名只有一个字母缩写的作者。

如果输入的检索词在以上词表中均未找到，且该词后有一或两个字母，PubMed 就会查检作者索引。如果在作者索引中仍未找到匹配词，PubMed 就将该词组分开并重复上面的查找过程。如果还没有匹配词，PubMed 将该词组的每个单词用“AND”组配并在所有字段中查找。

5. 截词检索

6. 每页显示的文献数量　PubMed 将检索出的文献记录按每页 20 条显示（缺省值）。要改变缺省值，单击“number of documents to display per page”下拉菜单，并选择一个更大的值。

7. 检索时间范围限制　使用“entry date limit”下拉菜单可限制检索时间范围。“entry date”是引文追加到 PubMed 数据库的日期。引文以文献记录入库时间顺序显示（倒序）。

8. 检出文献记录显示格式　使用“abstract report”（PubMed 缺省显示方式）下拉菜单可选择文献记录显示形式。

（1）文摘报告：包括期刊出处、记录状况、论文名称、非英文文献说明、作者、作者单位、文摘（如有）、出版类型、PubMed 和 MEDLINE 登记号等。

（2）引文报告：期刊出处、记录状况、论文名称、非英文文献说明、作者、作者单位、文摘（如有）、出版类型、MeSH 词、资助号、PubMed 和 MEDLINE 登记号等。

（3）MEDLINE 报告：MEDLINE 记录格式，采用两个字母的文献记录字段标识符。

9. PubMed检索规则与语法

（1）布尔运算符AND，OR，NOT必须大写，例如，vitamine OR zinc；

（2）PubMed从左至右进行布尔运算。可以通过加圆括号改变运算顺序，如common cold AND（vitamine OR zinc）；

（3）指定文献记录字段名称检索，如dna［mh］AND crick［au］and1993［dp］。下面列出常用字段名称缩写：

DP——出版日期采用YYYY/MM/DD［DP］格式，如1998/03/06［DP］。输入日期范围则用冒号连接，如1996：1998［DP］，1998/01：1998/04［dp］

AD——第一作者机构名称、地址、资助号，如LM05545/LM/NLM［ad］

AU——作者姓名如o'brienj［au］

TA——期刊名称包括期刊名全称、简称、ISSN。J Biolchem［ta］或0021-9258［ta］

LA——文献出版语言Chinese［la］

MH-Mesh主题词neoplasms［mh］或neoplasms/dt［mh］

PT——出版类型review［pt］

TW——自由词AA001794［tw］

T1——文献标题内自由词leiomyosarcoma［ti］

（4）经常通过单击Details按钮观察PubMed怎样运算你的检索策略，并不断修正检索策略，以达到最佳检索结果。

10. 提供部分免费全文服务 PubMed在提供部分期刊的免费全

文，在文献检索结果记录中，有些记录出现有彩色标记的期刊名称缩写按钮，用鼠标点击该按钮，将可能免费获得该记录的全文。

三、其他 Internet 生物医学信息检索

（一）HEALTHGATE（http://www.healthgate.com/HealthGate/MEDLINE/search.html）

1. 普通检索界面　在检索窗口键入关键词、主题词、作者名、基因符号、时间、词组或含布尔逻辑的检索式，按下检索按钮，就可以得到以这个概念为中心的 MEDLINE 中的文献。此页面只能检出过去两年内的最新文献。

2. 高级检索界面　READER（编译器）打开，在检索窗口键入能代表检索要求的概念或词，编译器会自动将自由检索词转化为恰当的索引短语、检索命令或特定数据库的特定检索式。高级界面中有多个选择项，可对检索做进一步限定，而每种限定中又有“AND”“OR”逻辑选项，可以与标题或文摘中出现某个词的文献进行逻辑运算，也可以与某个作者的文献进行运算。还可以限定 Pertaining to humans（与人类相关）、from...to（时间范围）、Age Groups（年龄组）、Journal subset（期刊子集）、Article type（医学文献的类型）等多个选项。

3. 检索结果　按用户的设定显示检出文献的数目，为了加快速度，先不显示文摘，用户对检出的文献做进一步选择，确定要套录的文献，再按下 Retrieve Selected References，就能在屏幕上显示命中文献的摘要格式。

（二）Evaluated Medline（http://www.biomednet.com/db/medline）

1. 检索界面 除一般的检索选项外，检索界面下方有以前检索的历史记录，用户可根据需要对其进行逻辑组配，实现新的复杂检索。这一功能是 Evaluated Medline 的重要特色。

2. 特点 实现了文献记录和电子期刊全文之间的相互链接，当 MEDLINE 中的一条文献被 Citation WebTM 系统中所收录的文章引用时，将从 MEDLINE 数据库中的文献指引到引证文献。

浏览期刊目次表：可浏览 1959 年以来 7000 余种期刊的目次，可使检索限定于某一特定的期刊或某一特定的卷。

医学主题词表 MeSH：允许使用所有的 MeSH 词限定检索策略。

BiblioteKTM 技术：一般查询引擎不能处理像"a""the"等词，而 BiblioteKTM 技术将 MEDLINE 中的每一个词都进行索引，能返回正确的检索结果。所有字段的检索，截词检索和布尔运算符的使用可以满足特定的检索需求。

相关记录检索：可检索密切相关的 20 条记录。

可对检索史进行逻辑组配。

可进行位置逻辑检索。

3. 注意事项 默认的逻辑组配符为"OR"；"*"代表中间或末尾的任何匹配字符，"？"代表匹配的 1 个字符；可对选择的记录进行存贮和对全部记录进行存贮（一次可存贮的最大记录数是500个）。

（三）其他免费 MEDLINE 资源

Infotrieve Medline Service Provider

Avicenna Medical Information Services

Medlcape Medline Search

Knowledge Finder

Helix Medline Access

Internet Medline Comparison Table at Medical Matrix

Ovid On Call Medline and Medical Databases

MD Answers at Silver Platter

Paper Chase Medical Literature Searching

MedEc Interactive Medline

Community of Science, Inc.

（四）网上生物医学电子期刊

1. 概述　网上电子期刊的问世，为人们在网上获取所需信息提供了又一重要途径。它不但具有同印刷型刊物相同的图文界面，而且出版快，并且可以进行关键词、作者等途径的查询。通过超链接，可选择不同的卷、期，经参考文献链接至被引文献等，甚至还可链接至编辑部，了解征文要求，直接向编辑部投稿，交换信息。目前，网上电子期刊大部分提供期刊目次，少部分提供摘要，极少部分提供免费全文服务。

2. 获得网上生物医学电子期刊的途径　通过医学资源指南和查询引擎：如：Emory Med Web Electronic Publications（http://www.medweb.emory.edu/）；哈佛大学虚拟图书馆的电子期刊导航（http://mcb.harvard.edu/BioLinks.html）

通过一般主题指南和查询引擎：有些期刊在医学索引中找不到，但一般搜索引擎中可能会有。

通过国内医科大学或机构网页上提供的电子期刊导航：如：中国医科大学图书馆生物医学电子图书馆（http://www.cmu.edu.cn/）；上海医科大学图书馆医药电子期刊导航（http：//www.shmu.edu.cn/library/ej.htm）

通过印刷品期刊查找：印刷品上往往有其电子期刊的网址，有的还向用户提供免费访问的方法。

3. 利用网上电子期刊全文的方法　网上传输数据的标准格式是超文本标记语言（html），有时电子期刊亦采用PDF文件格式。在html文件中，图表是采用不同的文件进行存贮的，需进行超文本链接才能传输过来，故用户打印期刊全文时，通常只能打印出文字，不能打印出图表；PDF格式解决了这一问题，但需要专门的软件Adobe Arcobat（可到Adobe公司下载）。

4. 部分全文生物医学期刊网址

期刊名称和网址：

Proceedings of the National Academy of Science　http://www.pnas.org/

Science　http://www.sciencemag.org/

BMJ　http://www.bmj.com/

Journal of American Society of Microbiology　http://journals.asm.org/

Journal of Biological Chemistry　http://intl.jbc.org/

Journal of Clinical Investigation　http://INTL.jci.org/

The New England Journal of Medicine　http://www.nejm.org/

American Journal of Physiology　http://ajpcon.physiology.org/

American Journal of Respiratory and Critical Care Medicine

http://www.ajrccm.org/

附：部分医学网址

医学检索网站：

http://www.medmatrix.org/index.asp

http://www.healthatoz.com

http://www.medexplorer.com/m-publi.htm

http://igm.nlm.nih.gov/index.htm

http://biomednet.com/db/medline/index.

http://www.infotrieve.com/freemedline/index.htm

http://www.medscape.com/misc/formmedlineInfLive.html

http://www.avicenna.com/index.htm

http://www.kfinder.com/index.htm

http://www.helix.com/index.htm

http://www.healthgate.com/HealthGate/MEDLINE/search.shtml

http://www.medmatrix.org/info.medlinetable.asp

http://preview.ovid.com/libpreview/

http://php2.silverplatter.com/physicians/

http://www.cc.emory.edu/WHSCL/medweb.ejs.html

http://enterprise.bih.harvard.edu/paperchase/

http://www.medecinteractive.com/

http://muscat.gdb.org/repos/medl/

虚拟医院

http://www.tiac.net/users/jtward/ 多媒体虚拟医学图书馆

http://www.vh.org/ 美国依阿华州医科大学虚拟医院

http://www.webxpress.com/athens/intern.html 虚拟医学会议

解剖

http://www.rad.washington.edu/AnatomyModuleList.html 解剖教学课件

http://ruralnet.mu.wvnet.edu/Ou:/anaquiz/anaquiz.htm 解剖教学内容测试

http://www1.biostr.washington.edu/DigialAnatomist.html 数字解剖教学

http://www.vis.colostate.edu/library/gva/gva.htmlGLAXO 三维人体解剖

http://kayla.wustl.edu/MRIatlas/MRIatlas.HTML 运动系统的解剖

麻醉

http://www.anes.ccf.org:8080/lab2.htm 麻醉临床手册

gopher://eja.anes.hscsyr.edu/ 麻醉 Gopher 资源

http://gasnet.med.yale.edu/Manuals.html 麻醉手册

心脏病

http://osler.wustl.edu/ ~ murphy/cardiology/compass.html 心脏病指南

http://synapse.uah.ualberta.ca/synapse/000p0057.htm 心血管病理学

http://medg.lcs.mit.edu/ 心血管疾病计算机辅助诊断系统

http://www.hsforum.com/heartsurgery/learningCtrHSF.html 心脏病与健康

http://www.med.umich.edu/lrc/cardiax/cardiax.html 心脏病多媒体教学卡片

http://wailer.vahsc.uokhsc.edu/einth-2-rhythms.html 在线心电图

http://sln.fi.edu/tfi/preview/heartpreview.html 心脏病简介

http://www-med.Stanford.EDU/MedSchool/DGIM/Teaching/

Modules/HTN.html 高血压病的治疗

皮肤、急救、肝脏

http://www.rrze.uni-erlangen.de:80/docs/FAU/fakultaet/med/kli/derma/ 皮肤病图谱

http://www.ucdavis.edu/～huntley 皮肤病学网络资源

http://www.cc.emory.edu/WHSCL/medweb.emergency.html 急救医学网络资源

http://rmstewart.uthscsa.edu/ 外伤网络资源中心

http://cpmcnet.columbia.edu/dept/gi/disliv.html 肝脏疾病网络资源

内科

http://www.ohsu.edu/intindx.html 内科医师手册

http://dgim-www.ucsf.edu 内科教学

http://www.yahoo.com/Health/Medicine/InternalMedicine/ 内科医学网络资源

微生物

http://www.asmusa.org/ 美国微生物学会

http://www.qmw.ac.uk/～rhbm001/intro.html 细菌在线课程

http://falcon.cc.ukans.edu/～jbrown/bugs.html 微生物报道

http://www.cc.emory.edu/WHSCL/medweb.microbiology.html 滤过性微生物学网络资源

http://www.pasteur.fr/Bio/parasito/Parasites.html 寄生虫学网络资源

病理

http://biomed.nus.sg/HIS/HIS.html 组织病理学网络资源

http://130.219.5.111/ 病理学虚拟图书馆

http://www-medlib.med.utah.edu/WebPath/webpath.html 病理学图片资料库

糖尿病、肾脏

http://www.diabetes.org/ 美国糖尿病协会

http://www.castleweb.com/diabetes/d01000.htm 儿童糖尿病

http://www.diabetesnet.com/ 糖尿病网络

http://www.cruzio.com/ ～ mendosa/faq.html 在线糖尿病资源

http://www.cis.ohio-state.edu/hypertext/faq/usenet/diabetes/top.html 糖尿病常见问题及解答

http://synapse.uah.ualberta.ca/synapse/000p0035.htm

国际肾脏病学会

http://ns.gamewood.net/renalnet.html 肾脏病网络资源总汇

神经病、精神病

http://werple.mira.net.au/ ～ dhs/ad.html 阿尔兹海默病网络资源

http://www2.connectnet.com/users/cns/index.html 神经病研究中心

http://balrog.aecom.yu.edu/epilepsy/ 癫痫治疗中心

http://www.neuro.mcg.edu/ 神经病网络资源

http://neruochief-e.mgh.harvard.edu/parkinsonsweb/Main/pdmain.html#m 帕金森病网络资源

http://www.psych.med.umich.edu/web/aacap/ 美国儿童及青年精神病学会

http://www.cc.emory.edu/WHSCL/medweb.mentalhealth.html

精神卫生、精神病、心理学网络资料指南

http://www.cityscape.co.uk/users/ad88/psych.htm 精神病在线杂志

http://nysernet.org/bcic/bmt/bmt.book/toc.html 脑髓移植电子书

肿瘤

http://132.183.1.64/abta/primer.htm 脑部肿瘤基础

http://oncolink.upenn.edu/psychostuff/block/ 肿瘤图书馆

gopher.nih.gov/11/clin/cancernet 肿瘤网络

http://www.rad.unipi.it:7080/works/hcc/presentation-hcc.html 肝癌研究

http://cancer.med.upenn.edu 肿瘤网络资源

http://www.stat.washington.edu/TALARIA/TALARIA.HTML 癌症患者处理指导

http://asa.ugl.lib.umich.edu/chdocs/cancer/CANCERGUIDE.HTML 癌症患者指导

http://www.ski.mskcc.org/Sloan-Kettering 癌症中心

http://telescan.nki.nl:80/ 远程癌症资源中心

妇产

http://www.mindsprint.com/ ~ mperloe/index.html 亚特兰大生殖医学中心

骨科

http://draon.acadiau.ca/ ~ pbaudin/biomch.html 生物力学资源

http://www.rz.uni-duesseldorf.de/WWW/MedFak/Orthopaedie/journal/ 骨外科杂志

http://www.scoi.com/ 骨科资源中心

眼耳鼻喉

http://vision.arc.nasa.gov/VisionScience/VisionScience.html 眼科虚拟图书馆

http://www.bme.jhu.edu/labs/chb/index.html 听力及平衡研究中心

呼吸

http://ash.org.ash/ 吸烟与健康

http://www.cco.caltech.edu/ ~ wrean/resources.html 哮喘与过敏网络资源

http://osler.med.und.nodak.edu/DIM/curric/copd.htmlCOPD 与哮喘

http://www.cpmc.columbia.edu/tbcpp/ 肺结核网络资源

影像

http://www.Xray.hmc.psu.edu/icom/dicomhome.htmlDICOM

http://www.shimane-med.ac.jp/IMAGE/Radiology.HTM 医学图像数据库

http://www.cis.ohio-state.edu/hypertext/faq/usenet/medical-image-faq/top.html 医学图像常见问题及解答

http://agora.leeds.ac.uk/comir/resources/links.html 医学图像网络资源指南

http://kayla.wustl.edu/MRIatlas/MRIatlas.HTML 运动系统解剖的 MRI

http://micro.ifas.ufl.edu/nmr.html 磁共振网络资源指南

http://www.Xray.hmc.psu.edu/home.html 放射医学网络资源

http://www.matmo.army.mil/pages/caseStudies/radiology/radiology.

html 放射科特殊病例讨论

http://www.rsna.org/rsnahome.html 北美放射学会

http://vh.radiology.uiowa.edu/Providers/ProviderDept/InfoByDept.Rad.html 虚拟医院放射科

http://count51.med.harvard.edu/AANLIB/home.html 脑部图像库

儿科

http://acy1.digex.net/ ～ vpeds/cf264/cf264.html 儿童健康论坛

http://galen.med.virginia.edu/ ～ smb4v/cmchome.html

美国弗吉尼亚大学儿童医疗中心

http://www.gcnet.org/gcnet/gchnr.html 全球儿童健康新闻

http://www.gcnet.org/gcnet/ 全球儿童健康网络资源

http://www.ocsny.com/ ～ mdm/guide.html 儿科在线医疗资源指南

http://galen.med.virginia.edu/ ～ smb4v/casemenu.html

儿科特殊病例研究

http://vumclib.mc.vanderbilt.edu/peds/pidl/ 儿科交互式数字图书馆

http://www.kumc.edu/student/PIG/pig.htm 儿科兴趣小组

http://indy.radiology.uiowa.edu/VirtualChildHosp/VCHHomePage.html 虚拟儿童医院

网上刊物

http://www.ama-assn.org/amnews/amnews.htm 美国医学新闻

http://www.bmj.bmj.com/bmj/ 英国医学会杂志

http://www.ama-assn.org/ 美国医学会杂志

http://www.uwo.ca/fammed/resource.html 家庭医学网络资源

http://indy.radiology.uiowa.edu/Providers/ClinRef/FPHandbook/Fpcontents.html 家庭医学实习手册

http://www.med.ufl.edu/medinfo/pcnews/ 家庭医学电子杂志

http://www.scar.rad.washington.edu/ScarStuff/JDI.html 医学数字图像杂志

http://micro.ifas.ufl.edu/ 磁共振成像杂志

（李 欣）

第五章　数据的统计学处理

第一节　医学论文中的统计描述

撰写医学论文的目的是报告医学实验或观察结果，通过分析结果提出新发现、新见解、新观点等，无论是实验结果、观察结果、还是分析结果，或多或少地都会用到统计描述，常用的统计描述方法有统计指标和统计表。

一、统计指标

统计指标是表示数据分布特征、有特定统计学意义的一个或一组数值。统计指标是统计分析的基本依据。

（一）描述计量资料的统计指标

描述计量资料的统计指标主要有平均数指标（算术均数$\bar{X}$、中位数M等）和变异指标（标准差s和四分位数间距Q等），在进行统计描述时，只有将平均数指标与变异指标共同使用才能较全面地描述一组数据的分布特征。

1. 频数表的编制　对于定量测量结果，当样本例数较大时，通常不一一列出各测量值。此时，应将所有测量值中最小值与最大值之间的范围划分成若干等长度的组段，以各个组段内的变量个数作为频数编制频数表。由于样本量有限，组段的数目不宜过多或过少，通常取10个左右，组段长度（组距）的选取以方便阅读为原则。各组段首尾相接，每个组段的上限U等于下一个组段的下限L，测量值x的归组统一规定为$L \leqslant x < U$。起始组段的下限和最后一组的上限应分别包含最小值和最大值。

2. 算术均数简称为均数，记为$\bar{X}$。算术均数的计算要求资料近似服从正态分布。计算均数的方法是将各观察值X_1，X_2，…，X_n，相加，除以观察例数，即：

$$\bar{X}=\frac{X_1+X_2+\cdots+X_n}{n}=\frac{\sum X}{n} \tag{5-1}$$

3. 中位数记为M，适用于各种分布类型的资料，计算方法是将一组数据从小到大排列后居中的数据值。

4. 四分位数间距记为Q，是75%分位数P_{75}和25%分位数P_{25}之差，即$Q=P_{75}-P_{25}$，所谓百分位数P_X是将全部观察值分为两部分，理论上X%的观察值比它小，（$100-X$）%的观察值比它大，中位数

M 是 50% 分位数 P_{50}。在频数表上，百分位数的计算公式为

$$P_X = L + \frac{i}{f_X}\left(nX\% - \sum f_L\right) \tag{5-2}$$

其中 P_X 为百分位数，L 为欲求的百分位数所在组段的下限，i 为该组段的组距，f_X 为该组段的频数，n 为总频数，Σf_L 为该组段以前的累计频数。

四分位数间距常与中位数一起描述偏态分布资料的分布特征。

5. 标准差标准差记为 S 或 SD，计算公式为

$$S = \sqrt{\frac{\sum X^2 - (\sum X)^2 / n}{n-1}} \tag{5-3}$$

在实际应用时一定要注意统计指标各自的适用范围，否则统计描述是不准确的甚至是错误的。一般地，正态资料或对称资料用 $\bar{X} \pm S$ 描述，偏态资料用 M 和 Q 来描述。在不能确定数据的分布类型时，应选用 M 和 Q 进行统计描述。

（二）描述计数资料的统计指标

计数资料即定性观察结果，描述计数资料的统计指标有绝对数和相对数。绝对数是原始资料经汇总得到的小计或总计数。相对数是两个有关的绝对数之比，主要包括率和构成比。

1. 率　说明某现象或某事物发生的频率或强度。可用 100%（百分率）、1000‰（千分率）、100 000/ 万（万分率）、1000 000/10 万（十万分率）来表示。

$$率 = \frac{某现象实际发生的观察单位数}{可能发生该现象的观察单位总数} \times 比例基数 \tag{5-4}$$

比例基数的选用一般依习惯，计算结果保留 1～2 位小数。

率的正确使用需要注意以下几点：

（1）分子为阳性数，分母为（阳性 + 阴性数）。通常先确定分母作为观察对象后，再在一定条件下清点某现象的实际发生数，如阳性发病数、死亡数等。当公式（5-4）中分母较大时，率近似等于概率。

（2）当计算麻疹这样具有终生免疫力的传染病发病率时，分母不应该包括已患过麻疹的那部分人。

（3）率只与本身的频率或强度有关，而不受其他数据的影响。如某地红眼病的流行不会导致该地肝癌死亡率下降或上升。

2. 构成比　表示部分在全体中所占的比重，又称百分比。各组成部分所占比重之和必为 100%。

$$p_i = \frac{\text{第 } i \text{ 个类别的观察单位数}}{k \text{ 个类别的观察单位总数}} \times 100\% \qquad (5\text{-}5)$$

式中 $p_1 + p_2 + \cdots + p_k = 100\%$

3. 相对数的应用问题　医学论文中相对数应用的主要问题之一是误将结构百分比当作率来使用，因为计算结构百分比的数据比较容易得到。以表 5-1 资料为例，各科感染结构百分比以呼吸内科组最高（22.2%），这只能说明所调查的感染人数中，呼吸内科的人数最多，但不表明呼吸内科发生院内感染的情况最严重。表 5-1 的感染率说明，血液内科感染率最高（20.0%），感染的情况最严重。

表 5-1　某医院部分科室院内感染发生情况

科　室	调查人数	感染人数	感染率（%）	感染人数结构百分比
血液内科	35	7	20.0	15.6
呼吸内科	100	10	10.0	22.2
心血管内科	100	8	8.0	17.8
泌尿外科	40	6	15.0	13.3
胸外科	42	5	11.9	11.1
普外科	100	9	9.0	20.0
合　计	417	45	10.8	100.0

医学论文中相对数应用的主要问题之二是分母较小。分母较小时，相对数的可靠性不能保证，在这种情况下，宜直接用绝对数进行描述而不宜计算相对数。如表 5-2 资料按 AFP 值分组后，各组例数较少，尤其是 AFP 值约为 200 组，只有 4 例，由此计算出的好转率 50% 和死亡率为 50% 没有实用价值。

表 5-2　重型肝炎 38 例 AFP 值与预后的关系

AFP 值（μg/L）	例数		率（%）	
	好转	死亡	好转	死亡
＜20	3	12	20.0	80.0
20～	4	7	36.4	63.6
200～	2	2	50.0	50.0
＞400	6	2	75.0	25.0

二、统计表

在许多医学论文中，作者对于临床资料的一般情况、受试对象的情况及实验（观察）结果多用大量文字描述，繁琐且不明了，若改用统计表描述，则会使读者一目了然。例如，为考察蝮蛇抗栓酶治疗慢性肝病残留黄疸的疗效，将34例慢性活动型肝炎（CAH）及14例肝炎后肝硬化（LC）病人随机分为治疗组和对照组，对两组在病型、性别、年龄、病程、TBiL值等方面的情况及治疗结果用文字叙述较烦琐，若用统计表描述，则简单明了，见表5-3，表5-4。统计表的应用不仅可避免冗长的文字叙述，还可把相关的数字列在一起，既便于作者进行计算、比较和分析，也便于读者阅读。

表5-3 34例CAH病人及14例LC病人随机分组结果

分组	总例数	CAH例数	LC例数	男	女	年龄均数（岁）（范围）	病程（年）（均数）	TBiL均数（μmol/L）
治疗组	28	19	9	25	3	38（23～52）	3～17（4.5）	34.5
对照组	20	15	5	18	2	37（22～51）	3～16（4.2）	34.0

注：数据来自人民军医，2000，43（1）：37

表5-4 表5-3资料的治疗结果

分组	例数			百分比（%）		
	显效	有效	无效	显效	有效	无效
治疗组	22	4	2	78.6	14.3	7.1
对照组	10	3	7	36.4	15.0	35.0

注：数据来自人民军医，2000，43（1）：37

从外形上看，统计表主要由标题、标目、线条和数字几部分组成。标题一般不超过20字，应简单扼要地说明统计表要表达的内容；标目有横标目、纵标目和总标目三种。横标目用来说明横行的数字，如表5-4中的“治疗组”“对照组”等。纵标目用来说明纵行的数字，如表5-4中的“显效”“有效”等。总标目用来概括若干个纵标目，如表5-4中的“例数”“百分比（%）”等。线条一般为3～4条横线；数字必须行、列对齐，且同一纵标目下数字的精确度应一致。

从内容上看，每张统计表都有主辞和宾辞。主辞为被研究事物，通常列在表的左侧横标目位置，宾辞用来说明主辞，通常列在表的右侧纵标目位置，主辞和宾辞不能混淆或倒置。一张好的统计表，主辞和宾辞连起来能读成一句完整而通顺的话。

第二节 医学论文中常用的统计方法

一、χ^2 检验

χ^2 检验的用途广泛，医学论文中最常见的用途是两个或多个率（构成比）间的比较。

（一）两样本率比较的 χ^2 检验

1. χ^2 检验的步骤

（1）建立假设，确定显著性水平。

H_0: $\pi_1=\pi_2$（例如，两种疗法的心血管病总体病死率相同）；

H_1: $\pi_1\neq\pi_2$（例如，两种疗法的心血管病总体病死率有差别）；

α=0.05。

（2）求检验统计量 χ^2 值和自由度（υ）。

$$\chi^2 = \frac{(ad-bc)^2 n}{(a+b)(a+c)(b+d)(c+d)},\ \nu=1 \tag{5-6}$$

四格表资料 χ^2 检验的校正公式为

$$\chi_c^2 = \frac{(|ad-bc|-n/2)^2 n}{(a+b)(a+c)(b+d)(c+d)},\ \nu=1 \tag{5-7}$$

（3）查相应界值表，确定 P 值，下结论。

2. 四格表资料 χ^2 检验的校正问题　对于四格表资料，χ^2 检验存在校正问题，校正与否有时会导致两种相互矛盾的结果，实际应用时，当 χ^2 检验所得 P 值在检验水准（一般取 0.05）上下波动时，即 χ^2 值在 3.84 上下波动时，未校正 χ^2 检验与校正 χ^2 检验的结果常相互矛盾，这时，应改用四格表精确概率法（请参阅有关教科书）进行分析，一般的统计软件都能完成精确概率法的计算，输出 P 值。另外，当样本例数较少时，也宜用精确概率法进行组间比较。

值得说明的是，无论哪种假设检验，当所得 P 值在检验水准上下波动时，下结论一定要慎重，应结合专业知识分析结论是否符合实际或通过进一步的观察再作结论。

例1　63例冠心病人，随机分两组，治疗组32例，对照组31例。两组均常规用药，治疗组加用氦-氖激光血管内照射（ILIB）治疗，静息心电图疗效分析结果见表 5-5。

表 5-5　两组静息心电图疗效分析

	ILIB 组	对照组
总例数	32	31
有效例数	26	18
无效例数	6	13
有效率（%）	81.3	58.1

注：两组 χ^2=4.02，P<0.05［数据来自人民军医，2000，43（2）：87］

例 1 作者用未校正 χ^2 检验比较两组的有效率，结果为 χ^2=4.02，P=0.045（<0.05），因此认为两组的疗效差异显著，ILIB 组疗效优于对照组。

经笔者计算，本例校正 χ^2=2.99，P=0.084（>0.05），四格表精确概率法 P=0.0577（> 0.05），都与未校正 χ^2 检验的结论相反。

实际应用时，当 χ^2 检验所得 P 值在检验水准（本例为 0.05）上下波动时，未校正 χ^2 检验与校正 χ^2 检验的结果常相互矛盾，这时，应改用四格表精确概率法进行分析。本例精确概率法分析结果为 P>0.05，因此，尚不能认为 ILIB 组疗效优于对照组。

（二）行 × 列表资料的 χ^2 检验

行 × 列表也称列联表，简称 R×C 表，R 为行数，C 为列数。前述四格表，即 2×2 表，是最简单的一种 R×C 表。R×C 表有多种资料形式，如多个样本率的比较，两组构成比的比较，多组构成比的比较等。

R×C 表 χ^2 检验的通用公式见公式 5-8，它同样适用于四格表资料，对于四格表资料，公式（5-8）与公式（5-6）等价。

$$\chi^2 = n\left(\Sigma\frac{A^2}{n_R n_c} - 1\right), \nu = (R-1)(C-1) \qquad (5\text{-}8)$$

式中，A 为某格子的实际频数；n_R 为某格子所对应的行合计；n_C 为某格子所对应的列合计。

1. 多个样本率的比较

例2 将接受了切除术的761例皮肤黑色素瘤患者随机分为4组，第Ⅰ组185例，术后不接受任何治疗；第Ⅱ组192例，术后接受化疗；第Ⅲ组203例，术后接受免疫治疗；第Ⅳ组181例，术后同时接受化疗和免疫治疗。随访术后三年生存率，结果见表5-6，试比较四种不同疗法的三年生存率有无差异。

表5-6 黑色素瘤患者随访术后三年生存情况

治疗组	三年生存例数	三年死亡例数	合计	三年生存率（%）
Ⅰ	77	108	185	41.6
Ⅱ	89	103	192	46.4
Ⅲ	99	104	203	48.8
Ⅳ	90	91	181	50.0
合计	355	406	761	46.6

（1）建立检验假设，确定显著性水准。

H_0：四种疗法三年总体生存率相等（$\pi_1=\pi_2=\pi_3=\pi_4$）

H_1：四种疗法三年总体生存率不全相等

$\alpha=0.05$。

（2）求检验统计量和自由度。将表 5-6 的数据代入公式（5-8）

$$\chi^2 = 761(\frac{77^2}{185\times355}+\frac{89^2}{192\times355}+\frac{99^2}{203\times355}+\frac{90^2}{181\times355}+\frac{108^2}{185\times406}+\frac{103^2}{192\times406}+\frac{104^2}{203\times406}+\frac{91^2}{181\times406}-1)=2.94$$

$$\nu=(4-1)(2-1)=3$$

（3）查相应界值表，确定 P 值，下结论。查 χ^2 界值表（见有关统计学书籍）$\upsilon = 3$ 一行，得 $0.5>P>0.25$，以 α=0.05 水准不拒绝 H_0，尚不能下四种疗法的三年生存率有差别的结论。

2. 两组构成比的比较

例 3 为研究两种口服洁肠剂的不良反应，将 192 例接受洁肠处理的患者随机分为两组，一组 94 例口服硫酸镁；另一组 98 例口服甘露醇。服后的反应见表 5-7，试比较之。

表 5-7　两种洁肠剂的服后反应

洁肠剂	服后反应					合计
	无	恶心	呕吐	腹胀	其他 #	
硫酸镁	74	8	4	7	1（1.96）	94
甘露醇	14	21	17	43	3（2.04）	98
合计	88	29	21	50	4	192

（1）建立检验假设，确定显著性水准。

H_0：两处理组的总体构成相同；

H_1：两处理组的总体构成不同；

α=0.05。

（2）求检验统计量和自由度。将表 5-7 数据代入公式（5-8）有

$$\chi^2 = 192\left(\frac{74^2}{94\times 88}+\frac{8^2}{94\times 29}+\frac{42^2}{94\times 21}+\frac{7^2}{94\times 50}+\right.$$
$$\left.+\frac{14^2}{98\times 88}+\frac{21^2}{98\times 29}+\frac{17^2}{98\times 21}+\frac{43^2}{98\times 50}-1\right)=80.69$$
$$\nu=(2-1)(5-1)=4$$

（3）查相应界值表，确定P值，下结论。查χ^2界值表$\upsilon=4$一行，因$\chi^2=80.69>\chi^2(0.005,4)=14.86$，所以，$P<0.005$，以$\alpha=0.05$水准拒绝$H_0$，接受$H_1$，即两种洁肠剂的服后反应构成不同，甘露醇的不良反应率高。

3. 多组构成比的比较

例 4 对 1135 例绝经后出血的妇女进行临床与病理分析，结果见表 5-8，试分析病变类型是否与年龄有关。

表 5-8 不同年龄妇女绝经后出血的病变类型

年龄组（岁）	病变类型，例数（%）			合计
	功能性	恶性	良性	
≤50	60（44.4）	16（11.9）	59（43.7）	135
51－	208（33.3）	111（17.8）	306（49.0）	625
61－	66（25.0）	79（29.9）	119（45.1）	264
71－	21（18.9）	47（42.3）	43（38.7）	111
合计	355（31.3）	253（22.3）	527（46.4）	1135

（1）建立检验假设，确定显著性水准。

H_0：各年龄组病变类型的总体构成相同（年龄与病变类型无关）；

H_1：各年龄组病变类型的总体构成不全相同（年龄与病变类型有关）；

α=0.05。

（2）求检验统计量和自由度。将表 5-8 数据代入公式 5-8，有

$$\chi^2 = 1135\left(\frac{60^2}{135\times355}+\frac{16^2}{135\times253}+\frac{59^2}{135\times527}+\cdots+\frac{43^2}{111\times527}-1\right)=58.91$$

$$\nu=(4-1)(3-1)=6$$

（3）查相应界值表，确定 P 值，下结论。查 χ^2 界值表 $\upsilon=6$ 一行，因 χ^2=58.91 > χ^2（0.005，6）= 14.86，所以，$P<0.005$，以 α=0.05 水准拒绝 H_0，接受 H_1，即不同年龄组妇女绝经后出血的病变类型构成不同，随年龄的增大，恶性病变的比例呈增大趋势。

二、t 检验

由于抽样误差，从某一总体中随机抽得的样本，所得的样本均数与该总体均数往往不同；从同一总体随机抽得两个样本，这两个样本均数也会因存在抽样误差而不相等。实际中，当遇见一个样本均数与某一总体均数有差别，或两个样本均数有差别时，常需判断这种差别的意义，是所在的总体不同？还是所在的总体相同，差别只是由于抽样误差造成？ t 检验是解决这一问题的方法之一。

t 检验，亦称 Student t 检验，可用于样本均数与已知某总体均数 μ 的比较、两个样本均数的比较以及配对设计资料均数的比较。

（一）样本均数和总体均数比较的 t 检验

样本均数与已知总体均数比较的目的，是推断样本所代表的未

知总体均数 μ 与已知总体均数 μ_0 有无差别。已知总体均数 μ_0 一般为理论值、标准值或经过大量观察所得的稳定值等。

（二）配对设计的 t 检验

配对设计即将受试对象按某些重要特征相近配成对子，每对中的两个实验单位随机分配到两种处理组。医学研究中配对设计主要有两种情况：一是配成对子的同对实验单位分别给予两种不同的处理（如把同窝、同性别和体重相近的动物配成一对；把同性别、同病情和年龄相近的病人配成一对等）；二是同一受试对象同时分别接受两种不同处理得到的两个观察结果（如实验动物两个部位的创面愈合时间等）。

配对设计组间可比性较好，因此比非配对设计更能准确地反映两种不同处理是否存在差别。进行假设检验时，可计算出各对差值 d 的均数 $\bar{d}$，当两种处理效果相同时，差值 d 的总体均数 μ_d 理论上应该为 0，故可将配对设计资料的假设检验视为样本均数 $\bar{d}$ 与总体均数 μ_d=0 的比较。

（三）完全随机设计资料两样本均数比较的 t 检验

两组完全随机设计是将受试对象完全随机地分配到两个组中，然后分别接受不同的处理。

医学研究中，经常遇到两组均数比较的问题。如两种降压药降压效果的比较、两种疗法对某生理指标的影响等都可通过比较两组均数差别的意义来解决。

由于存在抽样误差，即使两组总体均数相同，从该总体中随机抽得的样本均数往往也不相同。因此，当两个样本均数不相同时，不能断然地做出两个总体均数不同的结论，而应对其做差别的统计学检验。可用两样本均数比较的 t 检验。

（四）t 检验的应用条件

t 检验的应用条件是：

1. 样本为来自正态分布总体的随机样本。

2. 两样本均数比较时，要求两总体方差相等（方差齐性），即 $\sigma_1^2=\sigma_2^2$。

在进行 t 检验之前应先对数据进行正态性检验和方差齐性检验。一般的统计分析软件都具有正态性检验的功能，但当已知数据来自正态总体时，可不必进行正态检验。如已知人体的身高、体重等资料为正态分布。

两组资料的方差齐性检验可用 F 检验。

（五）医学论文中 t 检验的应用问题

医学论文中 t 检验的应用率很高，但误用情况也较多，主要有以下两方面的误用。

1. 忽略了 t 检验的两个应用条件　t 检验要求资料服从正态分布且组间方差齐，但在许多医学论文中，作者忽略了这两个条件而直接应用 t 检验，存在经 F 检验方差不齐，但作者仍用 t 检验进行分析的情况，这样的分析结果是不可信的。

当资料不满足 t 检验的两个应用条件时，应采用两样本比较的秩和检验（请参阅有关教科书）进行组间比较。秩和检验是用秩次代替原始数据进行统计分析的假设检验方法，它对资料的分布形式没有要求，但因其没有充分利用资料提供的信息，检验效率较低。若资料满足 t 检验的应用条件，还应采用 t 检验进行比较。

2. 误用 t 检验进行多组均数两两比较　医学实际中常会遇到多组均数比较的情况，作者重复应用 t 检验做两两比较，这是不妥当的，因为这样加大了犯Ⅰ类错误（实际无差别而统计结果判为有差别的错误称Ⅰ类错误）的概率 α，可能把本无差别的两个总体均数判为有差别。多组均数的比较应采用方差分析或秩和检验（请参阅有关教科书）。

第三节　医学论文中的统计设计问题

同其他科学研究一样，医学研究的第一步是研究设计。所谓设计就是关于研究计划方案的制订，任一项研究，除专业设计之外，还应包括统计设计，如果设计出现错误，那么，无论用什么统计分析方法进行数据处理都无法得到正确的结论。研究设计必须遵循随机、对照、重复（即有一定的重复观察样本）的统计学原则。

一、组间的可比性问题

组间具有可比性是指对比组之间除对比因素外，其他特征基本相同，即所谓组间具有均衡性。组间均衡，则差异有统计学意义的结果可解释为对比因素的作用；否则，差异有统计学意义的结果不能解释为对比因素的作用，因为其他因素也可能造成组间差异。

解决组间可比性问题的最好办法就是事先进行随机化分组（具体的随机化分组方法详见有关的医学统计教科书）。若随机化有困难

（如病人与正常人对比），则至少应对可能影响研究结果的主要因素进行均衡性分析。如果组间均衡性差，任何组间差别有统计学意义的结果都不能解释为药物（处理）的作用。

二、对照的设立问题

只有设立了除处理因素之外其他实验条件相同（或基本相同）的对照组，才能说明处理组的干预措施有无作用。对照是控制各种混杂因素的基本措施。如 1927 年 McDouyall 用大鼠实验，将每代大鼠加以训练，使之趋光，对每代大鼠测定趋光速度，他发现这种速度随世代而增加，于是认为这是获得性遗传效应的例证。后来到了 1936 年，Crew 采用对照组（不予训练）与处理组（给予训练）同时观察，发现这种遗传效应两组都是存在的；后来 Agar 等人又做了近 20 年的实验，发现不予训练的与训练的两组大鼠均有趋光速度随代加快的现象，于是得出结论：这个现象不是由于训练所致的获得性遗传效应，而是鼠群在多年中健康情况变化所致的结果。从上述实验可以看出不设立对照组会误将非处理因素造成的偏倚当成了处理的效应，导致错误的结论。

三、样本的代表性问题

任何研究结论都应该是对总体的推论。在实际中，总体往往是得不到的，如所有患某病的患者。即使总体能够得到，但由于财力、物力、人力等原因，也不可能对总体中的每个个体都进行研究。所以，绝大多数医学研究的对象是样本，如部分受试者、部分动物等。

但研究者必须明确，研究样本的目的是为了推论总体，样本代表性的好坏直接影响推论的正确性。

样本代表性差的情况之一是样本不能代表想要推论的总体。例如，已知血乳酸的测定对于高乳酸血症的诊断、判定乳酸酸中毒及预测愈后等具有重要意义。以往文献报道，血乳酸的测定宜采集动脉血，由于动脉血采集难度较大，因此某研究者检测了47名献血员（经查心、肺、肝、肾功能正常）静、动脉血乳酸，结果静脉血乳酸浓度稍高于动脉血，但相差不显著（$P>0.05$），研究者由此认为可用静脉血代替动脉血进行乳酸检测。此项研究中，研究者所观察的样本是47名献血员（可作为心、肺、肝、肾功能正常人群的样本），其推论不适用周围循环受阻力及循环衰竭的病人（原作者已经说明）。另外，47例样本静脉血乳酸浓度平均比动脉血高0.08mmol/L，相差不显著（$P>0.05$）不是“可用静脉血代替动脉血进行乳酸检测”的统计学依据，因为当样本量很大时，0.08mmol/L的差异会显著（$P<0.05$）。所以，本研究的推论是否合理，还应考虑0.08mmol/L的差异在专业上是否可以认为已经足够的小。

样本代表性差的情况之二是样本例数太少（抽样误差较大）。样本越大，抽样误差越小，对总体的推论越可靠。但也不是说样本越多越好。正确估计样本大小的方法请查阅有关教科书。

样本代表性差的情况之三是失访，一项研究不允许有太多的受试者失访，在选择研究样本时一定要加以特别注意。

（赵清波）

3

第三部分

医学论文结构与写作程序

第六章　论文文题的撰写

文题（题名、题目、标题、篇名）是读者认识全文的窗口，是对论文内容的高度概括，须以最简明、最恰当的词语反映论文中最主要的特定内容。文题的构成一般含研究对象、论文所解决的问题及其贡献所在，供读者了解论文的中心内容，便于决定关键词、撰写文摘、编制题录、索引等。

一、文题的重要性

当作者准备文章的题目时，应牢记这样一个明显的事实：一篇文章的题目将为成千上万的人读到，能读完整篇文章的也只是少数几个人。因此，对题目中的每一个词都应进行仔细地推敲，词与词之间的关系也一定要细心地处理。那么，怎样才能写出好的文题呢？笔者认为，题目应该用尽可能少的词，而又能充分表达文章的内容。还有一点作者在讨论论文文题时一定不要忘记，索引和摘要与题目的准确性是紧密相关的。一篇文章如果文题不恰当，就很可能被搁置，甚至永远不能为需要此篇文献的读者所利用。

二、文题的书写要求

（一）新颖醒目

文题应突出论文的创新性、特异性，以吸引读者的兴趣。题名好比论文的眼睛，修饰题名像画龙点睛。用词要新颖有特色，不要千篇一律冠上"研究""分析""探讨"，以免给人陈旧、模仿、重复的印象。虽然题名用词不要千篇一律，但也不要求作者在文题上大作文篇，有标新立异之嫌，而实际上文不切题，有失真实。我们主张在事实的基础上，尽量减少陈词俗套，使文题比较醒目，下面举几个例子说明一下这个问题："V*P*-16 诱导 PC-3 细胞凋亡和 *P53* 基因表达的研究"[中华泌尿外科杂志，2000；21（1）：34-36]，该文题看起来很熟悉，也用了"研究"之类的词，但看完文章后再考虑，这个文题也就只有这么写，为什么呢？因为它是以文章所记述的事实为基础的，也恰好覆盖了通篇文章的内容。如果去掉"研究"二字，文题改为"VP-16 诱导 PC-3 细胞凋亡和 *P53* 基因表达"，那么意思就改变了，读者可以认为该文题是一个肯定语气，VP-16 能诱导 PC-3 细胞凋亡而且能促进 *P53* 基因表达，而文章的实际意思是讨论 VP-16 与 PC-3 细胞凋亡和 *P53* 基因表达两两之间的关系。再看一个文题"鼠周围神经端侧缝合与侧侧缝合方式的比较研究"[中华外科学杂志，2001；39（2）：156-159]，该文题本来要记述比较，如果去掉"研究"二字，读起来并不影响文题所要表达的意思即"两种术式的比较”，而且文题还是比较醒目。

（二）简短精练

文题宜简短、精悍，高度概括，着重表达“最重要的特定内容”，使读者一目了然，过目难忘，一般20个字左右。在这方面，也就是讨论文题长短的问题，过长过短都不是好文题，一个好的文题的确要做到简短精练，用最少的语言把问题高度概括，反映出文章最重要的内容。笔者有些体验，有少数题目写得太短，例如“肾移植术后黄疸”，显然，这样的题目无助于读者了解文章的“最重要的特定内容”，人们搞不明白，作者要讲黄疸的哪方面的内容，是诊断、治疗、诱因，还是预防呢？更多情况下是文题写得过长，过长的题目往往比短的题目更缺少意义。例如“部分离体动物组织复阻抗频率特性（100Hz至10MHz）测量系统及初步测量结果”，该文题洋洋洒洒26个汉字（不包括括号内容），是不是该篇文章真的需要这种写法才能表达完善吗？通读全文之后，却并不尽然。文题中的“部分离体动物组织”是指犬和兔离体组织，该测量系统是实验创新的，但不只是适用于犬和兔，其他动物中也可以（按其原理），但从文题中所获信息认为该系统只适用于“部分离体动物”，再者“初步测定结果”中“初步”也有不符之处，因文中大多讲述和展示的是对“部分结果”的分析讨论的数据。如果把文章文题改写成“复阻抗频率特性测量系统及对离体动物组织的测量分析”，笔者认为可以更确切地反映文章内容，又不失简短精练的文题要求。毫无疑问，大多数过长的题目有一个很常见的原因，就是使用了“多余的词”。通常这些“多余的词”常用在题目的开头，例如：“关于……研究”“关于……调查”“关于……观察”等。

（三）具体确切

文题应具体、确切地表达论文的特定内容及其特点，恰如其分地反映研究的范围和深度，使读者一看就明了本文的目的和意义，达到“见题如见其内容”的效果。

让我们来分析一下这样一个题目实例：“腺性膀胱炎”。从表面上该文题显得很简短精练，没有多余的词。的确，如果把它改写成“关于腺性膀胱炎的研究”，或者是“关于腺性膀胱炎的临床观察”，并没有实际意义上的改善。因此我们可以这样认为：大多数文题之所以写得太短，惟一的原因就是使用了一般术语，而没有使用确切术语。很显然，上述文题肯定不是对腺性膀胱炎的所有方面都进行了研究。因此，这样的文题实际上是没有意义的。假如仅是对腺性膀胱炎的相关一个或若干方面进行研究，那就应该把它（它们）单独列在题目中。一些可以接受的题目如下：“腺性膀胱炎的治疗特点”或“腺性膀胱炎的预后因素的统计分析”都可以比较确切地反映整个文章的研究内容。笔者翻阅了“腺性膀胱炎”一文，果然所阐述的是有关该病诊断与治疗。

总结以上举例文题的缺点，主要是用词不确定。比如在文题中讲到“病毒感染”时，不可能这么笼统地说，最起码要指出是什么病毒感染，可以写成“乙肝病毒感染”；再比如“细菌中的酶”这样的题目，应该改写成“在枯草杆菌中双氢卵胞的还原酶素”。通常在科学写作中特别是在写文题时，一个很重要的原则就是：使用确定的词、大家熟悉的词和简短的词。

（四）准确而得体

文题应紧扣主题，即文题相符、文要切题、题目要得体，避免题大文小，空洞无物，名不符实，或文题不符，产生歧义。

准确得体，通俗一点比喻，就是要求写作文不要跑题。文题所反映的是整篇文章最重要的内容、最实质性的东西，这一点上面我们已反复强调过，所以文题与文章一定要紧密相扣，以免使读者产生歧义。这里最容易犯的错误主要是文题过分夸大研究范围。例如“五年来烧伤创面菌群变化与耐药性分析”，乍一看这个文题应该是研究范围相应广泛，统计量是很巨大的，因为5年来，全面创伤病例之多，创面菌群之众，也着实可观。然而细看文章，主要研究的是600余例南方医院的病例及金黄色葡萄球菌和铜绿假单胞菌两类菌属，很显然，该文题有过大夸张研究成果的嫌疑。因此，文题要求做到准确得体，实事求是。

三、书写文题的注意事项

（一）句式的选择

应避免用疑问句、主谓宾结构的完全句以及宣传鼓动方式的状语。文章的题目是个“标记”，它并不一定是具有主语、动词和宾语的句子。实际上，它比句子要简练（通常比句子短），但词的排列次序很重要。在实际写作过程中，也只有很少杂志允许作者把文章的题目写成句子，例如：“肾移植患者术后应用硫唑嘌呤致单纯红细胞再生障碍性贫血”就是一个主谓宾结构的完全句。虽然这是个看法不同的问题，但我不赞成用这样的题目：第一，动词“致”是可替代词，改写成"与……的关系"，丝毫不影响对文题的理解和对文章的表达；第二，"致"似乎是一种过分的强调，语气武断。经修改后的文题"肾移植患者术后硫唑嘌呤与单纯红细胞再生障碍性贫血发生的关系"，让读者看了感觉文题写的比较客观，没有主观武断的判断语气。再例如："钙离子拮抗剂促移植肾功能早期恢复作用的临床研究"，虽然乍一看，这个文题不是一个完整的句子，但是"钙离子拮抗剂促移植肾功能早期恢复"是一个主谓宾完整的完全式结构，如果文题改写成"使用钙离子拮抗剂与移植肾功能早期恢复的临床研究"也不会影响文题的意思。当然，也不是说绝对不允许使用完整句或判断性动词，而是应尽量避免，以防文题产生过分主观的感觉。

题目中的每个词的含义和词序，可能对于阅读杂志目录中标题的读者来说是很重要的。这对于所有可能使用文献的人，包括通过二次文献查找论文的人（可能是大多数）来说也是同样重要的。同时，题目也应写成这样的格式，使它适用于文摘、科学引文索引、医学索引等所用的计算机索引系统。大多数的索引和摘要都采用"关键词"分类法，该分类法为文内关键词（简称 KWIC）条目或文外关键词（简称 KWOC）条目。因此在文章命题时，最重要的作用应提供该文章的正确的"关键词"，也就是说文章的题目用词应限于容易理解、又便于检索，并能使文章的重要内容突出的那些词。

（二）代号的应用

不用非公知公用的缩略词、首字母缩写字、符号、代号公式等。外国人名、常见缩略语和符号（如 CT、ATP、DNA、HBsAg 等）可以使用，但不宜将其原形词同时列出，亦不必再写出中文全名。以外国人名命名的综合征或体征，不必译成中文，不加“氏”字。

题目通常不使用缩写词、化学分子式、专用名词和行话等。在考虑题目时，作者应自问“我应如何在索引中找出这份资料？”。比如有篇文章是与盐酸的作用有关，那么在题目上究竟应该用“盐酸”这样的词，还是用更短、更容易辨认的“HCL”呢？我认为答案是明确的。因为我们大多数人会在“盐酸”条目下，而不是在“HCL”条目下检索。此外，如果有些作者用HCL，而另一些作者用盐酸，那就可能使使用编目的读者只查阅到一部分已发表的文献，而没有注意到用缩写词条目下所列出的那部分参考文献。尽管现在大多数计算机程序文献检索能够把诸如脱氧核糖核酸DNA和酸化的脱氧核糖AND的一些条目汇合在一起，可是对于作者以及编者来说，最好是避免在题目中使用缩写词。这条规则也适用于专用名词（例如，要用氯四环素而不用金霉素）、行话（要使用“色谱纸”，而不用“描绘纸”）以及不常使用的或过时的术语（如要使用“偶极离子”，而不用“两性离子”）等。

（三）一般不设副题

副题是用于补充、完善论文中的特定内容。在下列情况下可使用副题：①题名语意未尽；②研究报告、论文分册（题）出版；③其他，如引申说明等。但是一般情况下不设主题-副标题系统，以及反对使用装饰标题。在几年之前，主标题-副标题系统是相当盛行的（例如，“细菌的研究Ⅳ·金球菌的细胞壁）。现在很多编辑认为：对读者尤为重要的是，所发表的每一篇文章都应提出有创见而又连贯的研究成果，而不赞成使用数字编写式的一组文章（生物学杂志

“作者须知”)。装饰标题(除了用冒号代替罗马数字外，其他方面同主标题-副标题系统)显得好一些，因为它避免了上面所提到的一些问题。但这样的标题在KWIC索引里却很难查到。但“科学”杂志(Science)是支持用装饰标题的，其理由是如果把题目中最重要的词放在题目最前面，对突出重点很有必要(例如，“细菌——植物细胞表面的相互作用：在植物叶子上腐生细菌的固定活动”Science 97：759，1997)。有时装饰标题也可能对读者是有帮助的，但笔者的意见是，它看起来似乎有些学究式，而且通常其着重点是放在普通术语上，而不是放在重要的术语上。同时它需要标点符号还会使索引混乱，所以一般说来，其效果不如简单易懂的题目。

(四)标点符号

装饰标题是一种特殊情况，而且一般只限于使用“:”或“——”，而大多数情况下，我们是不主张在文题中出现标点符号的。

(五)其他问题

1. 论文用于国际交流，应有外文题目，一般不超过10个实词。

如：中文文题“肾上腺皮质癌诊断和治疗”，其相应的英文题名：Diagnosis and management of adrenal cotidal carcinoma，该外文文题用了4个实词，比较简短精练。

2. 文题在论文中不同地方出现时，应完全相同。

3. 文题中的数字均用阿拉伯数字。但不包括作为名词或形容词的数字，如“十二指肠”不能写成“12指肠”“三叉神经”不能写成“3叉神经”。

4. 下列情况，应在文题的右上角加角注，并在页下列出角号及加注内容。

（1）论文系某科研基金会资助的课题总结，加注“本文获某科研基金会资助及资助号”。

（2）论文曾在国际学术会议上作过报告，加注“本文曾在某年国际某学术会议上报告”。

（3）论文系在进修或学习时的工作总结，加注“本文系在某院进修期完成”。

（于 磊）

第七章　作者及单位的撰写

医学论文的撰写与发表均应署上作者（笔者或整理者）的姓名及其单位，以表示对论文内容负责（文责自负），是作者对医学科学事业付出辛劳应得的荣誉和著作权的依据，也是文献检索的需要。

一、作者署名

（一）署名的意义

署名是一件严肃而认真的事情，它意味着社会对作者辛勤劳动的承认和尊重，而更重要的是它反映了一种责任。其意义为：①论文作者版权的法律地位问题；②社会对作者辛勤劳动的尊重和给予的荣誉；③作者应对该论文所负的学术责任；④便于读者、作者及编者的直接联系。署名涉及权利、责任、荣誉、联系问题，作者应认真对待。

（二）署名的条件

1. 作者应是自始至终参加了该课题的研究工作，并参加了论文写作的全过程并做出主要贡献者。

2. 作者应对该课题的研究成果具有答辩能力，并能解答本文，对论文全部内容负责。

3. 作者应是论文的执笔者，或者至少参加过文稿的讨论或定稿。

4. 第一作者应具备的条件是：选定科研课题、解答本文，直接参与本文工作并做出了主要贡献；该文责任的主要承担者；科研工作的主要全程参加者。

5. 通讯作者一般是第一作者，个别论文是研究生毕业课题的，可选择导师为通讯作者。

6. 对参加局部工作或某些试验、参加结果讨论的人员以及译者、审稿者、校对者、提供部分病例和各种资料的单位和人员，都不应该作为作者署名，可列入致谢中。

（三）署名的形式

署名有个人署名和集体署名两种形式。由集体共同设计、协作完成的，署集体名称。由个人设计完成的署个人名字。

（四）署名的要求

1. 论文署名排列顺序，应按在撰写该论文中所做的贡献大小，而不应按学术威望和职位高低以资格排列名次。

2. 一篇论文的署名不宜过多，一般不超过6～8人，其余作者可采用注释形式列于本篇文章首页下方，指导者、协作者、审阅者可列入致谢中，应事先征得被致谢者同意。

3. 如参加研究者或作者已死亡，应在姓名外加黑线框。

4. 作者署名位于单位全称之后，文题之下居中，与单位名称之间空一格（也有姓名在前，单位在后或姓名在上，单位在下）。如是单名则姓与名之间空一格。如作者系论文的整理、执笔、文摘撰稿人、简讯作者、综述者，其姓名一般置于文末，参考文献之前，并加括号。

5. 译文文摘的署名应在全文末右下方，用圆括号括起，译者与校对者之间空一格。

6. 署名应署真名、全名，不应署笔名。国内作者的中文署名写全名，其外文署名按1978年国务院规定，一律用汉语拼音，按姓前名后顺序，姓和名的首字符大写，其间留一空格，双名或双姓的拼音字符连写，不加连字号。例如：刘屹立为“Liu Yili”，欧阳奋强为“Ouyang Fenqiang”。若两字拼音连写出现元音字符相接而其音节可能发生混拼时，则在两元音字符间的上方加隔音号（’），以示区分。如刘长安为“Liu Chang’an”。

7. 多学科综合研究课题的署名，应按课题组组长的姓名一般排列在前，组员按贡献大小依次排列在后的情况处理。若在总的研究课题中又有分课题，分课题单独发表时，分课题的组长可以名列在前，组员按在研究成果中所起的作用大小排列。

二、作者单位

作者单位是指作者从事本文工作时的单位。文中列出作者单位是为了方便读者、作者及编者三者之间的联系。

（一）目的

应该记住，列出作者的地址有两个目的：一是辨认作者，二是提供作者的邮政地址。由于种种原因，知道邮政地址是很重要的，其中最常见的是要得知单行本的来源。虽然对多数研究单位来说，通常不需要列出街道地址，但应提供邮政编码。

有些杂志在感谢辞中使用星号、脚注或提请注意等方式列出“该文作者的地址”。作为作者也应该知道该杂志在这方面的规定，同时也应预先确定谁要购买或分发单行本，以及从什么地方获取单行本（因为通常单行本是由研究单位而不是个人购买的）。

除非作者希望以匿名（或希望对其姓名尽可能保密）的方式发表其文章，否则他就应该做到，在文章中必须用本人的全姓名，并列出详细地址。

（二）具体要求

1. 单位署名应写全称，列于文题之处，与作者姓名并在同一行。

2. 若是两个单位，则分别并排写上单位名称，后空一格。

3. 研究生、进修生、学员均按其完成论文的所在单位署名。作者调动单位发生变更可注明现在所在单位，进修生或学员的姓名后加星角号标记，并在论文首页左下方加脚注说明。如系已调离的第一作者，还应标注现在单位、所在城市及其邮政编码（部分期刊要求在单位前加注邮政编码）。

（于　磊）

第八章　中文摘要及关键词的撰写

第一节　中文摘要的撰写

一、医学论文摘要的目的

在医学论文中原著性文稿均应附摘要。摘要是对论文内容的浓缩概括，是不加注释或评论的简短陈述，以最少的文字向读者介绍该篇文献的核心内容，可以独立成篇。其目的之一是让读者花最少的时间就能从摘要中获取该文的主要信息，从而判断是否需要深入阅读全文；第二个目的是便于收入二次出版物和便于信息检索系统收录。

二、摘要的书写形式

（一）报道性摘要

即指论文的主题范围及内容梗概的摘要，是编写医学论文摘要的主要形式，内容包括以下四个方面：①目的：即为何进行研究；②方法：介绍研究的资料、研究途径、实验及观察、分析方法；③结果：主要的研究结果，重要数据及统计学数值；④结论：即研究结果导出的结论，包括经验教训及应用价值。此类摘要的优点是便于作者按照结构式摘要的规范将所需要的信息放置在相应的栏目中，使其条理清晰、信息结构合理、自明性强，便于检索。

（二）指示性摘要

这类摘要只对论文的主要内容做一般性介绍，不要求包含新的科技信息，且字数可以很少。指示性摘要应用于无法或不适宜采用报道性或报道指示性摘要时。这是一类最常见的摘要，是指明一次文献的陈述主题及取得的成果性质和水平的简明文摘。此类摘要提示了文章内容，可以充当目录看，让读者自己决定是否需要读这篇文章。然而，由于它的内容没有报道性摘要具体，很少能替代全文。

举例："肾上腺腺瘤型原醛症69例报告"[中华泌尿外科杂志，2001，22（2）: 72-74]。

［摘要］**目的** 探讨分泌醛固酮的肾上腺腺瘤（APA）的诊断和治疗方法。**方法** 回顾性分析69例经手术和病理证实的APA患者临床资料。**结果** 69例患者术后1周血钾恢复正常。48例随访3个月至10年，血压恢复正常45例，3例需长期应用降压药维持。**结论** 安体舒通试验、血醛固酮测定是APA的主要定性诊断方法，B超和CT

是定位诊断的主要方法，准确率分别为81.2%和100.0%。外科手术是治疗APA的有效手段。

（三）报道/指示性摘要

即以报道性摘要形式表述一次文献中信息价值较高的部分，同时又以指示性摘要形式表述其余部分的文摘。此种形式适用于综述性、资料性或评论性的文章。

三、摘要的写作规范

中华医学系列杂志根据实践经验推广采用结构式摘要，其特点是内容中包含了与文稿同等量的主要信息，而且在实际操作中不一定要受到字数的限制（一般摘要的字数限制在200～300字以内为宜），可以根据全文所提供的信息量自行把握。

一般原则：摘要的内容要求以第三人称形式进行叙述，可采用“对……进行研究”“报告支原体肺炎2例”“提高对……的诊断率”等形式。内容应连续编写不分段，不用图表。字数以200～300字为宜，多则不超过500字，一般的经验认为这些字数已足够提供最核心的信息量。力求高度概括，简明扼要，字斟句酌叙述的语言，专指性要强。

摘要写作的基本内容：摘要中的目的、方法、结果、结论等四项要素应完整提供，缺一不可。研究目的一定要清晰，一般只用一句话说明即可。

举例：

［摘要］**目的** 探讨尿脱落细胞端粒酶活性变化在膀胱肿瘤诊断中

的作用。**方法** 应用PCR-ELISA法检测53例膀胱肿瘤患者尿液脱落细胞端粒酶活性。**结果** 非膀胱肿瘤和膀胱肿瘤患者尿脱落细胞端粒酶活性阳性率分别为64.15%（34/53）和7.69%（2/26），健康对照者7例均为阴性，膀胱肿瘤患者与正常人及非膀胱肿瘤患者的端粒酶活性分别相比，差别均有极显著性意义（$P<0.001$）。但端粒酶活性与肿瘤的分期分级无相关性。**结论** 尿脱落细胞端粒酶活性检测可以作为诊断膀胱肿瘤的无创性检测方法，但不能预测膀胱肿瘤的临床分期与分级。

这是一篇典型的报道性摘要。摘要的分层十分清晰，由目的、方法、结果、结论四段要素构成。从内容看，具有完整性，自明性，文字简洁，可以独立成篇，反映了研究工作的资料和数据等涵盖论文的主要信息。完全可以在不需通读全文的情况下了解作者的研究内容，获得该文主要的信息，为读者节约大量时间。

医学期刊的摘要通常是放在作者署名和正文之间，一般是中文摘要在前，英文摘要排在其后，这种排法亦称其为前置式摘要。作者提供的原稿也可以将摘要附另页纸置于全文之后，以便于编辑加工。

四、注意事项

1. 应繁简得当，以交代清楚为主，不要与前言、结论重复。

2. 要用第三人称陈述，不要使用“本文”“本人”“我们”等作主语。

3. 一般不用疑难词、缩略词语（但可用公认的缩略词）及图、表、公式、化学结构式和非众知公用的符号或术语，不引用参考文献。这里提到的公认的缩略词如：DNA（脱氧核糖核酸）、AIDS（艾滋病）、PCR（聚合酶链式反应）、CT（计算机断层扫描成像）。

4. 缩略语、略称、代号在首次出现处必须加以说明。

5. 注意方法和结果不可混淆，结果和结论要区分清楚。

举例："Clusterin 对膀胱癌细胞抗凋亡作用机制的研究"[中华泌尿外科杂志，2001；22（1）：31-33]。

[摘要] **目的**　探讨新的抗细胞凋亡因子 Clusterin 对膀胱癌 EJ 细胞的作用机制。**方法**　用丝裂霉素（MMC）诱导膀胱癌 EJ 细胞凋亡，采用流式细胞术（FCM）检测不同浓度的 Clusterin 对抗 EJ 细胞的凋亡率。**结果**　小剂量 Clusterin 可以特异性抑制 MMC 诱导的 EJ 细胞凋亡作用。**结论**　Clusterin 通过抗凋亡机制作用于膀胱癌 EJ 细胞，可能与膀胱癌细胞的复发、耐药等临床特性有关，此项研究对阐明膀胱癌发生发展的生物学机制以及临床应用 Clusterin 抗体治疗膀胱癌提供了帮助。

该篇摘要中丝裂霉素的外文缩写 MMC 及 FCM（流式细胞术的略写）是首次出现，都用其汉语全称进行说明。

该摘要简明扼要，重点突出，把全文的内容浓缩在 200 字以内。而且把检测目的、方法、结果、结论均在简短的文字中交代得较清楚。

另外，对一词多译时，同一篇文章内的名词应统一。例如：Fas 又称 AP0-1、CD95、Fas 受体，而其全称应统一使用 Fas 受体即可。

第二节 关键词的书写

关键词是在审读文摘的基础上，对文献进行主题分析，然后选定最能反映文献特征内容，通用性比较强的词，按统一规范选取者，称之为主题词。用以表示全文主题内容信息项目的规范化名词或词组（单词或术语）是最能说明全文含义的词。它主要从文题内提炼出来，可为编制索引和检索系统使用，以便进入网络检索。其特点为：①反映文章的主要内容；②体现文稿的种类、目的及实施措施等；③在同一文章中出现的次数最多；④一般在文稿的文题及内容摘要中出现。

一、基本要求

1. 标引关键词要从文稿的主题分析开始，即对文稿的内容和中心思想进行浓缩、提炼，剖析主题结构，确立主题类型。

2. 关键词是文稿论述的核心，应包括：①主要论述的课题；②某种实验研究的直接目的和结果，某种疾病的预防、诊断和治疗等重要的手段、方法的创新，新见解或为读者所关心的问题；③文稿中论述篇幅较多的内容。

3. 关键词常用较为定型的名词，多是单词或词组，要写原形词而不用缩略词。其概念要精确，有较强的专指性。应尽可能在最近一年的《Medical Subject Headings MeSH》里选用。中文译名按 1981

年中国科技情报研究所和北京图书馆主编的《汉语主题词表》、中国医学科学院医学情报研究所1984年编制的《医学主题词注释字顺表》及1985年后逐年新增主题词或使用最新的专业词汇。未被词表收录的新学科、新技术中的重要术语和词，可作为自由词标注。中医中药关键词可从高等医学院校《中医药主题词表》编制的词录中选用。此外还可以使用最新权威性词汇，如《英汉生物医学词汇》《英汉医学词汇》等。

4. 自由词的使用。如词表中没有某一特定概念的主题词供选用，而该特定概念又是不可忽视的主题，就不得不用词表以外的自由词作关键词。随着医学科学技术的不断发展，新的名词不断出现，尤其是我国中医中药和中西医结合方面的名词在词表中更缺乏，适当选用自由词是必要的。

5. 汉语和英语中均有一词多义或一义多词现象，应以词表中标注的词为准。

6. 注意关键词的中文词组排列顺序。为了适应检索需要，词表中许多词的排列顺序不同于汉语排列习惯，如“贫血-再生障碍性”等，不能按中文习惯写成再生障碍性贫血等。

7. 有些约定俗成的词要转换成通用学科或规范化专业主题词，如怀孕转换成妊娠等。

8. 每篇论文应标引关键词2～8个，每篇论文具体标引几个关键词，应视论文的内容和范围而定，但应掌握“精、准”的原则，在反映出论文基本或主要内容的前提下，以少为宜。

9. 有英文摘要者，关键词要中、英文相对应，同时中、英文关键词的数量要完全一致。

10. 关键词列于内容摘要之一，简报或短篇报告等无摘要者，则关键词列于作者署名之下。各关键词之间无标点，相互之间空一格书写，最末一个词后亦不加标点。外文字符除专用名词的首字要大写外，余均小写。

11. 关键词的排位：可将一篇论文的文题、摘要、正文看成文稿的三个层次的内容扩展，摘要是正文的浓缩，文题是摘要的浓缩，而关键词是文题的浓缩。所以，现在有些期刊将关键词的排位放在摘要前面，为编制索引和检索系统使用，以便进入国际检索体系。

二、注意事项

1. 关键词要写原形词而不用缩略词。

2. 一般不选用冠词、介词、连词、代词、情态动词，以及无检索意义的副词、形容词等，如：必须、研究、探讨、分析、观察、调查等。

3. 有英文摘要者，关键词要中、英文相对应，用词数量要一致。

4. 下列情况不能作为关键词标引

（1）化学分子式不可作为关键词，如 NaOH 应标氢氧化钠。复杂的有机化合物名称一般取基本结构名称作关键词。有表示取代基位置或异构现象的词语，可以省掉。如："3′S′-腺苷酸"和 L-乳酸中的"3′S′-"和"L-"可去掉。但某些取代基标号已成为该名称的一部分者仍可保留。

（2）词表中未出现的缩写词或未被普遍使用、未被专业公认的缩写词，不可作为关键词，如 Ara-C（阿糖胞苷）等。

（3）文中提到的常规技术，内容为大家熟知，也未加探讨和改进的，不能作为关键词标引。如某心脏病诊断的论文，提到常规的心电图描记术则不需标引。

（4）一些具体说明的字样，如抗肿瘤抗生素放线菌素 D，其中词表上有“抗肿瘤抗生素”这个主题词，也不需标引，只需标“放线菌素 D”。

（5）文中未加讨论或尚不够成熟的某些概念，如关于生化方面的文章，提到某种新的、尚未经证实的某种氨基酸。

（6）已被所标关键词概括的无检索价值的概念，不能作为关键词标引，如：“技术”“应用”“观察”“调查”等。

（7）词表中或标引规则中规定不作标引的概念。如副主题词仅对主题词起限定作用，以便提高文献查全和查准率，而不能作为关键词。

（8）要根据文章论述的实质性内容选择词表中最恰当、最专指的主题词标引，一般不得用上位或下位主题词。如一篇论述心肌梗死的论文，专指性主题词是心肌梗死，而不标心脏病或心肌疾病。

（于　磊　倪建鑫）

第九章　英文文摘的撰写

第一节　概论

一、英文文摘的定义及种类

Abstract 的中文习惯叫法有两种，一种是和原文献在一起的叫“摘要”，另一种是独立存在的叫“文摘”，如单独出版的文摘杂志中的文摘及情报系统贮存和提供的文摘。Abstract（文摘或摘要）是论文内容的简短陈述，不加注释和评价。它具有独立性和完整性，即使不读论文，也能从中获得必要信息。为便于讨论，本书中均用“文摘”一词作为 abstract 的对应词。

文摘一般不分段落，不含图表，不用公式、化学结构式和非公知通用的名词和术语，也不引用参考文献。在文摘中不应写出正文中所没有的内容和结论。文摘的篇幅虽短，然而信息量大，能反映论文的基本面貌，使读者阅读后能在短时间内获得丰富的信息。

文摘主要有三大类，指示性文摘（indicative or descriptive abstract）、信息性文摘（informative abstract）以及这两种文摘的结合型信息 - 指示性文摘（informative-indicative abstract）。一般的文摘杂志，数据库及期刊论文所附文摘都属于这三类文摘。也可以将信息性文摘和信息 - 指示性文摘归为信息性文摘。

在一般情况下，只要原文献类型及形式允许，都应将文摘做成信息性文摘或信息 - 指示性文摘。也就是说，尽量把文献中定量或定性的情报资料写进文摘。对于叙述试验或研究方面的文章及论述某一主题的论文，都应做成信息性文摘。但是，要把一些讨论性论文、内容涉及面很广的长篇论文（如概述性文章、综述性论文）及一些内容范围较大的调查报告等做成信息性文摘则很困难，这类论文的文摘可做成指示性文摘。

（一）信息性文摘（informative abstract）

信息性文摘是对论文简明扼要的叙述。医学论文的正文一般包括引言、材料和方法、结果、讨论等部分，其中每一部分的核心内容都至少用一个句子在文摘中得到反映。文摘中各部分内容的安排顺序一般与正文中相同，要重点突出该项研究工作的主要发现及其意义，提出该文的独特见解和创新之处，它可以起到代替原文献的作用，对读者的帮助较大，几乎绝大多数的英文文摘都属于此类。

这类文摘的篇幅稍长，一般的研究论文或试验报告的文摘为100～250个英文单词，内容很多很充实的文章的文摘可达500个英文单词。文摘的长短主要根据原文献内容而定。下面是信息性文摘的例子：

Expression profile of microRNA in serum of prostate cancer patients

前列腺癌患者血清微小RNA表达谱的初步研究

【Abstract】**Objective** To investigate the differentially expressed microRNA（miRNA）in serums of benign prostatic hyperplasia（BPH）patients and prostate cancer patients in different clinical stages by using miRNA microarray and confirm the relationship between those miRNAs and prostate cancer. **Methods** Serums from 23 patients with BPH and 46 patients with prostate cancer, including 23 cases with androgen-dependent prostate cancer and 23 cases with androgen-independent prostate cancer, were collected from Sep.2008 to Nov.2013. Cases with BPH were pathologically diagnosed after TURP, and cases with prostate cancer were confirmed by prostate needle biopsy. 3 samples were randomly selected from each group, and a total of 9 samples were used for determining miRNA expression by miRNA microarray chip. Data analysis was performed to select significant difference of miRNA expression profile in prostate cancer, and the difference was confirmed by quantitative Real-time PCR analysis on another 60 samples. **Results** 9 serum samples（3 cases of ADPC, 3 cases of AIPC and 3 cases of BPH）were carried out miRNA microarray analysis and screened 31 differentially expressed miRNAs in three groups. 8 aberrant miRNAs were detected in ADPC group in comparison to BPH group, including 7 upregulated and 1 downregulated miRNAs. 9 upregulated and 6 downregulated miRNAs were detected in AIPC group in comparison to BPH group. Particularly, miR-181a-2 was simultaneously aberrantly expressed in ADPC group and AIPC group. In addition, 4 upregulated and 4 downregulated miRNAs wele detected in AIPC group in comparison to ADPC group. Ultimately, the different expression levels of miR-29a, miR-181a-2, let-7b, miR-144, miR-134, miR-15b, miR-491-3p, and miR-495 were confirmed by Real-time qPCR, suggesting the high reliability of miRNA array. **Conclusions** The differentially expressed miRNA in serum might have diagnostic potential and be seen as therapeutic target in human prostate cancer. Interesting, miR-181a-2 might anticipate in the progression of prostate cancer.

【摘要】**目的** 分析不同临床阶段前列腺癌和BPH患者血清中差异性表达的微小RNA（microRNA, miRNA），筛选与前列腺癌相关的miRNA。**方法** 选取2008年9月至2013年11月收治的46例前列腺癌患者血清，包括激素依赖性前列腺癌（androgen dependent prostate cancer, ADPC）和激素非依赖性前列腺癌（androgen-independent prostate cancer, AIPC）患者各23例，选取23例BPH患者的血清作为对照组。所有前列腺癌患者均经前列腺穿刺活检获得病理学诊断，BPH患者经TURP术后病理确诊。各组随机选取3例共9例患者的血清进行miRNA基因芯片分析，其余60例样本进行实时qPCR对部分差异表达的miRNA进行验证。**结果** 对ADPC, AIPC和BPH组各3例血清进行miRNA芯片分析，共筛选出31

个差异表达的miRNA。ADPC组与BPH组比较有8个miRNA表达存在差异，其中7个miRNA表达上调，1个miRNA表达下调；AIPC组与BPH组比较有9个miRNA表达上调，6个miRNA表达下调；miR-181a-2在ADPC组和AIPC组中均明显高表达。AIPC组与ADPC组比较各有4个miRNA表达上调和下调。实时qPCR验证了miR-29a, miR-18la-2, let-7b, miR-144, miR-134, miR-15b, miR-491-3p, miR-495等在各组血清中的差异表达与芯片检测结果一致。**结论** 血清中差异性表达的miRNA可能成为潜在的前列腺癌诊断和治疗靶点，其中miR-181a-2可能与前列腺癌的发生发展有关。（中华泌尿外科杂志，2015，36：225-228）

（二）指示性文摘（indicative or descriptive abstract）

指示性文摘并不叙述论文的具体内容，仅仅指出论文所写是哪一方面的问题或该项研究所覆盖的范围。这种文摘用得较少，主要适用于综述性文章、讨论性文章等，常用“...is studied（investigated）”“...is discussed”等句型。其篇幅比信息性文摘短，一般在150个英文单词以内，这类文摘的作用及价值远不如信息性文摘。下面是一篇综述性文章的文摘，属于指示性文摘。

The biological characteristics and clinical significance of a novel heart failure marker: sST2

新型心衰标志物sST2的生物学特征和临床意义

【Abstract】Soluble srI2（ssrI2）is protein of interleukin-1（IL-1）receptor family present in the blood which have been identified has the ability to capture IL-33, thereby inhibiting IL-33/ST2 signaling. The mechanical properties overload of myocardial cells was significantly increased. Thus, when at the onset of heart failure or chronic heart failure deteriorated, or at scarring resulted by myocardial infarction. Soluble ST2 can be detected in the blood. The purpose of this review is to discuss the role of soluble ST2（sST2）as a new cardiovascular marker.

【摘要】可溶性 ST2（sST2）是存在于血液中的白介素 1（IL-1）受体的家族成员蛋白，已被确认有诱导捕获 IL-33 的能力，从而抑制 IL-33/ST2 信号传导，在机械性超负荷的心肌细胞中显著升高。因此，在心力衰竭发作或慢性心力衰竭恶化时，或者由于心梗产生瘢痕导致心肌不能很好地伸缩时，都可以在血液中检测到可溶性 ST2。作为一个新的心血管疾病发生早期的标志物，sST2 在心脏疾病早期诊断上发挥一定作用。（中华检验医学杂志，2015，38：498-501）

这是一篇典型的综述性文摘。在这篇文摘中，作者未涉及具体的实验目的、方法、结论等，而是概述了新型心衰标志物 sST2 的定义、生物学特征及临床意义。

（三）信息 - 指示性文摘（informative-indicative abstract）

由于文摘篇幅的限制以及文献类型、内容方面的原因，常需要把文献的主要方面写成信息性，而将次要方面写成指示性。这样就要把文摘写成既有信息性又有指示性，成为信息 - 指示性文摘。这种文摘比单纯的信息性文摘或单纯的指示性文摘更为普遍，效果更好。一般也可以把这类文摘划归为信息性文摘。所以也有人把文摘分为两大类，即信息性文摘和指示性文摘。下面是信息 - 指示性文摘的例子：

Laboratory diagnostic methods of Ebola virus disease

埃博拉病毒病的实验室诊断方法

【Abstract】Etiological and serological testing, including virus genome, virus antigen, anti-virus antibodies, virus culture and identification, were the standard laboratory tests to confirm or exclude Ebolavirus infections, Moreover, other laboratory tests, such as blood routine tests, liver and kidney function tests, serum electrolyte tests, and coagulation function tests, were very important to the clinical diagnosis and treatment of Ebola virus disease (EVD) patients. Based on working experiences and practices in the China Ebola Treatment Center and available publications, opinions about the detailed clinical significance and associated key point of biosafty prevention and protection protocols of above described laboratory tests forthe clinical diagnosis and treatment of EVD were provided.

【摘要】病毒基因组、病毒抗原、抗病毒抗体、病毒培养与鉴定等埃博拉病毒病原学和血清学检测是确认或排除埃博拉病毒感染的实验室诊断标准方法。同时，血常规、肝肾功能、电解质和凝血功能等辅助诊断检测项目对于埃博拉病毒病的临床诊治具有重要指导意义。本文就作者在中国埃博拉治疗中心的工作实践和文献复习，详细探讨了上述实验室诊断项目在埃博拉病毒病临床诊治中的临床意义及其流程中需遵循的生物安全防护要点。（中华检验医学杂志，2015，38：361-363）

二、英文文摘的内容和长度

文摘的内容概括了论文中的主要信息，一条文摘可以让一个有知识的读者不参看原文也能了解论文的内容。因此，文摘应开门见山，简明扼要的阐述论文的主要内容，说明研究工作的内容、方法、目的、结果及重要数据，并指出论点，陈述新的事实、新的见解，或指出未来的发展前途，而重点是结果和结论。

国际标准化组织对文摘的长度做了明确的规定，对大多数试验研究文章来说，写一条250个英文单词的文摘就可以了。长篇文章，如长篇报告和学位论文，一般不超过500个单词，而且最好放在一页上。快报的文摘可在80～100个词。中文科技文章的英文文摘可酌情处理。一般来说，外国人很难读懂中文文章的原文，所以尽量将原文的主要内容写入文摘，这样有些文摘可能稍长一些。

三、文摘的特点

从上面的叙述可以看出文摘主要有以下三个特点：

1. 文摘必须具备完整性，可脱离原文独立存在，包括原文献的主要信息。

2. 文摘是把一篇文献的精华部分以精炼的文字，用极短的篇幅报道出来，内容高度概括，信息密度大，可以说是经过浓缩的信息资料。

3. 文摘只对原文献内容进行客观的报道，不加任何评论、解释，保证文摘传递信息的客观性和准确性。

四、写作英文文摘的目的

在国外，和原文献一起发表的文摘，也叫一次出版物文摘，主要用于帮助读者评价文章内容及其潜在作用，使读者不用阅读原文即可迅速了解原文内容。文摘机构制作和出版的文摘，也叫二次出版物文摘，一般脱离原文献而独立存在，主要帮助读者选择文献，收集情报，提供情报服务。

在国内，除上述目的外，中文一次文献附带一条英文文摘更主要的是把文献的内容介绍给不懂中文的外国同行及有关部门人员，与外国同行进行学术交流。出于这个目的，越来越多的医学学术期刊将论文的标题译成英文并附上一条英文文摘。

五、英文文摘的使用范围

1. 单独发表或作为资料，直接与国外学术机关团体交换，以交流科技情报。

2. 汇总在期刊之后或附在相应的论文等之后发表，供不懂汉语的读者阅读。

3. 独成一段并冠以小标题"Abstract"，文摘放在一篇外语论文的正文之前，起着提示、概括论文主要内容的作用。

4. 独成一段，以黑体排印，放在外语论文的头一段，用以概括全文的主要内容。

第二节　英文文摘的制作步骤及注意事项

文摘的写作是一个特殊的写作过程。在一般情况下，英文文摘可由两种途径产生，一种是从论文标题延伸扩展而来，另一种可由论文的正文浓缩而成。对于我国大多数医护人员和文摘制作者来说，由于没有养成直接用英文思考的习惯，直接写成英文文摘比较困难，常常先写成中文摘要，然后译成英语。由于英语和汉语表达习惯差异很大，如果只按字面意思逐字逐句翻译，结果会产生所谓的“中式英语”。要写好一篇英文文摘，除了要掌握论文文摘的写作要求外，还要有一定的英语写作翻译能力，尤其要熟悉科技英语文体的表达方式和表达术语。

英文文摘的制作主要由作者本人或专门的文摘制作者完成，无论是哪种情况，都有一些原则性的标准来衡量文摘的优劣。

一、衡量文摘优劣的标准

可以从下面三条标准来判断一条文摘的质量优劣：

1. 在内容上，准确报道了文章主题内容，并有适当的概括度和深度。

2. 文摘结构严谨，逻辑性强，文字简洁明了，重点突出。

3. 长短适度，以较短的篇幅传递较多的信息。

国外有人主张用阅读时间来衡量文摘的长短。美国的 Mary Claire Van Leunin 在《A Handbook for Scholars》一书中谈到，做文摘时，最好设想自己在给一个同事打长途电话，必须在 3 分钟内把自己文章的要点向对方说清楚。文摘的长短应以阅读时间少于 3 分钟为宜。

国外各种学科的文摘杂志及数据库对文摘的内容及形式都有更加具体的要求，虽然与我们论文中的附加英文文摘的形式有所不同，但对我们会有一些有益的提示。例如美国《化学文摘》(Chemical Abstract) 的编辑分析手册《Editorial Analysis Manual》对化学文摘下的定义是:

"The abstract are short summaries of the original documents. They provide for the reader entry to the original literature, but they do not replace that literature. They are expected to be accurate, clear, concise and complete in essentials. They report the basic informational content of the original document. They are neither critical nor evaluative reviews. They are not meant to serve as laboratory manuals or chemistry handbooks. Their primary purpose is to provide accurately and quickly, sufficient information on the chemical content of the document abstracted to allow the searcher to determine whether it is necessary to consult the original publication for complete details."

从这段文字可以看出《化学文摘》评价文摘优劣的一些标准:

1. 文摘是原文的简短概要。
2. 文摘只是为读者提供了解原文的入门,但不能替代原文。
3. 文摘必须准确、清楚、简明、完整。
4. 文摘报道原文的基本信息。
5. 文摘不是批评性的,也不是评价性的。
6. 文摘不是实验指南或化学手册。

另外,这本《Editorial Analysis Manual》还指出:

1. 文摘必须在技术内容上能代表原文。
2. 文摘必须是一篇完整、独立的短文,离开原文或不参阅原文也能使读者完全理解其中的全部内容。

3. 文摘中使用的术语、符号、缩略语和专有名词的含义必须明确。

4. 文摘必须能够解答标题提出的任何问题或者满足标题向读者做出的许诺。

5. 文摘必须能联机检索，用词必须规范准确。

如果一条文摘能符合上述原则，读者就会认为抓住了原文的实质，根据文摘内容做出的判断就会准确无误。

二、英文文摘的制作步骤

一篇论文，短则两三页，长则十几页，几十页，制作一篇简洁的文摘并非易事。

文章作者给自己的论文制作英文文摘，一般可分为三个步骤，即筛选内容、文摘叙述和定稿。

（一）筛选内容

一篇研究论文的文摘一般应包括下面这些内容：实验或研究目的，所进行的时间、地点，使用的主要材料和方法，主要结果，以及得出的结论。一般说来，研究论文的文摘应包含能回答原文献标题向读者做出许诺的主要结果，以及使读者能正确理解这些结果的基本要素。

实验研究结果是科技论文中最重要的内容，是文章的主体和核心部分，也是读者最关心和最需要了解的情报资料，在筛选这部分内容时，必须认真细心地分析比较，选择出最主要的和最能说明这些结果的一些主要数据和具体事实。这部分内容选择得当与否直接影响读者对原文能否正确了解，是决定文摘优劣的最关键一环。如果结果太多不能全部选入，首先要选择那些新的经过验证或有长久价值的结果、重要的发现以及和以前的理论相矛盾的结果，或者与实际问题有关的部分。

作者在完成论文后，通读文章，按照上面的原则在原文中筛选用于文摘的内容，并做出适当的标记。另外，有一些内容不易写入文摘中，列举如下：

1. 对未来工作的预测、计划和打算。

2. 反面结果。但如果这些反面结果是研究的主题，则应该入选。

3. 前人关于这个主题的研究资料。如果本研究得到的结果与前人研究结果不符或相符，其程度出乎意料，也可以简单地提及。

4. 描述性内容。如对事物特征、疾病症状的具体描述等。

5. 背景材料。

6. 一般的知识性内容。

对文摘内容的选择存在一个详尽度的问题，即到底详尽到何种程度。这并没有一个具体的规定。但是，可以做一条最低限度的规定，即选择内容时，最起码应该详尽到何种程度。这个最低限度可用上述“回答标题向读者提出的许诺”作为标准。也就是说，一篇文摘最起码要能具体而完满的回答标题向读者的许诺。要做到这一点，除了从“结果”选择使读者能正确理解“目的”“材料”“方法”等部分，还需选择使读者能正确理解“结果”所需要的基本要素。

因此，对“目的”“材料”“方法”等内容的选择与对“结果”内容的选择密切相关。

（二）文摘叙述

重新阅读并压缩上述已筛选的，并在原文中做过标记的内容，然后叙述出来。

在这个步骤中，最好的方式是作者用英文进行思考，并压缩选定内容。但做到这点很难，要求作者有扎实的英文基础。

一般来说，作者在实验前已阅读了大量与研究主题相关的英文文献，在叙述文摘时，可模仿英文文摘中类似的句子或用词，要做到这一点并非难事。

这里叙述的只是一般原则，对于具体的叙述方法，例如如何写标题，如何写开头句、结论及一些常用的表示方法等，在以后的章节中将详细论述。

（三）定稿

完成上述步骤，即可得到文摘的初稿，再对文摘的初稿进行审核性阅读。这是对文摘初稿的质量检查，有利于对照原文找出文摘中的各种错误。可以从下面三个方面检查文摘的质量：

1. 文摘的结构是否合理，是否具备整体性。

2. 文摘内容是否完整、连贯和简明。

3. 是否符合文摘的各项规定，在形式上和长度上是否合适，并对文摘进行全面的编辑加工。

下面以一篇英文文摘的写作为例，叙述上述文摘写作的三个步骤。

Kruppel 样因子 17 调控上皮 - 间充质化抑制肾癌 786-0 细胞迁移侵袭能力

前言

肾癌（renal cell carcinoma, RCC）是一种肾实质性恶性肿瘤，同时也是泌尿生殖系统肿瘤中导致死亡人数最多的恶性疾病。约 1/4 肾癌患者诊断时即为进展期，进展期患者的预后极差，五年生存率仅为 0～20%。鉴于进展期肾癌对传统化疗不敏感，本研究欲探讨其早期发生发展机制，为将来开发新药提供理论依据。Kruppel 样因子 17（Kruppel-like factor 17, KLF17）是 KLF 家族新发现的成员，目前研究证实 KLF17 在乳腺癌、肺癌、肝癌、胃癌、甲状腺癌等肿瘤中都表现出与肿瘤细胞的迁移侵袭能力有关，且其表达量与患者肿瘤恶性程度及患者预后密切相关，但其在肾癌中的作用还未有报道。此外，上皮 - 间充质转化（Epithelial-mesenchymal transition, EMT）是肿瘤发生发展的标志性事件，在肿瘤的迁移、侵袭、转移中也发挥着重要作用。本实验拟利用特异性的 SiRNA 转染肾癌细胞株 786-0，下调肿瘤细胞 KLF17 的表达，观察其对肿瘤细胞的迁移侵袭能力的影响，以及 EMT 相关分子的表达变化，初步探讨 KLF17 基因对肾癌细胞迁移侵袭能力的影响及可能的机制。

1　材料和方法

1.1　材料：人肾癌 786-0 细胞系购自上海细胞库；转染试剂 Lipo-2000（Invitrogen）；抗体：KLF17（abcam ab84196）；β-Actin（bs-0061R）；E-cadherin（abcam ab40772）；β-catenin（abcam 32572）；N-cadherin（BD 610921）；HRP 羊抗兔 IgG（Jacksonimmuno

113298）; HRP 羊抗鼠 IgG（Jacksonimmuno 113738）; 1640 培养基（Gibco 公司）; 胎牛血清（天津灏洋公司 TBD31HB）; Transwell 小室（MILLIPORE LOT NO:14040416）; Matrigel（BD 356234）; 反转录试剂盒（TaKaRa RR036A）; SYBR（TaKaRa RR820A）。

1.2 细胞培养：人肾癌 786-0 细胞系用含 10% 胎牛血清 1640 培养基，细胞置于 37℃、5%CO_2 孵育箱培养。

1.3 人 KLF17 特异性干扰序列 siRNA 的合成：根据 GenBank 中人 KLF17 的核酸 DNA 序列，由上海吉玛基因公司设计并合成两条 KLF17 特异性干扰序列，分别为 KLF17-homo-199（KLF17-siRNA1）正义链：5-GCACACCUCUUGGAACCAATT-3；反义链：5-UUGGUUCCAAGAGGUGUGCTT-3；KLF17-homo-464（KLF17-siRNA2）正义链：5-GGAGAGCCCAAUAUUCCAATT-3；反义链：5-UUGGAAUAUUGGGCUCUCCTT-3。并设计一条相应阴性对照序列 Negative control（NC）正义链：5-UUCUCCGAACGUGUCACGUTT-3；反义链：5-ACGUGACACGUUCGGAGAATT-3。

1.4 细胞的转染：将细胞常规消化离心后，细胞均匀铺入六孔板中，待细胞密度达到 70% 左右时，将 KLF17 的是 siRNA1、siRNA2 及 NC 与 lipo-2000 用无血清 1640 培养液按照转染试剂说明书对应的量稀释混匀后，室温静置 20 分钟，再加入相应的六孔板中转染 6 小时后换为有血清的培养液继续培养。

1.5 Western Blot：细胞转染 48 小时后，将细胞收集在 1.5 ml EP 管中，向各 EP 管中加入 150μl 裂解液，冰上裂解 30 分钟，12000 r/min 4℃离心 20 分钟，收集上清，进行 BCA 蛋白定量后加入 1/4 体积

5×Loading Buffer，100℃煮沸8分钟。配置10%浓度胶。每孔加入40μg蛋白样品，100V恒压电泳2小时，100V电压冰水转膜120分钟，5%浓度脱脂奶粉室温封闭1小时，一抗4℃孵育过夜，TBST洗膜30分钟，二抗室温孵育1小时，TBST洗膜30分钟，显影。

1.6 Real-time PCR：将细胞转染48小时后，收集细胞，Trizol法提取细胞总RNA，各取RNA 500ng按照TAKARA反转录试剂盒说明书操作将RNA反转录为cDNA后，行RT-PCR检测，反应体系为：所得cDNA稀释4倍后取2μl；SYBR Green 5μl；上下游引物各1μl；ddH_2O补足至10μl，经40个循环后得到各CT值，根据各CT值计算mRNA相对含量制作柱状图并求*P*值。反应中所用引物序列如下：β—actin：5’-CGATCCACACGGAGTACTTG-3’（上游）；5’-GGATGCAGAAGGAGATCACTG-3’（下游）。KLF17：5’-GCTCTGGAGTGCACACCTC TT-3’（上游）；5’- CAGCATCTCTG CGCTGTGA-3’（下游）。

1.7 细胞划痕实验检测细胞迁移能力：将转染24小时后的786-0细胞接种于6孔板中培养，待细胞融合率达到70%～80%时使用枪头比着直尺用力画横线，用无菌PBS轻轻冲洗细胞3次，洗去划下的细胞。加入无血清培养液进行培养，分别在0小时、24小时、48小时拍照。通过image J软件计算各时间段融合面积，通过公式（0h面积—Xh面积）/0h面积×100%计算迁移率。

1.8 Transwell检测细胞侵袭能力：将转染24小时后的786-0细胞饥饿24小时，细胞常规消化，用无血清的培养液将细胞浓度调整为1×10^5/ml，取细胞悬液150μl细胞加入已铺好基质胶的小室中，每组设置3个复孔，24孔板下室加入500 μl 含肽牛血清的培养液，培养24小时后，取出小室，PBS淋洗，用棉签小心擦去微孔膜内层细胞，95%酒精固定5分钟，苏木素染色20分钟，计数，每个样本取10个视野，取平均值。

1.9 数据统计分析：采用SPSS19.0统计软件进行数据分析。计量资料以平均数 ± 标准差（Mean ± SD）表示，并进行两独立样本 t 检验，以 $P<0.01$ 表示有统计学差异。

2 结果

2.1 siRNA能有效抑制786-0细胞中KLF17的表达：经转染48小时后，收集细胞，提取蛋白及RNA通过Western blot及real-time PCR检测转染siRNA组及NC组786-0细胞中KLF17蛋白及RNA水平。Western结果显示siRNA沉默组KLF17蛋白明显下调。real-Time PCR结果显示NC组、siRNA1组、siRNA2组KLF17 mRNA相对含量分别为1.75 ± 0.21、0.79 ± 0.08及0.72 ± 0.02。与NC组行成对样本 t 检验 P 值分别为0.0018、0.0011，皆小于0.01。提示siRNA下调KLF17表达有效，可以用于下一步实验。

2.2 下调KLF17表达后786-0细胞迁移能力增强：通过划痕实验结果可见，转染siRNA及对应NC后，通过对0小时、24小时、48小时拍照对比，可见转染是siRNA组786-0细胞的迁移能力比转染NC组786-0细胞迁移能力明显增强（$p<0.01$），提示下调KLF17表达后细胞的迁移能力增强。

2.3 下调KLF17表达后786-0细胞侵袭能力增强：通过Transwell实验结果提示，对照组NC组与siRNA1组及siRNA2组的穿膜细胞数分别为（18.16±2.21）、（29.03±2.48）、（28.93±3.00）。与NC组相比siRNA1组与siRNA2组细胞迁移能力明显增强（P=2.81×10-25<0.01；P=3.00×10-26<0.01）。

2.4 KLF17下调后786-0细胞上皮样细胞及间充质样细胞表面标记表达情况：通过Western检测发现，siRNA组与NC组相比，上皮样标记的E-cadherin和β-catenin表达显著下调，而间充质样表面标记的N-cadherin表达明显上调，结果表明下调KLF17表达后促进EMT的发生。

3 讨论

目前早期肾细胞癌的治疗以手术切除为主，而晚期肾细胞癌以放化疗为主，但肾细胞癌对传统放化疗治疗不敏感。因此寻找治疗肾细胞癌的新靶点对肾细胞癌的治疗有重要的临床意义。

KLF17是一种转录调控因子，该基因存在高度保守的锌指结构，能够特异性结合靶基因的启动子区域GC盒、CACCC盒发挥相应作用。KLF17作为一个肿瘤抑制基因，在近年来人们对其进行分析研究，发现其在多种肿瘤组织中低表达，但是关于其对肾癌细胞系迁移侵袭性影响的研究还未见报道。本实验结果表明，通过siRNA下调KLF17的表达后，发现该细胞的迁移侵袭能力较对照组明显增强。因此我们推测KLF17在肾癌中是一个抑制肿瘤转移的抑癌基因。

肿瘤的转移是一个复杂的多因素影响的过程，而迁移与侵袭是肿瘤发生转移的一个早期过程。在该过程中上皮-间充质转化（EMT）发挥着重要作用，EMT是肿瘤相关的上皮性细胞获得间质特性，导致细胞间接触减少，蠕动增加，在肿瘤细胞的转移过程中起着关键作用的一个过程。若干促进这个过程的因子已经被证实，但是对EMT过程起负调控作用的机制尚不清楚。本研究通过siRNA下调KLF17表达后，Western检测发现上皮样标志E-cadherin和β-catenin表达显著下调，而间充质样标记N-cadherin表达明显上调，说明下调KLF17增强肾癌786-0细胞迁移、侵袭能力可能是通过增强EMT的机制实现，同时进一步验证KLF17是一个EMT的负性调控分子。

综上所述，本研究探讨了KLF17与肾癌细胞迁移与侵袭及EMT之间的相互关系，发现KLF17可以通过调控肾癌786-0细胞EMT的发生来影响细胞的迁移侵袭能力，为进一步揭示KLF17基因与迁移侵袭的关系提供了新的依据，KLF17缺失可能为肾癌进展的关键因素之一，KLF17可能成为肾癌基因治疗靶点。

第一步：筛选内容

首先通读原文，筛选文章中叙述实验目的、材料和方法、结果、结论的句子。在原文中加以标记（在这篇文章中已用下划线标记）。

在这篇文章中"目的"很明确，在"引言"中已经直接叙述出来。关于"方法"，如果熟悉分子生物学实验技术，尤其是文章作者本人，都可较容易地叙述出来。对于那些比较常规的实验方法，在文摘的叙述中，只需使用通用的简短的专有名词即可，既避免了文摘的冗长，又易于被他人理解。例如本文"材料和方法"部分。用了近600字叙述，实际上做过相关实验的人都知道，他所叙述的是"siRNA、

Western blot、划痕实验及 Transwell 实验”，所以叙述起来就可用上述专有名词直接替代。

这篇文章结果部分的很多内容，在文摘中不可能一一述及，如何进行取舍至关重要。如前面所讲，应选择那些文章标题向读者许诺的主要结果，在本文中应是“调控上皮 - 间充质化抑制肾癌 786-0 细胞迁移侵袭能力”，所以“结果”部分中 2.2、2.3、2.4 三节的叙述是非常重要的。

第二步：文摘叙述

按照上面选择好的内容，用专业语言逐句叙述出来。如果用英语叙述有困难，就先用汉语叙述出来，再结合有关英文文献的叙述方法、用词和句型等，将文摘译成英文。

第三步：定稿

按照前文中提到的三个方面检查文摘初稿的质量，反复修改。如有条件，最好请有关专家审阅。

下面是这篇文摘的作者写的文摘：

KLF17inhibit migration and invasion ability of renal cell carcinoma786-0 cells by regulate EMT.

YAN Feng-qi,LI Xia,MA Liu-jiang,TAO Guang-jin, WANG Qin-hao,RU Yi,ZHANG Mei,ZHANG Yao, YAO Li-bo, WU Guo-jun. Department of urology, Xi Jing Hospital，the Fourth Military Medical University, Shaanxi, Xian, 710032, china; Department of Biochemistry and Molecular Biology, the Fourth Military Medical University, Shaanxi, Xian, 710032, china.

【Abstract】**Objective:** To investigate whether Kruppel-like factor 17 (KLF17) could inhibit the migration and invasion ability of 786-0 cells by regulating the Epithelial- mesenchymal transition (EMT). **Methods:** Design and synthesize the specific siRNA that can down-regulate the expression of KLF17 in 786-0 cells. siRNAs were transfected into 786-0 cells and the effect was detected by Western blot and real-time PCR. Migration and invasion ability were tested by the wound scratch assay and the Transwell chamber assay. The expression levels of EMT related moleculesβ-catenin, E-cadherin and N-cadherin were detected by Western methods. **Results:** siRNA can effectively down-regulate the expression of KLF17 in 786-0 cells ($P<0.01$). Down-regulation of KLF17 expression can improve the cell migration and invasion capacity. The cell number in negative control group, siRNA1 group, siRNA2 group was 18.16 ± 2.21, 29.03 ± 2.48 and 28.93 ± 3.00 respectively ($P<0.01$). In addition, the expressions of E-cadherin and β-catenin were decreased, while the expression of N-cadherin was increased in siRNA groups. **Conclusion:** KLF17 may regulate EMT to inhibit migration and invasion in 786-0cells. KLF17 may be associated with the development and metastatic in renal cell carcinoma.

【摘要】**目的**：探讨 Kruppel 样因子 17（Kruppel-like factor 17, KLF17）是否通过调控上皮 - 间充质转化（Epithelial- mesenchymal transition, EMT）来抑制 786-0 细胞的迁移侵袭能力。**方法**：设计并合成特异性 siRNA 下调肾癌细胞系 786-0 中 KLF17 的表达，并利用

划痕实验及Transwell实验检测其迁移侵袭能力的变化，通过Western blot检测EMT相关分子表达水平变化。**结果**：siRNA能有效下调肾癌786-0细胞系中KLF17的蛋白及mRNA的表达量。细胞划痕实验结果显示下调KLF17表达后，细胞迁移能力增强（$P<0.01$）；Transwell实验中阴性对照组穿膜细胞数为18.16±2.21个，而siRNA1组为29.03±2.48个（$P=2.81\times10^{-25}<0.01$），siRNA2组为28.93±3.00个（$P=3.00\times10^{-26}<0.01$）。KLF17-siRNA介导的基因沉默下调了上皮细胞表面标记E-cadherin、β-catenin的表达，上调了间充质干细胞表面标记N-cadherin的表达。**结论**：KLF17可通过调节EMT的进程影响肾癌细胞的迁移侵袭能力。

三、英文文摘写作时的注意事项

一篇好的英文文摘应做到正确、意真和简洁。提倡用第三人称，尽量用简单句和主动语态。在此基础上，再润色文字，做到行文流畅，言简意赅。

下面分别叙述英文文摘写作中的注意事项：

（一）符合语法规则

1. 首先要注意句子的主要成分。主语和谓语是否完整，主谓关系是否一致，词与词之间的关系是否正确。

举例：

Plasma von Willebrand factor（vMF）in eleven patients with essential thrombocythemia were studied quantitatively.

11例特发性血小板增多症患者血VM因子作了定量研究。

在此句中，主语是“vMF”，谓语“were”应改为“was”，这是常见的主谓不匹配的错误。

It was demonstrated that in mouse panax saponin（150mg/kg）given intravenously could antagonize the toxicity of lidocaine, decreased its mortality rate and prolonged the survival time.

研究表明，人参皂苷 150mg/kg 给小鼠静脉注射可拮抗利多卡因的毒性，减低死亡率，延长生存期。

本句中 that 引导的从句中，谓语动词是以情态动词 could 加动词原形（3 个）构成，因此，decreased 应改为 decrease，prolonged 应改为 prolong。

2. 时态要正确，且全文保持一致，尽量不用完成时和复合时态。介绍研究背景用一般现在时或现在完成时；说明研究目的用一般现在时或一般过去时；叙述研究方法、实验过程和结果用一般过去时；说明论文主题、内容、作结论、提出建议或说明普遍性规律用一般现在时。例如：

It had been found that the lysosomal enzyme content in peritoneal macrophage increased after irradiation.

（实验）发现，照射后腹腔巨噬细胞溶酶体酶含量增加。

此句叙述的是实验中的发现，不应该使用过去完成时，而应采用一般过去时 It was found。

3. 口气要与正文一致，尽量使用主动语态。因为主动语态比被动语态更简洁、直接而有力。但有时为了强调动作的承受者，也需采用被动语态。可采用第三人称或第一人称。

4. 如果是复合句，要检查主句和从句的关系是否正确，要细心检查它们的谓语动词的时态是否匹配。例如：

Using immunofluorescent and immunoenzymatic techniques, epidemic hemorrhagic fever virus antigens were found in various viscera or glands.

采用免疫荧光和免疫酶技术，在各内脏和腺体中发现了流行性出血热病毒抗原。

本句中，介词短语的逻辑主语与句中的主语不匹配。本句的主语是 virus antigen，它不能作为 using 的行为主体，可改为介词 with 来代替 using。

5. 注意冠词的正确用法，不要该用而不用，也不要不该用的滥用。

6. 句子最好不要以阿拉伯数字开头。例如：

17 healthy persons served as controls.

17 例健康人作为对照。

在此句中，句首的阿拉伯数字 17 应改为 seventeen。

（二）行文简练

英文文摘既要包括足够的信息，又不能太长，一般医学期刊要求不超过 250 个字符；中国科学技术期刊文摘数据库（CSTA）要求 300 ～ 1200 个字符，最多不能超过 1500 个字符。英文文摘要做到行文精练，具体措施有以下 4 点：

1. 避免过长语句。可将冗长的定语从句、并列复句精简为同位语，状语从句精练为介词短语等。例如：

Cancer of the breast，which is known to be a leading cause of death in women，too often escapes detection in an early stage.

译：乳癌是妇女的主要死亡原因，早期常被漏诊。

本句中的定语从句 which is known... 完全可以用分词短语替代，改为：

The breast cancer，still a leading cause of death in women，too often escapes detection in an early stage.

如此修改后，句子缩短了，显得更紧凑。

2. 短语改为单词。美国著名科技编辑家 Huth 将不少常用短语改用一个单词表达，从而使文章更为简洁易读。现将最常用的列举如下：

a majority of	most
a number of	many
accounted for/by the fact that	because
due to the fact that	because
along the lines of	like
an innumerable number of	innumerable
an order of magnitude	ten times
are of the same opinion	agree
as a consequence of	because
at the present moment	now
at this point in time	now
by means of	by，with

completely filled	filled
definitely proved	proved
despite the fact that	although
during the course of	during，while
during the time that	while
fewer in number	fewer
for the purpose of	for
for the reason that	because，since
from the standpoint of	according to
give rise to	cause
goes under the name of	is called
has the capability of	can
having regard to	about
if conditions are such that	if
in all cases	always，invariably
in a position to	can，may
in a satisfactory manner	satisfactorily
in an adequate manner	adequately
in case	if
in close proximity to	near
in connection with	about，concerning
in（my，our）opinion；it is not an unjustifiable assumption that	（I，We）think

in order to	to
in the event that	if
in view of the fact that	because
it has reported by Jones	Jones reported
it is believed that	(omit)
it is clear that	clearly
it is often the case that	often
it is possible that	possibly
it is worth pointing out that	note that
it may，however，be noted that	but
it would appear that	apparently
lacked the ability to	could not
large in size	large
large number of	many
on account of	because
on behalf of	for
on the basis of	because，by，from
on the grounds that	because，since
owing to the fact that	because，since
prior to (in time)	before
red in color	red
referred to as	called
smaller in size	smaller

subsequent to	after
take into consideration	consider
the question as to whether	whether
through the use of	by，with
was of the opinion that	believed
with a view to	to
with reference to	about（or omit）
with regard to	about，concerning
with the result that	so that

3. 舍去多余的修饰性单词和重复的单词和短语，避免过多地使用系动词 to be，to have 和连接词 and，of，with 等。

4. 正确使用术语、略语或符号。

（三）采用平实的风格

英文科技文体与汉语科技文体一样，是记叙文，要求老老实实地叙述事实，解剖事理，同时要求文句的意思清楚明白，给人以明朗舒畅的感觉。

当一个名词有两个以上修饰词时，如修饰词与被修饰词相距太远，或当代词所代表的先行词不明确时，容易造成句子的意思不清。要求修饰词应尽量靠近被修饰的词。例如：

Based on our failure to find bacteria in the blood cultures，we concluded that the patient had fungal endocarditis.

译：该病人多次血培养未发现细菌，得出了患真菌性心内膜炎的结论。

本句中 Based on... 这一短语的修饰关系不明确。它可以理解为修饰主语 we，或修饰宾语从句中的 patient。然而，本句的含义应该是 Based on... 应该修饰 concluded。这一句子如改为：Our conclusion, based on failure to find bacteria in the blood cultures, was that the patient had fungal endocarditis. 如此修改后，意思表达得就更加明朗、确切了。

（四）拼写，用词正确

1. 拼写正确

写作时，对没有把握的词要勤查字典，切不可轻易放过。文稿打印出来后还要仔细校对，纠正打印错误。一般至少要校对三遍。

有时单词容易拼错，书写时要特别注意，如：

fluorescent（荧光的）	写成	flourescent
principle（原理）	写成	principal（主要的）
consensus（一致）	写成	concensus
contrast（对比）	写成	contract（合同）
prevalent（盛行的）	写成	prevelant
successful（成功的）	写成	succesfal

另外，一些单词的单、复数要注意正确拼写，例如：

单数	复数
analysis	analyses
bacterium（细菌的）	bacteria
medium（媒介）	media
phenomenon（现象）	phenomena

viscus（内脏） viscera

2. 用词正确

英语中有些词意义相近，但并不完全相同。写作时要细心辨明词义上的差别，才能选用正确的词汇。

[例一]

Fifteen cases of esophageal varices caused by portal hypertension were treated by the method of gastric coronary vein embolization.

句中cases改为patients较好，因为cases是“病例，病案，实例，情况”的意思，而patients是“患者，病人”。在口语中有时也用cases表示病人，然而在书面语中两者是有区别的。此外，这两个词后面的介词也有不同，case后跟介词of，而patient后面跟with ... 表示某某病人。

[例二]

In determining dosage regimens，it is also necessary to know the extent of drug accumulation.

Propranolol was given orally in a dose of 80mg 8-hourly.

在上述两句中的dosage和dose在汉语中都是“剂量”的意义。然而dosage通常是指一个时期的总剂量，或是泛指性的剂量，而dose是指一次用的剂量，上述句中dosage和dose用得恰当，不能互换。

总之，一篇英文文摘能做到正确、简洁、意真，就已达到要求，能算得上是一篇好的文摘。如果能在文字上再加润色，就更加完美。英文的科技语体也与汉语一样，要求平实和明快。然而，英语文字上的润色，要求有较高的英语修养。平时应多留意阅读英语国家出版期刊中的英文文摘，学习他们在写作上的长处。还要勤动笔，多练习，多与他人讨论，争取专家修改，这样就可以不断提高英文写作能力，写出质量较好的英文文摘。

第三节 英文文摘的标题

一、标题的定义和结构

文摘的标题就是原文献的标题，是高度概括文献主题和中心思想的短语。它必须准确、精练、恰如其分。标题一般都用不完全的省略句，往往以名词为中心，加上各种短语（如介词短语、分词短语及不定式短语等）或名词、形容词等修饰语。例如：

Adenovirus p16 gene therapy for prostate cancer

腺病毒介导 p16 基因片段的治疗前列腺癌

Transurethral urethrotomy for 53 cases of urethrostenosis or urethratresia

尿道内切开术治疗尿道狭窄或闭锁（附 53 例报告）

除了以名词为中心的短语，还有动名词，介词短语可用于标题中。例如：

Replica plating in determining MBC

影印培养法测定最低杀菌浓度

On the nature of orthostatic hypotension in acute malaria

急性疟疾时直立性低血压的本质

英语文摘标题用完整句子较少，其中以陈述句较多，其他如疑问句，在英语国家也可见到，但我国医学论文一般不用疑问句。例如：

Antibodies against platelet-derived growth factor inhibit acute transformation by simian sarcoma virus.

抗血小板生长因子抗体抑制猿肉瘤病毒的急性转化。

Do psychiatric registrars take a proper drinking history?

精神病注册医师询问详细的饮酒历史吗？

Diabetes or hyperglycemia?

糖尿病还是高血糖？

二、副标题

我国医学论文的标题多提倡不用或少用副标题。副标题多用不同于标题的字形字号表示，或用冒号、破折号等表达。在英语国家用副标题较多，主要用来突出病例数、研究方法、重点内容，或表示同位关系、提出疑问、说明研究时间，以及表示长篇连载论文各分篇的主题等。

Fiber-gastroscopic diagnosis of chronic gastritis：An analysis of 24202 cases

纤维胃镜诊断慢性胃炎——24202 例分析（突出病例数）

Increased long term survival in variceal hemorrhage using injection sclerotherapy：Results of a controlled trial

采用注射硬化疗法治疗曲张静脉出血使生存期延长的对照研究结果（突出研究方法）

Hemorrhagic fever：New diagnostic criteria

出血热新的诊断标准（突出重点内容）

Fiber-gastroscope diagnosis of chronic gastritis：one year experience

纤维胃镜诊断慢性胃炎的一年经验（说明研究时间）

Passive smoking and lung cancer：a publication bias?

被动吸烟和肺癌：一种出版偏见吗？（提出疑问）

Dose：A critical factor in cancer chemotherapy

剂量——癌肿化疗的关键因素（表示同位关系）

Subpopulations of human lymphocyte receptors：1.Studies in immunodeficient patients.

人类淋巴细胞受体亚群：1. 对免疫缺陷患者的研究（表示分篇的主题）

三、缩略语

英文文摘的标题中使用缩略语的情况不同，有些期刊明确规定不准在标题中使用缩略语（如《Clinical Science》），也有一些期刊无明确规定。而实际上使用者相当多，而且有些混乱。一般认为公知公用者（如 DNA，RNA，LD50，AIDS，HbsAg...）可直接使用，非公知公用者不宜使用，也可以先出现全称，缩略语放在其后的括号内。例如：

Detecting anti-double-stranded DNA antibodies by dot immunogold filtration assay

用快速斑点免疫金渗滤法检测抗双链 DNA 抗体

To study the diagnosis and management of renal angiomyolipoma（RAML），and to identify risk factor affecting spontaneous angiomyolipoma rupture

探讨肾血管平滑肌脂肪瘤诊治方法及肿瘤自发性破裂的危险因素

四、标题中冠词的使用

按一般语法习惯，不用冠词的情况有：

（1）专有名词、抽象名词和物质名词前。

（2）疾病名称、脏器名称前。

（3）名词前已有 this，that，some，each，no，any，every 等代词时。

（4）复数名词。

（5）某些固定词组，如 in fact，at home，at present，in town 等。

（6）一般名词前，如 effect，management，subpopulations，establishment，evidence 等。例如：

Diagnosis of renal acute rejection by using assaying of the level of granzyme B mRNA and perforin mRNA in urine（Diagnosis 前省略 the）

尿中粒酶 B 和穿孔素 mRNA 水平在移植肾急性排斥反应诊断中的作用

Isolation of chlamydia trachomatis from infantile pneumonia patients with HeLa-229 cells（isolation 前省略 the）

应用 HeLa-229 细胞分离肺炎患儿沙眼衣原体

一般名词前的冠词省略无严格规定，在有些情况下也可保留冠词。例如：

An experimental study of effects of brucea javanica oil emulsion intravesical instillation for the treatment of bladder carcinoma in mice

鸦胆子小鼠膀胱灌注抗膀胱癌的实验研究

有些情况下冠词有具体的意义，不宜省略。如不定冠词表示一个（report of a case）；或定冠词表示特指，世界上独一无二的事物；使形容词名词化，如 the sick，the wounded 等。

五、英文文摘标题的书写形式

主要有三种形式：

1. 全部字母均大写，例如

DIETARY GUIDELINES FOR INFANTS 婴儿饮食指导

2. 每个字的第一个字母都大写，只有虚词（如冠词和三个字母以内的连词与介词）才小写，但四个字母以上的（如：with、from 等）仍用大写。例如：

A Preliminary Experience With Retroperitoneoscopic Adrenal Surgery

开放式腹膜后腔镜肾上腺手术

3. 仅首词的第一个字母大写，其余除人名、地名、缩略语外均小写。例如：

A rapid method for direct screening the gene of fragile X syndrome

脆性X综合征基因的快速直接筛查法

六、标题中的标点

标题如果是短语或陈述句，通常题末不加标点，如为疑问句则句末应采用问号。此外，标题中有并列成分，可用逗号隔开。在正、副标题间常用冒号、破折号，偶尔也用句号。例如：

Expression of P21，P185，P53 proteins and point mutation of Ha-ras，P53 genes in transitional cell carcinoma of bladder

P21、P185、P53蛋白表达及ras，P53基因突变与膀胱移行细胞癌的关系

Drug regulation: evolution or revolution? 药物调节：进化还是革命?

七、标题的基本要求

国际医学期刊编辑委员会《生物医学期刊对原稿的统一要求》(第3版)中明确指出，标题应简明确切(concise)，具有信息性(informative)。既不要因为简短而不具体，不够专指，也不要繁琐。例如：Upper tract transitional cell cancer 上尿路移行细胞癌

本文题很简短，但不具体，不能通过文题看出是诊断还是某种治疗，可作为综述或讲座的文题。

Reconstruction of prostate-specific antigen promoter-driven Pro-caspase-7 and the overexpression of prostate-specific antigen promoter-driven Pro-caspase-7 for the induction of therapeutic apoptosis in prostate cancer

前列腺特异性抗原启动子（PSAP）调控促凋亡基因 caspase-7 载体的构建及其对前列腺癌细胞的特异性杀伤作用研究（译文不当）

本标题很具体，信息性很强，但较繁琐，改为如下方式更简明些。

Overexpression of prostate-specific antigen promoter-driven Pro-caspase-7 for the induction of therapeutic apoptosis in prostate cancer

八、标题中常见的名词短语格式

1. detection of...，可译为“测定”“检测”。例如：

Detection of clonal IgH gene rearrangement by polymerase chain reaction

PCR 检测克隆性免疫球蛋白重链基因重排

2. measurement of...，也译为“测定”“检测”。例如：

Measurement of plasma PSA and its clinical application

前列腺特异性抗原的检测及其临床应用

在上述例句中，标题包含了两层意义，一是检测，另一是临床应用，在这种情况下可使用两个名词短语，并用 and 连接。

3. determination of...，译为“检测”“测定”。例如：

Determination of expression of EGFR and DNA ploidy in renal carcinoma

肾癌EGFR表达和DNA含量检测的临床意义

上面的三个单词“detection”“measurement”和“determination”都有“检测，测定”的意思，在实际应用中并没有本质的区别。

4. establishment of 译作“……的建立”。例如：

Establishment and characterization of human renal carcinoma cell line RCC9863

人肾透明细胞癌细胞系RCC9863的建立及其生物学特性

5. assay for ... “（用于）……的方法”。例如：

A simple assay for LDL-receptor activities in human peripheral lymphocytes

LDL受体活性检测新方法

6. application of...in（或to）... 译为“应用……（方法）”“……在……中应用”。例如：

Application of MR water imaging technique in the diagnosis of urinary disease

MR尿路造影在泌尿外科疾病诊断中的应用

7. method for（或to）... 译为“……的方法”。例如：

Immunological methods for determining serum digoxin level

测定血清地高辛水平的免疫学方法

The methods to detect T cell's functions and their influential factors induced by anti-CD3 mAb

CD3单抗诱导的T细胞功能检测法

8. comparison of ... 译为“……的比较”；comparison between ...

and... "……和……的比较"。例如：

A comparative study on the early results of transurethral vaporization and transurethral resection of prostate for BPH

经尿道前列腺电气化与经尿道前列腺电切对 BPH 的疗效比较

Comparison of four O-F media and interpretation method of the result

四种 O-F 培养基评价及结果解释方法的探讨

Comparison between noncancer group and cancer group

非癌组与癌症组的对比

9. value of ...，evaluation of ... 译为"……的价值（或意义，评价）"。例如：

The value of the recurrence risk factors in patients with transitional cell carcinoma of bladder

膀胱移行细胞癌复发风险评价

The evaluations of open prostatectomy、transurethral electrovaporization prostatectomy and interstitial laser coagulation for the treatments of symptomatic BPH

开放性手术、经尿道电汽化切割和组织间激光消融治疗良性前列腺增生的疗效评价

但"value"有时有表示"值"，而不是"价值，意义"的意思，需要加以区分。例如：

Reference values on blood lymphocyte immunophenotype in healthy Chinese adult

中国人血液淋巴细胞免疫表型参考值调查

10. approach of（或 to）...“对……的探讨，研究”，也有少数译做“……的方法”。例如：

Approach of the effect in determination of serum PSA level

血清 PSA 水平测定的影响因素探讨

An approach to diagnosis of subclinical live cancer

亚临床肝癌诊断的探讨

11. research of/for...，二者均表示“……的研究”。例如：

Clinical and experimental research of urine granzyme B mRNA and perforin mRNA in renal transplantation patients

肾移植患者尿中粒酶 B 及穿孔素 mRNA 水平的临床及实验研究

12. survey of/on...，二者均译为“……的探讨（或调查）”。例如

Survey on the incidence of urinary in continence among Uigurs of xinjiang district

新疆地区维吾尔族人群尿失禁发生率调查

Cytologic correlation with histologic types：Survey on 548 cases of lung carcinoma

细胞学与组织学类型的关系——548 例肺癌调查

13. investigation of/on...，可译为“调查”“研究”“探索”等。例如：

Investigation on the etiological factors of 502 cases of prostate cancer

502 例前列腺癌病因的研究

14. discussion on/of...，译为“对……的探讨（或讨论）”。例如：

Discussion on experimental prostate cancer model

实验性前列腺癌模型的探讨

A discussion of the early detection of cancer in man

人类癌症早期诊断的探讨

15. observations of/on/in... 译为“……的观察（报告或结果）”。例如：

Observation of L-form bacteria in blood culture

血培养细菌 L 型的观察

Observation on immunological study of erythrocyte and T lymphocyte subsets in patients with prostate cancer

前列腺癌患者的红细胞免疫功能及 T 淋巴细胞亚群变化观察

observation 有时作复数，表示“观察到的东西”，常译为“观察报告”。例如：

Observations on mechanisms of Ventricular tachycardia in man

男性室性心动过速机制的观察报告

16. analysis of... 译为“……的分析”。

当 of 后面的名词为复数时，“analysis”也要转变为复数形式“analyses”。例如：

Analysis of the instant management of posterior urethral disruption in children and its long term result

小儿外伤性后尿道损伤急症处理与远期疗效观察

17. development of 译为“……的建立”。例如：

The development of a method for the detection of mRNA from human cytomegalovirus immediate early gene

巨细胞病毒即刻早期基因 mRNA 检测方法的建立

18. advance（s）/progress in... 译作“……的进展（或进步）”。例如：

Recent advances in renal transplantation

肾移植研究的新进展

Progress in acute epididymitis

急性附睾炎研究的新进展

19. affection for ...，influence of ...on... 均译作“……对……的影响（或）作用”。例如：

The affection with different anticoagulent for white blood cell count by automatic hemotologic analyzer

抗凝剂对血液分析仪白细胞检测影响

Influence of Selenium Deficiency on Myocardial Fibre

硒不足对心肌纤维的作用

20. research on/in/into... 可译为“……的研究”。这里的 on 多用于研究具体事物：in 或 into 多用于研究抽象事物。例如：

Research on the morphology of urinary calculus matrix

尿石基质形态学研究

Research into the cause of prostate cancer

前列腺癌病因的研究

Research in Sanitary chemistry

卫生化学的研究

21. 表示总结性报告的标题，有很多不同的短语可以表示，下面列举两例。

The summary of external quality assessment of haemoglobin in our country from 1989 to1992

1989 ～ 1992 年全国血红蛋白室间质量评价总结

The present status of cholesterol determinations in clinical laboratories of Beijing，Tianjin and Shanghai

京、津、沪三市医院胆固醇测定

22. 表示诊断方法的标题句式有很多变化，现分别加以阐述：

（1）diagnosis of + 病名或症状 + by/with + 诊断方法，例如：

Diagnosis of progressive spinal muscular atrophy by using polymerase chain reaction

聚合酶链反应用于进行性脊髓性肌萎缩的诊断

Diagnosis of venous thrombosis in the outpatient by venography

静脉 X 光造影术诊断门诊病人的静脉血栓形成

（2）诊断方法 + in 或 for + 病名，例如：

Nuclear magnetic resonance scanner in cancerous tumour

磁共振扫描仪诊断恶性肿瘤

Computer tomography in acute renal injury

计算机 X 线体层照相术在急性肾损伤中的应用

（3）诊断方法 + in the diagnosis of + 病名，例如：

Ultrasound in the diagnosis of liver cancer

超声波诊断肝癌

Color Doppler sonography in the diagnosis of acute scrotal diseases

彩色多普勒超声对阴囊急症的诊断价值

（4）detection of +病名+ by +诊断方法，例如：

Detection of acute myocardial infarction by radioimmunoassay for creatine kinase

用放射免疫测定肌酐激酶诊断急性心肌梗死

（5）application of +诊断方法+ to the diagnosis of +病名，例如：

Application of Electron Microscopy to the diagnosis of Tumor-Observation of 1000 cases with Both Light and Electron Microscopy

电子显微镜在肿瘤诊断上的应用——1000例光镜及电子显微镜对比观察

23. 表示药物治疗的标题句式，分别如下：

（1）药物名称+ in 或 for +病名，例如：

Uralyt in biliary tract stone discase

消石素丸治疗胆道结石症

Intravenous aspirin for intractable headache and facial pain

静脉内使用阿司匹林治疗难治性头痛和面部痛

（2）药物名称+ in（或 for）the treatment（或 management）+ of +病人（或病名），例如：

Sulphamethizole in the treatment of urinary tract infection

磺胺甲基噻唑治疗泌尿道感染

High-dose cytosine arabinoside for the treatment of resistant acute leukemia

大剂量阿糖胞嘧啶治疗急性抗药性白血病

（3）Treatment of + 病名 + with + 药物名称，例如：

Treatment of edema with ACTH and cortisone

促肾上腺皮质激素和可的松联合治疗水肿

（4）use of + 药物名称 + in the treatment of + 病名，例如：

Use of diuretics in the treatment of hypertension secondary to renal discase

利尿剂治疗肾性高血压

（5）疗法 + for + 症状，例如：

Earthworm decoction for epilepsy

地龙煎剂治疗癫痫

Surfactant replacement therapy for the respiratory distress syndrome

表面活性剂替补治疗呼吸窘迫综合征

（6）药物名称 + therapy /treatment + of + 病名（或病人），例如：

Insulin treatment of the insulin-dependent diabetic patient undergoing minor surgery

胰岛素治疗小手术后胰岛素依赖型的糖尿病人

24. 表示手术及各种疗法的标题句式

（1）...treatment of + 病名，例如：

Surgical treatment of primary prostate cancer

手术治疗原发性前列腺癌

（2）treatment of + 病名（或病人等）+ by/with + 治疗方法，例如：

Treatment of 35 cases of EHF complicated by acute kidney failure by peritoneal dialysis

35 例流行性出血热合并急性肾衰竭的腹膜透析治疗

（3）治疗方法 + for（或 in）+病名，例如：

Splenic irradiation for myelofibrosis

脾照射治疗骨髓纤维性变

Decompressive craniectomy for cerebral infarction

颅骨切除减压术治疗（大）脑梗死

（4）治疗方法 + 动词不定式短语，例如：

Androstane therapy to treat aplastic anemia in adults

雄甾烷治疗人再生障碍性贫血

（5）治疗方法 + in the treatment（或 management）of +病名，例如：

Extracorporeal shock wave lithotripsy（ESWL）in the management of complex urinary tract stone disease

体外震波碎石术（ESWL）治疗复杂的泌尿系结石病

（6）replacement of ...by...，例如：

Replacement of diseased arteries by grafts

动脉移植术

（7）experience with ＋手术名称，例如：

Personal experience with 209 cases of nephrectomy

209 例肾切除术的个人体会

Experience with simultaneous pancreas-kidney transplantation

胰肾同时进行移植的经验

第四节　英文文摘中作者姓名、学位及工作单位

一、作者姓名

最好使外国人能看出哪个是姓，哪个是名字。按中国的习惯，姓写在前面，名字写在后面；按英语国家的习惯，姓在后，名字在前。在写文稿时，主要是根据不同的刊物要求，分别采用上述两种写法。

根据中国文字改革委员会1974年5月颁发的《中国人名汉语拼音字母拼写法》规定，我国医刊一般要求：

（1）姓在前，名在后，中间以一空格分隔，姓和名首字母大写。

（2）名为两字者中间不加连字符号，第2个字的首字母小写；复姓也连写。例如：

Ding Xinsheng

丁　　新生——《中华医学检验杂志》

Ouyang Hai

欧阳　　海——《中华医学检验杂志》

有的医学期刊为便于西方人理解，减少误会，姓全大写，双名间加连字符；有的名字第2个字母的首字也大写。例如：

Wu Jing-Guo

吴 经国——《第四军医大学学报》

（3）汉语姓名拼音出现两元音字母相连，如 a，o，e 开头的音节连在其他音节后面，使音节的界限发生混淆时，应遵照国务院 1957 年公布的《汉语拼音方案》中的规定，使用隔音符号“’”隔开，如 Lin Qi’an（林启安），如不用隔音符号，就会误读为 Lin Qian（林千）。

（4）逗号省略。

在国外医学期刊中，则名在前，姓在后的写法。例如：

Anna	Jones	
安娜	琼斯	
First name	Last name	
名	姓	
Alfred	Bernhard	Nobel
阿尔弗雷德	伯纳德	诺贝尔
first name	second name	last name
名		姓
Frankiln	D.	Roosevelt
富兰克林	德	罗斯福

其中，D 是 Delano 的缩写，在论文署名时，一般将 second name 缩写。另外，当英语中的姓写在前，名写在后时，姓与名之间就用逗号隔开。如：

Milton　　　John

米尔顿　　　约翰

姓　　　　　名

有多位作者署名时，按并列形式处理，名字间以逗号分隔。

二、学位

在向国外期刊和会议投稿时，在作者的姓名之后要写明作者的学位，如：

在英美医学杂志中，作者姓名之后常附有学位。例如：

Walter Snow，MD（Doctor of Medicine）

瓦尔特·斯诺（医学博士）

Willian Z Smith，MS（Master of Surgery）

威廉·Z·史密斯（外科硕士）

Willian Pritt，BP（Bachelor of Pharmacy）

威廉·普里特（药学学士）

有时，在同一姓名后同时附有几个学位。例如：

John F.Goodwith，MD，PHD

约翰·F·古德温（医学博士，哲学博士）

有时，还附有“某学会会员”等缩写词。例如：

Thomas W. Holbrock，MD，PHD，MRCS（MRCS=Member of the Royal College of Surgeons）

托马斯·W·霍尔布罗克（医学博士，哲学博士，皇家外科医师学会会员）

医学文章中，常用的学位如下：

BP=Bachelor of Pharmacy 药学学士

B Psych=Bachelor of Psychology 心理学学士

B Chir=Bachelor of Surgery 外科学士

B Sc D=Bachelor of Science in Dentistry 牙科学士

MB=Bachelor of Medicine 医学学士

MS=Master of Surgery 外科硕士

MC=Magister Chirurgiae 外科硕士

MDS=Master of Dental science 牙科学硕士

MDS=Master of Dental Surgery 口腔外科硕士

M Clin Psychol=Master of Clinical Psychology 临床心理学硕士

MD=Doctor of Medicine 医学博士

D Bi Ch, D Bi Chem=Doctor of Biological Chemistry 生物化学博士

D B ; S, D Bi Sc=Doctor of Biological Chemistry 生物学博士

DDS = Doctor of Dental Science 牙科博士

D Hy, D Hyg=Doctor of Hygiene 卫生学博士

DPH = Doctor of Public Health 公共卫生博士

D Phar C=Doctor of Pharmaceutical Chemistry 药物化学博士

D Pharm=Doctor of Pharmacy 药学博士

D Psych=Doctor of Psychology 心理学博士

三、工作单位

1. 工作单位的书写要求　作者所在单位写在姓名之后，有的刊

物要求直接写在姓名之后，以“.”分隔，有的刊物要求另起一行（多为国际刊物）。书写顺序是：科室，机关单位，所在地。小单位在前，大单位在后。工作单位除虚词小写外，其他词的首字母均应大写，大小单位之间用逗号隔开。应列出所在城市邮政编码。例如：

Department of Clinical Laboratory，Hua Shan Hospital，Shanghai Medical University，Shanghai 200032

上海医科大学华山医院检验科，上海 200032

National Center for Clinical Laboratory，Beijing 100730

北京临床检验中心，北京 100730

Department of Urology，Xi-Jing Hospital，Fourth Military Medical University，Xi’an 710032，China

第四军医大学西京医院泌尿外科，西安，710032

2. 常用医疗、教学和科研单位的名称　作为专有名称表示机构的名词，所有实词的首字母应大写，而作为普通名词时，应当小写。例如：

Fourth Millitary Medical University（第四军医大学）是专有名词，应当大写。medical college（医学院）是普通名词，泛指所有的医学院，应当小写。

下面列举一些常用的医疗教学和科研单位的名称：

college for advanced studies	进修学院
health school	卫生学校
nurses’ school	护士学校
affiliated hospital	附属医院

teaching hospital	教学医院
army hospital	陆军医院
general hospital	综合医院
tumor hospital	肿瘤医院
workers' hospital	职工医院
hospital for infectious diseases	传染病医院
hospital for mental diseases	精神病医院
hospital of obstetrics and gynecology	妇产科医院
maternity hospital	产科医院
hospital for plastic surgery	整形外科医院
hospital for tuberculosis	结核病医院
college of pharmacy	药学院
intensive care unit	监护抢救室（小组）
provincial people's hospital	省人民医院
miners' hospital	矿工医院
mineral spring sanatorium	矿泉疗养院
occupational diseases prevention and treatment center	职业病防治中心
dental hospital	牙科医院
hospital for stomatology	口腔医院
first-aid station	急救站
station for children	接生站
nursing home/rest home	私人疗养所

charity wards　慈善病房（或免费病房）

station for prevention and treatment of parasitic diseases　寄生虫病防治所（站）

quarantine station　检疫所

institute for drug control　药品检验所

maternal and child health station　妇幼保健站

coordination group　协作组

research unit　研究室

institute of acupuncture and moxibustion　针灸研究所

institute of cardiovascular diseases

心血管疾病研究所（disease 在 of 介词短语中，一般用复数）

institute of pediatrics　儿科研究所

institute of dermatology　皮肤病研究所

institute of radiomedicine　放射医学研究所

institute of traditional Chinese medicine　中医研究所

provincial healthand family planning commission　省卫生和生育计划委员会

municipal health and family planning commission　市卫生和计划生育委员会

National Health and Family Planning Commission of the People's Republic of China　中华人民共和国国家卫生和计划生育委员会

Children's Hospital 儿童医院

Beijing Friendship Hospital 北京友谊医院

Tianjin First Central Hospital 天津第一中心医院

Hunan College of Traditional Chinese Medicine

湖南中医学院

Shanghai First Maternity and Infant Health Institute

上海市第一妇婴保健院

Red Cross Society of China 中国红十字会

Chinese Academy of Medical Sciences 中国医学科学院

Shanghai Branch of the Chinese Medical Association

中华医学会上海分会

Society of Neurology and Psychiatry，CMA

中华医学会神经精神学会

Nurses' Association of China（NAC） 中华护士学会

The Center for Disease Control 疾病控制中心

The National Institute of Child Health and Human Development

国家儿童健康和人类发展研究所

the United States Food and Drug Administration

美国食品及药物管理局

the National Science Foundation 全国科学基金会

the National Cancer Institute 国家癌症研究所

Karolinska Institute in Stockholm

斯德哥尔摩卡罗林斯卡研究所

Texas University's Health Science Center
得克萨斯大学卫生科学中心

World Health Surveys for America's Centers for Disease Control
美国疾病控制中心世界卫生调查局

The Untied States Public Health Service Hospital
美国公共卫生事业医院

The National Academy of Science in Washington
华盛顿国家科学院

Massachusetts General　　马萨诸塞州总医院

The University of Miami's School of Medicine
迈阿密大学医学院

The American Medical Association　　美国医学协会

第五节　英文文摘的起句

"万事开头难"。一篇文章，洋洋大观，要用几句话将其内容说清楚，如何开头非常重要。文摘通常用一个主题句子开头。这是一个阐明文献主题的句子，也是文摘的核心句子，同时也是一个引子，引出后边报道文献内容的一段文字，另外还要尽量多包含一些有关原文的信息。

国外绝大多数期刊对文摘的第一句都没有明确规定，但有少数的文摘机构则在文摘写作指南中要求文摘第一句为主题句，指出文献的主题是什么。美国《化学文摘》除要求报道性文摘开头句为主题句外，还要求综述文章的指示性文摘用短语“A review with xx references on ...”开头，后边的文摘正文用完整的句子叙述。

一、写作英文文摘起句的注意事项

1. 避免完全或基本重复标题内容

文摘的标题是文摘的组成部分，如果文摘起句与标题完全重复或基本重复，就会成为赘述。但是，文摘标题在通常情况下以最简洁最醒目的方式表达文章主题的最重要方面，文章内容是围绕标题包含的思想而展开的，文摘起句要完全避开标题所表达的内容及用词是不可能的。因此，文摘的起句必然会直接或间接地涉及标题的内容，可重复标题的关键词或词组，也可以标题的主要内容为中心而展开，既指出文章的主题又包含大量理解文题所必需的基本情况，或用起句的一部分指出文章主题，其余部分叙述实验或研究成果。

以下面的这篇文章为例：

文摘的标题是：Overexpression of prostate-specific antigen promoter-driven Pro-Caspase-7 for the induction of therapeutic apoptosis in prostate cancer（前列腺特异性抗原启动子（PSAP）调控促凋亡基因Caspase-7载体的构建及其对前列腺癌细胞的特异性杀伤作用研究）

文摘起句：The aim of this study is to construct the eukaryotic expression vector that driven pro-Caspase-7 by prostate-specific antigen promoter（PSAP）especially and investigated whether PSAP-driven pro-Caspase-7 could induce death of prostate cancer cells，and whether the cytotoxicity is restricted to cells of prostate origin.（构建了前列腺特异性抗原启动子调控的效应型 Caspase-7 的真核表达载体，实验同时检测了该载体对前列腺癌细胞的特异性杀伤作用，对其他组织来源的细胞无明显影响。）

这个起句对文章的主题作了描述，围绕标题的主要内容展开，同时包含了实验对象和实验的基本内容，是一个比较理想的起句。

再看另外一例：

文摘标题：Evaluation of ECL labelled DNA probe for diagnosis of prostate cancer（增强化学发光法标记 DNA 操作诊断前列腺癌的价值）

文摘起句：DNA labelling Kit-Enhanced chemiluminescence（ECL）was evaluated for diagnosis of prostate cancer.[对采用增强化学发光法（ECL）标记的 DNA 探针诊断前列腺癌进行了评价]

这个起句是对原文章标题的简单重复，不是一个理想的起句。

2. 避免在起句叙述“结论”方面的内容

文章“结论”方面的内容是作者通过对实验研究结果进行分析后得出的结论或看法，如果在文摘一开头就把结论的内容写出，必然使文摘出现倒叙，这是不可取的。

3. 不要用起句叙述作者做了些什么工作

因为文章所说的一切工作都是作者做的，文摘的任务不是介绍作者的工作情况，而是报道一篇文章的主要内容，所以在起句中叙述作者的工作情况是不必要，也是不可取的。

二、国内学术刊物英文文摘起句的常用句式

1. 表示“本文内容”的句式

通常使用一般现在时，少部分采用过去时或现在完成时，常见的句式有：

This paper（briefly）	reports presents describes deals with discusses	......

本文主要报道（或论述）了……

The author	report have carried out pointed out that present	......

作者报道了（或指出，做了）……

... is（are）	presented reported described（in this paper） evaluated and analyzed investigated

本文报道（或调查，评价，分析）……

This article concerns...

This article is concerned with...

本文论述了（或与…有关）

例如：

This paper reports the usage of the Diode Laser for the treatment of benign prostatic hyperplasia in elder and high risk patients

本文报道了半导体激光治疗高龄、高危前列腺增生症的应用及优势。

We evaluate the efficacy of nephron-sparing surgery（NSS）in renal angiomyolipoma（RAML）

我们评估了保留肾单位手术在肾血管平滑肌脂肪瘤治疗中的作用。

In this report we study the treatment for harvesting injury of graft blood vessels.

我们探讨了供肾血管损伤的外科手术技巧。

This study sought to construct the Gene-Specific DNA Competitors of the perforin and granzyme B messenger RNA（mRNA）.

本文报道粒酶 B 和穿孔素特异性 DNA 竞争模板的构建过程。

The authors summed up the work of external quality assessment of haemoglobin（Hb）in our country for four years.

作者总结了我国四年来血红蛋白室间质量评价情况。

The new understanding of patient with seminal vesicle cyst is described in this article.

本文介绍了对精囊囊肿的新的认识。

In this paper, we report 58 cases of retroperitoneal laparoscopic nephroureterectomy.

本文中，我们报道了58例腹膜后镜行肾输尿管切除术的病例。

This paper deals with infection and immunity.

本文论述感染和免疫的关系。

In this paper, a comparison of the pharmacologic action of these constituents is presented.

本文对这些成分的药物作用进行了对比。

2. 表示“本研究状况”的句式

表达研究状况或背景，即交代所研究课题到目前为止的已知情况，多采用现在时或现在完成时。常见的句式如下：

is (not) discovered......（未）发现（或肯定，建立）…

is (not) established...

Previous studies have shown that... 以往研究表明…

It has been reported that... 据报道…

例如：

Adrenoleukodystrophy, caused by the lack of peroxidases, is difficult to be identified by the clinical syndrome.

肾上腺白质营养不良症是由过氧化体酶缺陷引起的遗传性代谢病，其临床症状不足以确诊。

The parenteral transmission mode of hepatitis B virus（HBV）has been well established but nonparenteral transmission routes of HBV are still in dispute.

病毒性乙型肝炎胃肠外的传播方式已完全肯定，但其经胃肠的传播途径尚在争论中。

HRPC refers to progressive disease despite castration serum levels of testosterone.The development of hormonal resistance predictably occurs after androgen deprivation.The median time to progression is 18 months.Median survival in older studies was approximately 6 months.

所谓 HRPC 是指当睾酮含量减少后肿瘤的发展不受影响时的前列腺癌病变。前列腺癌的激素抵抗特性常发生于雄激素剥夺治疗后。平均病情演化时间为 18 个月，早期研究显示 HRPC 的平均存活时间为 6 个月。

3. 表示“本研究目的”的句式

由于“研究目的”是在研究前确定的，故常采用过去时态。常见的句式有：

$$\text{The}\left\{\begin{array}{l}\text{purpose}\\ \text{aim}\\ \text{object}\end{array}\right\}\text{of this study was to...}$$

The aim of this investigation was to ...

本研究的目的是…

A double-blind prospective investigation was undertaken to...

（进行）前瞻性双盲研究是…

A retrospective review was undertaken to...

（进行）回顾性检查是…

例如：

The purpose of this study was to explore the rapid, economical and sensitive procedures for diagnosis of prostate cancer.

本研究目的是探索一种快速、经济、敏感的诊断方法，对前列腺癌进行基因检测研究。

由于目前我国一些医学期刊逐步采用结构式文摘，第一句大多要求叙述研究的目的（aim, objective or purpose），所以文摘起句多数也为这种"表示研究目的"的句式。但如果在结构式文摘中采用了小标题，上述句式中的"the purpose，aim，object"等大多省略，而直接以动词不定式的形式作为起句。

例如：

To develop a sensitive and specific reverse-nested-polymerase chain reaction（RT-nested-PCR）method for the detection of prostate specific membrane antigen in Chinese prostate cancer patients.

（本文目的是）建立敏感、特异的反转录套式聚合酶链反应（RT-nested-PCR）方法，以检测中国前列腺癌患者的前列腺特异性膜抗原水平。

To establish a method that can detect minimal residual disease（MRD）of Blineage neoplasma.

（本研究目的是）建立较简便、敏感的B细胞恶性肿瘤微小残留病（MRD）的检测方法。

第六节　英文文摘中表达“结论”的常用句式

在叙述结论时，常使用一般现在时，因为结论是客观事实和作者观点的表述，但也有少部分使用过去时态。另外，使用的句型以研究结果为主语的主动语态居多，还有以人称为主语的主动语态和以研究内容为主语的被动语态。分别阐述如下：

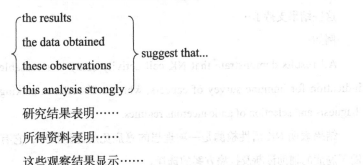

一、以研究结果为主语的主动语态

{the results / the data obtained / these observations / this analysis strongly} suggest that...

研究结果表明……

所得资料表明……

这些观察结果显示……

这个分析有力地表明了……

The results {demonstrate / show / indicate / prove / reveal} that...

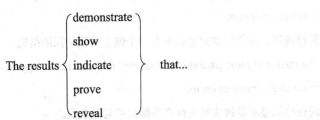

本研究结果表明（证明，揭示）……

The data { confirm / show / suggest } that...

这些资料 { 证实 / 表明（或显示）/ 表明（或意味着）} …

This case illustrates that/points out...

本例说明/指出……

These result supports...

这些结果支持了……

例如：

All results demonstrate that NK cell activity assay is a valuable indication for immune survey of cancers, which will assist in making diagnosis and selection of anticancerous regimes.

结果表明 NK 活性检测是一项理想的癌症免疫监测指标，它有助于癌症的辅助诊断及抗癌方案的选择。

The data indicated the need for quality assurance of therapeutic drug measurements in serum.

资料表明，血药浓度测定必须有一个健全的质量保证措施。

The results of most laboratories indicated the presence of appreciable systematic and/or random errors.

调查结果显示多数实验室存在系统误差与随机误差。

二、以研究内容为主语的被动语态

在文摘中，当叙述某些没有明确施动者的有关内容时，使用被动语态可使句子简洁、明确、客观，而且可以避免多次重复没有实际意义的主语，特别是用“It is concluded that...”一类句型叙述作者对实验结果的看法和结论。在这类以研究内容为主语的被动语态中，常使用情态动词叙述作者的建议和结论。

常见的句型：主语 + be + 过去分词…

It is {suggested / proposed / recommended} that...

作者建议（或认为）……

It is thought/suspected that…

作者认为 / 怀疑……

主语 + must be taken into account...

必须考虑……

主语 + {may be / can be / must be / should be / will be} + …

……可以（或能够，必须，应当，将）……

例如：

Chromosome aberrations were significantly induced by tetracycline under all experimental conditions, and thus it was deemed to be mutagenic.

在所有实验条件下，四环素都能明显地引起染色体畸变，因此可被认为是诱变剂。

It may be inferred that the treated straw with 1kg or less of concentrate can form the maintenance ration for buffaloes.

可以推测，用1千克或更少精饲料能配制成水牛的维持日粮。

The experimental results exhibited in the different test tubes containing CHO can be interpreted according to the discoloration.

各碳水化合物管的实验结果能够依照对照管的变色情况解释。

These specimens should be detected by paper strips method,otherwise the false positive reaction may occur for sulfosalicylic acid method in similar condition.

这些样本应当使用试纸条法检测，否则在相似的条件下用对磺柳酸法可能产生假阳性。

The material has been approved as the national primary reference material（GBW 09203a）by the National Bureau of Technical Supervision of China.

目前本品已被国家技术监督局批准为国家一级标准物质（GBW 09203a）。

三、以人称为主语的主动语态

The authors suggest that ...

In conclusion, we suggest that ...

作者建议（或认为）……

最后，我们建议……

The authors (or we) { think / believe / propose / recommend / conclude } that...

作者（或我们）{ 认为 / 相信（或确信） / 提议（或建议） / 建议 / 所得的结论是 } ……

In our opinion ...

Our opinion is that ...

The authors are of the opinion that...

依我们的意见（或看法，想法）

我们的意见（或看法，想法）是

作者有这样的看法，即

To the authors' knowledge...

就作者所知……

In our experience
On the bases of the author's experience } we believe that...
On the bases of these results

据我们的经验
据作者的经验 } 我们认为…
据这些研究结果

We have examined some of the properties of ...

我们已经研究了……的一些性质。

We have dealt with some elementary properties of ...

我们已经研究了……的一些基本性质。

We have explored the relationship between ...and ...

我们已经探讨了……与……之间的关系。

We have introduced one of the most useful and powerful techniques for...

我们已经介绍了对……最有用的一种技术。

We have seen an additional application of ...

我们发现了……的另一种应用。

例如：

We found White's formula to be the best.

我们发现怀特培养基的效果最好。

At present, we should deeply develop the work so as to improve the condition of dertermination in Hb

目前，我们应当更深入细致地开展室间展评工作，以进一步提高我国 Hb 测定水平。

由于目前各学术期刊要求作者尽量以第三人称来书写论文，所以这种以人称为主语的表达结论的句式已愈来愈少被人使用，建议读者更多地使用前面两种类型的表达方法。

第七节　英文文摘中各种数值的表达方法

众所周知，许多医学研究的成果是通过数值表达的，它是科技文献的论据，如果翻译不当，表达错误，科技文献就失去了科学性。因此，在书写英文文摘时不能草率从事。

在本章中，我们将从国外医学期刊中收集的各种数值表达加以归纳，总结，分类叙述。

一、数词的基本概念

（一）基数词（cardinal numbers）

表示事物的数量，如 seven hundred cases（700 例）。在英文文摘中出现的阿拉伯数字，如果超过三位，书写时要注意每三位应空 1/4 格，或加“,”（如 86 258 或 86,258）。hundred, thousand, dozen, score 等词不用复数。但是，当表示“数以千（百）计的”“很多”等意思时便用复数，如 hundreds of patients, dozens of eggs 等。

（二）序数词（ordinal numbers）

表示事物的顺序，如 the first，the second，the third（第 1，2，3）。拼写时要注意与基数词的区别，如 fifth—five, eighth—eight, ninth—

nine, twelfth—twelve。序数词的简写形式在英文文摘中常见，即用阿拉伯数字加最后两个字母，如 21st，52nd，73rd，84th。如果将阿拉伯数字放在事物的后边，也可代表顺序，如 day 10（第 10 日），room 201（201 房间）等。

（三）单位

目前英语医学文章经常使用代表单位的符号，这些符号不用复数形式，如 10h，25min，15d，44s，220mg…等。当使用某些单位的原形时，要使用复数，如 two kilograms, 2.2 pounds 等，在复合词中不用复数，如 a six-inch ruler, a ten-year old girl, a five-year result 等。

二、"时间"的表示方法

（一）表示某一段时间的常用结构有

during the past 10 years

over the past 10 years

during / over / in } a ten year period

during the period 1979-1989

in the 1979-1989 period

in（the year）1979-1989

for ...

例如：

All were chronic alcoholics with a daily ethanol intake between 120 and 500g for a period of 6 to 25 years.

在 6 到 25 年期间

The duration of therapy each time was between 7 and 10 days.

7 到 10 天

Volume Ⅰ covers Jung's life from 1906 to 1950.

1906 到 1950 年

Cirrhosis is most common in older people who have had alcohol intakes greater than 100g/day for 10 year or more.

10 多年

We retrospectively reviewed the experience with gastric carcinoma after previous gastric surgery for benign disease at our institution over a recent 10-year period.

近 10 年中

Our patients were selected from a group of 769 persons, who in the period 1982-1983 were admitted to hospital with suspected infections liver disease.

1982 到 1983 年之间

This involves at least three loose stools within a 24 hour period.

24 小时中

（二）年、月、日的表达法

表示"在某日"用介词 on，例如：on the second 在 2 日这一天。

表示"在某月"用介词 in，例如：in last month 在上个月，in January 在一月份。

表示“某月某日”用介词on，例如：on May 4,on May 4th,on the 4th of May 5月4日。

表示“某年某月”用介词in 例如：in September,1984, in September 1984 1984年9月。

表示“某年某月某日”用介词on 例如：on October 1,1949 1949年10月1日。

（三）上、中、下旬的表示法

in（或其他介词）+ {early / middle / late} + 表示“月”的名词

例如：

in early October 在十月上旬

in early and middle May 在五月上、中旬

from middle November to late December 从十月中旬到十二月下旬

from mid July to mid August 从七月中旬到八月中旬

（四）世纪、年代、及世纪的初、中、末期的表达法

the twentieth century 20世纪

the nineties of the twentieth century 20世纪90年代

the early 20th century 20世纪初期

the middle of the 20th century 20世纪中叶

the late 20th century 20世纪末期

at the beginning of this century 在本世纪初

in the middle of this century 在本世纪中期

at the end of this century　在本世纪末

in the mid-fifties　在 50 年代中期

in the late seventies　在 70 年代后期

In the late 1930's, they initiated X-ray crystallographic studies of the precise structure of amino acids and peptides.

20 世纪 30 年代末期，他们开始对氨基酸和肽的精确结果进行 X 射线结晶学的研究。

三、"年龄"的表达法

用以表示"年龄"的常用句式包括：

（一）to be ＋数词＋ {years old / years of age / months old}

例如：

Three to four-week-old NMRI strain mice were used in all experiments.

3～4 周龄的 NMRI 株小鼠

A 6-year-old girl was hospitalized with severe right heart failure that deve-loped over a period of 5 month.

一例 6 岁女孩

He is toward sixty years of age.

他快 60 岁了。

All infants were under 7 months old.

所有婴儿都在 7 个月以下。

This baby now is about 18 months old.

这个幼儿现在大约 18 个月了。

（二）at the age of + 数词

at + 数词 + （years of age）

at + 数词 + years old

例如：

Wistar rats were bred locally and used at 13 weeks of age.

13 周龄

He died at the age of seventy.

他在 70 岁时死了。

At forty years of age she had appendectomy.

40 岁时她做了阑尾手术。

At 26 years（old）she had uterine fibroids.

26 岁时她得了子宫纤维瘤。

（三）of + 数词 + years old（of age）

aged + 数词 + years

数词 -year-old + 名词

in one’s + 数词复数

aged between + 数词 + and + 数词 + years

例如：

Twenty-one normal subjects were recruited, and their ages ranged between 20 and 47 years, with a mean of 31.8 ± 7.2 years.

他们的年龄范围是 20 ～ 47 岁，平均为 31.8 ± 7.2 岁。

Strictly speaking, infant diarrhea refers to diarrheal illness during the first 12 months of life.

出生后 12 个月中

The author described five cases of perichondritis in children between 12 and 14 years of age.

年龄 12 ～ 14 岁

The mean patient age for both groups was 35 years（range from 26 to 54）.

病人的平均年龄为 35 岁（范围 26 ～ 54 岁）。

The subjects ages varied from 26 to 56（average,41）years.

患者的年龄 26 ～ 56 岁（平均为 41 岁）。

Six normal women aged 23 to 54 were studied.

本文研究了六名年龄在 23 ～ 54 岁的正常妇女。

四、"倍数，百分比"的表达法

常用于表示倍数、百分数的句式有以下几种：

（一）n times as much as ... 译作"是…的几倍"。例如：

Aortic regurgitation is twice as common in men as in women.

男性发生动脉回流是女性的 2 倍。

At 200 Klux the activity of RuBP Case was 2.9 times as high as that in the dark.

在 200 Klux 下 RuBP 羧化酶的活力为无光照的 2.9 倍。

However, carbon dioxide diffuses about 20 times as easily as oxygen.

然而，二氧化碳容易扩散，其扩散率约为氧的20倍。

（二）n times + 比较级 + than 译作“比…增加n倍,”“是…的n + 1倍”。例如：

Recently they found that cases of breast cancer in this area were 3 times higher than the national average.

最近他们发现，在这个地区乳腺癌病例比全国平均高了三倍。

They are almost 2.5 times bigger than the others.

它们几乎比其他的大2.5倍。

In Walse the mortality rate is three times greater than that in southeast England.

本病死亡率，威尔士比英格兰东南区高3倍。

Magnesium oxide is eight to ten times more potent than magnesium trisilicate or magnesium carbonate, and the aluminum hydroxide gels have little neutra-lizing capacity.

氧化镁的效力比三硅酸镁或碳酸镁的效力大8～10倍，而氢氧化铝凝胶则没有什么中和效力。

（三）n times + 名词或代词，译作“是…的n倍”“增加n－1倍”。例如：

The threshold for burning pain with a thermal stimulus is approximately two thousand times the threshold for warmth.

热性刺激所致的烧伤痛阈约为温热阈的2000倍。

This increase in flow is approximately linear until the interstitial fluid pressure reaches 0, at which point the flow rate is 10 to 50 times normal.

这种流量的增加几乎是直线性的，一直增加到组织间液到零为止，零点流率是正常值的 10 ～ 50 倍。

If the pulmonary flow approaches or exceeds twice the systemic flow,operation should be advised.

如肺血流量接近全身血流量的两倍或达到它的两倍以上，应建议手术。

（四）表示“增加 / 下降”的动词 + { n-fold / by n-fold（或百分数，分数）/ to n times }

译作“增加 / 下降到 n 倍”“增加了多少（分数，百分数）”。例如：

During the 1970’s the number of operations performed in the U.S.rose 23%, while the population grew by only 5%.

在 70 年代中，美国所完成的手术数量增加了 23%，而人口只增加了 5%。

The number of operation performed in our hospital has increased to 30 times in comparison with 1948 before liberation.

现在，我们医院所完成的手术与新中国成立前 1948 年相比，已增加到 30 倍。

China’s population has increased by 2.85 times since the liberation of the country.

新中国成立以来，中国人口增加了 2.85 倍。

For one engaged in a sedentary occupation, this extra energy requirement rises to from 30 to 40 percent above basal condition.

一个伏案工作的人所需要的能量比基础代谢多 30% ～ 40%。

The presence of specific opsonizing antibodies and complement may increase the rate of phagocytosis by as much as 5- to 100- fold.

特异调理素抗体和补体的存在可把吞噬作用率提高到 5 ～ 100 倍。

When the thyroid gland becomes maximally active, the concentration can rise to as high as 350 times that in the blood.

甲状腺活性最大时，碘浓度可能升高到血碘浓度的 350 倍。

（五）n% more than 译作“增加 n%”。例如：

The heart has a tremendous reserve that makes it normally capable of pumping 300 to 400 percent more blood than is required by the body for adequate nutrition during the first hour or so of shock.

心脏具有极大的储备力，可使心脏在休克发生的头一个小时左右泵出大量血液，比足够身体营养需要的血量多 300% ～ 400%。

（六）half（1/3）as much as 译作“…之一半（之 1/3）”。例如：

Peripheral emboli to the limbs, most commonly the legs, are half as common as cerebral emboli.

肢体末梢栓子是脑栓子的 50%。

Cancer of the pancreas is a relatively common disease being about one fifth as frequent as cancer of the stomach.

胰腺癌是一种比较常见的疾病，其发病率是胃癌的 1/5 左右。

（七）double 译作“增加 1 倍”“是…的 2 倍”。例如：

The incidence of leukaemia is rising steadily and is more than double what was thirty years ago.

白血病的发病率不断上升，比 30 年前的发病率增加了 1 倍。

（八）表示“减少”的句式包括：表示减少的动词 + n times（n-fold）译作“减少了 n-1/n”“减少到 1/n”。

n times less than

译作“比…少 n-1/n”“…是…1/n”。

表示减少的动词 + by + n%

译作“降低了 n%”“降低到 100-n%”。

表示减少的动词 + to + n%

译作“降低了（100-n）%”“降低到 n%”。

例如：

The dosage for a child is sometimes twice less than that for an adult.

有时，小孩的剂量为成年剂量的三分之一。

A is twice less than B.

A 是 B 的三分之一。

The death rate of the disease has reduced from 3% to 1%.

该病的死亡率已从 3% 下降到 1%。

The price of penicillin was reduced to two thirds.

青霉素的价格降低到三分之二。

五、“平均数、中位数、外加数”的表达方法

average, mean 平均数

median 中位数

another（a further，an additional，next）+数词+名词可译作“另外…”

数词+ others 可译作“另外…”

数词+ additional +名词可译作“另外…”

例如：

It is 3cm long on average.

平均长 3cm

A second administration of 75mg HOE 760 in the evening suppressed nocturnal gastrin acid output by an average of 88% over 9h subsequent to dosing.

平均为 88%

The mean daily dose of sandimmun 5 years after transplantation was 4.9mg/kg.

平均每日剂量

The average pretreatment platelet count was 56 000/ul, after treatment it was 183 000/ul.

治疗前平均血小板数

Another 5% had steroids added to their Sandimmum therapy.

另有 5%

If the platelet count did not increase, four additional treatments were given on alternate days.

另外 4 次治疗

Each year in UK 25 000 people die from trauma with a further 500 000 sustaining major injuries.

另外还有 500 000 例遭受损伤

I was fortunate enough to be appointed a consultant physician to that unit,a post I was to hold for the next 32 years.

下一个 32 年

六、"比、比例和率"的表达方式

ratio of ...to ...
ratio between ...and ...
...to...ration is...
...be in a ratio of ...to ...
} 译作"…与…的比例为…"

另外可用符号"："" /""*vs.*"来表示比例。

"rate"表示"率"。

例如：

Relative eosinophilia was present in 3 cases, and the male: female ration was 15：13.

男女之比为 15：13

The ratio of TNF to allo-TNF was 1.71 ± 1.13 in the normal subjects, 3.19 ± 1.74 in the normotensive alcoholics and 5.56 ± 3.69 in the hypertensive alcoholics.

TNF 与 allo-TNF 之比值

An improvement in the impaired T-Helper/T-suppressor ratio after three months' SAGL treatment was also observed.

辅助 T 细胞与抑制 T 细胞之比值

This means that the superior survival rate seen after one year（72% *vs*.52%）and after 3 years（66% *vs*.42%）has been maintained.

（72% 比 52%）（66% 比 42%）

Mobile phase Ⅰ contained methanol：water：acetic acid（75：24.95：0.05 v/v/v）adjusted to pH 5.4.

甲醇、水和醋酸的体积比是 75：24.95：0.05

Plasma, 200 to 300ml, was collected,pass through a column, and returned to the patient at a rate of 10ml/min.

速率为 10ml/min

The normal ratio of pulse to respiration is 4：1.

脉搏与呼吸的正常比率是 4：1。

The ration between survival rate and death rate is 6：1.

存活率与死亡率之间的比率是 6：1。

The doctor to nurse ratio is 2：1.

医生与护士的比率为 2：1。

Lead and tin are in a ratio of 2 to 1.

铅与锡的比率是 2：1。

七、表示“正比、反比”的常用句式

be proportional ...
vary directly as（with）...
be in proportion to ...
proportionally to ...

以上译做“与…成正比”

be inversely proportional to...
be in inverse proportion to ...　} 译做“与…成反比”
vary inversely as（with）...

例如：

The extent and destructiveness of tuberculosis lesion vary directly with the number and virulence of the bacilli in the lesion and inversely with the degree of native and acquired resistance.

结核性损害的范围和它们的破坏性与病变内杆菌的数目和毒性成正比，和先天性及后天性抵抗力的程度成反比。

Sodium chloride is diminished in the blood proportionally to the increase in blood sugar.

血内钠盐的减低与血糖的增加成正比。

The likelihood of surgical removal of a clot being successful is inversely proportional to the time interval from the onset of the block to the operation.

手术清除凝块的成功率，与从阻塞出现到进行手术的时间间隔长短成反比例。

八、“数量的增减”表达法

increase, rise, raise 等表示增加的动词 + by（或 to）

decrease, fall, decline, reduce, drop 等表示减少的动词 + by（或 to）

例如：

The most important fact about the natural history of alcohol dependence is an increased mortality of about 2 to 3 times.

病死率增加约 2～3 倍。

The bone mineral density in the lumbar vertebral column increased by 1.38% in the calcitonin/calcium group.

增加 1.38%。

In the Hus patients, platelet counts rose above 100 000/μl in seven of nine patients.

上升到 100 000/μl（即 100×10^9/L）以上

The pruritus score in subject A dropped from 10 to 6 during the control period of saline infusion

从 10 降到 6

A high initial dose（100 IU/day）is given subcutaneously and halved after 5 to 6 days.

减少一半

九、"长、宽、高、深、重"的表示法

用于表示长、宽、高、深、重的名词及形容词分别是：

long——in length（长）

wide——in width（宽）

broad——in breadth（宽）

deep——in depth（深）

thick——in thickness（厚）

high——in hight（高）

heavy——in weight（重）

across——in diameter（直径），in radius（半径）

常用以下句式来描述：

主语＋ measure（be）＋数词＋单位＋ long 等形容词（in length）

主语＋ have a length（或其他名词）of ＋数词＋单位

主语＋ measure（be）＋数词和单位＋ by ＋数词和单位

例如：

The teaching building measures（is）thirty feet by twenty.

这座教学楼三十英尺长，二十英尺宽。

The smallest of the bacteria, for example, are about 2μm in diameter.

The smallest of the bacteria,for example, have（attain）a diameter of about 2μm.

例如，最小的细菌其直径大约只有 2 微米。

The patient is 150 pounds in weight.

The patient attains a weight of 150 pounds.

该病人的体重有 150 磅。

十、一般数值的表达方法

（一）数值范围

常见的短语，结构包括：

range from ...to...

range between ...and ...

with a range of ...to ...

vary from...to...

vary between ...and...

between...and...

from...to...

...to...

例如：

Their age ranges from 23 to 65 with the average being 37.

他们的年龄在 23 到 65 岁之间，平均 37 岁。

Their mean age was 34.8 ± 1.5,with a range of 14 to 56 years.

他们的年龄在 14 至 56 岁之间，平均为 34.8 ± 1.5 岁。

Of the 100 cases, 40 have had a sustained remission varying from 1.5 to 8 years.

在 100 个病例中，40 人有持久性的减轻，从一年半到 8 年不等。

The time of recovery varies between 15 days and a month.

恢复期为 15 天至一个月。

Serum concentrations of labeled bile acids rose 30-60 min after their oral administration.

30 到 60 分钟

（二）某数量中的一部分

常见的句式有以下几种：

数词 + of + 数词

数词 + out of + 数词

among +数词（总）+数词（部分）

数词+ in every +数词

account for +数词

represent +百分数

例如：

The cancer occurred in 12 of 100 patients.

在 100 例患者中有 12 例发生癌症。

Among the 40 patients who experienced recurrence, 20 were retreated.

在 40 名复发病人中有 20 名作了再治疗。

Only 2 of every 1 000 patients receiving the treatment died of the disease.

在每 1 000 个接受治疗的病人中，仅有二人死于本病。

Of the 60 cases, 37 were males and 23 females.

在这 60 个病例中 37 名是男性，23 名是女性。

Pituitary tumors account for about ten percent of all brain tumors.

脑垂体瘤约占所有脑瘤的百分之十。

（三）大约数量的表达

常用的单词有 about, some, almost, nearly, over, above, near, or so, or more, or less, plus 等。

例如：

Andrew Logom was（and still is at the age of 80 plus）a remarkable man.

（…80 多岁）

Experience has shown that with this method some 10 subjects can be examined in 40 minutes.

约有 10 人

The Prize has already achieved worldwide renown,so that entries are received each time from between 40 to 70 scientists from over 20 countries.

20 多个国家

Parasuicide accounts for 10% of acute hospital admissions in Great Britain, i.e.about 100 000 cases per year.

约 100 000 例

Cirrhosis is most common in older people who have had alcohol intakes greater than 100g/day for 10 years or more.

10 多年

Since then there have been a series of epidemiological studies involving nearly 200 000 patients.

接近 200 000 例患者

（四）多个数值的表达

一般采用并列形式，用逗号、分号或括号，有时使用 respectively 表示对应关系。

例如：

The improved Tyode's solution had a following composition（mM）: Nacl, 136.9; KCl, 5.4; CaCl2, 1.8; MgCl2, 1.05; glucose, 11.

改进的罗德氏溶液（一种生理盐水）具有下列成分：氯化钠 136.9；氯化钾 5.4；氯化钙 1.8；氯化镁 1.05；葡萄糖 11。

（五）短语"a ＋名词＋ of ＋数词"的应用

常见的此类短语有：

a total of　总量

a period of　一段时间

a diameter of　直径

a series of　一套

a group of　一组

a dose of　剂量

a maximum of　最大值

a minimum of　最小值

a mortality of　死亡率

an average of　平均数

例如：

A total of 395 observations was made over a 14-week period.

共观察了 395 次

These are large triglyceride-rich particles with a diameter of 300-3000A.

直径为 300-3000A

All were chronic alcoholics with a daily ethanol intake between 120 and 600g for a period of 6 to 25 years.

在 6 ～ 25 年间

（六）数学符号的直接应用

包括＞，＜，=，+，-，×，÷等。

例如：

Severe hyperbilirabinemia（＞20mg/dl）or markedly altered prothrombin time（＞16 sec）contraindicated the procedure in four patients.

Relative spleen weight was calculated as spleen weight/body weight × 100,and expressed as g/100g body weight.

脾重 / 体重 × 100 = g/100g 体重

第八节　英文文摘中常见句型结构

一、时间关系的表述

（一）“在…之时”，常见结构有：

when（或 as）引导的时间状语从句

when（或 while，during，on 等）引导的介词短语，分词短语

if 引导的条件状语从句

例如：

Our results, however, indicated that no increase of 5-HT release into the ventricles could be found when morphine exerted its analgesic action

我们的结果说明吗啡发挥镇痛作用时并无 5-HT 释放到脑室。

On admission all the patients presented a typical history and symptoms and signs of acute perforation of ulcer.

全部患者在入院时均有较典型的溃疡病急性穿孔的病史、症状及体征。

During infusion care should be taken to maintain the dynamic balance of body fluids, and, if necessary, adjustment should be made promptly.

在输液时要经常注意体液的动态平衡，随时予以调整。

In case of absence of the anti-pain effect, it could also be brought forth by prolonging the action of noradrenaline.

在不出现抗痛效应时，延长去甲肾上腺素的作用时间，也可得到抗痛的效果。

(二)“在…之前”，常见结构有：

before 引导的时间状语从句

before,prior to 引导的介词短语

...ago

例如：

Detailed preoperative clinical evaluation and roentgenographic interpretation enable us to have a more precise knowledge of this disease and make a correct diagnosis before surgical intervention is resorted to.

结合病人的术前临床症状和 X 线征象，使我们对本病逐步有了一个较为清楚的概念，从而能在术前做出正确诊断。

Some ten years ago,we observed that,by intraventricular injection in rabbits, a dose as high as 100μg of 5-HT was needed to produce analgesia for about one hour duration.

十余年前，我们观察到家兔脑内注射 5-HT，剂量要高达 100μg 才有 1 小时左右的镇痛效应。

（三）“在…之后”常见结构有：

after（when,as）引导的时间状语从句

after 引导的介词短语

分词短语或动名词短语

例如：

Two hours after treatment the urine output per minute increased on an average 2.73ml, or 336%（$P<0.01$）.

治疗后 2 小时尿量 / 分平均增加 2.73ml，与治疗前平均值相比增加 336%（$P<0.01$）。

After being separated by centrifugation, the serum samples are individually squeezed out in similar quantities from the cut end of the plastic tubes into wells on the agar plate.

离心分离后，在每个塑料管端切开挤出相近量的血清，放入琼脂板的样品孔内。

二、被动态的常用句型

英语的科技语体的特点之一就是被动句用得较多，在将中文文摘翻译成英文时，主动句和被动句可以根据具体情况相互转换。常

见的被动语态句型有：

主语+（情态动词）+ be +过去式

It + be +过去式+ that 从句

现将一些常用的这类句式列举如下：

It is thought（or considered）that …人们（有人，大家）认为……

It is generally（usually）accepted（or agreed,recognized）that…普遍（一般，通常）认为……

It is believed that... 有人（人们）相信……

It is well-known that... 大家知道（众所周知）……

It is said that ... 据说（有人说）……

It is learned that ... 据闻（悉）……

It is supposed that ... 据推测……

It must be pointed out that ... 必须指出……

It must（should）be admitted that... 必须（应该）承认……

It will be seen that... 可见（可以看出）……

It will be seen from this that... 由此可见……

It is understood that ... 不用说（谁都知道）……

It cannot be denied that... 无可否认……

It has been proved (or demonstrated) that... 已经证明……

It may be confirmed that ... 可以肯定……

It may be safely said that ... 可以有把握地说……

It is sometimes asked that... 人们有时会问……

It is expected (hoped) that... 人们希望……

主语 +	proved to be believed to be thought to be considered to be shown to be reported to be be supposed to be found to be known to be taken to be assumed to be said to be judged to be	+ 主语补足语

例如：

Vitamins are known to be necessary to human life.

大家知道维生素对人的生命是必需的。

Aspirin is considered to be the most effective drug for rheumatoid arthritis.

阿司匹林被认为是治疗风湿性关节炎的最有效的药。

It is estimated that in every 800 hearts in the United States is under artificial control.

据估计，美国人每800个心脏中，就有一个心脏是由人工控制的。

Similar results were obtained by Nord and Young（1975）.

Nord 和 Young 于 1975 年也得到了相似的结果。

Bronchoscopy was performed in 40 patients with a diagnostic accuracy of 90 percent.

我们对 40 例患者作了支气管检查，诊断准确率达 90%。

The whole dose may be given at once or taken in divided does of 2 tablets every 10 minutes.

可以立刻给予总剂量，也可以按均分剂量给予，每十分钟给予两片。

三、原因关系的表达方法

常用的表示原因关系的介词和连词包括：

as a result of 由于……（的结果）

because of, on account of, owing to 因为（表示原因的理由）

by, by reason of 由于，因为

by（in）virtue of 依靠，凭借，由于，因为

due to, from, with 由于，因为

through 因为（表示消极或间接的原因）

because 因为（表示直接的理由，原因意义最强）

as 由于，因为（表示主句和从属句的因果关系，语气不如 because 重）

since 既然，由于（表示对方知悉而不待言的原因）

for 因为（表示附加的理由，推断的理由，附带解释前面已论述的内容）

在上面这四个连词中，because 原因意义最强，since 次之，as 又次之，for 最弱。

In as much as 既然（表示明白的理由）

Seeing that 因……缘故（表示一个前提）

Now that 既然（表示一种暂时性意义）

例如：

Because of severe functional disability, the patient was referred to us on June 13, 1973.

于 1973 年 6 月 13 日由于严重功能障碍转入我院。

This is a fairly complicated problem as many internal and external factors influence prognosis.

这一问题相当复杂，因为许多内在因素与外在因素均与预后密切相关。

The positive rate in children under 2 years of age was very high, for most of them had not received preventive inoculation.

两岁以下儿童阳性率很高，因为他们大多数尚未接受预防接种。

四、条件关系的表述

条件关系通常用条件状语从属句，条件句在英语中分为真实条件句和虚拟条件句两种。真实条件句所表示的条件是真实的，而虚拟条件句所表示的条件是假设的，所用的时态是虚拟语气。

例如：

If sudden, fresh or profuse bleeding occurs,the possibility of heparin overdosage should be considered and heparinization should be stopped immediately.

在用肝素的过程中，如发生大量新鲜出血，应考虑与肝素过量有关，需立即停用肝素。(真实条件句)

Therefore, if measures were taken to enhance the presynaptic inhibition, the pain-relieving efficiency of acupuncture would be more prominent.

因此，如果能采用某些措施加强突触前抑制过程，将可提高针刺的镇痛效果。(虚拟条件句)

五、表达“形态结构”的常用句式

常见的表示形态结构的句型包括：

be shaped like ...

take the shape of...

like (or show)...

be ... in shape

例如：

The tumor has a regular outer appearance like a ball, or takes the shape of branched leaves, but is clearly distinguishable from the surrounding lung tissue.

肿瘤外形规则，基本上呈球形，亦可呈轻度分叶状，与周围肺组织境界较清楚。

In some cancer cell the mitochondria showed vacuole degeneration.

部分癌细胞内线粒体呈空泡化变性。

A blood-cell is shaped like a circle.

血细胞呈环状。

A blood-cell is circular in shape.

血细胞的形状是环状的。

六、表示“伴有、并发”的常见句型

to be accompanied by

to be complicated by

to be concurrent with

complicating

to have

to be associated with

with, be taken with

以上的句型多用来表达临床医学论文中的合并症的描述。

例如：

Hemolysis complicating viral hepatitis.

病毒性肝炎并发溶血。

Also, the prognosis was better in cases complicated by mild chronic pulmonary disease such as tuberculosis and bronchiectasis.

又如本文资料中看出伴有轻度肺部慢性病如结核、支气管扩张等病史的一组，预后较好。

A rise of temperature in the afternoon is a most important indication of tuberculosis, when taken with other symptoms.

午后体温升高如伴有其他症状，则是结核病很重要的指征。

Pneumonia is sometimes concurrent with measles.

肺炎有时并发于麻疹。

The head bruise may be associated with internal injuries.

头部挫伤可伴有内脏损伤。

The patient had a fever and chills, accompanied by headache and pains in the lower extremities.

病人发热、寒战、伴有头痛和下肢疼痛。

七、让步关系的表达

常用的表示让步关系的介词和连词包括：

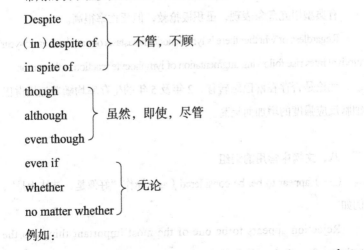

Despite (in) despite of in spite of	不管，不顾
though although even though	虽然，即使，尽管
even if whether no matter whether	无论

例如：

Although the durations of perfusion varied, the results were almost the same.

灌流时间虽不相同，但结果基本一致。

Whether there is lymph node metastasis or not, the 2-and 5-year survival rates of patients taking pre-operative radiation therapy are higher.

无论淋巴结是否存在转移，术前放疗组的2年及5年生存率均相对较高。

These plantlets did not grow well even if they were transferred to the medium without colchicine 3-4 days after the treatment.

处理3到4天后，虽然转到无秋水仙碱的培养基上，仍然生长不好。

There are typical thyroid crisis manifestations and mortality remains very high despite active management.

有典型甲亢危象表现，虽积极抢救，但死亡率很高。

Regardless of whether there is lymph node metastasis or not, the 2-and 5-year survival rates rise following augmentation of lymphocyte reaction at the tumor.

无论是否存在淋巴结转移，2年及5年的生存率均随着癌周淋巴细胞反应强度的增加而提高。

八、文摘中常用的词组

（一）appear to be, be considered（as）译作“好像是，被认为是”，例如：

Rejection appears to be one of the most important things to the patients after renal transplantation.

排斥反应是肾移植术后最严重的问题之一。

Dopamine is now generally considered a drug of choice for combating shock.

目前，临床上多巴胺被认为是一种较理想的抗休克药物。

（二）（in order）+ to + 不定式表示目的，译作“为了…”“以…”等，例如：

In suspected malignant bone tumors, the biopsy may be preceded by local freezing to prevent local spreading.

对疑为恶性肿瘤者可先冷冻，再做活检，以防止活检时瘤细胞扩散。

Flushing of eyes and skin folds should be prolonged in order to remove the acid thoroughly and prevent further tissue damage.

一般眼睛、皮肤皱褶处冲洗时间要长一些，以防止氢氨酸对皮肤的继续损害。

（三）be characterized by 译作“以…为特征”“…的特征为…”，例如：

Type B encephalitis is characterized by headache, high fever, rigidity of the neck, etc.

乙型脑炎是以头疼、高热、颈部强直等现象为特征的。

（四）By... we mean（is meant）... 译作“所谓…指的是…”“所谓…是指”，例如：

By necrosis is meant, as the word implied, the local death of cells.

顾名思义，坏死的意思就是说局部的细胞死亡。

By cross infection we mean infection of a patient in a hospital with a disease other than that for which he was admitted.

所谓交叉感染就是病人住院后又感染了别种疾病的意思。

（五）present with 译作“出现…症状”，例如：

The patient usually presents with sudden pain in the chest which may radiate to the arms, neck or abdomen.

病人通常突然出现胸痛、可放射到臂、颈或腹部。

（六）be defined as... 译作“被定义为”，例如：

Blood circulation may be defined as the circular movement of blood around the body.

血液循环可以被定义为血液在全身的循环运动。

（七）do well on, be amenable to 译作“用…治疗效果好”“用…可以治愈”，例如：

The disease is amenable to treatment but rather prone to recurrence.

本病可以治愈，但比较容易复发。

The mildly ill patient will do well on sodium salicylate.

轻症患者用水杨酸钠治疗，疗效良好。

（八）diagnose A as（having）B，A is diagnosed as（having B）译作“被诊断为…”，例如：

She was diagnosed as having acute respiratory infection with underlying chronic bronchitis, chronic pulmonale and congestive heart failure.

她被诊断为老年慢性气管炎急性发作，慢性肺源性心脏病及充血性心力衰竭。

九、医学英文文摘中常用术语

accident rate	意外伤害率
admission rate	住院率
birth rate	出生率
cure rate	治愈率
death rate	死亡率
incidence	发病率
effective rate	有效率
fatality rate	致死率
filtration rate	滤过率
fertility rate	生育率
growth rate	生长率
heart rate	心率
incidence rate	发生（流行）率
infection rate	感染率
lethality rate	致死率
marriage rate	结婚率
morbidity rate	发病率
mortality rate	死亡率
negative rate	阴性率
positive rate	阳性率
prescribed rate	规定率
pulse rate	脉搏率

rate of population growth	人口增长率
rate of success	成功率
recurrence rate	再发率
respiration rate	呼吸率
survival rate	存活率
short-term results	近期效果
long-term results	远期效果
late result	远期效果
long-term effects	长期作用
short-term effects	短期作用
average dose	平均量
booster dose	激发（剂）量
daily dose	一日量
divided dose	均分（剂）量
fatal dose	致死量
full dose	足量
ineffective dose	无效量
initial dose	初服量，开始量
large dose	大剂量
lethal dose	致死量
maintenance dose	维持量
maximun dose	最大量
medium dose	中等量

minimal dose	最小（有效）量
minute dose	分剂量、微量
optimum dose	最适量
repeated dose	多次量
preventive dose	预防量
single dose	单次量
therapeutical dose	治疗量
tolerance dose	耐量
a dose of ...	一次量
total dose of ...	总剂量
a total dosage of...	总剂量
a dosage of .../day	一天量

第九节　结构式英文文摘

近年来，文摘在医学写作和传播中的重要性越来越为专业人员、医学写作者、医学刊物编辑和文献检索服务人员所认识，文摘的国际规范化和标准化也越来越受到国内外的重视。1987 年美国《内科学纪要（Annals of Internal Medicine）》在美国麦克马斯特大学（Mc Master University）Haynes 倡导下，首先采用结构式文摘的形式。结构式文摘是信息科学发展的必然结果。1991 年温哥华宣言第四版也已明确提出采用结构式文摘。迄今为止，全世界已有

50多种著名的生物医学期刊采用结构式文摘，而且有逐年增多的趋势。

结构式文摘，其特点是按照文摘的结构加以小标题，使文摘的各部分内容明确，逐项列出，以改观目前文摘多为残缺性报道性摘要和指示性摘要的局面。

一、结构式文摘的优点

结构式文摘有明确的栏目，要求各部分内容逐项列出。它有以下几个方面的优点：

1. 便于作者模仿、撰写，能准确、具体地将内容表达出来；容易审核，有利于编辑加工，校对；读者易于阅读，能迅速找到内容针对性强的文章。

2. 迫使作者在实验设计开始时就明确各项内容，使各部分更趋合理，以便得出正确的结论。

3. 可使计算机检索更准确，更有效。

4. 信息量大，便于学术交流。

二、结构式文摘的栏目设置

迄今采用的结构式文摘的期刊对其栏目的设置尚不统一，从3～8项不等。1987年美国《内科学纪要》采用背景（Background）、目的（objective）、设计（design）、研究单位（setting）、研究对象（subject）、测定结果（measurements）、结果（result）和结论（conclusion）共8项层次。

三、我国医学期刊的结构式文摘

我国第四军医大学潘伯荣教授建议结构式文摘采用 AMRAC（Aim, Material and Method, Results and Conclusion，目的，材料与方法，结果和结论）4 项式较为合理。因它与论著 IMRAD（Introduction, Material and Method, Results and Discussion）格式相呼应，且各栏目可根据具体内容作部分调整，如材料和方法可改为对象和方法。4 项式结构式文摘比 8 项式结构式文摘字数少得多，可节省版面，然而所包含的信息量并不减少，因此更简便而实用。

近年来，我国大多医学期刊都开始采用了结构式文摘。下面通过实例使读者增加感性认识。

举例：

ABSTRACT

Objective To study the influence of obstructive sleep apnea hypopnea syndrome (OSAHS) on glucose metabolism and comprehensively analyze its related factors.

Methods A total of 180 snoring patients were recruited in Sleep Disorder Center of Nanfang Hospital of Southern Medical Universitybetween January 2010 to June 2011. There were 140 patients with OSAHS and 40 subjects without OSAHS. All patients underwent both a full polysonmography (PSG) and plasma glucose measure, including fasting plasma glucose (FPG) and oral glucose tolerance test (OGTT). The FPG, 1-hour post-challengeglucose (1 hPG) and 2-hour post-challenge glucose (2hPG) were respectively compared in patients withdifferent apneahypopneaindex (AHI), the lowest saturation of pulse oximetry (SpO_2) and sleep architecture.

Results The incidence of glucose metabolism disorders was higher in patients with OSAHS than that of those without (diabetes: 21.4% *vs* 5.0%; prediabetes: 34.3% *vs* 25.0%). The FPG, 1hPG and 2hPG in patients with different AH1 was significantly different respectively (all $P<0.01$), so as inpatients with different lowest oxygen saturation (all $P<0.01$). Post-load glucose levels of patients withdifferent AH1 were still significantly different after adjustment for neck circumference (1 hPG: P=0.004; 2hPG: $P=0.048$). FPG, 1hPG and 2hPG were associated with AHI (r=0.167, 0.277, 0.196, all $P<0.05$), mean SpO_2 (r=−0.154, −0.214, −0.182, all $P<0.05$) and the lowest SpO_2 (r=−0.224, −0.231, −0.159, all $P<0.05$); While FPG, 1hPG and 2hPG were not significantly associated withNl+N2, N3 and rapid eye movement (REM) sleeps (al1 $P>0.05$).

Conclusions The risk of glucose metabolism disorders increased with the severity of OSAHS. Compared with fasting glucose. Post-load glucosewas more affected by OSAHS independent of obesity. Compared with sleep architecture or sleep efficiency. Glucose metabolism disorders seem to be associated with hypoxia caused by OSAHS.

目的：探讨阻塞性睡眠呼吸暂停低通气综合征（OSAHS）与糖代谢的关系，并分析其影响因素。

方法：选取 2010 年 1 月 1 日 -2011 年 6 月 30 日南方医科大学南方医院睡眠医学中心的 180 例睡眠打鼾患者，其中 OSAHS 患者 140

例，非 OSAHS 患者 40 例。所有受试者接受多导睡眠监测和口服葡萄糖耐量试验（OGTT），测空腹血糖（FPG），分析不同呼吸暂停低通气指数（AHI）、最低脉搏血氧饱和度（SpO_2）的患者间 FPG、糖负荷后 1 h 血糖（1hPG）、糖负荷后 2 h 血糖（2hPG）差异。

结果：OSAHS 患者糖尿病患病率为 21.4%，高于非 OSAHS 患者（5.0%）；糖尿病前期患病率为 34.3%，高于非 OSAHS 患者（25.0%）。不同 AHI、不同最低 SpO_2 的 OSAHS 患者 FPG、1hPG、2hPG 水平差异有统计学意义（*P* 值均＜0.01）。校正颈围后，不同 AHI 患者 1hPG、2hPG 差异有统计学意义（*P* 值均＜0.01）。相关分析：FPG、1hPG、2hPG 与 AHI（r 分别为 0.167、0.277、0.196，*P* 值均＜0.05）、平均 SpO_2（r 分别为－0.154、－0.214、－0.182，*P* 值均＜0.05）、最低 SpO_2（r 分别为－0.224、－0.231、－0.159，*P* 值均＜0.05）相关；FPG、1hPG、2hPG 与非快速动眼 N1+N2 期睡眠、N3 期睡眠及快速动眼期睡眠无显著相关（*P* 值均＞0.05）。

结论：血糖状态与 OSAHS 的严重程度呈正相关。与 FPG 比，1hPG、2hPG 受 OSAHS 的影响更大，且独立于肥胖。相对于睡眠结构和睡眠效率，睡眠低氧血症与糖代谢紊乱的相关性可能更大。——中华内科杂志（Clin J Intern Med），2015, 54: 691-694）

四、国外医学期刊结构式文摘示例

1. Ann Intern Med《内科学纪要》

标题：

Sofosbuvir Plus Velpatasvir Combination Therapy for Treatment-

Experienced Patients With Genotype 1 or 3 Hepatitis C Virus Infection: A Randomized Trial.

文摘：

Background: Effective treatment options are needed for patients with genotype 1 or 3 hepatitis C virus (HCV) infection in whom previous therapy has failed.

Objective: To assess the efficacy and safety of sofosbuvir plus velpatasvir, with and without ribavirin, in treatment-experienced patients.

Design: Randomized, phase 2, open-label study. (ClinicalTrials.gov: NCT01909804).

Setting: 58 sites in Australia, New Zealand, and the United States.

Participants: Treatment-experienced adults with genotype 3 HCV infection without cirrhosis (cohort 1) and with compensated cirrhosis (cohort 2) and patients with genotype 1 HCV infection that was unsuccessfully treated with a protease inhibitor with peginterferon and ribavirin (50% could have compensated cirrhosis) (cohort 3).

Measurements: Proportion of patients with sustained virologic response at week 12 after treatment (SVR12).

Results: In cohort 1, SVR12 rates were 85% with 25 mg of velpatasvir, 96% with 25 mg of velpatasvir plus ribavirin, 100% with 100 mg of velpatasvir, and 100% with 100 mg of velpatasvir plus ribavirin. In cohort 2, SVR12 rates were 58% with 25 mg of velpatasvir, 84% with 25 mg of velpatasvir plus ribavirin, 88% with 100 mg of velpatasvir, and

96% with 100 mg of velpatasvir plus ribavirin. In cohort 3, SVR12 rates were 100% with 25 mg of velpatasvir, 97% with 25 mg of velpatasvir plus ribavirin, 100% with 100 mg of velpatasvir, and 96% with 100 mg of velpatasvir plus ribavirin. The most common adverse events were headache, fatigue, and nausea.

Conclusions: Treatment with 400 mg of sofosbuvir plus 100 mg of velpatasvir for 12 weeks was well-tolerated and highly effective in treatment-experienced patients with genotype 1 or 3 HCV infection.

——Ann Intern Med, 2015, Nov 10. doi: 10.7326/M15-1000

目前采用的结构包括：背景（Background），目的（objective），设计（design），研究单位（setting），研究对象（participants），测定结果（measurements），结果（result）和结论（conclusion）共 8 项层次。

2. Am J Med《美国医学杂志》

标题：

Assessing the Caprini Score for Risk Assessment of Venous Thromboembolism in Hospitalized Medical Patients.

文摘：

Background: The optimal approach to assess risk of venous thromboembolism (VTE) in hospitalized medical patients is unknown. We examined how well the Caprini risk assessment model (RAM) predicts venous thromboembolism in hospitalized medical patients.

Methods: Between January 2011 and March 2014, venous

thromboembolism events and risk factors were collected from non-intensive care unit (ICU) medical patients hospitalized in facilities across Michigan. Following calculation of the Caprini score for each patient, mixed logistic spline regression was used to determine the predicted probabilities of 90-day venous thromboembolism by receipt of pharmacologic prophylaxis across the Caprini risk continuum.

Results: A total of 670 (1.05%) of 63,548 eligible patients experienced a venous thromboembolism event within 90 days of hospital admission. The mean Caprini risk score was 4.94 (range 0 - 28). Predictive modeling revealed a consistent linear increase in venous thromboembolism for Caprini scores between 1-10; estimates beyond a score of 10 were unstable. Receipt of pharmacologic prophylaxis resulted in a modest decrease in venous thromboembolism risk (odds ratio=0.85; 95% confidence interval 0.72−0.99, p = 0.04). However, the low overall incidence of venous thromboembolism led to large estimates of numbers needed to treat in order to prevent a single venous thromboembolism event. A Caprini cut-point demonstrating clear benefit of prophylaxis was not detected.

Conclusion: Although a linear association between the Caprini RAM and risk of venous thromboembolism was noted, an extremely low incidence of venous thromboembolism events in non-ICU medical patients was observed. The Caprini RAM was unable to identify a subset of medical patients who benefit from pharmacologic prophylaxis.

——Am J Med. 2015 Nov 6. pii: S0002-9343(15)01032-3

3. Transplantation《移植》

标题：

Calcineurin Inhibitors Downregulate HNF-1 β and May Affect the Outcome of HNF1B Patients After RenalTransplantation.

文摘：

Background: Patients with HNF1B mutations develop progressive chronic renal failure, diabetes mellitus (40-50%), and liver tests abnormalities (40-70%). In HNF1B patients who reach end-stage renal disease, single kidney transplantation (SKT) or combined kidney-pancreas transplantationcan be considered.

Methods: A retrospective multicenter study including 18 HNF1B patients receiving SKT or kidney-pancreastransplantation, and in vitro experiments including the characterization of the HNF1B expression after calcineurin inhibitor (CNI) exposure.

Results: After SKT, 50% of the HNF1B patients develop early posttransplantation diabetes mellitus, whereas 40% experience new-onset or severe worsening of preexisting abnormalities of liver tests, including severe cholestasis. In liver biopsies, disorders of the cholangiocytes primary cilium and various degrees of bile duct paucity and dysplasia were identified. In vitro studies combining CNI exposure and siRNA-mediated inhibition of NFATc revealed that calcineurin inhibition decreases HNF1B expression in epithelial cells but independent of NFATc.

Conclusion: Because HNF1B-related disease is a heterozygous condition, CNIs used to prevent rejection may induce reduced expression of the nonmutated allele of HNF1B leading to a superimposed defect of HNF-1β transcriptional activity. Taking into account the specific risk of posttransplantation diabetes mellitus and liver disorders in HNF1B patients, these findings advocate for in-depth characterization of pathways that regulate HNF1B and plead for considering individually tailored graft management that may include a CNI-free immunosuppressive regimen. Interventional studies will have to confirm this individualized approach.

——Transplantation, 2015 Nov 9

以上两种期刊中采用的都是背景（background），方法（methods），结果（results）和结论（conclusion）四层次文摘。

4. AIDS《艾滋病》

标题：

Resilience among gay/bisexual young men in Western Kenya: psychosocial and sexual health outcomes.

文摘：

Objective: To explore associations between intrapersonal and interpersonal factors and both sexual and psychosocial resilient outcomes among young gay, bisexual, and other men who have sex with men (GBMSM) in Western Kenya.

Design: Cross-sectional observational study.

Methods: Five hundred and eleven GBMSM ages 18-29 were recruited from nine communities in Western Kenya using community-based mobilization strategies. Participants completed an audio computer-assisted self-interview survey in English or Duhluo. We estimated four three-step hierarchical linear regression models to examine associations between predictors (intrapersonal and interpersonal factors) and four resilient outcomes (psychological well-being, self-esteem, condom use, HIV testing).

Results: Psychosocial well-being model (modeled conversely as depression/anxiety) was significant [F(13,424)=106.41, $P<0.001$, R=0.765] with loneliness, lesbian/gay/bisexual (LGB) difficult process, LGB identity superiority, and reactions to trauma as predictors. Self-esteem model was significant [F(12,425)=6.40, $P<0.001$, R=0.153] with known HIV-seropositivity, perceived social support, internalized homonegativity, and LGB difficult process as predictors. Condom use model was significant [F(13,379)=4.30, $P<0.001$, R=0.128] with perceived social support, self-esteem, and reactions to trauma as predictors. HIV testing model was significant [F(12,377)=4.75, $P<0.001$, R=0.131] with loneliness, LGB identity uncertainty, LGB difficult process, and LGB identity superiority as predictors.

Conclusion: This study demonstrates the variety of ways in which intrapersonal and interpersonal factors are associated with HIV-related resilient outcomes for young GBMSM in Western Kenya. HIV prevention programs for this population should be developed in collaboration with GBMSM and includes intervention components that promote resilience.

——AIDS.2015 Dec: 29 Suppl 3: S261-S269

它采用的是与《美国医学杂志》《移植》类似的层次结构，上面所列举的几篇国外医学期刊中的结构式文摘，只是众多采用结构式文摘的医学期刊中的几例，其余期刊的结构式文摘的结构都与上面的例子相同或相似。

（武国军　严奉奇）

第十章　正文的撰写

第一节　前言

一、前言的定义

前言又称引言、导言、绪言、序言、导语，是论文开头部分的一段短文，也是论文主题部分的开端。是对正文主要内容的简要说明，对正文起到提纲挈领和引导阅读兴趣的作用。使读者在读过文题、摘要和引言后，不仅了解该文的主要内容和观点，并感觉有参考价值和通读全文的必要。

二、前言包括的内容

1. 扼要叙述本文报告内容的起源、目的、范围、途径和方法，开始研究的起止日期，主要结果及其意义。

2. 本研究工作的历史背景和当前国内外关于本研究的进展现状。

3. 与本文有关的论文和著作回顾。

4. 资料来源和搜集方法。

5. 本研究工作的设想、研究方法和实验设计、预期结果和实际意义。

6. 前人对同类课题研究状况，有无结果或结论，哪些问题已经证明，哪些问题还没有解决。

7. 作者对本研究工作已发表的论文及结论情况。

谈了以上七条，读者可能感觉前言包括内容很多，但它又不像摘要那样直接反映文章重点，前言本身的作用只是一个引子，但如何把这个引子写好，现在可能觉得有点摸不着头绪。笔者认为，写作前言没有想象中那么困难，起码它比万锤百炼、惜字如金的摘要要好写一点，请看下面的例子。

门静脉动脉化对实验性梗阻性黄疸大鼠肝细胞凋亡的影响 [中华普通外科学杂志，2000，15（6）: 348-351]

肝外胆管癌尤其是肝门部胆管癌的生物学特点是局部复发而极少发生远处转移。其原因主要是早期的胆管癌癌组织已浸润血管和神经，并沿血管和神经转移。使“根治性切除”很难达到目的。所以根据胆和癌的解剖特点对于有血管、神经浸润的肝外胆管癌最理想的根治性手术应该是肝十二指肠韧带的整块切除。但在行肝十二指肠韧带的整块切除时，必须解决以下两个问题：首先是在术中长时间的阻断肝十二指肠韧带时，解决足够的肝脏供应血流和门静脉血液回流的问题，其次是术后肝脏血管重建的问题。为此我们提出了门静脉动脉化的方法。即手术切除癌灶前在要切除范围的门静脉远侧端与附近的动脉相连，手术中保证肝脏血液供应，门静脉近端与腔静脉相连以解决内脏血回流，术后亦不再行血管重建。这样既可保护肝功能，又能大量缩短手术时间，减轻手术创伤而利于病人恢复。为了解门静脉动脉化对肝脏的影响并结合肝外胆管癌多伴有梗阻性黄疸的特点，我们建立了梗阻性黄疸时门静脉动脉化的动物实验模型并对其进行了观察。

该前言包括内容比较全面，开始就讲述了本研究工作的国内外现状及一些背景知识，然后提出了一些在他人研究基础上没有解决的问题，紧接着阐述了本研究的工作设想、方案及实验设计，最后还指出作者对本研究工作的成果——“动物模型已建立”。此前言篇幅较长、内容较详尽，不过细心的读者可能会发现，这篇引言还没有包括完全上述 7 点内容。笔者解释一下，前面在谈论前言所包括内容时，是以总结的形式罗列出几个方面，但总结中没提到的内容，前言写作一般很少涉及。而具体到每篇引言，不必面面俱到，要有重点有突出，尽可能发挥其引子作用，吸引读者，才是一篇好的前言。例如：

肝管内梗阻型原发性肝细胞癌 36 例临床分析 [中华普通外科杂志，2000；15（6）：338-339]

原发性肝细胞癌是肝脏最常见的恶性肿瘤，出现黄疸常是晚期表现。胆管内梗阻型原发性肝细胞癌（梗阻型肝癌）是原发性肝细胞癌的特殊类型，其临床表现、诊断及治疗有特殊性。我们回顾性总结了36例上述病人的临床资料，分析如下。

这篇前言短短不足百字，指出了本研究的背景知识，研究方法，临床资料的回顾性分析，然后就直接结束。该前言给人感觉是简单直观，能起到吸引读的引子作用，不失为一篇较好的前言。

三、前言写作要求

1. 开门见山，抓住中心，简明扼要，言简意赅

开门见山的写作方式比较常见，例如：肝门部胆管癌术后选择抗癌药物的体外实验研究[中华普通外科杂志，2000，15（6）：335-337]，引文一开始就写到“肝门部胆管癌起病隐匿……”，这种写法比较直观、简捷，因为引言本身字数有限（详见下文），如果采用迂回叙述，势必造成语言及整体的累述。

2. 精练简短，文字少而精，一般为200～300字，约占全文的1/10

举例如下：人胆管癌组织中CD44V61蛋白的表达与胆管癌的关系[中华普通外科杂志，2000，15（6）：333～334]，文中“我们应用免疫组化染色（S-P法）检测胆管组织中CD44V6的表达，探讨CD44v6与胆管癌转移及预后的关系，报告如下”，该前言用了不到50字把本研究的方法、资料来源、目标及实验设计就一一描写，的确做到了精练简短。

3. 短文（如病例报告）可不写引言，只写病例摘要和讨论。罕见或新发现的病例报告或介绍新的治疗及手术方法，常需写简

短的引言。

下面是一例病例报告前言的范例：肩峰下撞击征42例分析[中华外科杂志，1997，35（1）：35-37]，文中“肩峰下撞击征（impingement syndrome）的概念于1972年由Neer CS首先提出。肩峰下关节的解剖结构或动力学原因使肩关节在外展和上举运动中发生肩峰下组织的撞击而产生临床症状，称为肩峰下撞击征”，该引言简短引出“肩峰下撞击征”概念之后直切正文，简短又不失其作用。

另例：保留胰腺、清除脾动脉干淋巴结的胃癌切除术[中华普通外科杂志，2000，15（2）：69-71]，前言“全胃、贲门和胃体癌经常转移至脾门和脾动脉干淋巴结。因此，在全胃、贲门、胃体部和部分浸润型胃窦癌必须清除脾门和脾动脉干淋巴结，已无可非议。从40年代中期开始，许多外科医师均采用脾胰体尾部切除以清除脾门和脾动脉干淋巴结（简称切胰法）。然而联合切除胰腺，增加了手术并发症和死亡率，降低了胰腺功能，且增加糖尿病发病机会或加重糖尿病的程度。为此，我们从1996年开始研究胃癌手术保留胰腺、清除脾动脉干淋巴结的方法（简称保胰法），现在将保胰法理论依据、手术技巧、远期结果，以及与切胰法的比较报告于下”。这是一篇介绍新的手术方法的引言，介绍方式比较具体，引言中谈及了历史背景知识，国内外研究现状，研究目的及方法，写的比较全面、详尽，且不给人赘述的印象，病例报告这种短文不仅要求简短，更重要的是要在具体情况下适当运用，使前言发挥其应有作用，与文章正文其他部分配合得当。

4. 引言中提及“首次报告”“国内首创”“内外尚未见报道”或“达到国际先进水平”等要慎重，必须在查足查全文献后且有确切的资料和根据作为引证时，才能有上述表述。

四、注意事项

1. 引言只起引导作用，不要涉及本研究中的数据或结论，避免与摘要和正文重复。

2. 回顾历史要重点突出，切忌过长过繁、详述历史或作冗长的文献综述。

3. 一般不列“前言”“引言”字样标题。但也有个别杂志有这方面的要求，如有些学报就要求在前言前面必须有黑体字“引言”两字。

第二节 方法

医学论文有实验研究和临床研究等不同类型，此标题可写成材料与方法、对象和方法、病例和方法、临床资料、一般资料、资料来源、仪器与检查步骤、手术方法、调查方法、测量方法、病例报告等。方法是实验研究、临床试验和现场调查的手段，是科技论文的基础，是判断论文的科学性、先进性的主要依据。写作时按研究设计的先后顺序依次说明，应写得具体真实，以便读者评价研究结果的可信程度，并可以此重复实验求证结果，对论文质量起保证作用。介绍繁简程度应视其研究工作的性质、特点、要求而论。

一、目的

"方法"一节的主要目的是提供详细的实验情况。可能有许多读者会略过这一节不看，因为在引言中可以了解作者所使用的一般方法，或许他们对实验细节不感兴趣。但是认真写好这一段是很重要的，因为科学方法的核心就是要求你的研究成果不仅有科学价值，而且也必须是能重复验证的。为了保证研究成果是可重复，就必须为其他人提供实验的依据，不能重复的实验是缺乏可信度的。当文章接受同行们的审核时，一个好的审稿者会很认真地阅读"材料和方法"部分。如果他不能断定他能去重复你的试验，那么尽管你的研究成果是令人敬畏的，他也会建议退回你的稿件。

二、要求

（一）临床研究应提供的材料

1. 病例来源及选择标准　病例是住院还是门诊病人，或是普查普治；病例选择标准（引用者要注明出处，自订者要说明依据），诊断及分型标准，分型分组标准（应考虑随机分配和双盲观察）。

2. 一般资料　病人例数、性别、年龄、职业、病程、病因、病情、病型，主要症状和体征，实验室及其他检查结果，临床或病理诊断依据，观察方法与指标等。对病例摘要可不写姓名和住院号，内容包括：主诉、现病史、重要的有意义的家族史和既往史，查体、实验室检查及其他特殊检查结果，住院经过，治疗方法和疗效等。

3. 治疗方法 如药物名称、剂量、剂型、使用方法及疗程、生产厂及出厂日期（批号）等。如为手术治疗则需写出手术名称、术式、麻醉方法等。

4. 疗效观察项目及疗效标准 如症状体征、实验室检查及现代医学器械检查、病理检查、观察方法与指标、疗效标准（痊愈、显效、好转、无效、死亡）。

临床病例的要求内容较多，具体如何写作，可详见下例：男性乳房发育与相关激素及雌孕激素受体之间关系的临床研究[中华普通外科杂志，2000，15（3）；159-161]。

对象与方法

一、对象

男性乳腺发育患者22例，年龄16～67岁，平均（31±14）岁，年龄分布小于或等于20岁8例，20～30岁6例，30～50岁4例，大于50岁4例。临床表现均为单侧或双侧乳腺进行性增大，呈圆盘形或弥漫肿大，直径8～15cm不等，表面光滑，稍有轻触痛，异常发育的乳腺近似女性乳腺。患者的肝肾功能未见异常，睾丸发育正常，无生殖系统及内分泌疾病，无长期服药史，亦无服用过激素类药物史，本组患者均行皮下乳腺单纯切除。手术切除标本可见乳腺组织直径均大于5cm，最大厚度不小于2cm，切面质地坚韧、无包膜，未见明显囊腔结构。

二、分组

同时设正常对照组16例，年龄16～67岁，平均（37±14）岁，年龄上与实验组有可比性（$P > 0.05$）。其乳腺外观均正常，亦无肝肾功能异常，睾丸正常、无生殖系统及内分泌疾病、无长期服药史，亦无服用过激素类药物史。

该例中，病例来源都是术后病人，选择标准是“男性乳腺发育”，例中第二点专列了分组标准，一般资料文中也描述的较客观具体，治疗方法是采用“皮下乳腺单纯切除”，关于疗效观察项目和标准，在本例中放到了方法部分（该部分是接下来要讨论的问题），是观察“心、肝、肾功能”及“血清 E2、T、P、PRL 测定”及“免疫组化检测”，这种写法也未尝不可。本例是比较完整合格的临床实验研究的写作规例。

（一）实验研究需写明的情况

1. 实验条件　包括动物名称、种类、数量、来源、性别、年龄、身长、体重、健康状况、分组标准与方法、手术与标本制备过程，实验与记录方法及注意事项。

2. 实验方法　包括感染接种方法、仪器种类及其精密度、测定结果、描记图像、试剂种类、规格、来源、成分、纯度、浓度、配制、操作方法及过程、生产单位、出厂日期及批号等。

3. 季节、室温、湿度及其他条件等

为了方便读者理解，举例如下：我国登革乙型病毒 43 标 *PrM-E* 基因的 DNA 免疫原性研究［中华微生物和免疫学杂志，2001，20（4）: 301-304］。

材料与方法

质粒和菌株：表达载体 pBK-CMV 为 Stratagene 公司产品；带有“T”黏性末端的克隆载体 pKT-T 由 Strat-agene 公司的 pBluesscript Ⅱ

KS（+）构建而成。pUC19 质粒和大肠埃希菌 XL1-Blue 均由本室保存。

细胞与病毒：由纹伊蚊传代细胞 C6/36 及地鼠肾传代细胞 BHK 均为本室保存。登革 2 型病毒 43（D2-43）株为本室 1987 年自广西登革热病人血清中分离。

实验动物：免疫用小鼠为纯系 BALB/c，雌性，3 周龄。本院实验动物中心产品。

抗体：登革 2 型 43 病毒株的 E 蛋白的鼠免疫血清多克隆抗体为本所郭庆福教授惠赠，辣根过氧化酶标记羊抗鼠 IgG 抗体和荧光素标记的羊抗鼠 IgG 抗体，分别为 Sigma 和天象人公司产品。

范例阐述了实验动物的详细资料及所用“质粒和菌株……抗体”，文中罗列条目清楚详细，实验所用方法是写在“方法”部分。这种写作结构对实验研究内容比较复杂，涉及方法较多的论文写作是很有帮助的。

（二）有关方法写作方面的要求

凡属创新性的技术革新、实验设计、临床观察、手术方法、治疗效果等，均需要详细阐述，有改进者，则着重写出改进部分和原法的比较，要详述创新部分。若为临床资料，则应介绍治疗方法和措施，包括用药的剂型和剂量，给药的方法和疗程，有无其他药物同时使用；若为公认通用的方法，只写明何法即可；采用他人的方法，可引用参考文献并注明出处，无需展开描述。

在论文写作中常用的方法如统计分析、免疫组织化学，常需一笔带过，如：“统计学处理采用 t 检验”，（如有关生物化学、分子生物学及遗传学的研究）“用免疫组织化学（S-P 法）对……”。但比较复杂及新颖的实验方法测需要一一列出。

为使读者有具体印象，举例如下（为保持一个完整的“材料与方法”篇，仍列举上文例子“我国登革乙型病毒 43 *PrM-E* 基因的 DNA 免疫原性研究”的方法部分）：

PrM-E 基因及其真核重组质粒的构建：根据 D2-43 基因组核苷酸序列，设计合成了两对引物，分别用于 *PrM-E* 基因的两个片段的扩增。U372（正向引物：372nt-418nt）：5′ GAA GCTAGCAACCACCATGGACTCGAGTGC AGG CATGATCAT TAT G3′; L1536（反向引物：1536nt ～ 1506nt）：5′CTG TGC ACC AGC CAA GCT TTA TTT TCCATT3′;U1532（正向引物：1532nt ～ 1561nt）：5′TGC AAA TGG AAA ATA AAG CTT GGC TGG TG3′; L2389（反向引物：2389nt ～ 2353nt）：5′CTC CCA TGT AGA CTA GTT ACA CAG ACAGTG AGG TGC3′。其中 U372 的 5′ 端设计有 Nhe I 和 Xho I 酶切位点，及一个含 ATG 起始密码子的 Kozak 序列：CCACCATGG。L2389 含有外加的 Xho I 酶切位点和 TTA 终止密码子。L1536 和 U1532 中的 Hind Ⅲ酶切点为 *PrM-E* 基因中所含有的序列。

从我国病毒株感染的乳鼠脑中提取总 RNA，采用 RT-PCR 方法利用上述引物分别扩增了病毒基因组第 372 ～ 1536 和 1532 ～ 2389 核苷酸序列，即 *PrM-E* 基因的 5′-NH 和 3′-HX 两个片段。先将其扩增产物连入 pKS-T 载体，以获得含有所需黏性末端的基因片段。然后将 5′-NH 和 3′-HX 分步插入到 pBK-CMV 表达载体的 CMV，即早期启动子下游，获得含有 *PrM-E* 基因的真核重组表达质粒 pCMV-ME。

重组质粒pCMV-ME在哺乳动物细胞中的表达：通过电穿孔方法把pCMV-ME重组质粒DNA导入BHK-21细胞中。用含终浓度为800μg/ml的G418完全培养基进行压力筛选。对筛选出的细胞裂解上清进行SDS-PAGE分析，并用我国登革2型病毒43株E蛋白的抗血清进行蛋白免疫印迹检测，鉴定其特异性。

重组质粒DNA的大量制备与纯化：将重组质粒pCMV-ME转化XL1-Blue菌。于37℃培养至A600（吸光度值）约0.65时，按1%接种量接种于新鲜的含卡那霉素和四环素的双抗性LB培养基中。于37℃，300r/min剧烈振荡培养8小时，以活化并扩大培养体积500ml。然后加入终浓度为170μg/ml的氯霉素，继续培养16～18小时，离心收集菌体。

用碱裂解法大量制备重组质粒。将制备的重组质粒溶于TE中，再加入预冷的5mol/L溶液，充分混匀后，于4℃、10000r/min离心，以去除大片段RNA。收集上清，用等体积异丙醇沉淀DNA。沉淀经70%乙醇洗涤后溶于500μl含RNA酶（20mg/ml）的TE中，37℃保温1小时。然后取1μl，100倍稀释后进行琼脂糖凝胶电泳，当无RNA带存在时，向上述溶液中加入500μl含PEG8000（13%，w/v）的1.6mol/L的NaCl溶液，充分混合，于4℃、12000r/min离心15分钟，收集沉淀，并将其溶于400μl TE中。分别用酚和酚：氯仿各抽提1次。收集的水相用2倍体积的无水乙醇进行沉淀。沉淀用70%乙醇洗3～5次（无菌操作），并溶于300μl PBS中。取少量溶解物经1∶100稀释后测A260/A280比值，计算质粒DNA浓度。-20℃保存。

BALB/c小鼠的DNA免疫：分别将纯化的pCMV-ME重组质粒，

空载体 pBK-CMV 质粒及 pUC19 质粒 DNA 溶于 PBS 缓冲液中，除 pUC19 质粒 DNA 为每只小鼠 100μg/ 次外，其他两种质粒 DNA 均为 60μg/ 次。免疫途径均为鼠腹部皮内和腿部肌肉同时多点注射。在肌内注射之前，先在注射部位用 100μl 的 0.5% 布比卡因进行麻醉，大约 30 分钟后，再注射质粒 DNA。Uqf BALB/c 小鼠分为 5 组，第 1 组和第 2 组为实验组，各 5 只。其余 3 组为对照组，各 2 只。第 1 组，注射 pCMV-ME 重组质粒 DNA；第 2 组，pCMV-ME+pUC19；第 3 组，注射 pBK-CMV（空载体对照）；第 4 组；pBK-CMV+pUC19；第 5 组，仅注射 PBS 缓冲液。免疫分 3 次进行。初次免疫后，分别于第 15 天和 25 天进行加强免疫。在第 2 次加强免疫的当天和其后的第 15 天和 25 天（即基础免疫后第 40 天和第 50 天时）分别于鼠眼眶取血，分离血清用于抗体检测。

登革病毒抗原片的制备：待 C6/36 传代细胞长成单层后，接种 100 ～ 1 000 TCID50 的登革病毒。于 37℃吸附 1 小时后，弃去病毒液，加入含 2% 小牛血清的 RPMI 1640 维持液，37℃孵育 24 ～ 48 小时。将经吸管打下来的细胞，用 3ml 含 10% 小牛血清的生长液制成细胞悬液，滴加在特制的 10 孔载玻片上。37℃孵育 8 小时，待细胞贴壁后，用 PBS 洗涤玻片。晾干后用预冷的丙酮固定 30 分钟。晾干后于 -20℃以下保存备用。

鼠免疫血清的间接免疫荧光检测：将收集的鼠免疫血清用 PBST 稀释成不同的稀释度，并分别滴加在抗原片的上下两孔内。同时以正常鼠血清作对照。37℃孵育 30 分钟，用 PBS 冲洗抗原片，晾干，每孔滴加用伊文思蓝液稀释的 IFTA 标记的羊抗鼠 IgG。于湿盒内

37℃放置30分钟后，同样用PBS冲洗，晾干后，于荧光显微镜下进行观察，并拍照记录结果。

（三）一般实验研究用“材料与方法”

调查研究用“对象与方法”；临床试验用“病例与方法”等。

（四）统计等处理方法

应介绍具体的统计方法，包括统计学评价强度。这句话的意思是说在介绍统计学方法时，不要笼统地说：“统计学分析”，还要说明是用“χ^2检验”或是t检验。用统计方法分析是必要的，但是应描述数据的特点并进行讨论，而不应对统计方法进行描述和讨论。一般地说，应使用普通的统计方法而不需作注释，但对先进的或特殊的方法则需要有文献引证。

（五）一些情况下需要参考文献

在描述研究方法时，应该提供足够的细节，以使有能力的研究人员能够重复这些实验。如果你所叙述的方法是新的（未发表过的），那你就应该提供所需要的全部实验细节。如果你所叙述的方法已在权威性的期刊上发表过，那只要提出参考文献就可以了。如果使用了几种互替的通常方法，那么不仅应该引用文献，而且还应对这些方法加以扼要地说明，这是很有用的。

（六）一些情况下需要材料列表

当在研究工作中使用了大量不同材料（人或动物等）时，可以用制表的方法来说明资料来源，这样做对作者和读者都有利。

举例如下：高血压对持续腹膜透析患者残肾功能的影响[中华肾脏病杂志，2001，17（1）：7-107]

患者透析开始均测定血压情况，测量时患者坐位，静息5分钟，测血压3次然后取平均值。一般对高血压患者均通过超滤，若血压仍高则增加降压药物。1个月后重复测定血压。根据JNC Ⅵ标准，将140/90mmHg作为分界值对57例患者加以分组，血压≤140/90mmHg归为血压控制良好组（Ⅰ组），血压＞140/90mmHg归为血压控制不佳组（Ⅱ组）。2组患者的一般资料见表1。

表1　两组患者透析开始时的一般资料

项目		血压控制良好组（Ⅰ组）	血压控制不佳组（Ⅱ组）	*P*值
例数（男/女）		25（14/11）	32（17/15）	NS
年龄（岁）		54.54 ± 13.11	55.10 ± 14.64	NS
体表面积（m^2）		1.58 ± 0.14	1.58 ± 0.16	NS
收缩压（mmHg）		134.58 ± 15.10	172.34 ± 17.13	＜0.001
舒张压（mmHg）		81.67 ± 7.89	103.44 ± 11.03	＜0.001
原发病	慢性肾小球肾炎	20	16	NS
	高血压肾硬化	2	5	NS
	多囊肾	0	3	NS
	糖尿病肾病	2	2	NS
	其他	4	3	NS
透析时间（d）		606.68 ± 424.08	601.66 ± 416.68	NS
透析开始时尿量（ml/d）		907.89 ± 499.89	1056.67 ± 626.81	NS
使用EPO剂量（U/周）		366.67 ± 1507.92	788.52 ± 1071.27	NS
透析超滤量（ml/d）		753.68 ± 644.15	788.52 ± 672.16	NS

三、注意及总结

材料与方法交代不清或不交代，他人难以验证，使论文可信性差；对陈旧过时的方法重复介绍或罗列无关的材料，会给人以低水平重复的印象。材料与方法是论文科学性的基础，是提供论文的科学依据，对论文的质量起着重要作用，故应叙述得具体而真实，以便于理解，供他人学习或重复验证。

第三节 结果

结果是论文最重要的部分，目的是呈现研究的发现，是论文的核心内容，结果显示的内容反映了论文水平的高低及其价值，是结论的依据，是形成观点与主题的基础和支柱。由结果引发讨论，导出推理。

结果的写作技巧在于统计分析，应当善于将调查、实验、观察得到的原始资料或数据按研究目的、要求作统计处理，分析其意义、价值，借助图表和文字加以表达。

结果的内容包括真实可靠的观察和研究结果、测定的数据、导出的公式、典型病例、取得的图像、效果的差异（有效与无效）、科学研究的理论结论等。结果部分必须如实、具体、准确地叙述。原则上结果中只能陈述本研究发现事实、现象，资料不可随意取舍，不要忽视偶发现象和数据。无论结果是阳性还是阴性，肯定还是否定，符合预期还是不符合预期，临床应用成功与否，都应该如实反映，要避免阴性结果发表无价值的偏见。数据必须进行统计学处理，仅有 P 值是不够的，应同时给出统计值。数据要规范，不可用模糊概念代替数字。失访例数要如实叙述，并分析原因。采用国家规定的剂量单位和符号，不可掺杂别人的工作，亦不可推理。

有的医学论文可将实验方法与结果连写。临床医学论文中也可将疗效标准、治疗结果和并发症写在结果内。

一、内容

结果部分应根据不同情况分段叙述，可设小标题，小标题之下亦可再设分标题。通常由两部分组成：①对实验作全面的叙述，提出一个“大的轮廓”，但不要重复原先在“材料和方法”一节中已提到的实验细节；②提供详细的数据。不能简单的把实验室记录本上所记的数据，简单地照搬，应该提出有代表性的数据。

二、形式

结果的表达形式有表、图、文字三种：

1. 主要有统计学处理表、对照表、数据测定表、各种影响表、分布情况表、各种作用表、变化表、关系表等。表是简明的、规范化的科学语言，它易于比较，便于记忆。可使大量的数据或问题系列化，是论文的核心内容。表格要简明扼要、重点突出、内容精练、科学性强、栏目清楚、数字准确、一目了然、有自明性。采用三线式表，表内不能有纵线和横线，取消端线及斜线。表内的计量单位要一致，同一项目保留小数位数应一致，上下行数字的位数应对齐，合计数纵横相相符，表内数字必须与正文相符。

表的使用宜少而精，凡能用文字表达清楚的则不用表，表的内容以数字为主，文字从简。备注项可用星角号表示。需说明的项目置于表注，不放在表目里。

举例：

微小肾癌（附31例报告）[中华泌尿外科杂志，2001，22（3）：134-141]

结果 Ⅰ组15例，其中细胞类型为透明细胞癌8例、颗粒细胞癌3例、梭形细胞癌1例、混合型3例，生长方式表现为膨胀型8例、中间型4例、混合型3例。Ⅱ组9例，其中细胞类型为透明细胞癌5例、颗粒细胞癌1例、梭形细胞癌2例、混合型1例，生长方式表现为膨胀型5例、中间型3例、混合型1例。Ⅲ组7例，其中透明细胞癌4例、颗粒细胞癌2例、混合型1例，生长方式表现为膨胀型5例、中间型2例。肿瘤直径与细胞分级、病理分期的关系见表。

肾肿瘤直径与分级、分期的关系

分组	例数	细胞分级			病理分期			
		G1	G2	G3	T1	T2	T3	T4
Ⅰ	15	4	9	2		9	2	0
Ⅱ	9	3	4	2	8	0	1	0
Ⅲ	7	6	1	0	7	0	0	0

注：Ⅲ组与Ⅱ组、Ⅰ组相比较细胞分级G1例数＞G2、G3，$P<0.05$；Ⅲ组病理分期均为T1，与T组T1、T2～T4间例数比较，$P<0.05$；与Ⅱ组T1、T2～T4间例数比较，$P>0.05$

镜下有肿瘤静脉浸润者Ⅰ组2例、Ⅱ组1例、Ⅲ组0例，同侧肾多发癌Ⅰ组3例，Ⅱ组1例，Ⅲ组0例。Ⅰ组有1例血沉增快（23mm/1h）。

Ⅰ组有肾门淋巴结转移1例，Ⅱ组、Ⅲ组均无肾门淋巴结和远膈脏器转移。随访3个月～10例，Ⅰ组3例分别于术后2年、3年6个月、4年因癌复发转移而死亡。Ⅱ组1例于术后4年6个月因癌复发转移死亡。Ⅲ组随访期内无死亡者，最长生存时间已达10年。

该例的“结果”写作中恰当地使用列表，简练的表达出用文字不宜清楚表达的研究的重要内容，使文章的“结果”部分内容清楚，用词精练，使读者一目了然。

2. 图是一种形象化的表达方式，可以直观地表达研究结果，并可相互对比。表达结果的图主要有线图、柱图（条图）、坐标图、点图、描记图、照片等。要求主题明确、正确真实、突出重点、黑白分明、线条美观、影像清晰、立体感强，尽量减少图表数据重复，正文内已写清楚的，图可省去。图的设计应正确、合理、易懂，图中的字母、数码和符号必须清晰、匀整、大小适合。

举例：

电脉冲治疗法对人前列腺癌细胞PC-3M的体外作用［中华泌尿外科杂志，2001，22（2），86-88］

结果　单用PYM，低浓度无效，高浓度有效，最大无细胞毒作用浓度为0.100μg/ml（图1）；单用电脉冲，最大无细胞毒作用场强为125V/mm（图2）；PYM与电脉冲相结合的电脉冲化疗，起效浓度低，最大无细胞毒作用浓度为0.001μg/ml（图3），为单用PYM浓度的 1/100 μg/ml 的 PYM 和 125V/mm 的场强二者单用，细胞死亡率 ＜5%，可认为无细胞毒作用，组织学改变较正常对照无明显改变，肿瘤细胞数量形态基本正常；二者结合，细胞生存分数为 52.6%，组织形态学改变明显，肿瘤细胞数量减少，剩余肿瘤细胞多数出现核固约定缩、核碎裂。

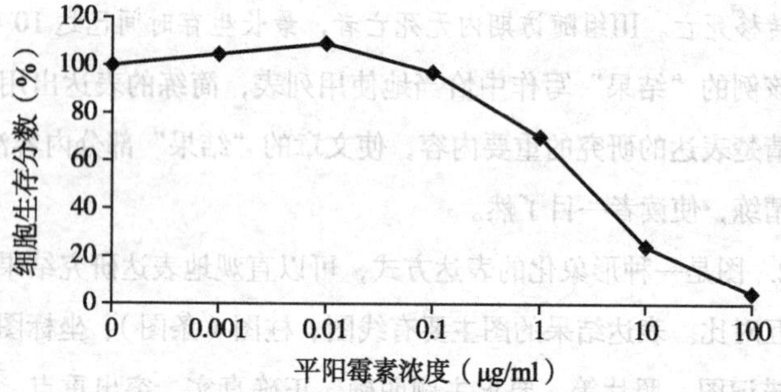

图 1　单用 PYM 后 PC-3M 的生存分数

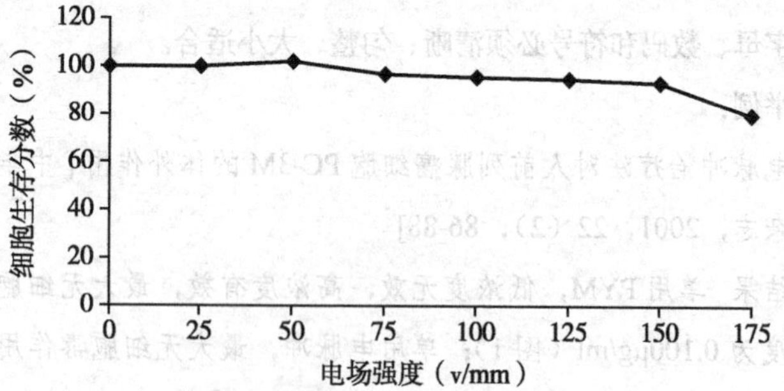

图 2　不同场强电脉冲对 PC-3M 的细胞毒性作用

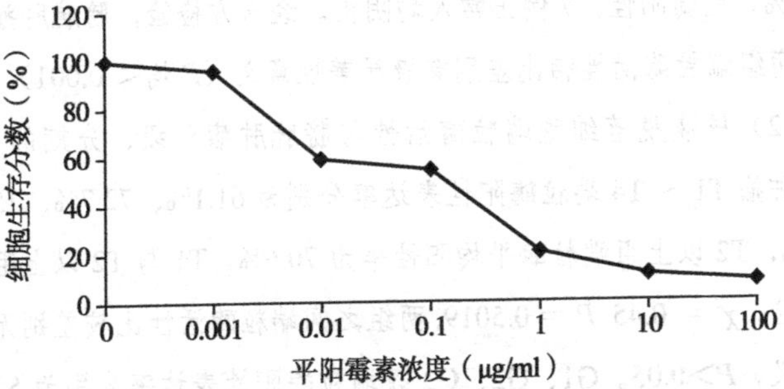

图 3　场强为 126V/mm 时，不同 PYM 对细胞生存的影响

本例中使用了 3 个图例，但是文字表达相应减少了很多，图最大的特点是直观，把研究的数据结果线条化，变成可视的图表，使读者容易理解，比较轻松地从研究结果获取必要信息。

3. 文字是表达结果重要的、不可缺少的手段，要简明扼要，力求用最少的文字、最简洁的语言把结果表达清楚，一般不宜引用参考文献。在实际写作过程中，文字是与图、表相辅相成的，从上面列举的两例“结果”的写作中我们可以看出，文字使用的确很严谨。对能用文字描述的内容，尽量使用文字描述，减少图表的使用。

举例：

PCR-ELIS 法检测膀胱肿瘤患者尿脱落细胞端粒酶活性 [中华泌尿外科杂志，2001，22（3）：151-153]

结果

（1）尿液脱落细胞端粒酶活性：53 例膀胱肿瘤患者尿脱落细胞标本端粒酶活性阳性 34 例（64.15%），26 例非膀胱肿瘤患者仅 2 例

（7.69%）呈弱阳性，7例正常人均阴性。经卡方检验，膀胱肿瘤患者与另两组端粒酶活性相比差别有极显著性意义（P均＜0.001）。

（2）尿液脱落细胞端粒酶活性与膀胱肿瘤分级、分期的关系：膀胱肿瘤T1～T4端粒酶阳性表达率分别为61.1%、72.7%、75.0%、50.0%，T2以上组端粒酶平均阳性率为70.6%。T1与T2以上组经卡方检验，$\chi^2=0.45, P=0.5019$，两组之间端粒酶活性比较差别无显著性意义，$P>0.05$。G1、G2、G3级端粒酶阳性表达率分别为55.6%、64.7%、88.9%，经卡方检验，$\chi^2=3.26, P=0.1955$，各组之间差别均无显著性意义，$P>0.05$。

（3）尿液脱落细胞端粒酶活性与原发性及复发性膀胱肿瘤的关系：40例原发膀胱肿瘤患者中端粒酶活性阳性26例，13例复发膀胱肿瘤患者中阳性10例，阳性率分别为65.0%、76.9%。经Fisher确切概率法计算，$P\geqslant0.05$，两组之间比较差别无显著性意义。

示例中整个“结果”部分没有使用图表，完全文字表达，表达的内容也比较清晰，段落层次比较清楚。但如果研究内容较多，单靠文字叙述不容易说清楚时，采用图表形式更适宜。所以究竟采取何种写作形式，应看具体情况而言。

三、要求

（一）数值的处理

将研究所得到的原始资料或数据，先进行认真的审查核对，再经过分析归纳和统计学处理，通过分组将原始数据重新排列，制作频数表，并算出均数或百分率、标准误或标准差等相关数据，以获得在原始数据中的信息。根据不同数据进行显著性检验，计算各组与组间的差异有无显著性。

（二）力求清晰

文章中“结果”应该写得短而清晰，不要使用啰唆的语言。通常“结果”放在“材料和方法”之后，在“讨论”之前。虽然“结果”是文章的最重要部分，但往往写得最短。有时当一篇完整的科技文章写成后，“结果”部分很可能仅仅就是一句话，如“结果在表1中”。但这种形式更多见于讲课的幻灯片形式，在实际写作过程中是不可取的，有些矫枉过正了，遇到此类情况最好将表中显示的内容以文字叙述形式简单扼要地表达出来，以避免干涩无味。

（三）避免冗长

结果一节不应写的过多、篇幅冗长。最常见的问题是重复一些图及表格中已经表达内容或数据。在文章中不要过多地引用图形和表格，不要这样写：“在表1中已清楚地表示了万古霉素可抑制……”，应该这样写：“万古霉素可抑制……（表1）”。但也不要物极必反，有些作者过多强调避免词语累赘，常常使用代词，很容易给读者造成误解。例如“左腿有时变得麻木，于是她用散步来消除它……。第二天膝盖处好了一些，到了第三天它就完全消除了”。这里两个它，推测起来都是代表麻木，这里就是代词所指不清楚。

四、注意事项

1. 无论研究结果如何，是成功的或失败的，只要是真实的都是有价值的，不可随意摒弃。如把不符合主观设想的数据或结果随意删除，将失去真实性。

2. 未经统计学处理的实验观察记录和数据叫原始数据，由此得出的结论是不可靠的。

3. 统计数字计算不准确，影响论文价值，如几个数字的“合计”不等于其“和”；全部百分数加起来不等于100等。

4. 结果和“材料与方法”的内容不相呼应，或用“大约”“多见”“少数”代替具体数字等，影响论文的科学性。

5. 图、表不规范或繁杂，内容与文字重复，表题与表内容不符或表内数据与正文不一致等因素会影响论文的可信性。

6. 图、表要具有自明性，即其本身给出的信息就能够说明要表达的问题。

7. 避免图、表重复反映同一组数据。

第四节 讨论

一、讨论的范围

讨论是论文的重要组成部分，是将结果提高到理论认识的部分，要求言之有物，论据充足。讨论的内容包括：对材料、方法、结果的正确性合理性进行分析和论证；对结果进行理论阐述；将研究结果与国内外同类研究进行比较，说明其先进水平及重要性；对研究中的误差或阴性结果作出解释；对存在的问题提出改进设想和研究方向。讨论应从实验和观察的结果出发，从理论上对其进行分析、比较、阐述、推论和预测。要以事实为依据，抓住重点，层次分明地展开。讨论中最好能提出比较独特的见解，着重讨论新发现、新发明和新的启示以及从中得出的结论。比较本研究所取得的结果和预期和结果是否一致，结论如何，并把所取得的结果与他人报道的文献或过去的工作进行对比，寻找其间的关系。对于新的临床病例报告，还应讲清楚诊断标准和鉴别诊断。如果是新药的疗效，还要说明如何肯定疗效，疗效的指标是否合理，今后治疗方法上还需如何改进等。要集中围绕几个观点阐述，不必面面俱到。讨论是作者学术思想的展示，论文水平的显示。其水平高低取决于作者的理论思维、学术素养和知识的深度与广度，以及专业写作技巧。

在写作“讨论”部分时，最常见的情况是没有结合本研究结果的内容进行讨论，或者没有进行充分的讨论。如果论文的读者在读了“讨论”一节之后要问“结果如何？”，那么这可能表明作者太强调数据，而忽略对从数据分析引出的意义和推论。在“讨论”一节的结束部分应该就研究工作的意义进行概述或作出结论。

二、科学真理的含义

讨论是以事实（研究结果）为基础，从理论上对其分析、推论和预测，得出比较独特的结果，而这个过程就是追求真理的过程。科学真理具有相对性，故讨论部分所得的结果也不是绝对的，尤其在实验研究中，因研究工作较困难或其他方面的限制，样本例数方面不可能很大，就更体现了所得结论的相对性，故在讨论学术观点时，应尽可能避免使用绝对词“是”“一定”“明确”……，可选择“假定”“由…推测”“在本研究中，……”“可能”等词。在具体写作中，当作者叙述所研究的真理的意义时，要尽量简单。

举例：

BCG-CWS联合IL-2预防浅表性膀胱癌术后复发[中华泌尿外科杂志，2001，22（1）：38-39]

讨论：本研究结果显示，BCG-CWS+IL-2组肿瘤复发率明显低于MMC组，说明BCG-CWS+IL-2膀胱灌注预防膀胱肿瘤术后复发的疗效显著。BCG-CWS+IL-2组1例肿瘤复发者原发肿瘤较大，肿瘤分化较差，肿瘤复发后恶性程度明显增高。目前认为，对生长较快、恶性程度较高的膀胱癌，膀胱灌注（包括BCG）的治疗效果较差，应及时行根治性全膀胱切除术。

BCG-CWS具有明显的免疫激活及抗肿瘤作用。IL-2可直接激活免疫效应细胞（如LAK细胞、CTL细胞及NK细胞等）产生抗肿瘤作用。Huland报告用大剂量IL-2膀胱灌注治疗晚期浸润性膀胱癌，可使肿瘤体积缩小、病人生存时间延长及生存质量提高。我们将BCG-CWS与IL-2联合用药，即将主动免疫与被动免疫相结合，以进一步提高机体的免疫反应功能和抗肿瘤作用，经临床观察，短期疗效较好。BCG-CWS与BCG相比具有副作用少、保存方便等优点，适合临床应用。

我们观察到MMC膀胱灌注存在较多的毒副反应，包括膀胱刺激症状、血尿等。其中全身不适、胃肠道症状及肝功能损害等与全身化疗相似，应引起重视。有人报告MMC膀胱灌注可引起较为严重的毒副反应，如骨髓抑制、化学性膀胱炎、膀胱挛缩和尿道狭窄等。本研究 BCG-CWS+IL-2 组病人不良反应较轻，仅有 1 例发热和 1 例膀胱刺激征，尿道黏膜损害也可出现此类并发症。本组随访时间较短，远期效果有待进一步研究……

本例中，用词非常严谨，凡涉及以下结论之处，都有“本研究……”的范围限定，还使用了有待进一步观察等词。同时本例的优点还在于下结论处用词非常简单，在开头部分，只用“本研究结果显示，……说明 BCG-CWS + IL-2 膀胱灌注预防膀胱癌术后复发的疗效显著”，简练的语言是非常具有说服力的。

三、讨论的写作要点

1. 要设法提出“结果”一节中证明的道理、相互关系以及归纳性的解释。但要记住对一篇好的“讨论”来说，应对“结果”进行论述，而不应进行扼要重述。

2. 要指出可能出现的例外情况或相互关系中有问题的地方，并且应明确提出尚未解决的问题。

3. 要指出和解释你的结果是如何与以前所发表的著作一致或不一致的地方。

4. 要大胆地讨论你的研究工作的理论含义以及实际应用和各种可能性。

5. 要尽可能清楚地叙述结论。

6. 要对每一结论简要地叙述论据。

举例：

Fas 和 FasL 蛋白在肾癌组织中的表达及意义 [中华泌尿外科杂

志，2001，22（1）：25-27]

讨论 人*FasL*基因位于1号染色体上，其基因产物FasL大多分布于活化的T细胞表面。当FasL或Fas抗体与Fas以三聚体的形式结合，激活凋亡基因产物，即可诱导表达Fas的细胞凋亡。研究表明Fas及FasL蛋白在许多正常及恶性肿瘤组织细胞中均有表达，但对二者在肾癌中表达的关系以及与转移、预后的关系未见报道。

我们采用免疫组织化学方法对46例肾癌组织和15例正常肾组织Fas及FasL蛋白的表达情况进行检测，结果与Leithauser等的报道一致，正常肾组织很少见到Fasl蛋白表达。

Fas和FasL的相互作用是细胞凋亡的重要途径之一。细胞膜表达有功能的Fas蛋白，并且其表达量达到一定强度是通过Fas/FasL途径诱导凋亡作用的首要条件。FasL在肿瘤浸润淋巴细胞（TIL）、细胞毒性T淋巴细胞（CTL）及自然杀伤细胞（NK）诱导的癌细胞的凋亡中有重要作用。而表达FasL的癌细胞反向杀伤T细胞来逃避免疫清除。Leithauser发现，大多数良性肿瘤的Fas表达水平略低于正常组织，而恶性肿瘤Fas的表达显著下调或丢失，发生转移的恶性肿瘤Fas表达几乎完全丧失。本研究肾癌组织Fas蛋白表达率为18.14%，明显低于正常肾组织，随肾癌分级的增加，表达强度也明显增高。正常肾组织不具有相关性，表明正常组织均有一定水平的Fas和FasL表达，处于Fas/FasL介导的杀伤与被杀伤的动态平衡之中，一旦Fas和FasL相互作用发生异常，即导致免疫监视功能失效，发生肿瘤。

Yoong等对人直肠癌及肝脏转移灶FasL的表达情况进行了研究，

发现 FasL 阳性的肿瘤细胞更容易发生转移或转移后容易生长。本研究结果显示有淋巴结转移者 FasL 表达率为 89.42%，高于无淋巴结转移者。原因可能为 FasL 表达阳性的肿瘤细胞可反向攻击局部的免疫细胞如 TIL、NK 等，诱导凋亡以利于形成转移病灶。

Koomagi 等对肺癌患者进行研究，发现 Fas 阳性患者的生存率较 Fas 阴性者显著增加，提示 Fas 表达情况是影响预后的因素。我们发现生存年限≥ 5 年组 Fas 表达率高于生存年限< 5 年组，而 FasL 在两组的表达情况则相反，差别均有显著性意义，表明 Fas、FasL 可以作为判断肾癌预后的指标。

本例在结果的基础上得到了“Fas 与 FasL 相互关系与转移、预后的关系”，这是一种归纳性的解释。作者也阐明了自己研究工作的一部分与其他著作有不同之处，即“未见报道”，作者是在对自己的研究结果及数据进一步分析后得出的“Fas 与 FasL 相互关系及与转移、预后的关系”，是本文的理论含义，而其实际应用意义则是“表明 Fas、FasL 可以作为判断肾癌预后的指标”。本例行文流畅，叙述结论清晰，还分析了有关本研究的国内外一些现状，讨论部分占整篇文章 1/3 左右。

总之讨论的内容应从论文的研究内容出发，突出重点，紧扣题目，围绕一个至几个“小核心”进行。每个讨论最好有一个小标题，提示讨论的中心内容，按“结果”中的顺序并结合文献分段撰写，或标出序号。其次序应从时间、因果、重要性、复杂性、相似与相反的对比等方面来考虑，使内容有条理、有联系、重点突出。

四、要求及注意事项

（一）要求

1. 围绕研究目的、突出主题、抓住重点研究结果及其结论的理论意义、指导作用和实践意义。

2. 着重讨论该研究中新的和重要的发现，并从中得出结论。

3. 与国内外同类研究进行比较，突出本研究的创新与先进之处，提出作者的观点和见解。

4. 实事求是地对本研究的限度、缺点、疑点等加以分析和解释，解释因果关系，说明偶然性与必要性。

5. 展示有待解决的问题，提出今后研究的方向与问题。

6. 引用他人文献数据、论据及学术观点时必须准确无误，不应断章取义或以偏概全。

（二）注意事项

1. 围绕结果阐明学术观点，着重新发现或阳性结果，新论点、新启示，切勿冗长，面面俱到，甚至离题。

2. 在引用必要的文献作为结论的论据时，切忌过度复习文献，罗列大量与本研究核心内容关系不大甚至是内容重复的文献资料，对本文要点反而只有几句话一带而过。

3. 实事求是，恰如其分地评价，不乱下结论，或报喜不报忧，隐瞒观点，以假设证明假想，泛泛而谈，文不对题。

4. 避免简单重复前言、结果中已详细描述过的数据和资料。

5. 不是每篇文章都要写讨论，短篇文稿可以不写讨论，有的文章可与结果放在一起写，如结果与分析等。

6. 讨论部分不使用图和表，篇幅亦不宜过长，一般占全文的1/3即可。

7. 段落要分明，不要出现结构混乱。

8. 不能只罗列现象、不加分析或夸大结论。

9. 引用他人资料一定要标明出处。

第五节　结论

结论又称小结，主要反映论文的目的、解决的问题及最后得出的结论。结论应写得简明扼要、精练完整、逻辑严谨、表达准确、有条理性。它可为读者在阅读时提供方便，使之再次回忆和领会文中的主要方法、结果、观点和论据。结论要与引言相呼应。结论一般可逐条列出，每条单独列一段，可由一句话或几句话组成，文字简短，一般在100～300字之内，不用图表。

现在论著类文稿已不写结论部分，而是以内容摘要的形式列于正文前面或融入讨论中。其他类型的文稿可按其体裁和内容撰写结论（或小结）。由于上述原因，本节只是简单地介绍了结论的写作，让读者有初步的了解。

一、内容

结论的内容有以下几种：①进一步概括提炼主题；②在充分论述的基础上，提出最后结论；③提出问题，发人深思；④展望未来。

二、分类及注意

结论有总结和小结之分。小结的篇幅短，内容少、简单，多用于原著论文或短文的正文之后，只用较少的文字将全文报告的主要内容写出来。内容包括主要的结果、结论、数据，目的在于阐明本文的成果和理论。而总结的内容和篇幅较小结为多，多用于综述或论著类文稿之后，起着概括主题的作用。从内容上说需将全文已论述的问题再扼要概括一遍，作者还可以发表自已的见解和观点，小结中这一点是不允许的。

写结论时应注意，对不能明确的或无确切把握的结论不能使用绝对性词语。

为让读者对结论有所了解，下面举例供读者借鉴。

激活蛋白-1和支气管哮喘[国外医学呼吸系统分册 2000，20(4)：202-6 综述]

结语 综上所述，对HO-CO通路的研究涉及多种呼吸疾病，这与呼吸疾病大多有炎症反应的参与有关。炎症反应中自由基生成增多造成的氧化应激、或缺氧均可引起机体的应激反应，HO-1作为应激蛋白在此时表达，不仅可以对抗氧化应激，HO-1产物CO还可调节肺血管和气道张力。但并非所有问题都已明了，如大鼠经Hb诱导激活HO-CO通路后暴露于100% O_2，此时HO抑制剂并不能减弱HO的保护作用，说明HO-1在应激状态下对肺的保护还可能有其他机制，HO-1与肺癌的关系也需深入研究。

由于HO-CO通路与呼吸疾病的密切关系，利用HO-CO通路治疗呼吸疾病可能成为一个新的治疗方法。目前的策略有：利用基因治疗的方法，将动物或细胞转染 *HO-1* 基因；用 HO-1 促进剂诱导 HO-CO 通路；或直接使用外源性 CO。实验结果令人鼓舞，相信对 HO-CO 的研究将为呼吸疾病的治疗开辟新的领域。

第六节　致谢

致谢是作者向对本项研究工作有过实质性的贡献的单位或个人，或写作过程中给予过指导和帮助的单位或个人表示谢意的一种方式，是对他人的贡献与责任的肯定。但在现代期刊杂志的稿件中很少要求写辞谢部分，即使少数有要求投稿时写出，但刊用时也不登出，现在该部分在更多的情况下被“全体作者签名”所代替。致谢部分最常出现在大论文中，比如研究生毕业答辩论文。

一、致谢的内容

通常有两方面的内容要考虑。第一，对从任何人那里得到的重要的帮助（不管这种帮助是在你的实验室里，还是在其他地方），你都应在致谢中体现，而且你也应该对你的研究工作、或者对你阐述研究工作有重要帮助的人表示感谢。例如：你可以说：“感谢 ××× 对实验的帮助，以及感谢 ××× 对研究工作提出了有价值的讨论。”这样我们周围的大多数人都立即会意识到，这是含蓄地承认了此人做过这项研究，解释了该项研究的含义；第二，要感谢任何外来的经济资助。如提供了补助金、合同金或奖学金的单位。

二、致谢的对象

1. 对本科研及论文工作参加讨论或提出过指导性建议者。

2. 指导者、论文审阅者、资料提供者、技术协作者、帮助统计的有关人员。

3. 为本文绘制图表或为实验提供样品者。

4. 提供实验材料、仪器及给予其他方便者。

5. 对论文作全面修改者。

6. 对本文给予捐赠、资助者。

7. 其他认为应当感谢的组织和个人。

三、致谢的要求

1. 致谢必须实事求是，并应征得被致谢者的书面同意，切勿强加于人，未经许可，不能借用名人抬高自己。

2. 一般在正文后面提出其姓名和工作内容或说明其贡献。如“技术指导”“参加实验”“收集数据”“参与现场调查”等。

3. 书写方式常为：致谢：本文曾得到 ××× 帮助、审阅、指导。或本文承蒙 ××× 帮助、审阅、指导，谨此致谢。

4. 致谢置于文末，参考文献之前。

第七节　参考文献

参考文献是论文的一个重要组成部分。列出参考文献的目的主要是为了提供本文所借鉴或评论、对比的文献方法、论点、结论的出处，以供读者查阅参考；减少对前人文献的复述，以节省篇幅。列出参考文献不仅表明论文的科学依据和历史背景，而且提示作者是在前人研究基础上的提高、发展与创新。医学参考文献是研究人类健康和同疾病做斗争所积累的文字记录的总称。引用他人资料，即是为了反映科学科研和论文的科学依据，表明作者尊重他人的研究成果，同时也向读者提供引用原文的出处，便于检索。

一、特点与意义

1. 继承性　在论文中列出有关文献，是对前人成果继承的反映，是尊重他人劳动成果的标志，是向读者提供进一步研究方法的线索，也是鉴定和确认其研究成果的重要依据。所以参考文献不可省略。

2. 真实性　是真实地反映论文中某些论点、数据、资料来龙去脉的依据。表明引用他人的资料有出处，可避免抄袭、剽窃之嫌。

3. 准确性　引用文献必须正确无误，便于读者查找。

4. 限制性　限于与本文有关的、最新（近3～5年内）的关键的文献，10条左右（论著），最多20条（综述）。

二、著录文献的原则与要求

1. 原则　准确、清晰、完备、规范、便于检索。

2. 要求

（1）参考文献尽可能引用最新和最主要的，以最近3年以内的为好，少用旧的、次要的、年限长的或教科书中众知公用的，忌用无关的文献，但个别历史文献除外。引用年代较久的文献，一般是经典的或作者就某个结论与之进行学术讨论的文献。

（2）必须是作者亲自阅读过的；对本文的科研工作有启示或较大帮助的；与论文中的方法、结果和讨论关系密不可分的。

（3）引用参考文献以正式发表的原著为主，未发表的论文及资料、译文、文摘、转载以及内部资料、非公开发行书刊的文章以及个人通讯等，均不能作为参考文献被引用，必须引用的，其作者、文题、刊名、出版年、卷（期）、页等可用圆括号插入正文内。未经查阅或未找到原文者，应在该资料来源之前加“引自”二字，不能写原文献。一般不能转引二次文献。

（4）尚未公开发表而已被某刊通知采用者，一般不可引用，特殊情况时可在刊名后用括号注明“待发表”。

（5）引用中医经典著作，可在正文所引段落末加圆括号注明出处，不列入参考文献著录。

三、著录项目及格式

著录项目内容应包括：主要责任者（作者），题名（书名刊名），出版事项（版本、出版社、出版者、出版日期）。

著录格式包括以下几种格式：

1. 国际标准格式（ISO 690—87）（E）《文献工作——文献题录——内容、格式和结构》规定用顺序编码者、著者-出版年制和引文引注法三种。

2. 国家标准格式GB7714—87《文后参考文献规则》规定，文后参考文献表按顺序编码制或采用著者-出版年制。

顺序编码制：是按论文的正文部分（包括图、表及其说明）引用的文献首次出现的先后顺序连续编码，参考文献的序号均用阿拉伯数字标明。引文写出原著者，序号标在著者的右上角，如×××等[3]；如未写著者姓名，序号应放在引文之后；如参考文献序号作为句子的组成部分，则不作角码排印（如……参照文献［1］）；引用多篇文献时，只需将每篇文献的序号列出，序号间用“，”（如×××[1,5,9]）；连续序号，可标注起止序号，中间加“～”或“-”（如×××[1~5]）。文后参考文献表中各条文献按序号顺序排列，序号编码不加方括号，也不加“。”，只空一个字符。顺序编码制已作为国际标准ISO 690—87和国家标准GB7714—87文献规定的统一著录格式。我国绝大多数医学生物学期刊引用参考文献时均采用“顺序编码制”。

著者-出版年制：是引用文献的标注内容，由著者姓名与出版年构成；文后参考文献表中的各篇文献首先按文种集中，然后按著者名字顺序和出版年排列。中文文献按笔画、笔顺或汉语拼音字顺排列。这属哈佛（Harvard）体系，现医学期刊基本不用。

四、国内标准对参考文献的书写要求

（一）期刊

1. 标准期刊　作者在3名以内者全部署名，人名间用“，”号，最后用“.”；若著者超过3名时，则仅署前3名作者，后加“等”或“*et al.*”。格式为：

作者. 题名. 期刊名称，年份，卷(期): 起止页.

举例：

(1) 李宏军，俞莉章，郭应禄. Fas系统在肿瘤研究中的应用. 中华外科杂志，1997，35：59-63.

(2)鲍镇美，刘尚，李明，等. 泌尿系肿瘤.中华泌尿外科杂志，1999，20: 518-520.

2. 集体作者 作者. 题目. 期刊名称，年份，卷(期): 起-止页。

3. 匿名(Anonymous) 题目. 期刊名称，年份，卷(期): 起-止页。

4. 期刊增刊(或附刊) 作者. 题目. 期刊名称，年份，卷(期): 起-止页。如:"哈尔滨医药(增刊或附刊)……"。

5. 按期标页码的期刊 作者. 题目. 期刊名称，年份，卷(月份): 起-止页。

(二)书籍和专著

1. 个人作者 作者. 书名. 版次(第1版略). 出版地：出版者，年份:起-止页. 举例：

黄志强主编，黄志强胆道外科. 济南：山东科学技术出版社，1998:280-285.

2. 编辑、汇编者、主持人作为作者 编者(人名间用","号). 书名. 出版地：出版者，年份，起-止页。

3. 书中章节 作者(人名间用","号). 章节题目名.In:(编者间用","号)ed(s).出版物名. 出版地：出版者，年份：起-止页。

4. 出版的会议论文汇编　作者. 题目. In：编者姓名（人名间用“,”号）ed（s）. 出版物名. 出版地：出版者，年份：起 - 止页。

5. 丛书中的专著　作者［姓前名后（名缩写，不加缩略点），人名间用“,”号］题目，In：编者，ed 书名. 出版地：出版者，年份：起 - 止页.

6. 机构出版物　作者. 题目. 出版地：出版者，年份. 出版编号。

7. 学位论文：作者. 题目. 出版地：出版者，年份：起 - 止页。

（三）其他文章

报纸文章：作者（姓前名后）. 题目. 报纸名，年 - 月 - 日：（版或栏）。

五、我国与国际标准著录格式的异同

参考文献著录格式的国际标准（温哥华格式）和我国标准相比较，有以下差异。

1. 作者人数　国际标准规定 6 人以内全部著录，6 人以后加“等”字。我国标准限于 3 人，超过 3 人后加“等”字。

2. 题名　国际标准，举例中全部列出；我国标准，认为著录文献的题名（篇名），很有必要。但是，如果仅仅为了核对……也可以不必在参考文献表中著录题名。因此，目前我国正式公开刊物有两种不同的著录形式。有的期刊中题名全部著录于参考文献栏，有的不著录题名。

3. 出版事项　①国际标准在每条参考文献末均加句号，我国标准中也加句号；②在期刊名之后，国际标准不加标点，我国标准加逗号；③在书籍、专著、会议论文集和长篇文章（如学位论文等）的年份之后，国际标准不写页码，我国标准必须写，提出“不要笼统地著录起止页”“一般应著录引用部分的所在页（码）”；④每卷连续编页码的期刊，国际标准可将期刊号省略，我国标准在著录项中列出卷号（期号）。

六、注意事项

上面列举的一些参考文献的书写格式是常用的格式，是大多数出版社都公认且采取的，但这些都是仅供读者写作投稿时参考使用的，具体还是要看收稿单位的具体要求。

根据中华医学会2002年编排格式的新规定：①书籍类参考文献著录项目中的出版社名称中含出版地名时，仍须列出出版地名，如北京：北京出版社（原规定出版社名称中含有出版地名时，出版地一项可省略）；②引自期刊的文献，应注明文献在原文中的位置，即起止页，起页与止页之间用半字线；③翻译文献，译者姓名著录在题名之后；④国外医学系列的参考文献，刊名“国外医学”字样与分册名称连排，不加居中黑点（原规定“国外医学”字样与分册名称之间加居中黑点）；⑤无论引用几条参考文献，一律按顺序编码制在文后列参考文献表，只有1条参考文献时，序号写为1。在投稿前，主要应仔细阅读所投刊物的格式要求，并以该刊物要求为准。

（于　磊　张　波）

4 第四部分

常见医学论文写作及常见问题

第十一章　论文写作的方法和步骤

医学论文是医学研究中经验和结论的书面总结，是推进科学发展的载体，也是医护人员交流和提高技术水平的重要工具。也就是说，医学论文是医药卫生科研工作人员通过科学思维，运用书面语言，准确概括和描述医学科学研究过程，真实表达科学实验或临床观测结果的论证文章。医学论文写作是作者运用文字、数据、符号、图表等方式对其学术成果与科技信息加以表达的创造性思维活动，并上升为理论的文章。医学论文水平如何，直接影响科研成果的传播效果和价值水平，也反映了科研工作者的能力和作风，因此撰写医学论文是医学工作者的基本功之一，也是医学科研不可缺少的组成部分。有句名言说得好："只有论文发表了，才算得上这部分的研究的真正完成。"医学论文是一种科技论文，由于医学专业的特点，医学论文写作有其惯用格式和特点。本章将就常见的医学论文写作的有关问题进行简单的阐述。

一、资料整理

主要包括包括直接和间接资料的收集、资料的整理以及资料的评价与取舍等方面。不同的研究内容所需资料种类各不相同。间接资料主要有：①参考书，包括医学教材、专著、学术会议论文集；②国内外学术期刊；③工具书，包括医学辞典、医学百科全书、年鉴、文献索引、主题索引等。直接资料主要有：①现有的医疗记录文件，如病历、健康查体记录、专业防治机构的记录；②经常性的统计报表，如疫情报告表、医院工作年报表、职业病报告卡、出生与死亡登记；③有针对性的实验研究或进行特殊检查所得的资料；④实际调查所得的资料，如流行病、地方病、职业病的调查结果等。而资料收集和整理的方法主要有：①进行相关的调查；②对研究对象进行持续客观的观察；③进行相关的实验研究；④详尽的文献检索，必须对本课题研究的国内外学术动态及相关资料有全面的了解，才能了解所研究内容的价值所在，是不是重复性研究，或者能不能在更高的基础上开展自己的研究。

对于资料的评价和取舍，一般会出现三种情况：①资料可以说明研究结果的；②资料基本完整，但不够充分的；③与原研究结果基本相悖的。对于最后一种情况需认真对待，应仔细寻找原因，检查设计是否考虑周详，实验方法是否妥当，数据是否可靠，若都不存在，则需要改变思路，建立新的假设，切不可为片面追求符合研究结果而随意丢弃原始数据，主观臆造，这样做不仅影响研究结果的可靠性，更可能错过一些有价值的真实发现。

具体做法是根据研究课题选择检索工具、确定检索方法、查阅原始文献。检索过程中应特别注意这几方面的内容：在方法上沿用前人或在前人基础上加以改进的；在理论上支持本文观点的；前人研究结论与已不同需要加以说明的；前人对本文所研究的问题存在争议和正在探讨的。资料的整理过程是对资料进行科学综合以及加工过程，整理原始资料时，要重点保存那些能阐明证实研究设计中提出的假设或观点部分，使原始资料得以系统化、条理化。其中包括对统计数据的检查审核、分组设计、归纳汇总，以及图表的应用等。在科研实践中，由于各种主客观原因，收集到的材料难免有失偏颇，这就需要对资料的真实性准确性进行分析和比较，以求去伪存真。

二、文章布局

文章布局是对整个文章的结构思维。应主要思考三个方面：文章从何处说起、怎么说才能切题，足够有吸引力；阐述推理等实质性问题如何展开才能全面准确简明地说明问题，具有说服力，并能让读者看得懂；文章的各个部分分别以何种方式的语言表达最为适宜。

三、制定提纲

提纲是医学论文的骨架，有价值而言简意赅的提纲可以帮助作者从全局着眼，明确层次和重点，将作者的构思观点用文字固定下来，做到目标明确、主次分明，因此提纲的拟定要尽可能详细。一般多采用标题式和摘要式两种写法：标题式提纲是以简要的词语标示出某部分和段落的主要内容，引出所要讨论的内容，这种写法简洁扼要，便于记忆；摘要式提纲是把标题或提纲中每一内容的要点展开，对论文内容进行大致描述，这种写法具体明确，实际上是文章的缩写。提纲的写法并无定则，选用哪种提纲可根据自己的习惯来拟订，其目的在于启发写作的积极性和创造性，在实际写作过程中作者应做到既有纲可循，但又不拘泥于提纲，使内容尽可能丰满，才能写出好的论文。

四、拟写初稿

拟写初稿方法有多种，实验研究论文的拟定多采用顺序写作法，即按照医学论文的规范体例或提纲顺序阐述观点，分析实验数据。也可采用分段写作法，这种写作法多是作者对论文的中心论点已经明确或提纲已形成，先写好已经成熟的段落内容，而对于某一层次内容并无把握而采取分段写作的方法，最后依次组合而形成初稿。初稿的写作过程中不要做过多修改，所用的材料尽可能多，不要急于删去被认为不重要的材料，可以在完稿后一并修改。同时注意拟好标题和分标题，注清引用文献资料，便于定稿时形成刊物中规定的格式。

五、反复修改

修改是对初稿内容的进一步深化和提高，有时甚至是重写的过程，是论文写作中不可缺少的工作。无论是初写者还是经验丰富的作者，在初稿完成后都要征求各方面的意见，尤其是共同工作和指导者的意见，然后加以反复推敲，作全面细致的修改。其重要性不亚于课题研究的过程。修改时一般先着重于修改内容、结构，等文稿基本成形后，再修改文字、语句等细节，最后修改写作格式和风格。修改时须注意整体与局部相结合，自己修改与他人修改相结合，有时论文可在写好后放一段时间再行修改，或者请局外人仔细阅读，可能会发现撰写过程中不易察觉的错误。修改的重点主要是：①压缩篇幅：一般需压缩到符合期刊要求的篇幅，对于与主题无关，前后重复的尽可能删除；②结构调整：结构的调整一般需符合国际和国家标准，另外对于要投稿的期刊所要求的格式需心中有数；③语言修改：应具有准确性与可读性。尽量避免使用“国内首创”“国内空白”“左右”“大约”“可能”等字眼，避免应用非专业术语；④内容修改：根据写作意图或要论证的内容材料，使内容修改翔实、观点明确、结构严谨，应尽量选用权威期刊的他人的观点支持己文，少用自己已发表的文章来证明自己的论点，以防止文章局限性。有时，由于作者自身的思路和水平的限制，可能对论文的某问题认识不够全面或对初稿过于偏爱，为保证质量，须请内行专家修改或提出意见，方能避免隐含的失误，提高论文的实际价值。

（张　更）

第十二章　基础及临床论文写作

美国科学家乔治·海尔迈耶是液晶显示器的发明人，他的另一大贡献是提出了著名的“海尔迈耶问题”，就是说每位提出科研项目的申请者要能够诚实、详细地回答以下九个问题：

一、你想做什么？

二、已有的相关研究是怎样的，现在研究的局限何在？

三、你的方法有何新意，为什么会成功？

四、谁会关心你的研究？

五、如果你成功了，你的工作会带来什么改变？

六、此项目的风险和回报是什么？

七、你觉得这个项目需要多少成本？

八、需要多少时间？

九、如何验证你的项目是否获得成功？

无论是医学论文还是研究项目，如果能真实客观完整回答以上问题，方可以称得上是有价值的研究。

第一节 基础医学论文

从发表的基础医学论文的数量和质量上，可以看出这个国家的医学研究水平。基础医学论文是指在科学研究与临床问题的基础上，对医学中的一些基础理论问题进行分析阐述，进而揭露其内在规律的论文。主要在医学学术期刊上发表，少数在学术会议上宣读或交流。它是医学工作者科研成果的体现，也是一个国家医学理论研究水平发展的依据。

基础医学是现代医学科学中最基本和最重要的组成部分之一，它运用先进的科学技术和有效的实验方法研究机体的结构和功能、各种内外环境因素的影响和疾病的发生发展规律，对临床医学和预防医学起着重要的提高和指导作用。主要包括实验医学发展起来的组织学、组织胚胎学、解剖学、生理学、病理学、生物化学、分子生物学、遗传学、免疫学、药学、基因工程等，是基础医学研究的主要内容。

基础医学论文的种类有两种，即研究报告性质的论文与技术交流性质的论文。一般是根据实验室研究资料汇总或现场调查资料汇总，然后写出实验研究报告性质论文，或是介绍实验技术，有关仪器的设计制造和使用方法的技术交流性论文。通常所说的基础医学论文，主要是指实验研究报告。此类论文具有一定的格式，有较严格的规范性。

本章主要介绍一下基础医学论文的写作格式和常见问题。基础医学论文的格式，原则上有标题、署名、摘要、关键词、引言、材料与方法、结果、讨论、结论、致谢、参考文献等项目。

一、写作格式及常见问题

随着科研研究的不断深入，科研成果及医学论文的数量日益增多，为了便于这些成果和论文的搜集、贮存、处理、加工及交流传播，对医学论文的格式的规范则显得越来越重要。医学论文格式的规范化一方面便于写作，不必为文章的结构安排浪费精力和时间，对初写者更是如此；另一方面能节省阅读时间而且便于检索，读者不必费精力去分析文章的形式，而可集中精力去了解文章的内容，检索所需的文献也显得十分方便。因此，写作医学论文需要遵循医学论文的格式及规范。

医学论文，特别是实验研究性论文，一般遵循以下格式：①题目（一般不超过20字）；②作者；③作者单位；④中文摘要或英文摘要（200字左右，用第三人称书写）；⑤关键词（3～10条）；⑥引言（一般无小标题）；⑦材料和方法（临床研究论文改为“临床资料”或“治疗方法”）；⑧结果（临床研究论文有时改为“疗效观察”及“治疗方法”）；⑨讨论；⑩结论（或小结）；⑪鸣谢和参考文献。以上各部分在前面章节中具有详细阐述，现将各项目中需要特别注意的事项介绍如下：

（一）题目

题目是读者最先认识全文的窗口。读者往往根据所阅读的文题，即可决定是否需要阅读全文。而专家审阅稿件时，题目给专家的第一印象也是至关重要。这就需要指定的题目要能起到画龙点睛、一语道破的作用，因此要把性质、研究对象及手段反映得确切、清楚，才能体现文章内容的深度和广度。如《葡醛内酯治疗慢性肝功能不全的疗效观察》一文，是采用了随机、双盲、对照的研究设计，具有较大的学术意义，但题目未反映设计科学、论证可靠的研究精华，故显得有些平淡。若将其改为《葡醛内酯治疗慢性肝功能不全的随机双盲对照研究》，则提高了该篇论文的科学性与可信性。因而，题目一定要确切扼要。我国国家标准要求一般中文文题不超过20个字，英文文题不超过10个词，或100个书写符号（包括间隔在内）。题目既可以目的和对象为主，也可以方法、结果或论点为主。以文题和内容相符合为原则。

文题有两忌：一是忌空泛；二是忌繁琐。文题的格式还有几点要注意：①尽可能不用简称、缩写词，若一定要用时，应以常用并含义确切者为限，如冠心病、DNA、CT等；② 10以下数字用汉字，10以上数字用阿拉伯字；③尽可能不用标点符号。

医学论文一般不设副标题，如必须对标题说明或补充时，可设副标题用括号或破折号与主标题分开。总之，题目应具有可索引性、特异性、明确性、简短性。常见问题主要包括：

1. 不够简短精练。应尽量做到简洁明了并紧扣文章的主题，要突出论文中特别有独创性、有特色的内容，字数不应太多，一般不宜超过20个字。必要时可用副标题来做补充说明，副标题应在正题下加括号或破折号另行书写。如《饮酒与肝癌关系的实验研究》，其中的“实验研究”完全可以省略，而且不够具体，是一种必须修改的题目。

2. 文不对题，不够具体确切。标题不能很好概括文章的内容或抽象笼统，或含糊夸张。如《肺癌的研究》，题目太大，范围太宽，不切实际。

3. 题目中使用过多标点符号。符号必要时可以用，但尽量少用。

4. 使用化学结构式、数学公式或不太为同行所熟悉的符号、简称、缩写以及商品名称等。标题中可以使用公用公知的缩略词、符号、代号等。如《DGF 的诊断试验评价》，DGF 是移植物功能延迟恢复（delayed graft function）的缩写，用在这里让读者不容易看不懂。如《肾移植受者 HbsAg 阳性的调查》，读者就能够理解了。

（二）作者署名

署名是论文的必要组成部分，要反映实际情况。署名表明了论文作者著作权的法律地位，同时作者也对论文内容承担学术责任和法律责任。常见问题如下：

1. 作者不够署名条件。作者应是论文的撰写者和主要参与者，是指直接参与了全部或部分主要工作，对该项研究做出实质性贡献，并能对论文的内容和学术问题负责者，即论文的署名者只能是该项研究的设计者、主要完成者和论文的撰写者。无须将只参加辅助工作，或只提供资料、样品，或审稿者作为作者署名，更不要将与研究无关的人员作为作者署名。

2. 署名过多。一篇论文一般不超过 6 ～ 10 人。

（三）中文摘要

摘要的撰写一般可以在论文完成以后，作者根据文稿的内容再进一步加工推敲、摄取精髓，对论文的方法、结果、结论不解释，不引申，并以第三人称书写。由于摘要是医学情报人员、医务工作者阅读和计算机检索时使用的资料来源，因此，不能用第一、二人称撰写。摘要的字数在200字左右。中文期刊一般不分段，连续完成，具体要根据所投期刊的要求而定。应尽可能使用医学术语，一般不用图表、化学结构式和非公认的医学符号，也不宜用正文中的图表及参考文献的序号。文章有了摘要，文末不再写小结。摘要的常见问题主要有：

1. 不够客观。摘要要从旁观者的角度写，应实事求是反映原文的信息，不能带有赞同或批评的倾向。一般以第三人称的语气写，避免用"本文""我们""本研究"等作为文摘的开头。

2. 内容过多，难以一眼找到实质内容。摘要是对原文的高度概括，不是照搬原文，也不是对原文的补充、注释。一般信息性摘要不超过250字，指示性摘要不超过100字，结构性摘要不超过250字。

（四）关键词

关键词也叫索引词，是从论文中提炼出来的最能反映论文主题或中心内容的名词、词组或短语，主要为图书情报工作者编写索引，也为读者通过关键词查阅需要的论文提供方便。常见问题如下：

1. 关键词过多或过少。关键词一般选取4～8个词。

2. 用动词或介词、连词等做关键词。关键词一般是名词，不可用动词、介词、连词、副词、代词等做关键词。

从写作的总体要求来看，论文《肾移植受者T细胞亚群的动态监测及分析》的摘要与关键词的写法是符合上述要求的。

摘要　**目的：**探讨肾移植受者T细胞亚群的数量变化与免疫状态的关系。**方法：**36例患者采用ELISA法、荧光偏振免疫分析法动态监测免疫抑制剂血药浓度；流式细胞仪监测淋巴细胞亚群；全自动生化仪检测血肌酐。**结果：**T淋巴细胞各亚群绝对计数在术后降低，但在术后12天左右逐渐恢复至术前水平，之后逐渐升高并于术后70天逐渐稳定；移植患者术后早期 $CD4^{+}$T细胞绝对计数与外周血肌酐和免疫抑制剂血药浓度均为显著正相关。**结论：**$CD4^{+}$T淋巴细胞亚群绝对计数能更好地反映肾移植患者免疫状态，肾功能恢复良好的同种异体肾移植受者，机体免疫状态较为稳定。

（摘自《中国组织工程研究与临床康复》2011，15）

（五）英文摘要

为了更好地开展国际学术交流，大多数国内生物医学期刊都要求论文有英文摘要，其内容与中文摘要基本一致。英文摘要应有标题、作者姓名及单位，根据中文摘要翻译英文摘要时应避免按中文的字面一字一字地生搬直译，应从技术概念的角度，取其本质进行意译，并注意中英文语言行文的差别。用词及修辞应遵循相应的英文语种的习惯用法。英文摘要的位置取决于所投期刊的投稿要求。

（六）引言

引言主要回答“为什么研究”这个课题，其内容包括论文的研究背景、目的、范围，简要说明研究课题的意义以及前人的主张和学术观点，已经取得的成果以及作者的意图与分析依据，包括论文拟解决的问题、研究范围和技术方案等。关于引言常见问题包括：

1. 过长或过短。引言一般200～300字，约占全文的1/10。

2. 与摘要或结论过于相似。前言不是摘要的补充，也不是摘要的缩减版，要有自己的内容。

（七）材料和方法

材料和方法主要是简明准确地叙述研究工作是如何进行的，是研究的物质基础，对论文质量和可信度起保证作用。需要详细说明研究的对象、药品试剂、仪器设备等。

内容主要包括仪器设备的名称、生产厂家、主要性能和技术参数；主要试剂的名称、型号、生产厂家；实验对象如实验动物的名称、种类、品系、分级、数量、性别、年（月）龄、体重、健康状态、分组方法、每组的例数等；实验方法如实验组与对照组的分组方法、体内实验方法、体外实验方法、切片方法、染色方法、测试方法、记录方法、统计方法等；实验程序即实验进行的过程；实验环境条件等。常见的问题有：

1. 描述不分重点，记流水账，交代不清。要实事求是的反映实验条件和过程，但不是越细越好。要有重点，不必对每项实验方法的流程做流水账式的记录。对关键实验项目的详细描述，以不影响对论文的理解和对实验进行重复为准。也不可过于简单，该交代的内容也省略不写。

2. 记录不够客观。有利于实验结果的就记录，不利的就人为的省略，不能真实描述实验。失去了书写基础研究论文的真实目的。

（八）结果

实验结果是论文的重要组成部分，是研究价值之所在，是作者观点形成结论的依据。应真实、简洁、准确地通过文字、图表表达观察的结果。常见问题：

1. 按主观意愿取舍资料。有的观点认为为了使文章发表或者数字更加好看，可以对数据进行一些所谓的“技术性处理”，其实这是违反学术研究初衷的造假行为。其结果是除了发表了一篇文章之外，对知识传播和科学进步没有任何益处，因为这是虚假的知识，后人可能根本没有办法重复。对研究所得的原始资料和数据要有严谨科学的态度，要认真进行审查和核对。对不符合主观意愿的数据不可随意舍弃，确保论文的真实性。

2. 数据未经统计学处理。特别对于分组比较差异的数据必须进行统计学处理，给出误差范围，才更准确，更有说服力，否则只是一些无效数字。

3. 引用他人研究成果。“结果”部分的内容应是作者本人的研究成果，不得夹杂第二手资料。

4. 图、表的使用不合乎规范。表格设计要清晰、简练、规范。每个表格除有栏头、表身外，还要有表序（如表 1、表 2、表 3……）和表题。在正文中要明确提及见表 *。表格一般采用三线表。表题应有自明性。若表中数据均用“均数 ± 标准差”表示，则在表题的后面注上（ ± S）；若表中各组的例数相等，则在表题后面统一注上（n=X），若例数不等应另加一列，分别注上各组的例数；表中计量单位若一致，可写在表题的后面，若不一致应分别写在每个栏头之下，不加括号。图要求大小比例适中，粗细均匀，数字清晰，照片黑白对比分明。每幅图都要有图序和图题，通常写在图的下方。

（九）讨论

讨论是体现论文主题思想和创新性的关键部分，是作者对课题结果的最终解释，是论文的精华所在。内容包括：对实验材料、实验方法、实验结果的正确性、合理性进行分析和论证，对可能的原因、机制提出自己的看法与见解，并指出进一步的研究设想和建议；与当前国内外有关研究成果比较，说明其进步性，分析本研究的水平；指出该研究结果的可能误差及研究过程中可能存在的缺陷、有待解决的问题。

讨论是结果的逻辑延伸，是全文的综合、判断、推理，从感性提升到理性认识的过程，也是作者充分运用自己对该领域所掌握的知识，联系本课题的实践，提出新见解、阐明新观点之处。常见问题包括：

1. 讨论写成对方法和结果的复述。

2. 结论过于牵强。所得结果不能支撑所下的结论。比如研究结果为移植肾功能稳定患者 $CD4^+$ T 细胞计数值较低，而得出“$CD4^+$ T 细胞计数值是肾移植患者长期存活的唯一指标”的结论，就明显过于夸大了研究结果的意义。

3. 引用他人文章时，不够客观公正，断章取义；对自己研究评价过高，过于肯定。

4. 重点不突出，文章冗长。切忌详细叙述有关基础理论，介绍教科书上的一般知识，或不紧扣题目，离题发挥。篇幅不宜过长，一般占全文的三分之一到二分之一即可。

5. 不够明确，含糊其辞，使用“大概”“可能”“也许”等字眼。

（十）结论

结论也称结语或小结，是将研究结果进行讨论以后提出的认识，用简要的文字加以概括，是从正文中提炼出来的精髓。这部分有时也可省略。

（十一）致谢

凡不具备前述作者资格，但对本研究作过指导、帮助的人或机构，均应加以感谢，但必须得到被致谢人的同意后才能署其姓名。致谢一般单独成段，放在正文的后面。不是必设项目，可根据实际情况设置。

（十二）参考文献

参考文献是指本科研工作所参考过的主要文献目录。是作者撰写论文的科学依据及向读者提供有关的信息出处，同时也是作者对他人成果尊重的反映。

在整个研究过程和撰写论文时，必然要参考有关文献。因此必须以严肃的科学态度列出重要的参考文献。参考文献应注意以下几方面：①论文引用的参考文献必须是著者直接阅读的原著，切忌从他人引用的文献中，不经阅析地转引，避免人云亦云的差错；②要有针对性的引用设计科学严谨、方法可靠、论证水平高、结论正确的文献，力求少而精。论著一般列出 10 条以内，综述不超过 25 条；③参考文献在正文中引用处按顺序以上角码标注，然后在文末按规定格式逐条列出，而且编号应该一致；④参考文献的格式应按期刊要求规范化。目前国内外多数期刊均采用温哥华格式，各刊不尽相同，略有变动。投稿时应参照所投期刊的要求；⑤所列参考文献最好是近3～5年的文献。目前，我国参考文献录著项目及格式均按“温哥华式”标准进行录著。具体写法和要求如下：

期刊录著格式：作者. 文题. 期刊名称年；卷（期）：起止页码，例如：

王智，武国军，郝晓柯，等. 抗体导向酶 - 前药疗法的研究和应用进展［J］. 中国肿瘤生物治疗杂志，2000，7（1）：73-75.

书籍录著格式：作者. 书名. 版次（第1版略），出版地：出版者，出版年，起止页码，例如：

裘法祖，孟承伟，主编. 外科学. 第2版. 北京：人民卫生出版社，1979. 501-513.

（十三）脚注和附录

是对正文的补充。其中附录目前较少使用，它是排在全文之后，用小字列出，以补充与正文有关的资料、判断结果的详细标准，论文写成后的新进展等。脚注目前多数期刊均采用，它位于首页的下方，以小字列出。脚注主要用于注明研究基金来源、作者工作单位，所在城市、邮编等。例如：

* 基金项目：国家自然科学基金资助（81101926）

** 第四军医大学基础部生物化学与分子生物学教研室，西安 710032

*** 第四军医大学唐都医院泌尿外科，西安 710038

作者简介：王禾（1961-），男（汉族），博士，教授。

二、写作要求

论文须求“新”“精”“全”。文字简练达到“量体裁衣”的水平，力争达到“少一句不够，多一句啰嗦”的要求。一般论著字数在 2500 ~ 5000 字，各种符号要符合规范。其他当有医学名词、药物名词、数字、统计学符号、缩略语、基金资助、著作权法等问题，一切均按国家及中华医学会规定的标准执行。计量单位请按法定计量单位书写。

撰写之前应注意整理资料，将实验记录、图表、文献依次编号，以便引用；论文要明确，论证要充分，不要泛泛而谈；实事求是，科学分析，不要用“可能”“也许”等词汇；适当使用图片、照片；积累材料要足够，用不同角度、不同方面的材料阐述观点；方法、结果、讨论等分段单独写，便于修改。

第二节　临床医学论文

一、临床医学论文的选材

临床医学论文是解决临床医生日常工作中难题的最有效工具，所选的材料，大多数是发生在临床医生身边的临床病例资料及与之相关的实验资料，主要靠临床工作者日常的积累。其要点是在充分占用临床资料的基础上认真、科学的选择，因此，临床医学论文须求真实、有效、可读性强。

（一）临床资料的积累

日常医疗卫生记录包括门诊病例、住院病历、化验单等，不需要额外的人力、经费和设备。积累临床资料常用观察、实验、调查、病案整理等方法。其主要途径是：

1. 记录病历摘要　记录日常诊疗中的罕见病例、典型病例，对病情及诊疗经过做一摘要，以作为病例报告、病例讨论、病情分析或经验总结的备用资料。

2. 记录单项诊疗措施　设置对照组，记录处理措施、效果及相应的数据，作为分析讨论疾病的诊疗措施时用。

3. 作病案资料索引　对在临床实践中遇到的有价值的危重病例或者疑难病例，如休克、严重复合性损伤、呼吸衰竭、心功能衰竭等。当临床医师思考个人的研究方向时，最好的办法就是做病案资料索引，采用卡片或笔记，留待以后查阅分析。这可以是自己的资料，也可以是别人分享的资料。

4. 做专题调查　有计划地对某种疾病进行前瞻性调查、回顾性调查或追踪性调查，记录诊疗过程中的客观现象和相应的数据，为撰写对疾病的发生机制以及诊疗原理或方法进行研究的论文做准备。卫生统计报表，如人口统计、医院综合年报、传染病日报等，也是专题临床研究的宝贵资料。

5. 进行实验观察　针对临床问题，设计研究方法，往往先进行实验研究。如开展新的外科手术之前，要进行实验设计，利用动物实验模拟临床技术。此类记录，可作为新技术论文的一部分直接资料。

（二）临床资料的选择

资料收集以后，在撰写论文之前还需要做两项工作：应用统计学的方法去整理资料（包括绘制图表）；选择有代表性、全面性、客观性和创造性的材料写入论文。主要有以下注意点：

1. 侧重于创造性　前人已经记载并且经过再实践又得到证实的那些资料，不要再去重复陈述。应当着重选取资料中新的、有特色的、有独特性的部分，这在成功的经验中有，在失败的教训中也有。成功的经验中，如研究疾病发生机制的新收获，对疾病临床表现的新发现，行之有效的新的诊疗技术，创伤更小的手术方式等。在失败的教训中，如诊误的原因、手术失败的因素、治疗方案中的失误、从并发症中观察到的一些新现象等，也属于有价值的资料。撰写临床医学论文时，应对创造性的资料进行详细的分析与讨论。

2. 避免片面性　疾病的发生、发展、转归是一个复杂的病理过程。同一种疾病在不同病人身上所表现的临床现象既有同一性，也有差异性。在疾病的诊断、治疗过程中，起作用的往往是多种因素，而不是单一因素。为了寻找疾病本身的规律，探讨诊疗措施的原理和效果，在选择临床医学论文的资料时，必须注意其全面性，避免或减少片面性，切忌片面地按照作者主观认定的某项效果去取舍资料。

3. 注意资料的代表性　撰写病例分析、经验总结、专题研究、新技术论述等类型的论文时，所收集的病例常常是很多的。应选择有代表性的、能反映事物本质的资料。用这些资料来做事实论据，并结合理论论据，对所提出的论点进行切实入理的分析、讨论，以论证论点的正确性，使结论的科学、可信。

二、临床试验的方法

临床试验可分为广义临床试验和狭义临床试验两类：广义临床试验指是在人群中，通过比较干预组与对照组的结果而确定某项治疗或预防措施的效果与价值的一种前瞻性实验研究；狭义的临床试验是指仅以病人为研究对象，以临床治疗效果为基础的实验研究，它是一类特殊的前瞻性研究，已广为临床医生所采用，也是临床应用最多的科研方法。现简单介绍临床试验方法。

（一）临床试验的应用范围

1. 疗效研究

（1）比较几种疗法的优劣：判定某种药物是否过时，澄清某些有争议的问题，选择最佳资料方案，把多种治疗方案进行比较。如肺癌的治疗方法有：化学疗法、中药疗法、免疫疗法以及化学疗法+中药，化学+免疫+中药疗法等，究竟哪一种疗法最好，仅凭医生的主观印象是很难得到正确的结论，但通过合理的临床试验，就较易得出令人信服的答案。如：过去有效的药物，现在及今后是否仍有效，是否仍为最有效的药物，临床试验是判定某种疗法是否失效的最好方法。

（2）新药、新疗法的临床疗效评价：所谓新药、新疗法主要是指来源于基础医学研究和临床实践观察的新药物和疗法，如果是来自体外实验研究，自然必须进行严格的临床试验证明其有效后，才能应用于临床，即使这些方法来源于临床，但对其他疗效，可能产生的副作用、适应证以及剂量范围、疗程的长短等问题，都必须经过科学的临床试验加以考察，然后决定临床应用的可能性。

2. 新治疗措施的副作用或并发症的研究　临床上应用的新药物，除了作疗效的考核外，还必须鉴定对人体是否有害，有的药物对动物虽无害，但对人体可能有害，有的药物虽然有一定的副作用，但其疗效较好，在应用前必须对其得失进行衡量后，才能作出决策。这些都需要临床试验为决策提供科学依据。

3. 病因研究　明确病因对于疾病的治疗有着巨大的作用。临床试验是进行病因研究的良好手段。例如，佝偻病患儿用维生素D治疗有效，说明可能是维生素D缺乏导致了佝偻病，如果无效则不能用维生素D缺乏解释，而可能是其他原因。

（二）临床试验设计

在进行临床试验之前，必须先进行试验设计。临床设计的成败直接影响临床试验的成败和试验水平，因此，必须认真对待临床试验设计。临床设计应包括以下内容：①研究的目的；②研究对象的选择，即病例的选择；③设立合理的对照组；④随机化分组；⑤选择客观的观察指标与疗效评定标准；⑥选用合理的统计分析方法。现简单介绍如下：

1. 研究的目的　进行临床试验首先要明确研究的目的，是要进行疗效研究还是对治疗措施的副作用的研究或是对病因进行研究。

2. 对研究对象的选择　即病例的选择。选择准备研究的病例，必须要有统一的诊断标准，明确病与非病的界限，避免把非研究的对象选入，影响真实疗效。统一诊断的标准的制订，最好选用公认的标准，如全国性或地区性专业会议制订的标准，如果没有统一标准，也可自行制订。这些标准最好利用客观的诊断指标，如病理组织学、实验室检查、内镜、X-线等客观指标。在明确了诊断标准的同时，还应根据研究目的，确定纳入标准和排除标准。例如，在研究某药物治疗肝细胞性黄疸时，则可将胆红素增高伴肝功能损害的病例定为纳入标准，而在研究某药物治疗乙型肝炎时，则不能用以上标准作为纳入标准，而应制订新的纳入标准和排除标准。

3. 设立合理的对照　对照是临床设计的重要原则，有比较才有鉴别，只有通过研究组与对照组的比较，才可能取得研究指标的数据差异，通过对照组才可排除被试因素以外的其他因素的影响。临床上常用的对照方式有：历史对照（文献对照、回顾对照）、空白对照、安慰剂对照、标准对照、潜在对照、相互对照、交叉对照等，在进行临床设计时，应根据研究目的合理选择对照方式。

4. 随机化分组　选择好研究的病例，确定了对照方式后，就需要将病例进行分组，随机化分组是将临床试验对象随机分配到所设的治疗组和对照组的方法，其目的是减少偏倚，增加试验结果的正确性，它是确保资料可比性的关键。如果分组不正确，将会得出错误的结论。例如，将病情轻、易治疗的病人分在研究组，而将病情重、难治疗的病人分在对照组，而得出研究组有效的结论显然是不正确的。只有通过随机分组，使研究组和对照组具有可比性才有可能得出正确的结论。随机分组的方法有：完全随机分配、区组随机分配和分层随机分配。其中完全随机分配是一种简单而常用的方法，它是将研究对象先编号，再用抽签或查随机数表等方法进行分组。采用什么样的随机分配方法，应根据研究目的来制订。应当指出，交替地将研究对象分至研究组和对照组的分配方法（ABABAB……）不属随机分配方法。

5. 选择观察指标与疗效评定标准　选择好临床试验的观察指标及疗效评定标准，直接影响试验结果的可靠性及成功与否，因此应根据研究目的选择好临床试验的观察指标及疗效评定标准。这些指标和标准应符合以下条件：①特异性。是要求所选择的标准要能确实反映研究课题的主要内容，与课题有本质的联系，例如，研究肝炎时，肝功能及肝炎病毒病源学检查，就是较特异性的指标，研究肾炎时尿常规及肾功能的检查就是较特异性的指标；②客观性。是要求所选指标应是客观存在，并能用客观的方法精确测量，要能定性，最好能定量。因为定量指标比定性指标更精确；③要有统一的时间和空间标准。要求指标不仅反映试验效果的幅度，而且要有时间和空间的概念。对指标的观察时间、间隔时间、持续时间必须明确规定，不得任意提前或延后，否则会造成资料的可比性差，不能反映客观事物的规律性，影响试验结果；④重复性：要求指标的稳定性、重复性要好，不仅一次检查能得到结果，多次检查应得到同样或相似的结果。否则会影响试验结果。

总之，临床试验设计，犹如工程前的蓝图设计，它的科学性、严谨性直接影响工程的成败，设计的科学性越强、考虑问题越充分，成功的几率也就越大。做好意外情况或意外结果的预案。

（三）试验观察

临床试验设计完成以后，就要进行临床试验，在临床试验的过程中，最重要的就是对试验指标进行观察。在进行观察前，首先要明确观察的内容，在进行观察的过程中，严格按照观察标准，实事求是地做好观察记录，尽量避免在记录中加入主观的因素，更不能因需要某种结果而放宽或提高标准。对于观察过程中出现的“意外”结果，决不能放过，一定要深究原因，也许这种意外正是新的发现的起点，如果确属设计的缺陷，就应及时修订试验设计方案，重新进行试验。

进行试验观察的过程，是对科研能力和工作作风锻炼的极好时机，能否认真仔细地进行观察，如何对待观察的有关结果，也是科研态度和工作作风的具体体现。因此，初次进行临床科研的医生和实习医生，应重视临床观察，有意识地培养严谨的科学态度和实事求是的工作作风。

（四）分析结果，写出试验报告

结果分析包括有关疗效指标的正确描述，以及统计学分析；试验报告就是将整个试验过程及试验结果形成书面文书，临床常以医学论文的形式发表，关于医学论文的撰写方法，以后的章节将进一步论述，结果分析方法详见第五章《数据的统计学处理》。

三、临床医学论文的谋篇布局

临床医学论文的内容很丰富，形式也较多样，需要精心构思布局。如果只是依赖统一的论文格式填写有关内容，就会千篇一律而没有特色，使人感到单调、沉闷、重复、平庸，很难被认同或发表。

1. 立意要新颖有价值　写好临床医学论文，应先有新颖、深刻的立意。也就是说，作者通过对临床资料的分析讨论，所表达的基本观点和中心论点要开掘得深，要有所创新，要抓住资料的特点，寻觅它的精华之处，对某项临床观察和研究提出有特色的、精辟的观点来，让读者有所收获。

2. 选择适当的格式　临床医学论文的基本格式与基础医学论文相仿，但不能全部照搬。要根据文章的立意和内容来决定格式。“材料与方法”在临床研究论文中常改写为“临床资料与方法”。“材料”即受试对象，主要交代病例选择标准，包括：①一般资料，如年龄、性别、病情等；②诊断标准和分型标准；③随机分组情况，包括显示比较组间可比性的资料等。“方法”要交代临床试验的具体方法，包括：①介绍实验组与对照组所用药剂或疗法，如药物的剂量、剂型、用法疗程、治疗方法的具体操作，如对照组采用的是常规治疗，简单介绍即可；②写明观察项目，如症状、体征实验室检查指标等要作交代；③写明疗效指标。写这部分常见的问题是：在“材料”中，不交代诊断标准和疗效标准；未明确入组标准和排除标准；罗列与本文无关的资料；在“方法”中，不交代分组设计方法；对创新或改进方法描述不清楚，而对常规方法描述过于详细，主次颠倒。

3. 安排好内容及层次　论文的层次反映着论题、论点、论据、论证之间的内在联系。在临床医学论文中，论题往往在前言中提出来。论文有中心论点，还可以有分论点。论据中的事实论据主要反映在结果中，也可以穿插在讨论部分；理论论据应在讨论中逐一引证；论证主要在讨论中进行。撰写临床医学论文时，应根据文章的立意要求，参照上述情况来安排层次，还要注意照片与图表的安排、参考文献的引用格式。

四、常见临床医学论文的写作

（一）病例分析

病例分析是对一组相同疾病的有关资料进行分析、讨论的论文，它是临床论文中比重最大、较普遍的论文形式。此种论文要注意选择病例的数量，一般由五例以上至几百例，甚至达上千例不等，主要根据病例是少见病还是常见病，以及所采用诊疗方法的具体情况来决定；是对过去某一时期内相同疾病的病例资料，即回顾性资料，分项统计、整理、将所得到的数据再作统计学处理，然后进行分析。而在规定范围内获得的数据，不允许取舍。否则，将影响论文的科学性、真实性和可靠性。

写作格式上，正文包括：引言、资料分析、讨论或结论。其中资料分析与讨论是重点。详细的资料应包括：①病例来源及选择标准。含病例是住院或门诊病人、病例选择标准、诊断标准、疾病分型、分组标准；②一般资料。含病人例数、性别、年龄、职业、病程、症状体征、实验室检查的主要项目结果、新患或旧患等；③治疗方法。含药物名称、剂量、剂型、使用方法及疗程、手术名称、术式、麻醉方法等；④疗效观察项目及疗效标准；⑤治疗结果、随访结果等各项数据资料及典型病例等。要反映诊断和治疗进程，为什么这样做？结果如何？讨论应是有选择、重点突出的研究，从而进一步阐明自己的新见。资料可适当选用图表和照片。举例如下：

肾移植术后早期消化道出血是一种严重的并发症，常危及生命，文献报道其发病率为1.6%～11.3%。术后患者从尿毒症损害中完全恢复，凝血机制多伴有异常，加上术中、术后各种刺激，发生消化道出血几率高于常规手术病例。术后早期消化道出血症状常较隐蔽，给诊断和治疗带来困难，是多因素、高风险、难治疗的急症，作者收集了近5年来资料完整的266例尸体肾移植患者的临床特点，分析导致肾移植术后消化道出血的相关危险因素，并对相对有效的治疗方法进行了探讨和总结。

1 资料和方法

1.1 临床资料

本院于2003年6月至2008年6月施行的266例次同种肾移植中男性156例，女性110例，年龄（41.96±7.58）岁；其中再次肾移植3例。所有患者术前采用血液透析治疗，透析时间（11.7±2.6）个月；群体反应性抗体（panel reactive antibody, PRA）均为阴性。所有肾移植患者发生消化道出血28例（10.5%），随访时间4～18个月，中位随访时间12个月。原发病均为慢性肾小球肾炎。

术后消化道出血2例发生于第1天，15例发生于第2～7天，8例发生于第8～15天。2例发生于第16～30天。每次出血量1000ml以上10例。消化道出血主要临床表现均为无痛性黑便，每日3～6次，每次约300～800ml，不伴恶心、呕血。

1.2 术后免疫抑制方案

术中应用甲泼尼龙750mg和环磷酰胺200mg，术后第3天开始采用环孢素A(CsA)/他克莫司(FK506)+硫唑嘌呤/霉酚酸酯(MMF)+泼尼松(Pred)三联免疫抑制方案。对出现DGF者，以FK506替代CsA。出现急性排斥反应(acute rejection, AR)患者应用甲泼尼龙或抗T细胞单克隆抗体冲击治疗。术后常规口服奥美拉唑或静滴H_2受体阻滞剂预防应激性溃疡。所有发生移植肾功能延迟恢复(delayed graft function，DGF)患者均于术后早期恢复血液透析。

1.3 DGF诊断标准

肾移植术后第1周恢复血液透析，或虽未恢复血液透析，但术后第7天血清肌酐(Scr)值大于400μmol/L。本组术后第1～3天需要透析治疗的有28例，第4～7天透析有34例。

1.4 治疗方法

1.4.1 主要措施 持续抑制胃酸：发现消化道出血后立即静脉注射奥美拉唑80mg，此后以4mg/h持续静注72小时，视出血情况进一步调整用量；积极保护胃黏膜：口服十六角蒙脱石、果胶铋；止血、促凝：以凝血酶、云南白药及去甲肾上腺素加入冰盐水口服；静滴垂体后叶素或巴曲酶。治疗以抑酸为主，必要时辅以胃镜直视下止血，主要方法有局部喷洒止血剂，黏膜内注射硬化剂及应用激光、电凝等。

1.4.2 辅助措施 禁食水或少量进流食，静脉补液，出血量1000ml以上或血压明显下降者输浓缩红细胞及新鲜血浆，维持生命体征平稳。酌情调整免疫抑制剂，对硫唑嘌呤或霉酚酸酯适当减量，激素减量或停用。

1.5 统计学方法 资料采用SPSS10.0软件进行分析。用单因素

logistic 回归分析患者的性别、血型、术前透析时间、术后透析发生时间、DGF、急性排斥反应、甲泼尼龙用量、肺部感染、肝素透析、直接血管穿刺与肾功能延迟恢复时发生消化道出血的相关性；用多元逐步 logistic 回归分析肾功能延迟恢复的危险因素。消化道出血对移植肾功能正常存活率的影响采用 Kaplan-Meier 生存分析。计量资料表示为均数 ± 标准差，$P<0.05$ 为具有统计学意义。

2. 结果

2.1　临床转归

28 例消化道出血患者中 25 例出现于 DGF 过程中，占 89.3%。共有 62 例患者发生 DGF，其中 AR27 例，肺部感染 7 例，术后因 DGF 需要透析患者中 17 例采用直接血管穿刺，23 例采用肝素透析。所有患者血型分布为 A 型 78 例，AB 型 27 例，B 型 82 例，O 型 79 例。出现消化道出血患者中 26 例经积极内科治疗后痊愈；2 例因突发性消化道大出血，多器官功能衰竭死亡，占 7.1%。延迟恢复患者经治疗后于 10 ～ 65 天肾功能恢复正常。

2.2　logistic 回归分析结果

单因素 logistic 回归分析表明术后 DGF、急性排斥反应、甲泼尼龙用量、肺部感染、术后肝素透析、直接血管穿刺是肾移植术后早期发生消化道出血的相关因素，而性别、血型、术前透析时间及术后开始透析时间与之无相关性。由于急性排斥反应、甲泼尼龙用量、肺部感染、及术后透析多伴 DGF 中发生，时间上具有相关性，因此为避免统计中重叠的因素相互干扰，在多元逐步 logistic 回归分析中，去除 DGF 因素而分析其他因素对消化道出血的影响后，结果显示甲泼尼龙用量、肺部感染、肝素透析及直接血管穿刺是影响肾移植术后早期消化道出血的重要因素。

2.3 Kaplan-Meier 生存分析结果

在随访期间内，早期发生消化道出血患者中 8 例（32%）发生移植肾失功，明显高于未发生消化道出血患者 3 例（$P<0.05$）。按移植肾功能正常存活时间进行生存分析，两组患者术后移植肾功能正常存活率差异有统计学意义（$P<0.05$）。

3 讨论

应激性溃疡常继发于严重复合伤、烧伤、休克、严重感染、脑血管意外、大型手术以及大量使用糖皮质类激素等药物或重要脏器的衰竭。其主要病理变化是胃黏膜的缺血、损伤、糜烂、坏死，是危及患者生命的严重并发症。本组结果显示，89.3% 的消化道出血发生于 DGF 期间。DGF 患者是各种并发症的高危人群，这类患者在慢性肾衰竭的基础上，还增加了手术创伤，精神刺激，大剂量皮质激素及免疫制剂等对机体不利的因素。因此，他们不仅易于发生各种并发症，而且对创伤的耐受性极差。

人们常认为 DGF 治愈后不影响移植肾的长期存活率，但常忽视 DGF 期间并发症对患者的影响。美国器官资源共享网络（United Network for Organ Sharing，UNOS）的研究资料显示，没有发生 DGF 的肾移植患者，术后 6 个月内急性排斥反应发生率为 25%，而发生 DGF 的肾移植患者为 40%，移植肾的半数存活期由 11.5 年降到 7.2 年；发生 DGF 的肾移植患者术后 6 个月内的死亡率明显增加。

在单因素分析中，AR 是消化道出血的相关因素，而多元逐步

logistic 回归分析显示，在甲基泼尼松的总量大于 3g 的因素同时存在的情况下，AR 不能成为导致发病的危险因素，甲基泼尼松的总量大于 3g 才是导致肾移植早期消化道出血真正的高危因素。反复大剂量应用激素冲击治疗会加重患者应激反应，胃黏膜损伤，激素冲击量越大、冲击治疗时间越长，发生消化道出血的风险就越高。这一结果提示我们，在肾移植术后预防 AR 的发生不仅有利于肾功能恢复，而且可以降低消化道出血的发生风险。同时，对于有 AR 征象或准备进行二次激素冲击治疗的患者，应预防性应用抑酸药物，并注意保护胃黏膜，防止消化道出血的发生。

肾移植术后患者因应用免疫抑制剂、长期卧床及制动等原因而很容易出现肺部感染。作者观察发现，感染的发生和严重程度与出血时间的长短互相促进，几乎成正比关系。尤其是真菌感染，严重的真菌感染常伴随着血小板的明显下降，本中心资料显示严重真菌感染患者血小板可降至 17×10^9/L，如此低的血小板水平，即使没有外界刺激，也会导致自发性消化道大出血。本分析结果也表明：肺部感染是消化道出血的独立危险因素；感染又可加重贫血并造成水盐电解质紊乱，研究显示，出现电解质紊乱患者消化道出血发生率高达 19.2%。因此在术后出现肺部感染时应注意观察病情并对消化道出血预防进行预防用药。

采用血管穿刺的透析患者中 14 例出现消化道出血，多元逐步 logistic 回归分析显示血管穿刺是消化道出血的危险因素之一。因长期尿毒症的并发症导致患者血管条件差，造成血管穿刺难度大或即使直穿成功仍难以达到目标血流量。多数肾移植患者术前进行血液透析时留有深静脉置管，为避免DGF血液透析时血管穿刺，本中心通常在术后10～14天肾功能仍良好时方拔除深静脉置管。对需要透析的DGF患者直接采用深静脉置管，首先保证透析充分，并避免了再次置管或血管穿刺引起患者的应激反应。透析过程中早期宜采用无肝素透析，对全身状况良好且无消化道出血表现的患者，可以采用低分子肝素透析，有助于移植肾功能的尽早恢复。

消化道出血起病急剧，一般一次出血量可达300～1200ml，导致循环血容量的迅速降低，不仅进一步影响尚未恢复功能的移植肾脏的血流灌注，而且致命。因此，预防消化道出血的发生是治疗的关键，而一般H_2受体阻断剂预防效果不佳。本中心在2005年后对DGF患者常规应用奥美拉唑，对预防消化道出血发挥了良好的效果。对于已经发生的消化道出血，及时、持续的抑制胃酸分泌治疗至关重要，抑酸药能提高胃内pH，既可促进血小板聚集和纤维蛋白凝块的形成，避免血凝块过早溶解，有利于止血和预防再出血，又可治疗消化性溃疡。同时应辅以胃黏膜保护剂，必要时急诊行胃镜检查，以查明出血位置、范围，并局部喷洒止血药物。对于部分激素敏感的患者应停用或减少激素用量。肾移植术后上消化道出血病理表现多为广泛、均匀的胃黏膜病变，属于急性非静脉曲张性上消化道出血，因此非手术治疗多可奏效。部分患者因服用激素等免疫抑制剂不利于溃疡愈合，并可能导致胃黏膜退行性变，因此，有时对非手术治疗无明显好转，出血量大且血压、脉搏难以控制，并经胃镜检查示有活动性及搏动性出血者，在抗休克的同时应及早手术治疗。总之，对消化道出血的治疗应以一次彻底治愈为目标，即使临床表现已经消失，抑酸治疗仍需维持2～5天，防止其复发。反复失血不仅可能致命，伴随其导致的低血压过程所引起的移植肾缺血-再灌注损伤亦造成近期或远期的影响。本组1例患者DGF期间出现了反复的严重消化道出血，每次出血量常在500ml以上，尽管经过积极治疗最终得到控制，但其肾功能恢复时间长达65天，且血清肌酐水平长期维持在180μmol/L左右，难以降至正常水平。

参考文献（略）

（摘自《现代泌尿外科杂志》2010，15）

（二）病例报告

个案报告，又称病例报告，是对首次发现的病例、稀有罕见病例的病情、诊断或治疗方法所做的短篇报道类文章。包括单个罕见病例、从未被人们认识的某种疾病及其临床表现、疑难重症治疗中所采用的新疗法、某种疾病少见或罕见的并发症等。个案报告一般由前言、病例报告讨论及参考文献等组成，后面有专门章节讲述。

个案报告要求重点突出，语言精练。一般不超过1500字。举例如下：

肾移植术后皮肤癌发病率不高，本院自1978年开展肾移植工作以来，共一例患者出现皮肤癌，且为阴囊鳞状细胞癌（squamous cell carcinoma），于2010年11月11日行肿瘤切除术，已随访两个月余，未见复发。现报告如下：

一、临床资料

1. 一般资料

患者男，36岁，2005年6月因“慢性肾功能不全（尿毒症期）”

行同种异体肾移植术，术后免疫抑制方案为CsA+MMF+Pred，定期随访，至今肾功能正常。患者移植前出现“视网膜脱落”，完全失明。家属于2010年5月洗澡时发现阴囊左侧两个丘疹样新生物，瘙痒，搔抓后破溃，反复结痂并脱落，入院十几天前出现新生物逐渐变大，呈菜花状。遂带至我院就诊。患者血型为B型，为首次肾移植，术前未接受免疫诱导治疗。患者至今未婚，否认有性接触史，家族成员无类似疾病史。

2. 体格检查

系统检查未见异常，查体见左侧阴囊前面距阴茎根部2cm，紧贴左侧精索处有两个菜花状新生物，体积约1.5cm×2cm大小，两个新生物之间有5mm正常组织。新生物无异味，表面呈灰红色，有溃疡及出血，无蒂，触痛明显。左侧腹股区卵圆窝平面可触及两个1cm×2cm肿大淋巴结。

3. 实验室及辅助检查

白细胞6.36×10^9/L，红细胞4.64×10^{12}/L，中性粒细胞百分率0.627，淋巴细胞百分率0.258，血红蛋白140g/L、血小板189×10^9/L；HIV阴性，谷丙转氨酶60U/L，谷草转氨酶51U/L，总蛋白72g/L、白蛋白47.8g/L、尿素氮5.6mmol/L、血肌酐105μmol/L。CsA血药浓度C_0值98ng/ml。腹部B超未见异常。

4. 手术经过

病人平卧，常规消毒麻醉后，距肿瘤基底边缘3cm作梭形切口，依次切开皮肤，肉膜、精索外筋膜、睾提肌。术中见肿物与睾丸鞘膜无粘连，肿物下面锐性分离并将其切除，检查睾丸周围无转移灶后止血，沿切口转向腹股沟方向探查约15cm，可见大隐静脉入股静脉处内侧有3枚1cm×0.5cm肿大淋巴结，将其完整切下。将肉膜、精索外筋膜、睾提肌一次缝合，放置橡皮条引流，缝合皮肤，阴囊创口加压吊带包扎。

5. 病理报告

光镜下可见异型鳞状细胞巢团状排列浸润性生长，片状排列，可见角化珠，诊断为高分化鳞状细胞癌。淋巴结（2/3）查见转移癌。（此处略）

二、讨论

器官移植术后恶性肿瘤的发生率为5%～6%，皮肤癌在我国约占全部恶性肿瘤的1.5%，南方发病率比北方高。鳞状细胞癌亦称皮样癌，占皮肤癌的第二位。主要从有鳞状上皮覆盖的皮肤开始。皮肤和结膜交界处的睑缘是其多发部位。发生于阴囊者鲜有报道。

在国内，彭明强等报道皮肤癌在肾移植术后的发生率为0.11%，在肾移植术后恶性肿瘤中的发生率为7.6%，而病理类型未见报道。丹麦的一组数据显示，总结了其国内5279例包括肾移植、心脏移植、肝移植和肺移植在内的四种类型器官移植受者皮肤癌的发病情况，结果表明，在丹麦，5～10位随访患者皮肤癌的总发病率为12%，其中BCC（基底细胞癌）为5.5%，SCC（鳞状细胞癌）为6.3%，MM（黑色素瘤）为0.2%，而文中并未就皮肤癌的发生部位进行总结。而国内赵一鸣等报道了一例肾移植后巨大尖锐湿疣继发鳞状细胞癌。

阴囊的恶性肿瘤本身少见，阴囊鳞状细胞癌更加罕见。Futter NG曾报道了两例阴囊鳞状细胞癌，一例为肾移植术后10年，肾功能稳定的受者，其病变分别发生在前额和阴囊，手术切除后随访一年，未见复发；另一例是38岁男性患者，此人患AIDS八年后出现阴囊鳞状细胞癌，予以手术切除，手术9个月后患者死于AIDS，未见肿瘤复发。

本例患者移植以来从未发生过临床排斥反应，总结文献报的其他患者，阴囊鳞状细胞癌的共同特点为：①发病率低；②均为长期处于免疫抑制状态；③对于肾移植患者，为长期存活且肾功能良好；④未发生过排斥反应；手术切除效果良好。

参考文献（略）

（摘自《中华临床医师杂志》，2011.06）

（三）病例讨论

病例讨论是对疑难病例或病情复杂的病例的诊断、治疗、发病机制进行讨论并将讨论记录整理成文的医学论文。素材来自作者自己的病例。选择的病例应是较完整的、少见的，经过病理证实有明确的诊断的，对临床有普遍指导意义的。

常用的书写格式，正文部分包括：病历摘要、临床讨论、病理报告及病理讨论四部分。病例讨论的文题有独特之处，是将讨论对象最主要、最有代表性的症状和体征或实验室检查结果列出，如《间断四肢抽搐伴意识丧失》。病例摘要不是病史罗列，而应突出重点，为后面的讨论提供素材，对文题中提到的主要症状体征作详细记录，交代清楚。举例如下：

男，50岁，工人。

主诉：皮下结节，关节痛1个月。

现病史：患者1999年9月下旬进食炸鱼饮啤酒后出现呕吐，呕胃内容物，服止吐药后缓解。次日发现右踝部黄豆大小红色肿物，略高于皮肤，较硬，触痛，肿物迅速增大，2～3天后直径3～5cm。胀痛明显，之后肿物变软，疼痛好转，触之波动感。肿物发展至躯干、上肢等多处；同时出现跖趾关节踝关节胀痛，伴活动障碍，触痛明显，渐向上发展。外院查：WBC 10.8×10^9/L，GR 69.8%，ESR 22～45mm/h，“狼疮系列”阴性，24小时尿蛋白，ASO（－），RF（－）。诊为“结节红斑”，给予泼尼松10mg，Tid，吲哚美辛，雷公藤等，20天后改为泼尼松20mg Tid。病情渐重，肩胛部皮损自行溃破，流出灰色分泌物，查红白细胞阴性，OB（＋＋），TB-DNA PCR（－），骨穿示继发性浆细胞偏差多，各关节片无异常，1周内将泼尼松减完，为诊治入院。发病以来，无发热，体重下降10kg。

既往史：1985年起常感腹痛，1997年B超诊为“慢性胰腺炎，胰腺囊肿”。

个人史：饮酒20年，每日1斤白酒6～7年，以后每日1～3两不等，自诉7年后仅饮啤酒，吸烟30年，每日15支。

查体：四肢、躯干胸腹及背部可及多处皮损，最大8cm×5cm，质中，有波动感，触痛（±），高于皮肤，皮肤无发红，皮温不高，左肩胛部皮损溃破，窦道内见灰色黏稠糊状物流出，全身浅表淋巴结不大，巩膜轻度黄染，双侧扁桃体Ⅱ度肿大，可见膜状分泌物。肝脾不大。双下肢水肿，双膝关节双踝关节肿胀明显，压痛（＋），活动受限，左浮髌试验（＋）。

辅查：皮下结节引流物，抗酸染色：5次阴性，3次见不典型抗酸杆菌2～5根。涂片：4次无明显异常。两次见G^+、G^-杆菌，偶见酵母样菌。病理：见脂肪坏死物和钙化灶。

目前诊断：慢性胰腺炎?

"临床讨论"是主体部分，也是全文的精华所在，要围绕所提供的材料充分发表意见，选用讨论式（即按发言先后的顺序写）和综述式两种方式。要实事求是，防止以执笔者的观点代替发言者的观点。"病理报告"是对整个临床讨论答案的揭晓，取材于活检和尸检，最后做出病理诊断，附有关标本照片作佐证。而"病理讨论"是将临床与病理紧密结合起来。这一点常为作者所忽略，也是论文科学性不足的主要原因之一。这一讨论常与病理报告放在一起，也可单列"小结"，往往由权威性的病理学专家来做，意在补充或纠正临床治疗的得失。

病例讨论的重点是写好临床"讨论"。要如实反映讨论的各家之说；要重点叙述争议的焦点；文字不失真，变口语为论述性语言。篇幅根据内容而定，一般3000字左右，不超过5000字。例如《胸12-腰1椎体结核并寒性脓肿形成，腰4椎体滑脱，椎管狭窄》的病例讨论如下：

住院号：西京医院骨四科20×××××，患者×××，女性，54岁，已婚，汉族，山西籍，系××省××乡老庄村农民，主因腰痛5年，加重伴下肢无力3个月于××××年5月22日入院。

缘于5年前患者无明显病因出现腰部酸痛，发作剧烈时右下腹感牵涉痛，并放射至右大腿外侧，无下肢抽搐，行走时踩棉花感，到当地医院行局部按摩治疗，效果不佳，上述症状反复加重，今年2月患者无明显诱因出现腰部酸痛，伴右大腿外侧剧烈疼痛，渐不能行走，行推拿治疗症状稍缓解，解放军 ××× 医院行CT、X线片示："L4椎体滑脱，椎管狭窄"，为求进一步诊治来我院，门诊以"L4～5滑脱伴椎管狭窄"收入院，自患病以来，患者精神饮食可，1个月来大便秘解，小便正常。

体格检查：体温36.8℃，脉搏80次/分，呼吸18次/分，血压15/10kPa，发病正常，营养中等，神志清楚，自动体位，查体合作，全身皮肤黏膜无黄染，未及肿大的浅淋巴结，头颅无畸形，结膜无充血，鼻腔及外耳道未见异常分泌物，舌质红，伸舌居中，咽无充血，扁桃体无肿大，颈软气管居中，甲状腺不大，胸廓对称无畸形，双侧呼吸动度对称一致，双侧呼吸音清，未闻及干湿性啰音，心前区无隆起，心界不大，心率80次/分，律齐，各瓣膜听诊区未闻及病理性杂音，腹平软，肝肋下未及，全腹无压痛及反跳痛，肠鸣音正常，肛门及外生殖器外观未见异常。

专科情况：脊柱、四肢无畸形，四肢肌力肌张力正常，右大腿外侧皮肤感觉减退，双侧直腿抬高试验（－），双侧肱二头肌腱反射活跃，双侧膝跟腱反射增强，腹壁反射未引出，腰椎生理弯曲存在，无侧凸畸形，棘突间隙及椎旁无压痛及叩痛。

辅助检查：腰椎正侧位片示"L4～5椎体滑脱椎管狭窄"

最后诊断：

1. 胸12腰1椎体结核并寒性脓肿
2. 腰4～5椎体滑脱并椎管狭窄

×××教授：

对于脊柱结核的治疗似可更积极一些。在彻底病灶清除后应同时行植骨融合及内固定，二期植骨融合使治疗时间延长，而手术并发症（如麻醉意外、深静脉栓塞）的机会实际上又增加了一次。后路植骨不能充分提供脊柱稳定，手术失败率相对较高。

脊柱感染（TB、化脓性骨髓炎）的治疗，在彻底病灶清除后以下列两种方式为宜：

（1）前路植骨+后路植骨内固定，后路手术可与前路手术同时完成（两组人马）或在前路手术后同日或1～2周内完成。

（2）前路植骨+内固定，这一方法相对简单。本人近年开始尝试采用后一种方式，效果满意。有2例（胸腰椎和下腰椎各1例）虽手术后半年内有窦道形成，但植骨块完全融合，患者全身及局部症状均消失。国外文献中多倾向于前一种，但也有人主张后一种方法。国内一军医大南方医院也有成功的经验。

×××教授：

患者的全身情况可以，可以一次性完成手术。①侧前路手术病灶清除植骨加钢板内固定。可能有些医生考虑有寒性脓肿，内固定有一定的担忧。这方面我们有一定的经验，只要手术时尽可能将病灶清除干净，术后予以有效的抗痨以及足够的营养，不会有问题。饶书成教授有文献报道，其对脊柱结核的患者行病灶清除的同时行植骨及马蹄钉内固定，大概有30多例，没有复发的。只是目前好的前路内固定的器械较多，可选用USA-Plate或Z-Plate都可。②是否同时行腰椎管扩大减压及滑脱椎体的固定，视患者的全身情况及术中的情况而定。一般来说，脊柱结核患者术中病灶清除时的出血不会太多，可以同时行腰椎的手术。

（四）临床经验体会

临床经验体会是对某一方面临床工作或某种疾病的诊疗方案等所做的回顾性总结。它通过自身临床实践，经过分析研究，写一些成功或失败的经验、教训。

（五）专题研究总结

专题研究总结，有别于临床试验研究，是针对临床选题科研成果或某一阶段结果所写的总结性科研论文。它是科技报告中的一种，写作基本按温哥华格式。正文部分包括：引言、材料与方法、结果、讨论、结论。其中：材料与方法要介绍清楚；结果应确切具体；讨论应根据结果展开，抓住重点与创新；结论应合乎逻辑。常见的有"疗效观察"，是对某种药物或疗法治疗某种疾病的临床科研选题和科研设计进行总结的科研文章。写作重点应突出材料与方法、结果及讨论部分。讨论着重对比分析、疗效评价，进而解释推理、找出客观规律。例如《机器人辅助腹腔镜亲属供肾切取术12例报告》：

肾移植的供肾切取术与常规肾脏切除手术有本质的区别，前者保护功能性手术，需要尽量将手术本身对供者的损伤降至最低，最大限度减少术中对肾脏的触碰，肾脏切取后应保留足够长度的动静脉和输尿管；而后者为破坏性手术，可先切断肾动静脉后游离肾脏，不需要考虑刺激患肾及动静脉长度。因此，亲属供肾切取手术难度大、对技术要求高。目前活体供肾切取的手术方式主要有三种：开放手术、腹腔镜供肾切取术和机器人辅助腹腔镜供肾切取术，开放手术和腹腔镜下供肾切取术开展时间比较早，技术成熟，已在国内外广泛开展。供肾切取术式的选择原则为采用术者最为熟悉的手术方式。第四军医大学西京医院2012年12月引进Da Vinci S机器人外科手术系统，在完成了机器人辅助腹腔镜下前列腺癌根治术57例、肾盂成形术6例、保留肾单位肾部分切除术10例，膀胱全切术3例的基础上，自2013年9月至2014年1月，对12例亲属活体肾移植供者实施了机器人辅助腹腔镜亲属供肾切取术，报告如下：

对象与方法

一、临床资料

1.1 供受者资料

受者情况：全部12例尿毒症患者原发病均为慢性肾小球肾炎，其中男性8例，女性4例，年龄20~36岁，平均26岁，血液透析时间14（8～25）个月。供者情况：12例供者中，男2例，女10例，年龄38～60岁，平均47岁，皆为父母给子女供肾。供者身体健康，自愿无偿捐献，且均通过伦理委员会审查。无腹部手术史，无高血压、心脏病、肺结核、糖尿病、肝肾疾病等病史。术前查血清肌酐、尿素氮、肝功能、生化指标均正常，HBsAg，anti-HCV, anti-HIV, 均为阴性，单侧肾小球滤过率（glomerular filtration rate，GFR）均大于40ml/（min・1.73m^2），所有供者增强CT均示双肾功能及集合系统无异常，2例供肾动脉为双支，供肾静脉无畸形。配型情况：所有供受者血型均相容，12例父母与子女之间HLA配型均为3个抗原错配。所有供、受者淋巴细胞毒交叉配合试验和群体反应性抗体均为阴性。

1.2　供肾选择的原则

由于机器人辅助腹腔镜亲属供肾切取手术采用斜卧位，为避免肝脏对右肾的影响，且左肾静脉较长便于腹腔镜手术操作和肾移植手术，原则上首先选取左肾。如果因肾小球滤过率及血管畸形等原因不能以左肾为供肾，则采用开放或后腹腔镜的方式切取右肾。本组前11例均为左肾，技术成熟后第12例为右肾。

二、手术方法

2.1　体位与麻醉方式：供者全麻，取供肾对侧70°斜卧，腰部抬高。双下肢下屈上伸，留置F14导尿管。

2.2　Trocar置入：取脐上2cm腹直肌旁横行皮肤切口，长约12mm，作为镜头孔，建立气腹，保持气腹压为13mmHg（1mmHg=0.133kPa），将12 mm套管置入腹腔，向上30°置入镜头。直视下分别于腹直肌外缘肋缘下3cm处、髂前上棘头侧5cm处置入8mm机器人专用套管，12mm辅助套管置于镜头孔与尾侧机械臂孔连线中点斜下方的腹直肌旁下腹部，套管置入在直视下进行，后更换镜头呈向下30°。

2.3　手术步骤：将床旁机械臂手术系统的中心柱与供者背部成15°角，中心柱与脐孔、肾脏呈一直线，3个臂与上述相应Trocar连接，建立气腹，压力约13mmHg。并分别置入镜头、单极电剪（第1机械臂）、双极电凝（第2机械臂），辅助孔内置人辅助器械如吸引器或抓钳等。手术方式采用经腹腔供肾切取方法。首先分离肾周组织，显露术野。腔镜下沿结肠旁沟切开侧后腹膜，离断脾结肠韧带，将左半结肠及降结肠翻向内下，切开肾周筋膜，肾周筋膜外分离左肾背侧、腹侧及其下极，于肾上极将肾周筋膜前后层离断，分离肾上腺与肾脏之间组织，向下游离输尿管直至髂血管分叉处，注意保护输尿管血供。沿输尿管内侧向上分离到肾门处，于肾门前方打开左肾静脉鞘，分离左肾静脉至下腔静脉处，分别游离腰静脉、肾上腺中央静脉及生殖静脉，皆以远心端夹Hom-o-Lock、近心端结扎的方式切断。于肾静脉后方将肾动脉鞘切开，肾动脉鞘分布有丰富的淋巴管，用超声刀低档逐渐切断，预防术后淋巴瘘。分离左肾动脉直至腹主动脉平面。将肾周围组织完全游离，术中注意应不定期冷却超声刀，以减少其对供肾的热损伤。游离输尿管时尽量远离输尿管，避免钳夹，尽可能保留肾下极处周围组织，防止输尿管缺血坏死。此时供肾已完全游离，以辅助孔为起点沿腹直肌切开皮肤约6cm，切至肌层。静脉给予速尿80mg，肌苷1.0g，肝素100mg，于髂血管分叉处切断输尿管，肾动脉根部夹2枚Hom-o-Lock并剪断，于肾静脉根部紧贴下腔静脉处夹2枚Hom-o-Lock并切断，动静脉远端敞开。停止气腹，移去镜头及机械臂，切开肌层及腹膜，手助取出供肾交由灌注组进行灌注，同时静脉滴注鱼精蛋白。供肾取出后检查腹腔有无出血，注意检查有无脾脏损伤。肾窝置引流管自腰部穿刺孔引出体外，缝合各层切口。

受者于游离供肾时开始麻醉，本组供肾静脉与髂外静脉端侧吻合，供肾动脉与髂内动脉端端吻合2例，与髂外动脉端侧吻合10例，输尿管与膀胱行抗返流吻合，常规放置双J管。

结果

11例供者为取左肾，第12例供者因左肾GFR低于右肾，选择切取右肾。2例供肾切取后出现脾脏损伤（第1，2例）行脾修补术，未切脾，出血分别为70ml、120ml，皆未输血。其余10例均顺利完成。手术时间（气腹时间）110～195分钟，平均140分钟，术中出血20～120ml，平均40ml，供肾热缺血时间100～280秒，平均170秒。肾静脉静脉长度1.9～3.0cm，平均2.4cm，肾动脉长度1.4～2.3cm，平均1.8cm，术后第2天进流食并下床活动，通气时间为术后2~3天，3天拔除血浆引流管，5天后出院，无肾功能不全、淋巴漏、肠粘连及肠梗阻发生。12例肾移植受者术中血管开放后供肾均迅速泌尿，未出现与手术操作相关的并发症。所有受者术后3～5天血清肌酐恢复正常。随访期间未出现临床急性排斥反应。供者术后随访4～8个月，无高血压、蛋白尿及肾功能异常，无切口疝。随访期间12例受者肾功能正常。

讨论

根据中国肾移植科学登记系统统计，2013年全国肾移植总计6471例，其中亲属活体肾移植1885例，占总量的29.13%，机器人辅助腹腔镜亲属供肾切取术是供肾切取手术的最新进展，各家报道的术式也不尽相同。其方法起源于常规腹腔镜下供肾切取手术。

1995年Ratner等开展了世界首例腹腔镜活体供肾切取术。与开放手术相比，腹腔镜活体供肾切取手术具有创伤小、出血少，术后恢复快，术后肠道功能恢复快，疼痛轻，手术切口小、美观、住院时间短、供者容易接受等优势，随着手术技术的提高及腔镜器械的进步，腹腔镜活体供肾切取术在国内外已得到广泛地开展。目前国外以经腹腔为主，根据习惯有手助和非手助两种方式。国内大多数中心接触腹腔镜时以后腹腔入路为主，对后腹腔更为熟悉，因此尽管经后腹膜腔途径手术操作空间小，难度较大，但仍以后腹腔镜下切取供肾为主要方式。后腹腔镜切取活体供肾亦有手助和非手助两种方法，国内董隽等采用改良手辅助后腹腔镜活体供肾切取术亦取得了良好的效果。尽管腹腔镜镜切取供肾的技术已经非常成熟，但仍然受到设备上的限制，如二维视野、操作臂僵直、术者舒适程度差及打结、缝合困难及术者容易疲劳等。

2000年美国FDA批准达芬奇外科手术系统应用与临床，标志着微创外科又一次革命的到来。机器人外科手术系统因其高清的三维视野，智能消颤和灵巧的内腕系统，大大提高了手术安全性、术者舒适程度高及学习曲线短等优势在腔镜外科领域得到了广泛的应用。Hubert等最早介绍了他们在2002—2006年间进行了38例机器人辅助腹腔镜活体供肾切取术，取得了良好的效果。在不同的中心，机器人辅助腹腔镜亲属供肾切取术亦有手助和非辅助两种方法，供肾取出通道包括经腹部切口直接取出和经阴道取出，本组均采用非手助经腹部切口直接取出的方法。由于是经腹腔入路，术中将供肾动脉分离至腹主动脉平面，然后再上钛夹，确保肾移植手术时有足够大的动脉吻合口。虽然经腹腔途径手术操作空间较大，但易损伤腹腔脏器，分离肾上极内侧时略困难，术后有可能发生肠粘连，因此文献报道机器人辅助腹腔镜供肾切取术的主要并发症为肠梗阻、淋巴瘘及深静脉置管相关性感染等，然而类似并发症在本组病例中并未发生。本组病例在第1、2例的供肾取出过程中发生拉钩损伤脾脏，术中行脾脏修补术，此后的10例供者中未发生相关并发症。

微创手术的真正含义不止于切口小，而是对组织损伤小，使患者最大程度受益。与经腰的后腹腔镜下供肾切取术相比，机器人辅助腹腔镜供肾切取术采用经腹腔入路，我们体会其优势在于手术操作空间大，可以避免腔镜器械反复接触肾脏，减少了副损伤的发生；能够充分游离下腔静脉，在肾静脉根部夹Hom-o-Lock，尽可能地保证供肾静脉的全长，这一点是经后腹腔途径切取左肾无法实现的；先游离肾静脉，后游离肾动脉，手术全程对肾脏的接触和位置改变较少，减少肾动脉痉挛的发生，更加符合供器官切取过程中的“no touch”原则，使供肾在切取时可以保持更为自然的状态，因此国外在供肾切取手术中经腹腔入路远多于腹膜后入路；应用机器人系统的三维视野及灵巧的内腕系统，在处理中央静脉、腰静脉及生殖静脉时可以更多地使用打结完成，减少Hom-o-Lock的使用及意外发生。此外，机器人手术系统是一种远程操作设备，术者可以从手术台上解放出来，其舒适程度明显优于常规腹腔镜手术。由于尚缺乏其精确的量化指标，术者的舒适或疲劳程度难以被准确评估，但很显然机器人手术系统使术者不必持续站立在手术台旁，而且进行腔镜操作时摆脱了常规腹腔镜器械长、直的限制，操作更加从容，由于是坐姿手术，术者疲劳程度减轻，有利于提高手术质量。

本组结果显示，接受机器人辅助腹腔镜亲属切取供肾的受者早期肾功能恢复良好，移植手术中血流开放后均输尿管迅速喷尿，术后2～3天肾功能恢复正常。以往认为机器人辅助腹腔镜下切取右肾会由于肝脏的位置影响导致手术困难，本组显示操作熟练后，右肾的切取与左肾相比无明显难度差异。

（摘自《中华泌尿外科杂志》）

（六）新技术论述

为了介绍新技术的应用原理，推动科学技术与临床结合，常应用新技术论述这类文体。在写法上，类似科技实验报告写法，主要是温哥华格式的变化。正文部分写作项目是：使用方法与步骤、技术原理、临床应用效果、讨论。要详细地介绍新机械的使用方法和新技术的操作步骤，并对其原理进行阐述或探讨。重点不是谈疗效，更不是谈经验体会。

（七）临床护理论文

指利用所采用的护理措施来完成治疗计划和提供病情进展及治疗效果的两种临床资料，总结护理经验与研究护理工作的理论实践的文章。资料要体现护理工作的特点，突出生命体征的护理观察，明确有意义的护理内容。题目范围宜小，材料与方法要具体，观察结果要简明，讨论要严谨。形式灵活，无固定格式，篇幅不一。可以是病例报告，一般 300 ～ 1500 字。

（张　更）

第十三章　医学综述及文摘

第一节　医学综述

一、医学综述及其作用

医学综述是作者以某一专题为中心，收集大量近几年发表的相关原始文献，通过回顾、分析和综合，揭示该专题在一个时期内的研究进展及发展趋势的概述性评论性论文。综述的目的就是使广大读者通过对某一课题的发表状况和过程的综合性评价而获得丰富的信息，从而受到启示，明确今后研究课题的方向，推进科技进步。医学综述的作用：①浓缩信息，加快知识传播与更新。在生物医学飞速发展的今天，新学科、新理论、新技术不断涌现，信息量与日俱增。而一篇综述往往是综合数十篇甚至数百篇原始文献的重要信息并升华，能够及时全面地介绍有关专题的最新进展，读者根据自己的专业需求阅读相关综述，可了解相关学科的发展概况，目前水平及今后展望，同时也是人们更新知识结构、熟悉边缘交叉学科的必要途径；②积累资料，为科研选题提供理论依据。撰写医学综述必须对大量原始文献进行检索、整理、分析、归纳、综合、总结，因此在撰写过程中可以帮助作者深入思考研究课题中的理论和假说，发现前人工作中的空白、缺欠和不足，有意识地对研究课题进行调整，为选题打下坚实的理论基础。医务工作者在从事科研工作、开题论证、申请课题前如果能写一篇关于本课题的文献综述，则能深化对其的认识，做到胸有成竹；③提供文献索引。医学综述是在查阅大量文献资料的基础上写出的，因此信息量大、内容集中，读者可根据其参考文献直接进行相关检索。

二、医学综述的分类和特点

通常综述可分为两大类，即叙述性综述和评述性综述。叙述性综述以汇集文献资料为主，对研究课题中大量原始文献资料进行整理分析归纳，全面系统反映该课题的历史、现状及发展趋势，“综”与“述”都用原文的事实观点，作者概括评述少。而评述性综述则着重通过回顾、观察、展望某一领域或课题中的成就、技术和进展，提出合乎逻辑的、具有启迪性的建议和看法，着重于评述。这类文章具有权威性，对当前工作有较高的指导意义，作者一般为该学科的学术权威和学科带头人。医学综述的特点：①综合性：综述要求能全面系统地反映国内外某一学科或某课题在某一时期的概况，故要求既要从纵的方面介绍研究学科或课题的历史、现状、进展及发展趋势，又要从横的方面介绍主要国家、学派、部门及研究者在某一时期的成就、观点与突破等。因此医学综述要求占有资料广泛全面，且需要作者的综合分析、归纳整理、消化鉴别，使材料更精练、更明确、更有层次和更有逻辑，进而把握本专题发展规律和预测发展趋势。②先进性：综述只有选题新、资料新才具有参考价值，通过搜集最新资料，获取最新内容，将最新的医学信息和科研动向及时传递给读者。引用的文献以近 3 ～ 5 年学术性期刊的论著为主，内容越新越好；③潜在性：综述作者的立场、观点和学术水平主要体现在对原始资料的选择和组织上，即用别人的资料和观点来表明自己的意见，将自己的见解融入其中，含而不宣。

综述的读者面较宽。不仅包括本专业领域的读者，也包括其他相关学科领域的读者。它以深入浅出为特点，常常用较普通的语言来表达艰深的概念和解释生僻的术语。有人建议“用教师的方式而不是用科学家的方式”写作，是很有道理的。

三、综述的格式和写法

综述一般都包括题名、著者、摘要、关键词、正文、参考文献几部分。其中正文部分又由前言、主体和总结组成。

（一）题名

综述的题名应做到确切、恰当、鲜明、简短，一般不宜超过 20 个汉字。避免使用化学结构式、代号、公式和不熟悉的简称、缩写。初学写作者题名不宜过大或过泛，以免言之空洞。如综述 *P53* 基因的文章不要统称为“*P53* 基因的研究进展”，可根据综述的具体内容命题，如“*P53* 基因与膀胱肿瘤的预后关系”等。

（二）摘要和关键词

摘要是论文的缩影，要求文字精练、论点明确、结论具体、内容概括、篇幅简短，应在成文以后再写出，不分段落，文字一般占全文的3%左右，不加小标题，不用图表、化学结构式、简称、缩写和不熟悉的符号术语，不引文献，使用第三人称，不对论文内容加以注释或评论，独立成文。医学综述摘要在写作中常见的问题有三个：一是信息量不够；二是不用第三人称；三是内容不够精炼、无用信息过多。如“肿瘤转移的分子生物学机制是目前人们研究的热点。近来有人发现同肿瘤侵袭转移的关系密切，本文对这种作用作一综述”，此例摘要并未给读者提供比文题更多的内容，故写作时应尽量避免。关键词是为了文献标引工作，从论文中选取以表示全文主题内容信息的单词或术语。一般选取3～8个关键词，一个词只表示一个主题概念，不能使用简称或缩写，尽量选主题词表（MESH）中的主题词或与之相近的词汇，但不能与主题词表中的副主题词组配，注意汉英文中的一词多义或多词一义现象，如综述睾丸炎治疗的文章，选用“睾丸炎”作关键词，其英文不可译为“testis inflammation”，因为英文中还有“四叠体下丘炎”的译法，而应选用MESH中的“orchitis”作为“睾丸炎”的关键词。

举例：

紫杉醇是从紫杉树皮中提取的新型抗肿瘤药物，有广谱抗瘤活性，尤其是对卵巢癌、乳腺癌和肺癌等，目前已越来越广泛地用于肿瘤治疗中，对紫杉醇的作用机制研究表明，它属于抗微管类药物，结合在 β-微管蛋白 N-端第 31 位氨基酸和第 217～231 位氨基酸位点上。与其他微管损伤试剂不同的是，紫杉醇结合到微管蛋白上后促进其聚合并稳定微管结构，从而影响微管聚合与解聚的动态平衡。紫杉醇最直接的细胞学效应是将细胞周期阻断于 G2/M 期，除此以外，还可诱导多种肿瘤细胞凋亡。正是这种诱导细胞凋亡的能力使得紫杉醇具有特殊的临床效果。紫杉醇结合于微管后如何诱导细胞周期阻断和细胞凋亡目前仍不清楚。研究表明，紫杉醇可以改变很多基因的表达，促使一些蛋白激酶活化，包括细胞周期素调节分子的改变，促使信号分子激活及增加多种凋亡相关基因表达。因此在研究细胞凋亡与细胞周期进程的分子调控机制中，紫杉醇因其所具有的特殊作用机制和多重功能效应而成为一个良好模型。国内外许多工作都在围绕其作用机制展开，期望以这种较为特殊的药物为模型，找出与细胞凋亡和细胞周期调控有关的信号途径及调控分子。

（摘自《生命的化学》1999.06）

（三）综述的主体

综述的主体一般包括引言、正文、结论 3 个部分。

正文的写作并无统一的模式，但须以主题突出、阐述清晰、结构合理为原则。写作中最易犯的毛病是将原始文献中的观点简单罗列组合而未经归纳提炼，成了各种论点的简单堆砌，让读者看了充满矛盾，不知所云。在正文的写作中应注意尽量少用缩略语，必须使用时，首次书写时应写其全称，并括号内注明缩略语；已被公认的缩略语可直接书写，如：RNA、DNA 等。结论主要是对主题部分所阐述的主要内容用简短的文字进行概括，重点评议，写明主要事实，应得出一个较为明确的结论，不要使人读后感觉充满矛盾，一无所获。如“尽管 ADEPT 方法为人们展示了广阔的应用前景，但仍有许多关键性的问题亟待解决：抗体交联物在肿瘤部位特异性的聚集仍要进一步提高，酶应用时可引起的免疫反应仍是一个难题，免疫抑制剂的使用仅可达到部分治疗效果。理想的方案是应用蛋白质工程技术构建没有免疫原性的人源化抗体 - 人源性酶交联物。虽然，ADPET 疗法的研究刚刚起步，但其发展速度是惊人的，相信在不久的将来，ADPET 系统会成为临床肿瘤治疗的有效手段。”

（四）参考文献

写综述应有足够的参考文献，这是撰写综述的基础。其目的是为文章提供依据，提高可信度，同时表示尊重他人的劳动成果以及表明文献来源，便于读者和审稿人员进行查证和审定。参考文献的引用须注意：①文献的权威性和时效性，要多引用国内外有影响的医学核心期刊以及权威机构和专家发表的文献，不要引用尚未公开发表的书刊、私密信件、内部讲义或难以查阅到的期刊文献；参考文献应为近 5 年，特别是近 2 ～ 3 年的文献，方能反映课题当前研究的最新水平；②引文须准确忠实，要注意把自己的观点和原始文献分开，文献号标注的位置要明确，引用他人的重要观点、结论以及分歧见解时一定要标明出处；③引用的期刊刊名应按正规缩写著录，格式须规范，一般采用温哥华格式，文献按综述中引用的顺序先后排列。

以上为综述的格式，但在写作时应注意，具体写法及框架应以所投杂志的稿约为准，如《中华肿瘤杂志》稿约中关于参考文献要求：依照其在文中出现的先后顺序用阿拉伯数字标出，并将序号置于方括号中，排列于文后。举例：[1] 贾平，吴少波，李芳，等. 卵巢癌细胞拓扑替康耐药机制的探讨 [J]. 中华肿瘤杂志，2004，26（3）：139-142。但在《新中医杂志》稿约中关于参考文献书写要求：依照其在文中出现的先后顺序用阿拉伯数字标出，不加方括号。举例：2 张伯臾，董建华，周仲英，等. 中医内科学. 北京：人民卫生出版社，1988：257-259.

四、综述的写作步骤

（一）选题

选题要坚持创新性、实用性原则，充分体现“确切、简明、精练、醒目”四要素。创新性指首先要求内容新颖，要针对近年来确有进展，符合我国国情，又为本专业科技人员所关注的课题，如对国外某一新技术的综合评价，以探讨在我国的实用性；又如综述某一方法的形成和应用，以供普及和推广。实用性指应选择与自己所从事专业和研究方向一致或是边缘性交叉性学科的课题，以便于及时掌握本专业的最新发展动态，拓宽知识面，方可写出优秀的综述。新发展可以是理论上的，例如《TCDD 免疫毒性研究进展Ⅰ：TCDD 对免疫功能的影响》（《国外医学卫生学分册》2000，02），新发展也可以是应用上的，例如《生物陶瓷与骨组织工程》（《国外医学生物医学工程分册》2000，01）。

（二）查新

题目确定后，需要查阅和积累有关文献资料。收集的资料应新而全。“新”指本学科或专业最新的观点、数据、进展。一般要求作者引用的是近3～5年内发表的文献。而“全”指的是收集的资料须广泛全面，应包括该专题不同学术观点、实验方法和结论的文献资料，尤其注意不要回避存在分歧和矛盾的观点，以做到实事求是，客观公正。专著集中讨论某一专题的发展现状、有关问题及展望；学术论文集能反映一定时期的进展和成就，帮助作者把握住当代该领域的研究动向。其次是查找期刊及文献资料，期刊文献浩如烟海，且又分散，但里面常有重要的近期进展性资料，吸收过来，可使综述更有先进性，更具有指导意义。查找文献资料的方法有两种。一种是根据自己所选定的题目，查找内容较完善的近期（或由近到远）期刊，再按照文献后面的参考文献，去收集原始资料。这样“滚雪球”式的查找文献法就可收集到自己所需要的大量文献。这是比较简便易行的查阅文献法，许多初学综述写作者都是这样开始的。另一种是利用计算机检索，通过互联网和光盘检索系统收集文献。如常用的中文检索包括：维普数据库、中国知网数据库、万方数据库等；英文检索包括：Pubmed，Medline，EMBASE，Cochrane Library 以及 google 学术等，可迅速获取相关资料，许多国际著名的期刊也可在网上查阅全文，如 Nature（http://www.nature.com），Science（http:// www.science.com），JAMA（http://www.ama-assm.org/scipub.html），New England Journal of Medicine（http://nejm.org）等。搜集文献时要尽可能阅读原文，只读文摘或别人转引的文章则难以深入，容易发生偏差，甚至引用错误。资料应通读、细读、精读，这是撰写综述的重要步骤，也是咀嚼和消化、吸收的过程。阅读中要分析文章的主要依据，领会文章的主要论点。

（三）提纲

按照综述的主题要求，把写下的文摘卡片或笔记进行整理，分类编排，然后根据阅读过的资料进行加工处理，列出提纲，决定先写什么，后写什么，哪些应重点阐明，哪些地方融进自己的观点，哪些地方可以省略或几笔带过，做到有纲有目，层次分明，这是写综述的必要准备过程，可以帮助作者理清思路，早日成文。

（四）成文

提纲拟好后，就可动笔成文。按初步形成的文章框架，逐个问题展开阐述，写作中要注意说理透彻，既有论点又有论据，下笔一定要掌握重点，并注意反映作者的观点和倾向性，但对相反观点也应简要列出。对于某些推理或假说，要考虑到医学界专家所能接受的程度，可提出自己的看法，或作为问题提出来讨论，然后阐述存在的问题和展望。常用写作手法有以下几种：①以时间为序对所研究课题不同阶段的发展动态进行详尽描述，纵向把握研究的发展轨迹，有重点的描述具有创造性、创新性的研究成果，而非简单罗列；②以空间为面，描述和比较国际或国内某一领域不同观点，横向对比分析利弊，寻找差距，对新理论、新技术有很好的借鉴、指导作用；③以不同研究方向为线、以研究方法、结果、结论为中心，逐渐延伸、纵横交错，融为一体，此方法需注意条理的连贯性、文笔自然；④以某个学科领域为纲、以研究成果为目的进行交叉学科、专业技术等课题的研究。

初稿形成后，按常规修稿方法，反复修改加工。撰写综述要深刻理解参考文献的内涵，做到论必有据、忠于原著、让事实说话，综述的写作过程本身也是一个学习提高的过程，写作中应用语简洁，思路清晰，使文章内容新颖准确，可读性强。

第二节 医学文摘

一、文摘的定义及要素

文摘是指以提供原文内容梗概为目的，不加评论和补充解释，简明、确切地记述文献重要内容的短文。

在情报学上，原始文献称一次文献，经缩编而成的新文献称二次文献。文摘就属于二次文献，而且是二次文献的主体。

文摘的要素包括：目的、方法、结果、结论、其他（讨论）。

二、文摘的用途

文摘作为供文献检索数据库重复传播的情报资料，其作用集中表现为有助于读者掌握原文的精华，节省科技人员查阅文献的时间和精力。具体地说，文摘有报道、检索、参考、信号、示址和交流等六项功能。

三、文摘编写注意事项

1. 文摘书写要求简要而不简单，文辞应通俗明了，不能含糊其辞及啰唆重复。能概括地、不加注释地表述课题研究的目的、内容、方法、结果或结论等信息。

2. 要着重反映新内容和作者特别强调的观点，删去本学科领域中已成常识的内容。

3. 摘要不分段落，写法上提倡省略主语而节约文字，或者用第三人称写作。

4. 避免出现模型、数学表达式、图表、公式，不注参考文献序号，不用非公知的外文缩略语或代号。除了已公认的缩略语（如DNA）外，首次用缩略语之前须列出英文全称。

5. 尚未规范的词，应与一次文献一致；若采用非标准的术语、编写和符号等，均应在第一次出现时予以说明。

6. 在进行英文书写时，注意时态的使用，描述客观规律时用现在时。描述研究的对象、方法和结果时，需用过去时。

（王　禾　李瑞晓）

第十四章　其他形式医学论文

第一节　流行病学调查报告

现代流行病学是研究特定人群中疾病和健康状态的分布规律及其影响因素并研究阐明流行规律，并制订防治疾病及促进健康的策略和措施的科学。它是预防医学的一个重要学科。它的研究多在现场进行，其基本方法是在人群中进行调查分析、概率推断（定量）、逻辑推断（定性）以探索病因，其研究的人群既包括患者，也包括健康人群，运用调查、统计、分析的方法揭示疾病的分布规律，以及影响分布的因素，是从宏观的角度研究疾病与预防的规律。流行病学研究的范畴随着人类面临的健康问题而变化。最初，流行病学以研究传染病为主，随着人类疾病谱的变化，慢性病成为流行病学研究主要对象之一。后来，随着人类生产的机械化和交通工具的机动化，意外伤害也成为流行病学研究的课题。最近，人们把一切与健康有关的事件或状态纳入流行病学的研究范畴；现在，卫生服务系统本身也成为了流行病学研究的对象。对于一种未知或认识不够的疾病，流行病学往往首先了解疾病在人群、时间或地区上的分布，通过比较，相关分析等手段，对影响分布的因素进行研究，进而为疾病病因提供线索。流行病学还可以研究疾病的自然史，并可应用于卫生服务研究和卫生事业管理等方面。

一、流行病学调查报告的内涵

流行病学调查报告的目的在于阐述疾病在人群（persons）、地域（place）、时间（time）中的分布特征，研究形成这些分布的影响因素，以阐明疾病的流行规律、发病因素或对各种治疗和预防的效果进行科学的评价。这种调查报告分为调查研究和实验研究两大类。

（一）调查研究

主要包括现场调查、前瞻性调查和回顾性调查。通过调查，掌握疾病的分布和发病规律，为研究病因提供线索，为防治打好基础。除调查疾病外，还研究健康人群，如《2000年九市城郊七岁以下儿童体格发育的调查》是对人群健康状况的调查。由于现代医学中预防医学的发展，流行病学调查研究有新内涵，如我国集中10万人10年开展“高血压发病与饮食中盐含量的相关性研究”是研究预防和保健对策。

（二）实验研究

实验研究是前瞻性调查的一种，与调查研究不同的是调查者或研究者可以采取干预措施影响调查结果，并对实验对象加以随机分组，如将某种疫苗施用于某一人群，而同时设立相应的对照组，以观察该疫苗是否有预防作用。或将某药用于某种疾病，设另一组为对照，以观察其疗效，称之临床试验研究。这些研究成果可以采用流行病学调查报告形式撰写。

二、流行病学调查报告的类型

根据流行病学调查发生的时间可以将流行病学研究分为以下几类。

横断面研究是在某一个时间点上对某个群体的疾病或健康事件进行调查。由于反映的是当时的情况，因此又称现况调查，或患病率研究。病例对照研究是先选定一组患有某病的病人，再按某种条件选择一组没有该病的病人作为对照组，用问卷等形式获取病例和对照既往暴露资料并进行比较，然后分析暴露与疾病之间的联系和强度。队列研究是选择一组没有某病的群体组成队列，调查队列成员的暴露情况，追踪观察一定时间，然后比较暴露组和非暴露组的发病率，从而判断暴露与疾病有无联系及其强度。

根据流行病学研究性质可将流行病学研究分为描述流行病学研究、分析流行病学研究、实验流行病学研究和理论流行病学研究。横断面调查属描述性研究；病例对照和队列研究属分析性研究；实验研究指在人群中进行预防或治疗性实验；理论流行病学主要用数学模型来对人群中疾病的发生进行描述、解释或预测。

横断面研究主要用来描述、了解或解释某人群中的疾病现象。主要描述疾病在群间、时间或空间上的分布。达到了解人群健康状况、评价防治效果、为进一步病因研究提供线索等目的。例如：

目的：了解大学新生乙型肝炎携带情况。

方法：对某大学2000级新生进行抽血检验乙型肝炎血清学标志物。

结果：633名新生中实际检测631人，HBsAg（+）者37人，占5.4%。37人中HBeAg（+）者17人，占631人的2.9%。279人抗-HBsAg（+），315名非携带者抗-HBsAg（-）。

结论：通过这次研究，弄清了新生中乙肝的携带情况，以及哪些人需要接种乙型肝炎疫苗。

病例对照研究主要用于探索疾病病因。在设计上分为成组和配比两种。由于病例对照研究是从选定病人开始，因此可视为从“果”到“因”的研究方法。病例对照研究用于探索两种现象之间的因果关系。除研究疾病的病因以外，还可广泛用于研究伤害和各种与健康有关事件的危险因素。例如：

目的：探索血栓栓塞形成的危险因素。

方法：选择因血栓栓塞入院的女性病人作为病例，为每位病例选择一名因其他原因住院的女性病人作为对照，调查病例和对照服用避孕药等情况。

结果：服用避孕药者的血栓栓塞发病率是未用药者的4.4倍。

不同于病例对照研究，队列研究从暴露开始追踪结局，因此是从“因”到“果”的研究。队列研究又分为历史性队列研究和前瞻性队列研究。一般来说，队列研究多用于验证病因假设。所得结果的说服力要强于病例对照研究。但队列研究实施起来要比病例对照研究难度大。例如：

目的：验证吸烟在肺癌发病中的作用。

方法：1951年用信函调查3万多名男性英国医师的吸烟情况，1956年调查他们的死亡情况。

结果：不吸烟者每千人年肺癌死亡率0.07，轻度吸烟者为0.47，中度吸烟者为0.86，重度吸烟者为1.66，分别为不吸烟者的6.7、12.3、23.7倍。表明吸烟可以增加肺癌发生的危险性。

三、流行病学调查报告的设计

1. 调查报告在设计时应注意以下问题 保证足够的观察数量（样本量），在相同条件下进行比较，随机分组、随机抽样，原始资料应完整。

2. 现场调查设计的内容有以下部分组成：①制订明确的调查计划；②明确调查的对象及单位；③确定调查指标；④拟定调查表；⑤选择合适的调查方式（直接、间接及通讯、随访）；⑥调查的时间进程及地域分布；⑦预期的结果等。

3. 确定调查和抽样方法 确定进行全面调查（如人口普查）还是非全面调查（如某城市乳腺癌发病的调查）；抽样的方法有：单纯随机抽样、系统抽样、整群抽样、分层抽样等，选择抽样的时候，尤其应注意样本量的估算。

四、流行病学调查报告的结构

正文部分包括：前言、资料来源与方法、结果与分析、讨论四部分。

（一）前言

基于作流行病学调查是在特定的时间、人群和环境下进行的现场研究工作，因此在前言中必须说明本调查的时间、地点、内容和起因。还应阐述在本课题的研究上已达到的水平及有待解决的问题，并注意保密原则。文词要求简洁并富有概括性。

（二）资料来源与方法

又称调查方法。关系到该研究成果是否具有学术水平和价值，因而必须把资料来源与方法写确切，包括调查对象的选择、调查内容和方法、诊断标准的确定及统计与实验方法等。

（三）结果与分析

是全文的核心部分。要切实注意病例组（实验组）和对照组之间的可比性，对资料和数据要反复核实，准确无误，前后数字和度量衡单位要一致。要善于利用、整理调查所获得的大量描述性的数据，尽量制成统计表和统计图配合文字表达，表与图力求简洁，每一张表或图只能说明 1 ～ 2 个问题，表中已有的数据在文字表达时不要过多重复，对次要的或带参考性的内容可作为附录。所得的数据要用统计学方法加以处理，同时需对获得的资料的可靠性进行论证。

（四）讨论

讨论并非对结果的简单重复，应以自己的资料为出发点列出若干论点，从不同的侧面加以论述。重点讨论调查结果及各项数据的意义，讨论其理论根据，并对其实用价值和作用进行分析；对国内外有关资料进行比较，找出并分析差异的原因。引述前人的有关论述仅仅是为自己论文的论点服务，不可只找适合自己论点的资料或对别人的资料断章取义。讨论中还可对今后作进一步展望，对防治提出建议。

五、流行病学调查报告常犯错误及原因分析

1. 多为回顾性资料 临床医生工作繁忙，没有进行系统观察，积累的资料不完整，如有的缺少实验室对比观察资料，有的缺少随访资料等，因没有对比观察计划，写文章时仅对现有资料进行回顾性总结，文章严谨性差；有的作者甚至用两个不同时期的资料作对比，如前文所述，使所总结的资料可比性差；有的药物观察根本就没有对照组，只对同组患者治疗前后作比较，结果说服力差。

2. 前瞻性设计问题 ①前瞻性研究设计不合理，造成这种错误的论文作者往往是初次或参加科研工作时间尚短，在设计中有疏漏，有的基础实验可以弥补，有的特别是临床实验则不好弥补；②有些临床科研虽然设计合理，但由于临床工作换班较频繁，一组病人需多人观察，而每个医生对科研构思、病情、治疗等理解不同，造成观察结果的误差，影响了研究结果的准确性和可靠性。

3. 资料总结欠缺 一些流行病学论文虽然科研设计合理，同时作者在研究工作中做了大量的工作，观察总结了很多资料，但撰写文章时不能提取最能说明问题的精华部分，写出的文章过于泛泛，重点不突出，可读性差。

总之，克服此问题的对策就是提高作者的科研意识，掌握正确运用统计学方法，使科研结果更具有说服力。同时努力学习期刊的标准化、规范化方面的知识，正确使用法定单位。

第二节　个案报道

个案报告又称病例报道，是报道临床罕见病例或新发现的病例的医学论文。被报告的病例常是临床上罕见的、特殊的或是认识不清的、新近发现的或是少数有曲折病程经过的病例。因此，病例报道对于认识临床上的少见病，发现和掌握疾病诊治过程中的特殊性，以及为进一步研究这类疾病提供临床资料，都有一定的意义。个案报道的价值不在于以往从未报道过，而是在临床表现的特定方面，如特定并发症或转归方面无类似报道等。简言之，并不是该病种别人尚未报道过，而是这样的表现和预后没有报道。当然罕见病例及疑难病症的治疗等方面更容易发表。撰写病例报道时应抓住所报道的病例的特点，找出病例在临床症状、体征、诊断、治疗及预后方面的特殊性，以利对该病进一步了解和研究，更重要的是总结一些对后续临床研究有指导意义或有启发性的内容，对他人的工作有一定的教育意义及启发等。

病例报道可是单一的病例，也可是一组病例，较完整的写作格式一般分为：①前言；②病例报告；③讨论；④小结；⑤参考文献等五部分，其中病例报告和讨论是论文的主体部分，其他部分可视情况省略。

一、前言

一般较短，应简要交代有无类似病例的报道，该病在诊断和治疗上的困难和意义，该病的危害和预后，以及该病的特殊性等方面的内容。有些报道可以没有前言，一开始就是病例报告。

二、病例报告

病例报告是论文的主体，因此临床资料应尽可能地详细，这部分内容有些像临床的病历摘要，诊断应该明确，让人了解到病例的发生、发展过程及诊断治疗措施。一般应包括：①一般资料，如姓名、性别、年龄、住院号等以表明资料的真实性，在杂志发表时，姓名、住院号通常省略；②与该病有关的既往史、家族史及个人史；③重要的、特殊的临床症状、体征、辅助检查结果以及病程、住院或就诊日期等等；④疾病的演变过程和治疗经过；⑤治疗结果及预后。应当注意的是撰写这部分内容时，不可将病历的原始资料照搬，而应将病例特点、病程经过、治疗经过以及辅助检查等内容进行提炼，以体现病例的特殊性，切忌不分主次、本末倒置的记叙。对于单个或较少的病例，可按以上内容分别撰写；对于较多或一组病例，则应将病例总结归纳后再按以上内容撰写，也可列表阐述以上内容。病例报告书写，可循IMRAD程式。文字越精练越好，一般一千字即可，少则二三百字。写作时需注意重点突出，着重描写具有特殊价值的地方，必要时可配图，特别是影像学图片，包括CT、MRI、病理图等，术前、术中及术后病变图片等。这些图片最直观，也最有说服力。

三、讨论

讨论是论文不可缺少的部分，讨论的内容根据报道的病例内容不同而有所不同。可以讨论病例的特殊性所在以及报道的目的；也可在复习有关文献的基础上，对比前人的报道提出自已的见解，分析总结诊治方面的经验与教训；也可对该病的危害及预后进行分析；还可从理论上作一定的探讨。总之，讨论的内容，应依据报道病例的内容和作者报道的目的而定。

四、小结

小结是对病例报道的目的及内容的总结，目前多数报道将此部分写入讨论部分，杂志发表时常予以省略。

五、参考文献

由于病例报道多为罕见或新发现的疾病，因此参考文献相对较少，有的甚至没有，故绝大多数杂志都将此部分略去。但在学术会议上发表这类论文时参考文献不宜省略。

举例：

肝性脑病合并大面积脑梗死 1 例报告

患者 ×××，女性，62 岁。患者因间断乏力，伴肝功能异常 16 年，右侧肢体活动受限 5 天，以肝硬化、脑梗死收入院。入院后查体：神清，语言欠流利，能正常回答问题。右侧鼻唇沟变浅，舌向右偏，皮肤巩膜无黄染，心肺无异常，腹平软，肝脾未及，腹水征（++），双下肢不肿，右侧肢体活动受限，肌力0级，巴氏征阳性。脑部CT检查提示，左顶叶大面积梗死。腹部B超检查提示：肝硬化，腹水形成。肝功能化验：ALT 24.6U、AST 31.4U、白蛋白22.9g/L、球蛋白33.8g/L、TBil微量。乙肝病毒指标：HBsAg、HBeAg、HBcAb、HBeAb均阳性。住院后给予保肝、利尿、静脉输入白蛋白以及血塞通、脑活素等药物治疗，20天后，腹水消失，右侧肢体逐渐恢复活动，肌力1级。于住院后1个月，患者突然出现头疼、头晕、恶心、呕吐，呕吐物为咖啡色样物，继而再次出现右侧肢体活动障碍、伴有健侧上肢扑翼样震颤、语言不利。随后，患者出现昏迷且逐渐加深，并伴有病侧肢体及腹部肌肉抽搐。查体：呼吸16次/分，为双吸气、脉搏96次/分、体温正常、血压10～12/6～8kPa，心肺无异常，腹软，肝脾未触及，腹水征阳性，双下肢不肿，右侧巴氏征阳性，请天津市脑系专科医院（环湖医院）专家会诊，根据症状及体征，确诊为患者大面积脑梗死、肝性脑病、脑水肿。建议加用脑醒静每日40ml。静脉注射及甘露醇脱水治疗。2周后，患者神志逐渐转清。4周后，语言功能恢复。两个月后，右侧肢体活动自如，肌力4级，能下地行走。体格检查：血压13/8kPa，心肺无异常，腹软，肝脾未及，腹水征阴性，双下肢不肿，右侧巴氏征阴性。肝功能检查：ALT、AST正常，白蛋白38.5g/L，球蛋白36.4g/L，TBil阴性。

讨论：肝性脑病和缺血性脑病造成昏迷同属中医神昏的范畴，属内科急症。本文所治肝性脑病合并大面积脑梗死出现的神昏表现，证属湿热毒瘀，阻络闭窍，究其病因是湿热疫毒久郁，耗阴伤血煎熬成瘀，阻络闭窍所致。所以，在治疗上当以祛邪为主，重在开窍，选用大剂量醒脑静取得显著疗效。中药醒脑静注射液是在古方安宫牛黄丸的基础之上改制而成的水溶性注射液，通过静脉给药，可透过血脑屏障直接作用于中枢神经系统而发挥作用，该药的主要成分为麝香、冰片、栀子、郁金，具有醒脑开窍的功能。本例患者通过醒脑静的治疗，症状、体征明显改善，未出现不良反应，表明醒脑静是一种安全、可靠的治疗脑卒中和肝性脑病的药物。

（摘自《中西医结合肝病杂志》）

应当指出，现在想发表病例报告的确比以往困难。有希望发表刊登的病例报告，大致有以下几方面：①罕见的、未曾记载过的疾病或综合征，对是否“首次发现”提法应十分谨慎；②能证明某种意外的因果联系的病例；③能证明特殊疗效或特殊副作用的病例。

第三节　医学生毕业论文

一、学位与学位论文

所谓学位，是由高等学校或国家授予的表明专业人才专门知识水平的称号。我国现行大学实行学士、硕士、博士三级学位授予制。

学位论文是高等院校毕业生用以申请授予相应学位而提出作为考核和评审的文章。学位论文是表明作者从事科学研究取得的创造性的结果和新的见解，并以此为内容撰写而成，是考核学位申请人是否具有从事科学研究的能力，是否达到了相应学位要求的学术水平的一个重要依据。

二、学位论文的基本要求

学位论文分为学士、硕士、博士三个等级。其水平要求是不同的。

（一）学士学位论文

学士学位论文是合格的本科毕业生撰写的论文。毕业论文应反映出作者能够准确地掌握大学阶段所学的专业基础知识，基本学会综合运用所学知识进行科学研究的方法，对所研究的题目有一定的心得体会，一般选择本学科某一重要问题的一个侧面或一个难点。医学生毕业论文是某些专业本科生完成学业必修的科目之一。它要求毕业生对医学科学研究的课题和临床工作有一定心得，一般综述性的论文题目难度小些，有一定创见性，篇幅一般在3000字左右。论文答辩要针对论文本身所涉及学术问题而设计。

（二）硕士学位论文

硕士学位论文是攻读硕士学位研究生所撰写的论文。它应能反映出作者广泛而深入地掌握专业基础知识，具有独立进行科研的能力，对所研究的题目有新的独到见解，论文具有一定的深度和较好的科学价值，对本专业学术水平的提高有积极作用。

（三）博士学位论文

博士论文是攻读博士学位研究生所撰写的论文。它要求作者在博导的指导下，能够自己选择潜在的研究方向，开辟新的研究领域，掌握相当渊博的本学科有关领域的理论知识，具有相当熟练的科学研究能力，对本学科能够提供创造性的见解，论文具有较高的学术价值，对学科的发展具有重要的推动作用。

三、学位论文的总体原则要求

（一）立论客观，具有独创性

文章的基本观点必须来自具体材料的分析和研究中，所提出的问题在本专业学科领域内有一定的理论意义或实际意义，并通过独立研究，提出了自己的认知和看法。

（二）论据翔实，富有确证性

论文能够做到旁征博引，多方佐证，所用论据自己持何看法，有主证和旁证。论文中所用的材料应做到言必有据、准确可靠、精确无误，对研究的数据进行严格的统计学处理和分析。

（三）论证严密，富有逻辑性

作者提出问题、分析问题和解决问题，要符合客观事物的发展规律，论文中提及的研究方法、论点及论据能够用科学的方法去论证，能与临床实际紧密相连。全篇论文形成一个有机的整体，使判断与推理言之有序、天衣无缝。

（四）体式明确，标注规范

论文必须以论点的形成构成全文的结构格局，以多方论证的内容组成文章丰满的整体，以较深的理论分析辉映全篇。此外，论文的整体结构和标注要求规范得体。

（五）语言准确、表达简明

论文最基本的要求是读者能看懂。因此，要求文章想得清、说得明、想得深、说得透，做到深入浅出，言简意赅。对研究结果的分析说明，应来源于实际的资料，不能随意进行假想推理。

（六）联系实际、为临床服务

每一个新的科研论点的产生都是来源于临床而又服务于临床，脱离了临床的科研不具有实际价值，所以在选题的时候，一定是要与临床紧密关联的，同时又必须具有可重复性。

四、学位论文的写作

（一）毕业论文的选题

毕业论文的选题应遵循学术论文的选题原则，选择学术领域里有价值的课题并注意是否有利于展开，这是课题选择的基本原则。但是，毕业论文是对学生学业的综合考查，是对学生能力上的训练，且为时不长，这些特点决定了毕业论文的选题有其特殊的要求：

1. 选题方向与专业对口 毕业论文的写作目的，与高校的培养目标相联系，重在培养学生综合运用所学专业理论知识去解决实际问题的能力，使其受到科学研究的基本训练。所以选题一般不应超出专业课内容的范围。在临床和基础研究的选择上应以自己导师的擅长为首选，有利于临床资料及基础实验研究的顺利完成。

2. 选题要考虑主客观条件 选题时，应对自己有正确的客观估计。如自己掌握材料的深度和广度、驾驭材料的能力、对课题的理解程度等。根据自己的长处和兴趣爱好，扬长避短，充分发挥主观优势。同时还要充分了解学术界的研究现状。如本课题研究已有的成果、还存在哪些问题、尚待研究的问题、尚待解决的问题及迫切程度、社会需要和科学发展的趋势。另外，只有把主客观两方面的条件结合起来，才能选出最适合自己的课题来。

3. 选题时间宜适中　选题要尽量早些，以便有充分的时间积累材料。但又不宜过早，过早选题，自己的专业知识还较单薄，如果在对本学科领域的学术研究状况知之甚少的情况下，贸然选题，难免失之偏颇。从基础课、专业课的情况来看，一般从毕业的前一学年考虑比较合适，这时既有了一定的专业基础，不至于茫然无从，又可以比较从容地准备，读书、积累材料、查阅文献，对自己学得好又有兴趣的课程，也有足够的时间和精力深入探讨。如果到最后一个学年才考虑选题，就会显得很仓促，无暇把问题考虑成熟，研究透彻。

4. 课题难易要适度　选择的课题难易要适度。难度大的课题当然更有科学价值，但对刚刚涉足科学领域的大学生来说，往往力不胜任，难以完成。对于研究生来说，也只能在原有研究和本人知识、经验的基础上，选择经过自己的研究和探讨能够实现的课题。而难度小的课题，学生就会失去一次科学研究规范训练的机会，达不到写作毕业论文的目的。因此，课题既要有一定的难度，有一定的工作量，又要结合自己的知识水平和实际能力。

5. 课题大小要得当　毕业论文主要是反映学生能否动用所学基础和专业知识来分析和解决本学科内某一基本问题的学术水平和运用能力。所以，毕业论题不可能囊括大学或研究生学习期间的全部知识，也不可能解决本学科的全部问题。一篇毕业论文只需论述某一基本问题的某一重要侧面，或是对某些基本的理论、原理有比较系统的整理等。因此，在选题时，要根据本人的专业基础和时间及其他相关因素，如资料条件、经费许可、指导力量等，综合考查以选择大小适当的课题。否则，课题过大，问题则难以研究深入，可能导致虎头蛇尾，草草收摊；题目过小，不能充分挖掘自己的潜力，发挥自己的才能，论文达不到应有的水平和深度，也反映不出自己的实际功底的能力。以上是对毕业论文写作的特殊要求，必须全面权衡，综合考虑。

（二）毕业论文的一般格式

毕业论文的格式与其他各类论文的格式大致相近，但也有一些不同。就学科不同，一般可分为两大基本类型。第一种基本类型是指以自然科学为内容的科技论文，第二种基本类型是指以社会科学为内容的论文。其格式构成如下：

1. 封面　由于毕业论文的篇幅一般都比较长，而且一般都是以单行本递交学位审定委员会，最后以单行本存档的，因此要求有封面，封面设计装帧要美观大方，并提供论文的主要信息，封面的主要内容有标题、副标题；指导教师的名称、职称；作者及其所在单位；申请的学位、课题的专业方向；完成论文的时间等。

2. 目录　目录又称目次，毕业论文一般篇幅较长，需写出目录，使人一看就了解论文的大致内容。目录一般另页排在扉页之后。由论文的章、节、条、款、附录等的序号、题名和页码组成，目的是使读者（论文审阅者）阅读方便。

3. 摘要　毕业论文有两种不同的摘要，一种是放在毕业论文目录之后、正文之前的摘要，与一般论文的摘要写法相近，比较简短；另一种是提供给学位评定委员会专用的比较详细的摘要，可达二三千字。其内容除了包括一般论文的项目之外，还应概括地介绍论文的要点、研究的思路和方法、过程，以便学位委员会了解作者的研究能力和写作意图。摘要要有高度的概括力，全面反映论文的要点，文字要简洁、明确、畅达。

4. 引言　引言也叫绪言、绪论。毕业论文的引言与一般的论文相比有几点不同：①是对课题和选择这一课题的原因、意义或背景、研究的方法做较详细的说明；②是对同论文内容有关的主要文献进行综述，以反映研究工作的范围和作者对文献的分析、综合判断能力。对待文献要根据主题加以选择，突出重点；③是对研究工作的规模、工作量作概括说明。这三点增加后，内容增多，表述时应简明扼要。

5. 正文、结论、致谢、参考文献　这几部分的写作要求和方法与其他学术论文的相应各项要求一致，不再重复。

6. 附录　附录置于正文之后，是对正文所作的重要补充，也能体现研究工作的数量和质量。凡正文部分没有使用与只使用了部分的与论文有关的重要数据和资料，诸如各类统计表、较复杂的公式推导、计算机打印输出件、术语符号的说明等，都可作为说明论文的有用信息置于附录中。因此，有些毕业论文特别是学位论文，附录甚至比正文还长。

7. 论文的装订　论文经过检查修正后，需用 A4 纸打印装订成册，再加上封面。装订的顺序是：封面—目录—摘要—正文—参考文献—附录—封底。有的同学将封面用彩色的厚纸、美丽的彩带装订修饰，这是没有必要的。用与原稿纸大小相等的稍厚白纸就可以了。要选择纸质坚韧的，才有利于长期保存、借阅。各高校对论文的格式和装订要求不一，应以本院校的要求为准。

（三）内容结构

要体现系统性和完整性。结构主题比较单一的，可选用IMRAD程式。含一个以上主题，应选择接近综述或专著的结构方式，具体是：各个单位按IMRAD程式写，加上前言和结语，形成一个专著性、综述性文章；将材料、方法、结果等部分分开叙述，然后总的讨论。具体写作时，有几点应特别注意：

1. 引言一定要写好。要把选题的来龙去脉、目的、意义交代清楚，不要使评阅人与专家一开始就困惑不解。引言不要太长，让人很快知道你做的是什么工作。引证与文献复习应是与本课题密切相关的。支持论点或补充对比的文献资料，可在讨论中列举，而不必要堆砌在引言中。

2. 材料与方法应比较具体。新材料、新方法或改进的地方应详细，一般的常规方法应从简，方法一定要具有可重复性。

3. 结果部分应有对数据的严格统计学处理。

4. 讨论中应说清楚自己的新贡献和新见解。重要的是让人知道你到底提供了哪些理论、哪些新的科学事实，你怎样解释这些事实，这些事实有哪些理论或实际意义。仅有资料数据的堆砌和文献的旁征博引，并不足以证明你具有独立从事科研工作的能力。应实事求是而又有说服力地说明哪些是你的新发现，这才是关键。

5. 参考文献要列全。有的导师要求不少于100篇，而且外文文献应占一半以上。要求所列文献必须是自己读过的，尽可能是一次文献。自己并未读过原著，仅从别人写的综述中抄来一些文题就列入自己论文的参考文献中，借以装潢门面是不道德的。

6. 精心写好摘要。应以简练的语言概述研究的目的、意义、方法、主要结果和结论。一方面便于评阅和答辩委员会成员了解全文概貌和精华所在，另一方面也便于论文汇编，扩大交流。

五、学位论文的答辩

答辩的准备

准备好30分钟左右的书面答辩报告。突出重点、关键问题，简要清晰的报告对立题根据、科研构思、技术关键、所得结果的理论与实际意义，做比较具体、简要、清晰的报告和陈述。答辩报告的内容包括：

1. 选题的动机、缘由、目的、依据和意义，以及课题研究的科学价值。

2. 研究的起点和终点。该课题前人做了哪些研究，其主要观点或成果是什么，自己做了哪些研究，解决了哪些问题，提出了哪些新见解、新观点，主要研究途径和研究方法等。

3. 论文的主要观点和立论的理论依据与事实依据，列出可靠、典型的资料、数据及其出处。

4. 研究获得的主要创新成果及其学术价值与理论意义。

5. 存在的问题和不足，有哪些问题需要进一步研究、讨论，提出继续研究的打算和设想。

6. 研究过程有哪些意外发现未写入论文中，对这些问题有何想法及处置意见。

7. 论文中所涉及重要引文、概念、定义、定理和典故是否清楚，还有哪些需要说明的地方等。

答辩报告不是无意义的重复论文的内容，而要从答辩的角度深入思考，力求比论文站得更高，看得更远，进行更高层次的概括与综合，给答辩评委更强烈、更深刻的印象。

答辩报告要成文，但最好不要照念稿子，以流畅扼要的语言，说明自己的成果及其意义，可以收到很好的答辩效果。

同时，还要根据论文的内容，做好回答论文所涉及各种学术问题的准备。如对论文有关基础知识的复习，各种结果的分析、比较，研究工作的关键数据和细节，要深入地掌握和记忆，还要进一步阅读、分析有关资料，以备回答问题时所用。答辩要备齐论文的底稿、主要参考资料、笔记和卡片等。当然，提问也可能超越论文的范围。

（李瑞晓　王　禾）

第十五章　SCI 论文的撰写及发表

随着近年来我国医学研究的快速发展，研究者在国外杂志发表论著的数量呈逐年递增的趋势，甚至，在 Science、Nature 及 Cell 等国际权威杂志上也不乏国内研究者的研究论著。因此，英语论文写作已经成为国内研究者从事科学研究的一项必备技能。罗伯特·戴在其名著《如何撰写和发表科学论文》的序言中指出，“对一个科学家的评价，从研究生开始，就主要不是看他在实验室操作的机敏，不是看他对或宽或窄的研究领域固有的知识，更不是看他的智能和魅力，而是看他的著述。他们因此而出名，或依然默默无闻”。因此，英语论文的写作与实验研究同等重要。本章节重点讲述一下关于 SCI 论文撰写和发表的一些基本知识和技巧。

第一节 SCI 论著的选题和设计

SCI 是 Science Citation Index 的缩写，是由美国科技信息研究（Institute for Scientific Information，简称 ISI）编辑出版，用来查询科技文献及其引用情况的检索工具，内容涉及科技领域 150 多个学科，以基础科学研究为主。SCI 对其收录期刊采用了多种严格而科学的定量和定性筛选，所收录的均是集中各学科高质量优秀论文的期刊，全面覆盖了世界最重要、最有影响的研究成果。SCI 的研究成果代表着世界基础学科研究的最高水准，科技论文是否被 SCI 收录和引用是评价其国际学术地位、基础科学研究水平、科技创新实力和科技论文质量的国际通用依据。

任何期刊都不希望发表内容已经见于其他杂志的论文，即便是不同语言发表，或者部分内容重复的论文，SCI 收录期刊更是如此。所以，原创性是其最基本的要求。每一个研究者都希望在影响力高的权威杂志发表自己的论文，以此来尽可能提高自己研究的影响力，同样，任何一本期刊也希望能够发表在相关研究领域内有影响力的研究论著，通过提高其收录文章的质量来保持和扩大该期刊的影响力。引用频率已被科学界公认是衡量特定研究价值的最为客观公正的方法，也成为衡量研究论著影响力的最客观的指标。因此，原创性和影响力是决定研究论著水平高低的关键因素。

《论语》有云：“取乎其上，得乎其中；取乎其中，得乎其下；

取乎其下，则无所得矣”。因此，我们要想发表高水平的论文，只有在研究伊始就做好研究的选题和设计。

选题其实就是寻找 idea。不管是临床研究还是基础研究，idea 是决定科学研究水平和档次的关键因素。好的 idea 一旦形成，科学研究就已经成功了一半，因为这个 idea 自始至终贯穿了你的研究设计、研究实施以及论文撰写，它就是一个研究的精气神。因此，获得良好的 idea 至关重要。

获得 idea 的途径不尽相同。有人是确定研究领域和方向之后，查阅一定的文献，阅读文献的过程中逐渐有了自己初步的 idea；有人是根据自己以往的工作和研究经验形成一个 idea，再通过查阅文献验证 idea 的可行性，但是，不管是哪一种途径，查阅文献是必不可少的一步。

查阅文献，首先是“查”。众所周知，目前是互联网时代，通过大学时代的文献检索课程的学习，每位研究者都能够熟练应用 PubMed 检索自己所需的英文文献，在此不做赘述。尽管对于初学者来说，中文文献的检索仍旧不能忽视，但是在现在“全民 SCI”的时代，中文文献的重要性确实是与日俱下了。只是有一点必须强调，在研究者需要课题立项或者成果申报时一定不能漏掉中文文献的检索，在这种情况之下，一旦漏掉中文的相关文献，一方面会使拟立项课题或者拟申报成果的创新性大打折扣，另外，一旦你的申报材料同行评议时碰到从事相关研究的专家，而你却没有在文献回顾中引用他的文献，后果可想而知。

现在，我们重点说一下阅读文献。杜甫有云“读书破万卷，下笔如有神”。对于初次进入一个领域的新手，必须阅读大量的文献，大量的文献阅读是一个基础，只有量上去了，才能发生质的变化。大量的阅读不但能够达到把握本领域的研究动态和热点方向的目的，而且能够使自己不知不觉中积累大量的写作素材，等到自己写作时才能做到胸有成竹。阅读文献是没有捷径的，在这一前提下，介绍一些阅读文献中的技巧和经验：

（一）补充本专业基础知识，这是看懂文献的基础

本专业的一些经典英文著作是需要提前阅读的，这样可以在扩充自己的专业词汇的同时，了解本专业的大量背景知识。例如 *Cell*、*Biochemistry*、*Gene 8* 等。

（二）由点到面，先 review 再 article

根据自己的研究方向或者感兴趣的热点问题，选取一个小的枝节进行文献检索，因为知识更新非常快，一般只检索 3 年之内的文献，这样即使全面的检索下来，一般 20 篇左右的文献，对于初学者来说已经不算少了。之后，在检索到的文献中先把 review 找出来，尤其是影响因子高的杂志的 review，往往都是本专业“大家”撰写的，仅参考文献就至少 100 篇以上，这样的文章不但总结的非常全面，而且比较容易读懂，还往往带有这些“大家”的分析，初学者可以通过阅读这一类文章，快速了解该研究领域的现状和存在问题，甚至文章中直接指出潜在的研究方向。文章中一定会提到本研究领域一些经典的和重要的研究论著，感兴趣的可以一并找来读读。相信在读过几篇这样的 review 之后，再读 article 就驾轻就熟了。

（三）多数 article 读摘要，少数文章读全文

在读过十篇左右的 review 之后，对本研究领域就有初步了解了。这时候再读 article 时，多数文章读一下摘要就可以大概了解文章的内容，就知道有没有必要进一步阅读全文了。有些初学者掌握了一点查全文的技巧，往往会以搞到全文为乐，会为了搞全文而搞全文，陷入误区。其实，真正有用的全文并不多，只有少部分密切相关的或者拟引用的 article 需要详细阅读全文，了解作者的研究细节，多数文章不需要阅读全文。

（四）带着问题阅读

就是有一定基础之后，读 article 时，先看标题，之后问自己几个问题：

1. 研究是如何进行的？会用到那些方法？

2. 这个研究的目的是什么？解决了本领域的什么问题？思考完之后，看摘要，就知道你的想法是否和别人一致，间接地锻炼了自己研究设计的能力。看完之后，可以考虑一下，这个研究有没有什么局限性？有什么需要完善的内容？还有进一步深入和拓展的必要吗？通过不断的训练，不但可以拓展自己的眼界、了解研究动态、提高自己提出科学问题的能力，同时也是自己解决问题和研究设计的能力得到了加强。

（五）多做记录，多写小结

好记性不如烂笔头，看过总会遗忘。所以，一定多做记录。英语论文的写作实际上有很多现成固定的模式和表达方法，将这些固定用法随时做笔记，并随时复习，加上不断阅读新文献，自己动手

写时也就不会举步维艰。初学者写作多数是始于模仿，甚至有的句子明显不涉及实质性内容的可以直接作为己用。通过阅读、记录、模仿这一过程的反复训练，自身的写作能力也在不知不觉中得到提升。另外，要善于写小结。因为，article一般都很长，少则五六页，多则十多页，而真正一篇article对你有用的内容不见得很多，所以看完一篇article之后，简短小结一下，用的时候就很方便了。

（六）持之以恒，养成每天坚持阅读文献的习惯

这是成为一个优秀的研究者的必备条件。对于大部分只是为了完成毕业课题的研究生而言，这是多余的。因为，如果只是为了完成某一个毕业课题，那阅读文献只是其中的准备工作，之后就没有阅读文献的必要了。由于现在科技进步很快，即使是自己从事的领域，也有很多新技术、新观点不停的出现，所以，即使是个“老手”，如果懒于更新自己的知识，也会很快落后。要想成为一个优秀的研究者，必须持之以恒的阅读文献，使自己的知识结构及时更新，始终保持一流的研究视野。即使目前尚不能做出一流的研究成果，但是如此持之以恒，假以时日，一流的研究成果应该是指日可待，水到渠成了。

在查阅了大量的相关文献之后，你的心中基本已经有一个初步的idea了，选题的工作基本就完成了，而课题设计与选题是密不可分的，在你大量的查阅文献提出你自己的科学问题的同时，你的心中一定也有了初步的解决方案，这其实就是课题设计了。之后的工作就是进一步找自己的老师或者同行进行idea的可行性论证，并不断地对这一idea中的研究方案进行完善。

另外，关于选题和设计还有一些经验和注意事项供初学者参考：

1. 课题查新一定要准确　原创性是论文的生命，因此，想在国际核心期刊发表文献，不但要了解国际研究动态，选择与国际学术研究合拍的课题，原创性更是必要条件。从世界范围来看，从事同一研究领域的学者非常之多，一些好的 idea 你能够想得到，难免别人也已经想到。因此，一旦课题初步框架成形，查新必不可少，尤其是一些大课题更经不起研究内容与别人撞车。另外，一旦确定研究内容，要抓紧时间完成。因为，虽然研究之初没有相似文章发表，但是，就在你的课题结束准备撰写论文发表的时候，一篇与你研究内容高度相似的文章发表出来这样的事情并不少见。

2. 研究内容要有可持续性　研究内容可持续性对高水平论文的持续产出具有极大作用。中国科技大学范洪义教授发展了诺贝尔奖得主狄拉克（Dirac）奠定的量子论的符号法，系统地建立了“有序算符内的积分理论”，1998 年就有 24 篇论文被 SCI 收录。他对自己论文高产的解释是，研究“具有开创性，突破一点以后就可以向纵深发展，使研究工作自成系列、成面成片”。虽然大多数研究生从事科学研究之初仅仅是为了完成毕业课题而已，并没有准备把科学研究作为毕生的事业，但是，事实是多数这样的研究生毕业之后仍旧不能完全摆脱科学研究、撰写论文的纠缠。因此，在你刚刚开始科学研究选题之时，尽可能兼顾到你所选课题的可持续性。从而在毕业之后不必再为科研发愁，使自己可以从容地以研究生期间的研究为基础，进一步申报课题，把自己的研究拓宽挖深，使自己在这一研究领域中占有一席之地，甚至能够开辟自己独占鳌头的研究领域。

3. 多与比自己资深的研究者交流　例如，高年级博士、博士后，甚至别的课题组的教授，最好不是相同专业，而是相关、相近或者交叉专业，这样在交流中更容易借鉴别人的经验、方法产生自己的 idea。

总之，科学研究不是一朝一夕的事情，不管你是如何开始的，多读文献，多进行学术交流，多积累，并且能够持之以恒，这必将有助于产生好的 idea。

第二节　SCI 论文的撰写

多数人将撰写论文比作讲故事，这是很有道理的。因为，两者都需要将自己知道的东西传递给别人知晓，两者的不同之处是讲故事要面临的是听众，写论文所要面临的是读者。科研论文面对的读者既有这一领域聪明能干的科学家，也有刚刚进入这一领域的大学生和研究生，而且，在能够顺利发表之前首先面对的是这一领域的专家，也就是所谓的同行评议人。因此，文章的撰写既需要深入浅出，让刚刚进入这一领域的初学者能够比较容易理解你的研究，也需要有独特的观点和新的发现足以引起专家的兴趣。

印第安纳大学的周耀旗教授曾经说过：“一篇文章只有在不太需要努力就可以理解的情况下才会被广泛的引用。而要让读者不费力的理解你的论文，你必须费力去满足他们的期望”。所以，撰写文章之前，首先要了解读者的期望是什么。根据周教授的经验，读者有如下期望：

1. 读者希望在句子的开始看到熟悉的信息。科技论文不可能通篇都讲述读者熟悉的内容，一定会包含很多新的术语和新的信息。一个容易理解的句子应该是从读者熟悉的信息（亦或刚刚提到过的）开始，而以新信息结束，并在它们之间平滑的过渡。每当你开始写新的句子时，应该问问自己，这些术语或信息前面有没有被提到过。一定要把提到过的放前面，没提过的放后面。

2. 读者想在主语之后立刻看到行为动词。对于一个说谁在做什么的句子，读者需要找到动词才能理解。如果主语和动词之间间隔太远，阅读就会被找动词的需求打断。所以，尽量避免过长的主语和过短的宾语。短的主语紧跟着动词加上长的宾语效果会更好。

3. 读者期望每句话只有一个重点，而且这个重点在句尾。句尾是读者对该句最后的印象。把最好的，最重要的，和想要读者记住的东西放在句尾。

4. 读者期望每一个段落只讲一个主题或者观点。在一个段落里表述多个观点会使读者很难知道该记住什么、这段想表达什么。一段的第一句话要告诉读者这一段是讲什么的。这样，读者想跳过这段就可以跳过。一段的最后一句应该是这段的结论或者告诉读者下一段是什么。

总之，写文章的目的是想让别人明白你做了什么工作，有哪些收获，是考验作者的表达能力，而不是去测试读者的阅读能力。所以，不能够怪别人没看懂，只能怪自己没写清楚。

在明白了读者想要什么之后，我们从文章的架构入手来谈一下科研论文中各部分的一些写作技巧。典型的科学论文包括标题、摘要、方法、结果、讨论、致谢和参考文献。有部分杂志要求将方法放在讨论之后。固定的结构是用来帮助读者快速找到他们感兴趣的信息。

一、Title

Title是一篇论文的名字，告诉读者本论文是关于什么的，必须清晰简短，表达出自己唯一的主题以提升读者的兴趣。最佳文题的标准是用最少的必要术语准确描述论文的内容。然而title中切记不能出现缩写和自己的研究结果。写作要求：准确（accuracy）、简洁（brevity）、有效（effectiveness）和吸引人（attractivity）。

二、Abstract

Abstract是全文的缩写，是让读者在未读全文之前对你文章有一个整体的了解。通过摘要，你需要让读者知道你的研究属于哪个领域、你解决了这个领域内哪个重要问题，你用了哪些独特的方法，取得了哪些显著的结果，以及你的研究有什么重要的意义。只有这样才能够进一步吸引读者去阅读你的全文。当然，虽然Abstract出现在论文的标题之后，全文之前，但是，按一般的写作经验，Abstract都是在完成全文的写作之后才开始写的。因为只有在这时候，你的故事才完整的、鲜活地呈现在纸张之上，才由你心中的一个设想变成实实在在的一个东西。而且，通过全文的写作，你对自己全文的熟悉程度进一步得到加深，更加懂得你这个研究的亮点在哪里。

不同的杂志对 Abstract 的格式和字数要求不同，字数有 200 words 和 250 words 的区别，其实从写作内容上是没有太多区别的，只是，字数要求越少，写作难度越大。一般都是按照研究背景（backgrounds）、方法（methods）、结果（results）和结论（conclusion）这样的顺序来写的，这一段文字一定要简单易懂，尽量避免出现非常专业的术语以及比较难理解的结果，这种介绍应当让非专业的人员能够看懂。这里以笔者自己的一篇 Abstract 作为例子：

Identification of renal graft candidates at high risk of impending acute rejection (AR) and graft loss may be helpful for patient-tailored immunosuppressive regimens and renal graft survival. To investigate the feasibility with soluble CD30 (sCD30) as predictor of AR, sCD30 levels of 70 patients were detected on day 0 pre-transplant and day 1, 3, 5, 7, 10, 14, 21, and 30 post-transplant. AR episodes in 6 months were recorded and then patients were divided into Group AR (n=11) and Group UC (n=59). Results showed that the patients had higher pre-transplant sCD30 levels than healthy people. A significant decrease of sCD30 was observed on the first day post-transplant and continued until day 14 post-transplant. Soluble CD30 presented a stable level from day 14 to 30 post-transplant. Pre-transplant sCD30 levels of Group AR were much higher than those of Group UC ($P<0.001$). Patients of Group AR also had higher sCD30 levels than those of Group UC on day 1, 3, 5, 7, 10 and 14 ($P<0.001$). The sCD30 level presented a significantly delayed decrease in the patients of Group AR. Statistical results showed that the highest value of area under ROC curve (0.95) was obtained on day 5 post-transplant, suggesting that sCD30 levels on day 5 are of high predictive value. Therefore, sCD30 level may be a good marker of increased alloreactivity and of significant predictive value. It's necessary to monitor the variation of sCD30 in the early period post-transplant.

可以看出，第一句介绍了研究背景和意义（通常不超过两句），第二句指出了本研究目的的同时，顺势开始介绍了研究方法。之后跟着陈述一些重要性的结果，最后以总结性的结论收尾。

三、Introduction

Introduction 是 SCI 论文最难写的部分，甚至比 Discussion 还难写。SCI 收录的杂志对于论文的 Introduction 的要求是非常高的，一个好的 Introduction 相当于文章成功了一半。所以大家应该在 Introduction 的撰写上下功夫。

收集文献仍旧是 Introduction 写作成功的必要条件，确保熟知与你研究的中心命题相关的所有文献，尤其是近期较新的文献务必要做到熟悉。因为，Introduction 是文章的开篇，是重中之重，需要作者在有限的篇幅内高度概括你所从事的研究领域的现状及其重要性，同时要准确地指出这一领域内急需解决却尚未解决的问题，之后顺理成章的提出你的研究设想及可能的重要意义。由于受到 Introduction 篇幅限制，所以 Introduction 最能够显示作者的写作功底和对这一领域的熟悉程度，要特别着重笔墨来描写。

有人很形象的将 Introduction 比作倒三角，将 Discussion 比作正三角。也就是说Introduction是从比较广的面写到具体的点，而Discussion是从你的研究内容这一点，逐渐写到研究意义这个面。所以，Introduction的第一段通常以最基本和常识性的术语或者观点来开篇，进一步引入你所涉及研究领域及其重要性。这一段绝不是简单地文献堆砌，要把该领域内过去和现在的状况全面概括总结出来，避免遗漏，特别注意引用最新的进展和过去的经典文献，否则会给审稿人留下作者对于该领域的了解不够全面和深入的印象，这一印象一旦形成，退稿是不可避免的了。同时要注意尽量简洁明了，不啰唆。看文章者都是该领域的专家，所以一些显而易见的知识要用概括性的而不是叙述性的语言来描述。另外，文献引用和数据提供一定要准确，切记避免片面摘录部分结果而不反映文献的总体结果，尽量避免间接引用（即不是查看的原文献，而是从别人文献中发现的另一篇文献的数据），这种失误一旦出现且被审稿人发现必然会导致文章的印象特差。引用文献时还注意防止造成抄袭的印象，即不要原文抄录，要用自己的话进行总结描述。如果审稿人正好是文献的引用者的话，原文照抄的结果一定会很糟糕。总之，Introduction第一段的文献回顾要保持鲜明的层次感和极强的逻辑性，让读者的视线在你的指引之下自然而然的从他熟悉的面（研究领域）聚焦至你将要讲述的点（你的研究即将解决的问题），层次感和逻辑性的有机结合可以使读者认为事情就是如此，就该这样。

Introduction的第二段重点是分析过去该领域中研究的局限性，合理的提出科学问题，从而使自己的研究设想显得非常顺理成章和水到渠成（其实就是陈述自己研究的创新型）。这一段是整个

Introduction 的高潮部分，因而写作时要反复推敲，慎之又慎。陈述别人研究的局限性时，需要客观公正评价别人的工作，千万不能通过过于贬低别人的工作来抬高自己研究的价值，一定要遵循实事求是的原则来分析。在阐述自己的创新点时，要紧紧围绕过去研究的缺陷性来描述，完整而清晰地描述自己的解决思路。需要注意文章的摊子不要铺得太大，要抓住一点进行深入的阐述。只要能够很好的解决一个问题，就是篇好文章；创新性描述的越多越大，越容易被审稿人抓住把柄。中文文章的特点是创新性要多要大，而英文文章的特点恰恰相反，深入系统的解决一到两个问题就算相当不错。

Introduction 的第三段是概述论文的研究内容，为 Introduction 做最后的收尾工作。最后，还可以总结性地提出"这一研究对其他研究有什么帮助"；或者说 further studies on...will be summarized in our next study (or elsewhere)。总之，其目的就是让读者把思路集中到你要讨论的问题上来，尽量减少不必要的争论。至此，Introduction 的写作算是大功告成。但是写完之后，还是要慎之又慎的仔细修改，琢磨每一个句子是否表达得恰当准确，这对 Introduction 的修改完善至关重要。

在了解了 Introduction 的写作原则之后，自己在阅读文献时会看到大量优秀的 Introduction 范例。在此并不赘述。下面的这段文字是笔者作为初学者时发表的第一篇论文的 Introduction，基本上是按照上述原则撰写的，在此仅供读者参考：

Newer immunosuppressive agents and regimens have achieved lower rates of acute renal rejection, however, acute rejection (AR) is still a leading cause of early graft dysfunction and late kidney graft loss. Recognizing impending AR early will reduce irreversible graft damage and improve long-term survival. Needle biopsy, the most reliable method, is an invasive technique. Meanwhile, graft damage has occurred at the time of diagnosis of AR by needle biopsy. The reliable recognition of rejection at an early stage continues to pose a problem.

CD30, a member of the tumor necrosis factor superfamily, is a 120kD membrane glycoprotein recognized originally on Reed–Sternberg cells of Hodgkin lymphoma (R–S/Hs). CD30 is preferentially expressed on T cells that secrete Th2-type cytokines. After activation of CD30+ T cells, a soluble form of CD30 (sCD30) is released proteolytically, however, the biological significance of this process is still not clearly defined .Recently, several reports have suggested that elevated pre-and post-transplantation levels of the sCD30 molecule might be predictive for an increased incidence of rejection and worse kidney graft prognosis .

To evaluate the feasibility of serum sCD30 for diagnosis of acute graft rejection, we have measured sCD30 levels of 231 renal graft recipients before and after operation.

最后介绍一些 Introduction 写作常会用到的短语和句式，供读者参考：

在叙述前人成果之后，用 However 来引导不足，提出一种新方法或新方向。如：However, little information (little attention/little work/little data/little research...) (or few studies/few investigations/few researchers/few attempts...) (or no/none of these studies...) has (have) been done on (focused on/attempted to /conducted /investigated /studied (with respect to)。如：Previous research (studies, records) has (have) failed to consider/ ignored/ misinterpreted/ neglected to/overestimated, underestimated/misled. Thus, these previous results are inconclusive, misleading, unsatisfactory, questionable, controversial. Uncertainties (discrepancies) still exist... 研究方法和方向与前人一样时，可通过以下方式强调自己工作：However, data is still scarce (rare, less accurate) or there is still dearth of...We need to (aim to, have to) provide more documents (data, records, studies, increase the dataset). Further studies are still necessary (essential)... 提出自己的观点：We aim to/This paper reports on/This paper provides results/This paper extends the method/This paper focus on...The purpose of this paper is to...Furthermore, Moreover, In addition, we will also discuss...

四、Methods

Methods部分描述研究的实施过程，对于相同类型的研究，这一部分的格式相对比较固定，一般应用过去时态撰写，有很多可供参考的范文，因此，这一部分的写作相对较为简单，但是需注意的问题不少，重要的在于完整和科学。这一过程的完整就是实验当中的每一个环节都要注意到，不要顾此失彼，遗漏一些重要内容。如果文章是关于新方法的，那要非常详细的描写它的新颖之处，要用有逻辑的、合理的方式来描述它，从而帮助读者更容易抓住新方法的要领。Methods部分可按实验对象、实验设备、实验材料、实验记录、实验分析方法等来组织行文。只要能在以上4个方面做到完整和科学的描述，相信写好Methods不是主要问题。

当你完成了Methods部分的撰写以后，要重复确认以下问题：

1. 文中用到的新术语是否都给予了定义。

2. 实验对象的基本信息是否明确描述。

3. 只要是涉及人、动物、哪怕是组织都需要提供本研究的伦理委员会证明，你的文中是否提及。

4. 实验设备中的仪器型号、生产厂家、实验过程中的用途等的说明是否详细。

5. 实验过程的描述是否清楚，如有必要要附以实验流程图进行说明。

6. 如果你是第一次阅读该部分，你是否能够得到重复整个工作的全部信息。

五、Results

有人认为Results就是按照一定的逻辑顺序将实验结果呈献给读者。这样的理解没有错，很多人都是这么做的。但是，笔者认为这一理解不够深刻。Results这一部分是整篇论文论点的支撑所在，你在Discussion中所有的论述都是以这一部分为依据的，尤其是结论部分更是需要Results部分提供有力支撑。因此，Results部分的撰写应该是根据作者的中心论点，有机的组织，甚至取舍你的实验结果（当然不是隐藏负面结果），使它作为一个整体来支撑你的中心论点，这一部分的每一个分支结果应该是无一不指向你的中心论点的。

因此，有人认为Results是撰写研究论文时首先撰写的部分。在你开始准备撰写时，你需要读懂你的结果。可以多问自己一些下面的问题：我的结果有意义吗？它告诉了我什么？是如研究之初设计的那样证明了预先设计科学假设吗？是不是有意外收获，或者得出了别的结论？如果说这些结果使我得出了某个结论，那么这种证明充分吗？

只有在充分理解自己的研究结果之后，你才能准确发现你研究的亮点，将它作为论文的最大卖点，也就是这篇论文的最有意义的观点，它将成为你这篇论文的中心命题的主要组成部分。之后在你的研究结果中找出所有能够证明和支持它的数据，围绕着中心命题有机的组织起来、罗列出来。放弃与中心命题无关的数据和结果，即使是你花大力气得来的。

至于如何撰写，简单来说就是“翔实准确、图文并茂、客观展示”。

1. Results的翔实准确是基本要求。准确是结果必须是真实的，不能伪造和篡改。翔实是提供最全面的分析结果，把一切从实验中得到的结果都提供给读者，不要故意隐瞒或遗漏某些重要结果。

2. 不同的结果适合不同的表达方式，根据研究结果的特点来选择图、表、文字等不同的表现形式。不同杂志对图表要求不完全一致，应根据杂志要求分别对待。表格能清晰展示论文获得的第一手结果，便于后人在研究时进行引用和对比。图示能将数据的变化趋势灵活的表现出来，更直接和富于感染力。图表结合，能取长补短，使结果展现更丰富。因此，尽可能的用图表展示自己的结果，文字陈述作为必要的补充。当然，这不意味着图表多多益善，因为杂志要尽量限制图的个数；过多的图表会增加排版的困难，版面费和出版社的支出也就会增加。因此，建议大家在提供图时，尽量用最少的图提供最多的信息，最多不超过 8 个。图片太多显得啰唆和累赘，会对论文造成负面影响；必要时可用表格替代一些图。图片格式要求每个杂志不同，用 tif 格式较多，不推荐用 bmp（jpg 更不能用）。有人说用矢量图清楚些，其实和 tif 没什么区别，只要足够清晰就行。黑白图片可免费，彩色图片绝对要收费，而且价格不菲。

3. 应当简洁客观的描述自己的结果，尽量不要在 Results 部分涉及对结果的评论，最多是总结陈述结果就可以了。结果的描述也要注意层次安排，要按照条理性要求分别描述，显得逻辑性较强。不要乱七八糟，降低论文的可读性。

下面是一些常用的短语及句式供参考：

"In order to prove..., we used..."; "We have set up..."; "To demonstrate..., we further..."; "Consistently/Consistent with..."; "Compared with..."; "Thus, at current time, we have evidence that..."; "We next characterized..."; "We found that..."; "We have noticed that..."; "It's known that..."; "So we introduced...in our study" ; "In contrast..."; "These data suggest that..."; "So we next explored..." ; "Notably,..."; "Importantly, ..."; "Furthermore..."; "Moreover..."; "We have previously shown that..."; "As shown in Fig. 1,..."; "Fig. 1 shows..."; "Overall,..."; "Taken together, these results suggest..."; "These data are consistent with the notion that...";

"Next, we examined the effect of..."; "We next set out to determine whether..."; "Lastly, we examined...."; "In order to establish...".

六、Discussion

Introduction 和 Discussion 是最难写的两部分。Introduction 需要通过对以往的研究背景进行深入分析，得出科学假设。而 Discussion 需要作者结合自己的研究结果进行分析，由点及面，将自己的研究融入到所属的研究领域。通过自己的 Discussion 让读者认可你的研究结果确实解决了该领域中的一个问题，成为该领域研究成果的一部分（研究意义）。所以，Discussion 的撰写最能体现出研究者对该研究领域认知的深度和广度。要写好 Discussion 需要的是研究者日常的积累和对该领域文献的熟知，绝非一日之功。当然，在研究者自己的研究功底尚不能短期内大幅提升的前提下，了解一些写作的技巧也是非常必要的。

1. 确定讨论的内容。在前文谈及 Results 写作时已经提出，作者要知道自己研究最大亮点（研究的创新性）是什么，这就是要讨论的内容。Discussion 的一个重要作用就是要突出自己研究的创新性，即显著区别于他人的特点。区别大和小是另外一个问题，重要的是要有区别，区别就是创新。对于那些和前人的研究一致，并没有显著性差异的结果，就一笔带过而无需深入讨论。

2. 在了解自己研究的深度和广度的基础上，对于创新点进行多层次、多角度的讨论。深度就是论文对于提出问题的研究到了一个什么样的程度，广度指是否能够从多个角度来分析解释实验结果。

这样就容易把研究的创新点分为几个部分逐一讨论。一般来说，把最重要的放在中间，次之的放开头和末尾。放在中间能将评审人的情绪带至高潮，前面是铺垫，后面是总结。这样的顺序似乎更合适。一定要从自己的研究结果出发，说理要有根据、问题要讲清楚、讲透彻。每一个问题都要从多个角度展开深入讨论：①首先要通过横向结果的对比，说明自己结论的独特性；②其次要从纵向分析为什么会有这样的结果，方法有多种（从实验设计角度、从理论原理角度、从分析方法角度、或借鉴别人分析方法等等）。重要的是将这个问题深入阐述清楚，不能让人有意犹未尽之感。

3. Discussion 部分务必保持和 Results 的一致性。任何结论性的陈述都要有自己研究结果的支持。不能给读者留下模棱两可的印象。另外，Discussion 的文字描述和语言表达的精确性尤为重要。由于中英文表达的不同，在投稿之前要尽量避免出现表达上的误解，如果论文因此被拒是很冤枉的。

4. Discussion 不能过多地罗列和重复结果部分的内容，这是常犯的错误，因为感觉没什么可说的，就重复结果来充数。讨论部分可以就你的实验结果论述与你的结果密切相关的研究现状存在的一系列问题，你的工作是解决的哪一部分问题。

5. Discussion 不能写成文献回顾，这也是初学者常犯的错误。出于凑篇幅的目的，许多初学者往往在 Discussion 中过多的罗列参考文献的内容，使其喧宾夺主，让读者读起来一头雾水，弄不明白作者真正要讨论什么。一定要引用和你的研究密切相关的参考文献，Discussion 中引用的参考文献是做陪衬用的，是用来衬托出你的研究内容的重要意义，切勿本末倒置，通篇 Discussion 大部分讲别人的研究，自己的研究只是寥寥几句。

6. 客观评价自己文章的不足。一定不要耍小聪明，刻意隐藏文章的漏洞，觉得别人看不出来。读者一定比作者聪明，因为，作者往往是一个人，而读者是一个群体。希望自己都能够发现的研究中存在的不足和短板不被读者发现显然是一个奢望。客观的在文章中讨论自己研究的不足和缺陷，反而会让 reviewer 认为你的研究是真实的，讨论是客观的。否则，关于这些文章不足和缺陷的问题一定会出现在你的审稿意见中。

掌握了这些大概的撰写原则之后，剩下的就是英语句式、段落布局等具体的写作技巧了，下面简单讲述一下 Discussion 撰写中常用到的词语和句式：

1. 提出观点　不同的句式反映的语气大不相同，不同的观点需要不同的语气，否则会引起 reviewer 的置疑，导致文章的被拒。要客观分析自己成果的创新性以及可信度，选用合适的句式，避免由于句式选择不当使自己文章的意义大打折扣。

（1）不是本文最新提出的观点，而是验证了前人的结论，通常要用 We confirm that...，这一类文章多出现在一些临床病例分析一类的文章，例如，一种新术式或者新的治疗方法所带来的临床结果，往往会得出之前研究相同的结论，由于是不同的临床中心，因此，这类文章也是有意义的。

（2）当自己对于结论很自信时，可以用 We believe that... 对于自己研究确实证实的问题，一定不要谦虚，大胆地说出来。

（3）当然，对自己研究结果得出的结论尚不太肯定，把握不是很大时，可以用 Results indicate, infer, suggest, imply that......，表示是由结果推导出来的，不管这一结果最终是否得到同行的认可，我的研究结果确实可以得出这样的推断。

（4）确实是自己的首创时可以用 We put forward (discover, observe)...for the first time，当然，这一句式要慎用，否则会让 reviewer 觉得作者不够诚实或者夸大了研究意义。

（5）如果自己对所提出的观点不完全肯定，可用 We tentatively put forward（interpret this to...）; The results may be due to (caused by) attributed to resulted from...This is probably a consequence of...It seems that...can account for（interpret）this...It is possible that it stem from...。

2. 熟练运用连接词　常见的连接词有，However, also, in addition, consequently, afterwards, moreover, Furthermore, further, although, unlike, in contrast, Similarly, Unfortunately, alternatively, parallel results, In order to, despite, For example, Compared with, other results, thus, therefore... 用好连接词能使文章层次清楚，意思明确。例如，叙述有时间顺序的事件或文献，最早的文献可用 AA advocated it for the first time，接下来可用 Then BB further demonstrated that，再接下来，可用 Afterwards, CC... 如果还有，可用 More recent studies by DD... 如果叙述两种观点，要把它们截然分开 AA put forward that.... In contrast, BB believe，或者 Unlike AA, BB suggest，或者 On the contrary（表明前面观点错误），如果只表明两种观点对立，用 in contrast BB... 如果两种观点相近，可用 AA suggest...Similarly,

alternatively, BB... 或者 Also, BB，或者 BB also does... 表示因果或者前后关系可用 Consequently, therefore, as a result... 表明递进关系可用 furthermore, further, moreover, in addition...

3. 阐述自己研究的不足

（1）研究的问题有点片面，讨论时一定要说，It should be noted that this study has examined only...We concentrate (focus) on only...We have to point out that we do not...Some limitations of this study are...

（2）结论有些不足，The results do not imply...The results can not be used to determine (or be taken as evidence of)...Unfortunately, we can not determine this from this data...Our results are lack of... 但指出这些不足之后，一定要马上再次加强本文的重要性以及可能采取的手段来解决这些不足，为别人或者自己的下一步研究打下伏笔。Not withstanding its limitation, this study does suggest...However, these problems could be solved if we consider...Despite its preliminary character, this study can clearly indicate... 用中文来说这是左右逢源，把审稿人想到的问题提前给一个交代，同时表明你已经在思考这些问题，但是由于文章长度，实验进度或者实验手段的制约，暂时不能回答这些问题。但通过你的一些建议，这些问题在将来的研究中有可能实现。

七、Acknowledge & References

Acknowledge 主要分为两个：第一是表明研究的基金来源，中国一般都是 Nature Science Foundation of China（NSFC，国家自然科学基金），美国大多是 National Institute of Health（NIH，美国国家卫生研究院）。写基金时一般要标注清楚基金号码（Grant Number），只有这样才算是该项基金的研究成果，也可以算做实验室的研究成果。须知没有任何一项研究成果是在没有资金资助的情况下完成的，所以这一点非常必要。第二是对参与人员（没有列在作者中的研究人员）和单位表示感谢，如果通过一审和最终接受发表，还要添上对 editor 和 anonymous reviewers 的感谢，这是基本礼貌。

References 重要在于格式。不同杂志对参考文献格式要求不一样，具体下来有所区别的可以分为：作者的写法，有的是简写在前，有的简写在后，有的简写有点，有的简写没有点；文章的名字，有的要加上引号，有的没有引号；期刊的写法，有的要简写，有的要全称，有的要斜体，有的则不需要；年和期卷号的顺序，有的是年在前，有的是年在后；期刊论文、书、学位论文、会议论文，四种引用的格式各不相同；文献的排列顺序，有的是按照字母的顺序，有的则是按照在论文中出现的顺序用阿拉伯数字排序。基本上就是这些问题，看来很是琐碎，但是如果你的参考文献排列的乱七八糟，那就会使得评审人对你论文的印象很差，认为你没有认知组织和撰写论文，造成一定的负面影响。所以，事情虽小，影响却大，还是要认真组织为好。

八、科技论文的时态

尽管英语谓语动词时态共有 16 种之多，但是，在英文科技论文中用到得主要有三种：即一般过去时、一般现在时和将来时。只要正确把握这三种时态的使用原则，时态就不会成为科技论文写作的难点，也正是因为这样，希望初学者要认真选择文章的时态，不要在论文中犯这种低级错误。

一般过去时：这是最常用的时态，因为你写论文中所提到的基本上都是发生过的，所以，大部分句子都是过去式。例如，描述自己的材料、方法和结果时，统统都用过去时。

一般现在时：在陈述客观存在的事实或者已经被认可的观点、结论时，要用一般现在时。另外，出于尊重，凡是他人已经发表的研究成果作为“previously established knowledge”，在引述时普遍都用一般现在时。

一般将来时：很少用到，一般在陈述下一步研究计划或者在一些假设的前提下会用到一般将来时。

（王　栋）

5

第五部分

论文的投稿与发表

第十六章　论文的投稿

科研成果只有被撰写成文章并发表才能获得学界的认可。在投稿前，我们要对自己研究项目在本学科或本项领域中的地位及重要性有清醒的认识，了解本领域不同级别的杂志。选择适合的杂志投稿，了解该杂志投稿的过程并详读稿约，这样才能提高论文发表的成功率。

第一节　稿件的规范化处理

一、撰写文章应注意的问题

一篇优质的科学论文不仅要求行文清晰流畅，同时要求术语专业，并且要求标点及符号使用规范。因此，在投稿前一定要对论文进行精雕细琢，使之规范化、正规化，方能投稿发表。论著类文章通常要求标引 2 ～ 5 个关键词（多要求中英文对照）。所标引关键词应主标引文章所研究和讨论的重点内容，起到画龙点睛的作用。请尽量使用最新版美国国立医学要图书馆编辑的《Index Medicos》中的医学主题词表（MeSH）内所列的主题词。关键词中的缩写词应按 MeSH 标引为全称，如“Family Planning”应标引为“计划生育”。每个英文关键词第一个字母应大写，各词汇之间应用分号分隔。标引中文关键词须依照中国医学科学院医学信息研究所译编的《中文医学主题词表》和中国中医研究院图书情报所的《中医药学主题词表》。如果最新版 MeSH 中尚无相应的词，处理办法有：①可选用直接相关的几个主题词进行组配；②可根据树状结构表选用最直接的上位主题词；③必要时，可采用习用的自由词并排列于最后。多数刊物年终编制索引均采用主题词索引和作者索引，不使用自由词，因此特别请投稿人注意，标引关键词请尽量使用医学主题词表（MeSH）中的主题词。

二、投稿前应仔细阅读稿约

科技期刊的稿约是指刊物编辑部向投稿人声明刊物性质、投稿类型及其他注意事项的告白，一般以条文的形式登载。其是根据国家有关科技期刊出版标准（共性部分）及结合各期刊的实际情况（个性部分）而制定的，作者在投稿之前，应仔细阅读稿约，这样才能有的放矢，提高投稿命中率。稿约一般刊登在各期刊每年第 1 期上。

三、投稿细则

（一）撰稿要求

1. 依据标准　文稿撰写应遵照国家标准GB7713科学技术报告、学位论文和学术论文的编写格式、GB6447文摘编写规则、GB7714文后参考文献著录规则、GB/T3179科学技术期刊编排格式等要求；同时遵照国际医学期刊编辑委员会（International Committee of Medical Journal Editors）制定的《生物医学期刊投稿的统一要求（第5版）》（Uniform requirements for manuscripts submitted to biomedical journals）见：Ann Intern Med，1997，126（1）：36-47.

2. 名词术语　应标准化，前后统一，如原词过长且多次出现者，可于首次出现时写出全称加括号内注简称，以后直接用简称。医学名词以全国自然科学名词审定委员会公布的《生理学名词》《生物化学名词与生物物理学名词》《化学名词》《植物学名词》《人体解剖学名词》《细胞生物学名词》及《医学名词》系列，药名以《中华人民共和国药典》和国家卫生计生委药典委员会编的《药名词汇》为准，国家卫生计生委批准的新药，采用批准的药名，创新性新药，请参照我国药典委员会的“命名原则”。新译名词应附外文。

公认习用缩略语可直接应用，如WBC、RBC、Hb、PLT、ESR、CRP、TNF、IL、ICU、NICU、HIE、AST、ALT、ACTH、HBsAg、DNA、RNA、ALP、Cr、BUN、LDH、CK等（详见英文版投稿须知）。为减少排印错误，外文、阿拉伯数字、标点符号（尤其是连字符号、破折号等）尽量打印，并直接打在稿纸上。

中医药名词英译要准确：①有对等词者，直接采用原有英语词，如癫痫 epilepsy，肿瘤 tumor，炎症 inflammation；②有对应词者应根据上下文合理选用原英语词，如心肌梗死 myocardial infarction，肝纤维化 liver fibrosis，研究进展 research progress；③中医药名，英语中没有对等词者，应用汉语拼音注明，中间不空格，如黄芪 huangqi，丹参 danshen，气功 qigong。

冠以外国人名的体征、病名、试验、综合征、方法、手术等，人名可以翻译成汉语，但人名后不加“氏”字；也可以用外文，但人名后不加“s”，如 Babinski 症，可以写成巴宾斯基症，不写成 Babinski's 症，也不写成巴宾斯基氏症。若为单字则保留“氏”字，如福氏杆菌。

3. 外文字符　注意大小写正斜体与上下角标。静脉注射（iv），肌内注射（im），腹腔注射（ip），皮下注射（sc），脑室注射（icv），动脉注射（ia），口服（po），灌胃（ig）。例如 s（秒）不能写成 S，kg 不能写 Kg，ml 不能写 ML，1cpm（应写为 $1min^{-1}$）÷E%（仪器效率）÷60 = Bq，pH 不能写 PH，Hp 不能写成 HP（幽门螺杆菌），$T_{1/2}$ 不能写 $t_{1/2}$ 或 $T_{(1)/(2)}$，希腊字母 μ 不能写英文字母 u。

生物医学文稿中须写成斜体的外文字符：①生物学中拉丁学名的属名和种名（包括亚属、亚种、变种）应斜体，例如大肠埃希菌 *Escherichia coli*、幽门螺杆菌 *Heliobacter pylori*；②各种基因的缩写符号应斜体，例如人脆性 X 智力低下基因 1 *FMR1*、原癌基因 *RAF1*（人）、病毒癌基因 *v-raf-1*（鼠）等；③外文作者单位、城市名和邮政编码；④拉丁字及缩写 *in vitro*，*in vivo*，*in situ*，*bid*，*et al*，*po*，*vs*；⑤用外文字母代表的物理量，如 *m*（质量），*F*（力），*p*（压力），

W（功），*v*（速度），*Q*（热量），*E*（电场强度），*A*（S 面积），*t*（时间），*l*（长度），*b*（宽度），*h*（高度），*d*（厚度），*R*（半径），*D*（直径），*Tmax*，*Cmax*，*Vd*，*T1/2*，*CI*，*vs* 等；⑥基因符号用小写斜体，如 *p53*；基因产物用大写正体，如 P16 蛋白。

4. 计量单位　采用国际单位制（Systéme Internationale d'Unités，SI units）并遵照：①国家标准，GB3100～3102-93 量和单位；②中华医学会编辑出版部，法定计量单位在医学上的应用. 第三版. 北京：人民军医出版社，2004.

（1）单位符号和单位的中文符号的使用规则：①单位和词头的符号用于公式、数据表、曲线图、刻度盘和产品铭牌等需要明了的地方，也用于叙述性文字中。所给出的单位名称的简称可用作该单位的中文符号（简称“中文符号”）。中文符号只在小学、初中教科书和普通书刊中有必要时使用。单位符号没有复数形式，符号上不得附加任何其他标记或符号。摄氏度的符号℃可以作为中文符号使用。不应在组合单位中同时使用单位符号和中文符号；例如：速度单位不得写作 km/ 小时，应写为 km/h。但非物理量的计数量除外，如：次 /min。②单位符号和中文符号的书写规则：单位符号一律用正体字母，除来源于人名的单位符号第一字母要大写外，其余均为小写字母（升的符号 L 例外）。例如：米（m）；秒（s）；坎［德拉］（cd）；安［培］（A）；帕［斯］（Pa）；韦［伯］（Wb）等。当组合单位是由两个或两个以上的单位相乘而构成时，其组合单位的写法可采用下列形式之一：N·m；Nm（2）。当用单位相除的方法构成组合单位时，其符号可采用下列形式之一：m/s；$m \cdot s^{-1}$。除加括号避免混淆外，单位称号中的斜线（/）不得超过一条。在复杂的情况下，也可以使用负指数。由两个或两个以上单位相乘所构成的组合单位，其中文符号形式为两个单位符号之间加居中圆点，例如：牛·米。单位相除构成的组合单位，其中文符号可采用下列形式之一：米/秒，米·秒。单位符号应写在全部数值之后，并与数值间留适当的空隙。SI 词头符号一律用正体字母，SI 词头符号与单位符号之间，不得留空隙。单位名称和单位符号都必须作为一个整体使用，不得拆开。如摄氏度的单位符号为℃。20 摄氏度不得写成或读成摄氏 20 度或 20 度。

（2）生化指标：一律采用法定单位表示。①血液中的总蛋白、清蛋白、球蛋白、脂蛋白、血红蛋白、总脂用 g/L，免疫球蛋白用 mg/L；②葡萄糖、钾、尿素、尿素氮、CO_2 结合力、乳酸、磷酸、胆固醇、胆固醇酯、三酰甘油、钠、钙、镁、非蛋白氮、氯化物、溴化物、锂用 mmol/L；③胆红素、蛋白结合碘、肌酸、肌酐、铁、铅、抗坏血酸、尿胆元、氨、维生素 A、维生素 E、维生素 B_1、维生素 B_2、维生素 B_6、尿酸、烟酸用 μmol/L；④氢化可的松（皮质醇）、肾上腺素、汞、孕酮、甲状腺素、睾酮、叶酸用 nmol/L；⑤胰岛素、雌二醇、促肾上腺皮质激素、维生素 B_{12} 用 pmol/L。

（3）年龄的单位有日龄、周龄、月龄和岁。例如，1 秒，1s；2 分钟，2min；3 小时，3h；4 天，4d；5 周，5wk；6 个月，6mo；雌性♀，雄性♂，酶活性国际单位 IU=16.67nkat，对数 log，紫外 uv，百分比 %，升 L，尽量把 1×10^{-3}g 与 5×10^{-7}g 之类改成 1mg 与 0.5μg，hr 改成 h，重量 γ 改成 μg，长度 μ 改成 μm。

（4）国际代号不用于无数字的文句中，例如每天不写每 d，但每天 8mg 可写 8mg/d。在一个组合单位符号内不得有 1 条以上的斜线，例如不能写成 mg/kg/d，而应写成 mg/（kg · d）或 $mg \cdot kg^{-1} \cdot d^{-1}$，且在整篇文章内应统一。单位符号没有单、复数的区分，例如：2min 不是 2mins，3h 不是 3hs，4d 不是 4ds，8mg 不是 8mgs。半个月，15d；15 克，15g；10 年，10a；10% 福尔马林，100ml/L 或 $100L/m^3$ 福尔马林；95% 酒精，950ml/L 或 $950L/m^3$ 酒精；5%CO_2，50ml/L CO_2；1∶1000 肾上腺素，1g/L 肾上腺素；胃黏膜含促胃液素 36.8pg/mg pro，改为胃黏膜蛋白含促胃液素 36.8%ng/g；10% 葡萄糖改为 560mmol/L 葡萄糖；45ppm=45×10^{-6}；离心的旋转频率（原称转速）用 r/min，超速者用 g。药物剂量若按体重计算，一律以“/kg”表示。

（5）放射性核素和元素：如 $^{14}CO_2$，^{131}I-albumin，[^{131}I] iodoalbumin，L-[1-^{14}C] leucine，iodo [^{14}C] acetic acid，[methyl-^{14}C] insulin（参阅 J Biol Chem，1991，266：699）。放射性活度，从前用 Ci（居里），现在用 Bq（贝可勒尔）。Ci = 37GBq（3.7×10^{10}Bq）。

5. 元素符号用正体且首字母大写，核子数标在元素符号的左上角，元素、离子或基团的化合价应标在右上角，且应数字在前，表示正负化合价或阴阳离子的“+”或“−”在后，如 Mg^{2+}（不用 Mg^{++}，Mg^{+2}），PO^{3-}（不用 PO^{-3}，PO^{-4}）等。

6. 统计学符号

（1）*t* 检验用小写 *t*。

（2）*F* 检验用英文大写 *F*。

（3）卡方检验用希文小写 χ^2。

（4）样本的相关系数用英文小写 *r*。

（5）自由度用希文小写 *u*。

（6）样本数用英文小写 n。

（7）概率用英文斜体大写 *P*。

在统计学处理中在文字叙述时平均数 ± 标准差表示为 mean ± SD，平均数 ± 标准误为 mean ± SE。统计学显著性用 a$P<0.05$，b$P<0.01$（$P>0.05$ 不注）。如同一表中另有一套 *P* 值，则 c$P<0.05$，d$P<0.01$；第三套为 e$P<0.05$，f$P<0.01$ 等。

7. 数字用法　遵照国家标准 GB/T 15835-1995 出版物上数字用法的规定，作为汉语词素者采用汉字数字，如二氧化碳、十二指肠、三倍体、四联球菌、五四运动、星期六等。统计学数字采用阿拉伯数字，如 1000 ～ 1500kg，3.5mmol/L ± 0.5mmol/L 等。测量的数据不能超过其测量仪器的精密度，例如 6347 意指 6000 分之一的精密度。任何一个数字，只允许最后一位有误差，前面的位数不应有误差。在一组数字中的 mean ± SD 应考虑到个体的变差，一般以 SD 的 1/3 来定位数，例如 3614.5g ± 420.8g，SD 的 1/3 达一百多 g，平均数波动在百位数，故应写成 3.6kg ± 0.4kg，过多的位数并无意义。又如 8.4cm ± 0.27cm，其 SD/3 = 0.09cm，达小数点后第 2 位，故平均数也应补到小数点后第 2 位。有效位数以后的数字是无效的，应该舍。末尾数字，小于 5 则舍，大于 5 则进，如恰等于 5，则前一位数逢奇则进，逢偶（包括“0”）且 5 之后全为 0 则舍。末尾时只可 1 次完成，不得多次完成。例如 23.48，若不要小数点，则应成 23，而不应该 23.48 → 23.5 → 24。年月日采用全数字表达法，请按国家标准 GB/T 7408-94 书写。如 1985 年 4 月 12 日，可写作 1985-04-12；1985 年 4 月，写作 1985-04；从 1985 年 4 月 12 日 23 时 20 分 50 秒起至 1985 年 6 月 25 日 10 时 30 分止，写作 1985-04-12 T23:20:50/1985-06-25 T10:30:00；从 1985 年 4 月 12 日起至 1985 年 6 月 15 日止，写作 1985-04-12/06-16，上午 8 时写作 08:00，下午 4 时半写作 16:30。百分数的有效位数根据分母来定：分母≤100，百分数到个位；101≤分母≤1 000，百分数到小数点后 1 位；余类推。小数点前后的阿拉伯数字，每 3 位间空 1/4 阿拉伯数字距离，如 1 486 800.475 65。完整的阿位伯数字不移行。

8. 标点符号 遵照国家标准 GB/T 15834-1995 标点符号用法的要求，论文中的句号都采用黑圆点；数字间的起止号一律采用波浪号～（英文内则采用半字线）；并列的汉语词间用顿号分开，而并列的外文词、阿拉伯数字、外文缩略词及汉语拼音字母拼写词间改用逗号分开，参考文献中作者间一律用逗号分开；表示终了的标点符号，如句号、逗号、顿号、分号、括号及书名号的后一半，通常不用于一行之首；而表示开头的标点符号，如括号及书名号的前一半，不宜用于一行之末。标点符号通常占一格，如顿号、逗号、分号、句号等；破折号应占两格；英文连字符只占一个英文字符的宽度，不宜过长，如 5-FU。外文字符下划一横线表示用斜体，两横线表示用小写，三横线表示用大写，波纹线表示用黑体。

9. 术语实例正（误）、宜用（不宜用）。报道（导）、荧（萤）光、神经元（原）、糖原（元）、基原（源）、皂苷（甙）、碱（硷）、碱（盐）

基、递（介）质、可（考）的松、溶解（介）、解（介）剖、注解（介）、解（介）决、解（介）释、了解（介）、嘹（了）望、啰（罗）音、重叠（迭）、图像（象）、亚甲蓝（兰）、甲蓝（兰）、松弛（驰）、瓣（办）膜、符（附）合、幅（辐）度、预（予）防、明了（嘹）、蔓（漫）延、弥（迷）漫、覆（复）盖、圆（园）形、阑（兰）尾、副（付）作用、蛋（旦）白、针灸（炙）、莨（茛）菪、年龄（令）、末梢（稍）、锻炼（练）、精练（炼）、简练（炼）、抗原（元）、横膈（隔）、纵隔（膈）、部分（份）、分析（分拆、分折）、检（捡）查、石蜡（腊）、糜（靡）烂、委靡（糜）、原型（形）排泄、大脑皮质（层）、胞质（浆）、脑（颅）神经、血管（菅）、食管（道）、淋巴结（腺）、扁桃体（腺）、红细胞（血球）、中性粒细胞（嗜中性白血球）、嗜酸粒细胞（嗜酸性白细胞）、嗜碱粒细胞（嗜碱性白细胞）、血红蛋白（血红素）、骨骼（胳）、晶体（晶状体）、组胺（组织胺）。

解剖学名词的定名原则为部位器官定语在前，形态、性质定语次之，动作定语紧靠主格名词：胆总管（总胆管），肛提肌（提肛肌）。废弃以人名命名的解剖学名词：心肌传导（浦顷野）纤维、胆道口（俄狄）括约肌、胆道口（乏特）壶腹。抗生（菌）素、维生素 A（甲）。葡萄糖与其他化合物组成复合词时，简称葡糖，如葡糖（葡萄糖）醛酸。糖（醣）类、功（机）能、综合征（症、症侯群）、并发（合并）症、适应证（症）、禁忌证（症）、辨证（症）论治、片段（断）、机制（理）、瘀（郁）血、发绀（青紫、紫绀）、水（浮）肿、自身（家）免疫、脱位（骱）、血流（液）动力学、弥散（弥漫、播散）性血管内凝血。噪声（音）、超声（音）、超声显像（象）、图像（象）、影像（象）、录像（象）、实验室（化验）检验、肾上腺素（能）受体、$T_{1/2}$（半寿期、半衰期、半减期）、Ca^{2+}（Ca^{++}）。

用人名构成的名词术语，如只用单个汉字表示人名时，则加氏字，如布氏杆菌（布杆菌）；但如用2个以上汉字表示人名时，不加氏字，如革兰染色（革兰氏染色）、革兰阳性细菌（革兰氏阳性细菌）。霍奇金病（何杰金病、何杰金氏病）。剖宫（腹）产、围生（产）医学、梗死（塞）、机制（理）、梅尼埃（美尼尔）病。正确译法：Takayasu arthritis 大动脉炎、Trousseau sign 低钙束臂征、Chvostek sign 低钙击面征、artificial 人工的、allergic 变应性、primary 原发性、idiopathic 特发性、septic 脓毒性、auto- 自身、-genic- 源性、mechanism 机制、drug-induced 药物性。一种特定病，统称为病，如炎症性肠病；一组病，统称疾病，如胰腺疾病、肺源（原）性心脏病、心源（原）性休克。

病人、伤员不规范，统一用患者。

甙改成苷，如氨基糖甙类抗生素改成氨基糖苷类抗生素。

（二）论文格式

论文格式是编辑对稿件的第一印象，应该足够重视。如果稿件是手写的，要注意书写认真规范、整洁清楚、无错别字、标点符号准确无误，而且必须使用方格稿纸誊清，注明每页字数。如果是打印稿，还应注意字不可太小，一般正文部分以三号字或小三号字为宜，页脚须注明页数与字数，便于编辑排版时参考。一般报刊编辑部都不收复写稿和复印稿。不少报刊编辑部对稿件格式都有详细而明确的要求，投稿前要认真研究。正规论文的格式应该是标题、标题之下是通讯地址、通讯地址之后是加小括号的邮政编码，然后空格后是作者姓名。较长的论文在正文之前应有200～300字的“摘要”，和不超过5个的关键词，以便于编辑阅稿时节约时间，了解要点，通常正文之后还应注明“引文出处”或“备注”以及主要参考书目，参考书目要写清书名、出版社名、版本、编著者等。

1. 题名　简明确切地反映论文最重要的特定内容。一般使用能充分反映主题内容的短句，不使用具有主、谓、宾结构的完整句，一般不使用标点。文题以不超过20个字为宜。①尽可能不用副题名，确有必要时，可采用加括号或破折号将副题与正题加以区分。文题用词应有助于选定关键词和编制目录、索引；②避免用“的研究”或“的观察”等非特定词，避免使用非公知公认的缩略语、字符、代号等，也不宜将原形词和缩略语同时列出；③文题中的外文人各用原文。专家述评及文献综述应附相对应的英文题目和作者姓名。另列一页，英文题名首词的第1个字母大写，其余都小写（专用词的首字母大写），中文题名和英文题名必须一致。英文文题应与中文文题含义一致；④论文若系部、省级以上基金项目或攻关项目或曾在国际会议上报奖者，可在题名页下标脚注。

2. 作者　论文署名作者不宜过多（一般不要多于6位作者），限于参加研究工作并能解答文章有关问题、能对文稿内容负责者，如论文学术内容的创始构思或设计者；实验数据的采集并能给予解释者；能对编辑部提出的审改意见进行修改者；能在学术界就论文内容进行答辩者。对研究工作有贡献的其他人可放入脚注或致谢项目（协作组成员放在脚注中）。作者不以协作组署名。作者署名的次序按参加者对论文的贡献大小排列，不提倡并列第一作者。论文执笔者在前。第一作者须事先征得论文的其他作者同意全体签名后投稿，包括排列顺序；协作组的资料更应征得组内全体成员的同意。全体作者汉语拼音，姓在前，全大写；名在后，首字母大写，双名者中间加连字符，作者间加逗号。如 MA Lian-Sheng，PAN Bo-Rong。

3. 单位 是指作者从事本研究工作时的单位，如单位有变动，可在脚注中注明。单位名称用全称，不用简称，以单位介绍信公章的单位名称为准，具体到科室。省会及著名城市的单位可以不加省名。省、自治区等行政区划名要写全称。与国外人员共同完成的论文应在文内注明研究进行及完成单位名称。外国作者及单位应注原文。中华医学系列杂志将作者单位书写位置放在论文首页底线左下方脚注的位置。作者单位注录项目举例：①作者为一个单位时：北京 100034，北京大学泌尿外科研究所；或北京 100730，北京协和医院泌尿外科；②作者为一个医院两个科室时：北京 100005，北京医院泌尿外科（万 ×、王 ××），妇产科（丁 ×）；③作者为两个以上单位时：北京，100730 北京协和医院泌尿外科（夏 ×），北京医院（万 ×）；注录时邮政编码只注录第一作者；④通讯作者调离时：北京 100730 北京协和医院泌尿外科［（夏 × 现在友谊医院）李 ×、方 ×］。

4. 主题词（关键词） 主题词是从论文的题名、提要和正文中选取出来的，是对表述论文的中心内容有实质意义的词汇。主题词是用作计算机系统标引论文内容特征的词语，便于信息系统汇集，以供读者检索。每篇论文一般选取3～8个词汇作为主题词，另起一行，排在"提要"的左下方，多个主题词之间用分号分隔，按词条的外延（概念范围）层次从大到小排列。主题词一般是名词性的词或词组，个别情况下也有论文代写动词性的词或词组。应标注与中文主题词对应的英文主题词。编排上中文在前，外文在后。中文主题词前以"主题词："或"[主题词]"作为标识；英文主题词前以"Key words"作为标识。主题词应尽量从国家标准《汉语主题词表》中选用；未被词表收录的新学科、新技术中的重要术语和地区、人物、文献等名称，也可作为主题词标注。主题词应采用能覆盖论文主要内容的通用技术词条。主题词的一般选择方法是：由作者在完成论文写作后，从其题名、层次标题和正文（出现频率较高且比较关键的词）中选出来。主题词是经过规范化的词，在确定主题词时，要对论文进行主题分析，依照标引和组配规则转换成主题词表中的规范词语（参见《汉语主题词表》和《世界汉语主题词表》）。

5. 中国图书资料分类号　在《中国图书资料分类法》第3版中选1～2个分类号。

6. 摘要　应具有重要信息及数据。不得简单重复题名中已有的信息，忌讳把引言中出现的内容写入摘要，不要照搬论文正文中的小标题（目录）或论文结论部分的文字，也不要诠释论文内容。尽量采用文字叙述，不要将文中的数据罗列在摘要中；文字要简洁，应排除本学科领域已成为常识的内容，应删除无意义的或不必要的字眼；内容不宜展开论证说明，不要列举例证，不介绍研究过程；摘要的内容必须完整，不能把论文中所阐述的主要内容（或观点）

遗漏，应写成一篇可以独立使用的短文。摘要一般不分段，切忌以条列式书写法。陈述要客观，对研究过程、方法和成果等不宜做主观评价，也不宜与别人的研究作对比说明。以上中文摘要编写的注意事项都适用于英文摘要，但英语有其自己的表达方式、语言习惯，在撰写英文摘要时应特别注意。

7. 脚注　不同的杂志有不同的要求及内容。

（1）作者单位全称。

（2）（第一）作者简介姓名，性别，1950-03-15生，××省××市人，××族。19××年××大学××系×科毕业，××职称，职务，主要从事××病的诊治研究，发表论文××篇，主编《××××》等××部。

（3）基金资助项目的名称及编号，中英文对应。

（4）国际及全国性学术会议报告。

（5）通讯作者：姓名，单位全称，地址（包括：国家、省、市县、名称及邮政编码），中英文对应。

举例：

通讯作者潘跃华教授，710033，世界胃肠病学杂志社西安及海外编辑部，陕西省西安市长乐西路17号第四军医大学621楼15室。

Supported by the National Natural Science Foundation of China，No.39290700-03. Correspondence to Prof.PAN Yue-Hua，World Chinese Journal of Digestion，Room 15，Building 621，Fourth Military Medical University，17 Changle Xilu，Xi'an 710033，Shaanxi Province，China. Tel. + 86 • 29 • 3224890，Fax. + 86 • 29 • 3224890，E-mail...

（6）收稿日期：多由编辑人员书写。

8. 正文结构　以研究论著为代表，请采用国际科技论文通用的IMRAD格式，即引言（Introduction）、材料和方法（Materials and Methods）、结果（Results）和讨论（And Discussion）。其他类型的论文可参照此结构，有所改变。

9. 标题层次　文内标题力求简短，层次为1～3级。层次序号一级用“1，2，3，……”；二级用“1.1，1.2，1.3，……”，以此类推。序号一律左顶格写，后空一格写标题；二级标题后空一格接正文。正文内序号连排用①……②……③……目前，中华医学系列杂志仍在采用材料与方法、结果、讨论等三项分栏法，在标题之下分层仍采用：一、二、三、（一）、（二）、（三）、1、2、3、（1）、（2）、（3）等老的分层方法。

10. 表及图　要有表题（表题置于表的上方）、图题（图题置图的下方）及表序、图序（如表1、表2，图1、图2）。文稿仅有一表（图）者用“表（图）1”。图题及表题力求简明，一般不超过15个字，不用标点符号。线条图用碳素墨水在硫酸绘图纸上绘制。图的大小以7cm×5cm为宜。坐标刻度线应向内，不宜过密。照片图要精心裁剪，去掉不必要的部分，反差适度。彩色照片要精选，颜色要真。背面注明图序、图题及图注等。统计图应按统计学原则绘制。表格按卫生统计学制表原则在白纸上绘制，采用三线表，不用端线、纵线及斜线。所有数据必须经统计学处理。统计学显著性用：a$P<0.05$，t=?，b$P<0.01$，t=?（$P<0.001$，$P>0.05$一般不注=。如同一表中另有一套P值，则c$P<0.05$，d$P<0.01$；第3套为

$eP<0.05$，$fP<0.01$。注在表的左下方，P值后应注明具体检验值，如t检验，则t=?，F检验，则F=?，接着为*vs.*何组。如：$aP<0.05$，$t=3.86$，*vs.* HBV DNA阴性组。表内采用阿拉伯数字，共同的法定计量单位符号注在表的右上方。表内个位数、小数点、±、～等应上下对齐，“空白”表示无此项或未测。“—”代表未发现。不能用“同左”“同上”等。表图力求少而精，勿与正文内容重复。文字简述能说明问题者，尽量不用表和图，表图的标目尽量用P/kPa，t/℃，m/ng，V/mL，t/min，C/（mol/L）表达。

11. 讨论 讨论部分是一篇论文的核心部分，也是审稿专家和读者必定关注的部分，也是读者阅读一篇文章的目的，在题目、摘要、前言等部分上的良苦用心均是为了引导读者阅读此部分。所以讨论部分也是向读者和审稿专家展示自己研究水平的部分。所以，在讨论部分必须明确展示本文内容的创新性、科学性、实用性。为此，在讨论部分必须完整、详细的解释和描述研究的结论，并对比解释说明本文所研究内容的科学性和创新性。鉴于讨论部分的重要性，现将讨论部分的写作技巧及所要包含的主要内容详列如下：

（1）描述结论：首先，从专业角度对自己的研究进行总结，此部分务必与研究结果和研究目的保持一致，也就是说讨论部分的内容必须在结果中找到依据。否则就会给人一种课题设计不完善的感觉。

（2）解释结论：对本研究的结论进行解释，为了突出解释的科学性和可靠性，一般是在和别人的研究分析对比中进行解释。列出几篇和自己结论一致的文献，同时也要列出几篇和自己不一致或者相悖的文献，但要解释出不一致的理由，比如是因为所选群体不一致，研究条件不一致等，因为科学研究中的可控变量较多，所以解释两个结论不一致一般不难。

（3）研究价值：结论解释完之后，还要说明本研究的应用价值，也就本研究所能给社会或者临床带来什么实际价值，比如本研究可以进一步明确某种方法治疗某种疾病的效果，本研究发现某种药物存在一些尚未发现的治疗作用，或者本研究可以为相关研究提供参考。

（4）不足之处：任何一项研究由于客观条件的限制，不可能尽善尽美，都会或多或少存在一些不足之处，或者由于当前科技水平的限制，也会导致研究所存在的一些局限性，描述此部分内容时，一定要慎重。尽量列出一到两个不影响本研究结论科学性和准确性的限制，比如本研究的样本含量较小，或者本研究随访时间较短等，一般不要列出诸如本研究所用统计方法不当，或者本课题的所用评价标准不够成熟等。

（5）研究心得：在文章最后，要说明本文所要传递的信息，或者是对以后研究的展望。一般文章最后写出本文要传递给读者什么有价值的知识或信息，也可以是给读者带来的启发。比如："随着对不稳定型上颈椎结核性骨折的研究不断深入，探求一种既能实现理想的复位固定，又可保留寰枢椎关节活动功能的内固定方法是我们当前研究的方向。"

以上 5 个方面是论文讨论部分的骨架，也就是说，讨论部分是在这 5 个方面的基础上进行展开，根据自己的写作习惯和写作风格对骨架部分进行添加血肉，使得讨论部分显得内容连贯、语句通顺、言词通俗、简洁明了。

12. 参考文献

（1）不要使用转引文献。必须是作者亲自阅读过的文献，并严格按照所投刊物稿约规定的参考文献注录规范进行注录，不得有误。引用参考文献一般不超过15条，文献综述不超过25条（部分期刊要求引用参考文献一般不超过10条，文献综述不超过20条）。

（2）引用的文献应以近3年的文献为主，只有在下述情况下才引用较久远的文献：①重要的经典文献；②作者对所引原文献论点、论据有重要补充和发展；③作者对所引文献论点、论据持根本否定态度；④作者对某专业、技术、理论、基础研究的系列性回顾。

（3）注重引用国内外核心期刊的文献，因其在时效性、科学性、先进性以及最新、最重要的专业信息量的覆盖面上占有优势，参考并引用核心期刊的文献可得到事半功倍的益处。

（4）参考文献应以论文内出现先后次序连续标注，一律用阿拉伯数字，并在文内引用处右上角加方括号标注角码（具体内容详见本书参考文献一章）。

第二节 稿件中存在的问题及解决的对策

医学论文在写作技巧方面还必须遵循一定的格式和规范。在刊物的编辑过程中，常可发现一些稿件在科学性、规范性方面存在不少问题。为了引起有关作者的重视，我们参比国家有关部门制订的医学（科技）论文写作标准和规定，对上述两方面的问题进行分析和探讨。

一、内容表述方面存在的问题

（一）文题

文题应简明，醒目，概括全文，起画龙点睛的作用。不使用缩略语（个别公知公认的除外），文题字数控制在20字以内。存在的主要问题有：

1. 题目大而空，使人不得要领。如“关于×××××的研究”“对××××作用的观察”“×××××的分析”。不是说“研究”“观察”“分析”这类词语不能用，而是这些词已被用得过多过滥。不用或尽量少用这些词，文题照样可以写得好，如“酚醛树脂对大鼠肺功能影响的研究”，改成“酚醛树脂对大鼠肺功能的影响”“鲨鱼软骨提取物抗黑色素瘤B16肺转移时调节免疫功能的研究”，改为“鲨鱼软骨提取物抗黑色素瘤B16肺转移中的免疫调节作用”，这两个文题去掉“研究”二字，题义同样明确。

2. 文题字数过长，个别甚至超过30个字。

3. 出现一些非公知公认的缩略语。

4. 文题与内容不符合，即文题不符。

（二）摘要

摘要应尽可能地概括论文的主要信息和数据，不加评论和补充解释。论著的摘要须阐明该项研究或调查的目的、方法（研究对象或实验动物的选择、观察和分析的方法）、结果（应提供具体数据或说明其统计学意义）及主要结论。综述的摘要应包括研究目的、资料来源、研究选择、资料提取、资料综合及结论六个部分，我们提倡四段结构式摘要，以结构式摘要为例，存在的问题主要有：

1. 摘要应包括的要素不全，有的只有目的和结论，而无方法与结果；有的只有方法与结果，而无目的和结论；有的只是对文章题目的简单重复。而普遍存在的问题是在方法一栏中不对方法进行介绍，在结果一栏中只介绍概念性的东西而无具体科学数据等实词的描述。如有篇文章题目是“××菌苗对动物细胞免疫功能的影响”，摘要则为“本文报道了作为抗癌新药研究的××菌苗对动物细胞免疫功能的影响。××菌苗是一种新型生物反应调节剂，能激活免疫细胞，促进IL-2、IL-2R及N、TNF等淋巴因子的分泌与表达，具有安全高效的抗肿瘤作用”。这段摘要前一句是对文题的重复，后一句为结论，缺少目的、方法和结果。这样的摘要空泛无物，既不能独立成篇，也不能从中获取任何有用的信息。

2. 摘要应以第三人称书写，但相当多的摘要都是以第一人称书写。如“本文……”“本研究……”“我们……”等。

3. 部分摘要对研究结果给了主观评价。如“受到使用者的好评”“显示了良好的临床应用前景”“具有良好的开发应用前景”等。

4. 综述文章的摘要大多不符合要求，普遍采用“介绍了……”“讨论了……”“提出了……建议”等样式，缺少综述文章摘要应包含的大部分要素。

5. 过于简单，寥寥数语，如同广告词，没有摘要的独立性和自含性，让人摸不着头脑。

6. 过于复杂，这类作者恨不能将文章中的所有内容都归纳到摘要中去，从常识谈到结论，在非学术方面占篇幅太大。

7. 自我评论，会有妄加评论的语句在文中出现，如“达……标准”“达……水平”。作者要先将摘要的功能了解清楚。GB6447-86《文摘编写规则》将摘要定义为“以提供文献内容梗概为目的，不加评论和补充解释，简明，确切地论述文献重要内容的短文。”摘要是一篇较完整的短文，还能作为独立的信息进行交流，文摘应具备“独立性与自含性、准确性与通用性、简炼性与概括性”的特点，尽可能用规范术语，不用非共知共用的符号和术语。不得简单地重复题名中已有的信息，并切忌罗列段落标题来代替摘要。摘要中不要包含参考文献、图表、公式或代码等非独立的注释，注意使用第三人称，不要用“本文……”“本研究……”等字眼。

（三）主题词

每篇论文应提供 2 ～ 8 个主题词，有条件的可参照使用《医学主题词注释字顺表（MeSH）》或《Index Medicos》最近一年第 1 期上的主题词，若无相应的词，可使用当前常用的词。

主题词选用上存在的主要问题有：

1. 主题词仅是文题的分解。如有篇文章题为“野战无码头输供油演练的卫生防疫保障”，其选用的主题词为“野战”“输供油演练”“卫生防疫保障”，显然这些词组都不适于充当主题词。

2. 大部分为自由词，而非符合规范的主题词。使用自由词并非绝对不可，但自由词不利于检索，影响信息传播。

3. 有的主题词选用的是词组，即复合型主题词。如“人体复合暴露”“长波脉冲磁场”“淋巴细胞转化功能”等。

4. 随意选用，不做任何校对。

5. 不能充分表达主题内容。主题词的选择既要符合规范性，又要注重实用性，应选择与文章密切相关的具有特征性的或反映文章特点的词，一些笼统的对反映文章主题不重要的主题词不宜选用。有的作者把“临床”“病人”“调查”“研究”“治疗”“手术”等词组选作主题词，这些主题词大多数医学论文都可以使用，缺乏特异性，故以不用为好。

（四）正文

1. 前言　前言亦称引言，其作用是使读者对本文的主旨有一个概括的了解，以引出下文。前言一般包括以下内容：①本项工作提出的背景和理论依据；②本研究或治疗的目的和意义；③本治疗的方法和结果。前言不仅要简明扼要、开门见山，而且要突出新意，引用的文献内容应紧扣本文主题，防止“雾里看花”“南辕北辙”，前言部分不宜太长，一般占全文的5%～10%。

存在的主要问题：①对与论文内容有关的常识性知识介绍较多，而对国内外现状和动态则介绍较少；②个别论文前言部分引用文献较多，详细叙述历史过程或复习文献太多；③个别论文前言较长，达500～600字，显得太空泛冗长；④前言不是摘要，不要涉及摘要或正文中的数据或结论；⑤前言中最好不写“国外未曾报道”或“达到×××水平”“填补×××空白”等未经检索的不确定的词。

2. 材料与方法　即研究方案，其设计的科学性与严密性，与结果水平的高低密切相关。对于描述性研究的论文，如病例报告、病例系列分析和横断面研究，方案设计应着重在提出假设；对于分析性研究论文，方案设计应着重在验证假设，提出新的观点。因此本段的设计目的一方面是通过客观的描述，使读者清楚地了解本研究工作的对象和过程，以便理解和评价研究结果。另一方面，是使读者能够应用同样的材料和方法对研究结果进行验证和仿行。任何科学成果，必须能够在同样的条件下重复出同样的结果，才能得到公认。这一部分应包括下述内容：①受试对象与分组；②使用的设备与仪器；③研究的条件和方法；④检测项目与指标；⑤数据处理与统计学分析。在临床研究论文中，这一部分的标题为“临床资料”，应包括：①一般资料，包括患者情况、症状与体征、检查结果、诊断标准和最后诊断；②治疗方法，包括患者分组、各组情况、治疗方法（使用的设备、治疗方案和疗程）；③检测项目与观察指标；④疗效评定标准；⑤统计分析方法。在这一部分的撰写过程中，要特别重视研究中的对比和随机问题。尤其在必须有对照组才能得出有效结论的分析性研究中，应设有正确的对照组，这样才能保证研究结果的客观性。否则，无法确定所观察到的结果是实验因素（如某种药物或实验方法）引起，还是其他没有控制的因素引起。因此，对于动物实验来说，要求严格地分组和掌握实验条件，各组动物之间，在种系、性别、年龄、体重和健康条件等方面，应力求统一，并且进行随机分组和设对照组。每组动物应达到必要的数量。各组实验方法之间，应有可比较的变动因素，并且有明确的观察指标。临床研究也应随机分组观察并设对照组，可以是空白对照，也可以是与某一个标准方法作对照。由于临床工作的特殊性，许多临床研究是回顾性的描述性研究，难以达到严格的分组和随机。为了弥补这种缺陷，应力求增加所观察病例的数量，或按照患者的条件进行更细致的分组。各组患者的性别、年龄、病情类型、分期、严重程度等应力求相近，各组所用的不同方法，应力求集中与单一。需特别注意的是，临床研究工作必须遵照不损害患者利益的原则。这一部分约占全文的25%～35%。

存在的主要问题：①缺少研究对象及对照者的与研究项目密切相关的阴性或阳性的指标，如体检或实验室，影像检查及特殊检查手段所提供的重要症状、影像学特征，实验室提供的重要数据等；②缺少统计学处理方法及选择依据。如临床随机对照研究未提供应交代干预方法的设计及所采用的盲法；③本研究所特有的方法或对改进的方法未进行详细描述，对引用别人的方法应以标引文献的方式给出出处，而不必全方照搬；④样本项不完整，表现为动物分组的非随机性，缺少对照组，或实验组与对照组缺少可比性；⑤数据前后矛盾，使人对其真实性产生怀疑；⑥该略不略，该详不详。采用他人的方法并已引用了文献，又对该方法介绍一番；对自己建立的方法却不做详细介绍，使人无法重复。

3. 结果　这是医学论文的核心部分，“四段式”结构的其他三段，实际上都是围绕这一部分展开的，而本论文的学术价值如何，是否有新的创见和新的发现，主要取决于这一部分。这一部分主要包括：①“方法”部分中所列检测与观察项目的结果；②治疗结果；③随访情况。作者撰写这一部分时，应该居高临下看结果。因此，报告的研究结果不应简单地罗列研究过程中得到的各种原始材料和数据，而必须将其归纳分析，进行必要的统计学处理，得出相应的结论。然后，用文字和图表表达出来结果的表达要真实准确，不能有任何虚假。无论结果是阳性还是阴性、是肯定还是否定、是符合预期还是不符合预期、临床应用成功还是失败，都应如实反映。这里特别要指出的是，临床研究尤应注意远期随访。这一部分一般占全文的25%～35%。

稿件中存在的问题：①图表过多，有的论文有表7～8个，图5～6个（流行病学调查报告多以列表为主）；②表已经把有关数据表达得很清楚，仍用文字重复叙述一遍；③本应在材料与方法中叙述的内容，却放在结果中介绍，如有些方法，在材料和方法部分已简要提及，却在结果中又详加介绍，然后再引出结果；④给出的数据不准确，或只有定性结果，而无定量的结果。如仅用 P 值代替具体数字是不对的、P 值不能体现重要的定量信息。

4. 讨论　这一部分主要是对本文研究或治疗结果进行评价和推论。因此，一篇论文学术水平的高低，对读者指导意义的大小，与讨论密切相关。因此，对讨论部分的撰写，不能掉以轻心。这一部分大致可包括下述内容：①本研究或治疗工作的原理和机制；②本文材料和方法的特点、创新和不足；③本文结果与他人结果的异同分析；④对本文结果进行理论概括，提出新观点、新假设；⑤对各种与本研究或治疗不同的观点和学说进行比较和评价；⑥提出今后探索的方向和展望。要因文制宜，言之有物。讨论要紧扣本文结果，突出新发现和新观点，避免不必要地重复前面部分已叙述的和过去文献已报道的内容，以及教科书中的常识，尤其不能停留在仅仅与他人的报告“相一致”“相符合”的水平。这一部分约占全文的30%～40%。

存在的主要问题：①在讨论中过多重复该文结果中的内容和数据；②在讨论中过多引用他人的观点，而不是将其与自己的观点相结合，作为自己观点的佐证或相互比较，因此重点不突出；③论据不充分，使得出的结论和推断较为勉强，使人难以信服。

5. 参考文献 参考文献可以反映论文的科学依据，体现尊重他人研究成果的态度，并向读者提供信息，关于参考文献的用法和书写格式，各刊都在稿约中列有非常详细的规则，并有一些很具体的要求，但从来稿看，文献的著录方法比较杂乱，相当部分作者的著录格式不符合规范。

存在的问题：①著录项不全，其中作者、版本、出版地缺少的现象较多；②较多作者时仅提供一位作者，或作者姓名；③外文刊名的缩写方法不正确；④标点符号用法错误较多，不设置页码，表达有误；⑤专著中析出的文献、会议论文集、专利文献的著录错误较多；⑥从Internet上查到的文献不会著录。

二、标准化方面存在的问题

关于图表的设计、计量单位、数字的用法以及名词术语、外文字母的书写方式，国家都制订了详细的标准，各刊在投稿须知中也专门作了示范，多数作者都能按标准规范自己的文稿，但也有一部分作者不了解有关的标准，也不认真阅读投稿须知，因此在来稿中存在各种不符合国家标准和所投刊物要求的问题。

（一）图表

科技论文少不了图和表。规范论文中的图和表，是一篇合格论文的必然要求。图包括曲线图、构造图、示意图、图解、框图、流程图、记录图、布置图、地图、照片、图版等。图应具有自明性，即只看图、图题和图例，就可理解图意。存在问题有：

1. 图的制作不符合要求　有的将图直接绘制在稿纸上，线条粗细不匀，图面不整洁；有的图比例尺寸杂乱，图中文字、外文字母的写法不规范，有的过大，有的过小，有的甚至为手写体。

2. 表的设计不符合三线表要求　不仅为多线表，而且表中出现竖线、斜线；栏目设置不合理，主谓语划分不清楚，自左至右不能读成一句完整通顺的句子，表中数据小数点后有效位数前后不一致；表中的计量单位、标准差、P 值等使用不正确。

3. 过多列表　将结果的内容完全采用表或图的形式表达，而无文字叙述是不合适的，对简单的表的内容，可以改用文字表述。

（二）计量单位

《中华人民共和国计量法》规定：我国采用国际单位制（SI），使用法定计量单位，非法定计量单位应当废除。《国务院关于在我国统一实行法定计量单位的命令》规定：我国的计量单位一律采用《中华人民共和国法定计量单位》。国际单位制是我国法定计量单位的基础，一切属于国际单位制（SI）的单位都是我国的法定计量单位。存在问题有：

1. 某些非法定计量单位仍在继续使用，如热量单位 cal（卡），容积单位 gal（加仑）、长度单位英尺、英寸等。

2. 可用英文符号表示的单位仍用中文表示，如 d（天）、h（小时）、min（分）、s（秒）等。

3. 将缩略语当计量单位使用，如 ppm、cpm、rpm 等。

4. 复合单位使用方法不正确，如每天每千克体重多少毫克，正确的写法应为 mg/（kg · d）或 mg · kg^{-1} · d^{-1}，但很多作者却写成 mg/kg/d。

5. 单位的词头小于 10^6 时应小写，如 ml、kg，大于 10^6 应大写，如 MPa、MΩ 等，有的人大小写不分。

（三）数字

国家标准（GB/T 15835—1995）《出版物上数字用法的规定》，详细规定了出版物在涉及数字（表示时间、长度、质量、面积、容积等量值和数字代码）时，使用数字和阿拉伯数字的体例。

数字使用的一般原则：

（1）统计表中的数值，如正负整数、小数、百分比、分数、比例等，必须使用阿拉伯数字。如：–9，11%，16% ～ 19%，1/3，1 : 99。

（2）定型的词、词组、成语或具有修辞色彩的词语中作为语素的数字，必须使用汉字。如：一律，一方面，星期六，九三学社，第三季度，“十一五”计划。

（3）使用阿拉伯数字或汉字数字，特殊情形，可以变通，但全篇体例应相对统一。

（4）公历世纪、年代、年、月、日，要求使用阿拉伯数字。如：

20世纪90年代，2008年1月16日。

（5）年份不能简写，但标注可按国家标准的扩展格式。如：2008年不能简写成“08年”，2008年1月16日可写作2008-01-16。

（6）物理量量值必须使用阿拉伯数字。如：99km，119kg。

（7）非物理量一般应使用阿拉伯数字。如：900美元，66名，39岁。

（8）非物理量整数一至十，如果不是出现在具有统计意义的一组数字中可以用汉字，但要求局部体例要一致。如：一个人，三本杂志，四种产品，五个百分点，六条建议。

存在问题主要有：

（1）数字范围表达不当，如将25%～70%错误地写成25～70%，（2～8）$\times 10^6$写成2～8$\times 10^6$。

（2）面积和体积用乘式表达时，单位书写不全，如将14cm×15cm×8cm写成14×15×8cm^3。

（3）数据表达不准确，与文字表达的数合不上。

（四）名词术语

1. 使用不规范甚至自编自造。如将“老年慢性支气管炎”简略为“老慢支”，将“化脓性腮腺炎”简略为“化腮”，将“再生障碍性贫血”简略为“再障”。有些在医务人员之间或医生与病人之间常用的习惯用语，口头上讲讲尚可，但在学术刊物上使用这类词语除了不规范外，还容易造成误解，影响学术交流。

2. 用非公知公认的符号代替医学术语，如N85%，L10%，G35%，让人看了不知所云。

3. 使用非公知公认的缩略语，又不注明中文和英文全称。

（五）外文

存在的主要问题有：

1. 大小写不分。

2. 正斜体不分，不知道哪些情况下应该用斜体。

3. 外国人姓名的写法不正确，应该姓在前，名在后（名可用首字母缩写）。

4. 外文刊名随意缩写，不符合刊名缩写规范。

三、处理对策

来稿中存在的上述问题，虽然出现在部分稿件中，如不给予纠正，不仅影响论文的水平，也影响到杂志的质量。从另一个方面讲，也影响作者写作水平的提高，甚至影响其论文的发表。为此可以采取以下对策。

（一）了解并掌握国家有关标准

学习并掌握国家制订的有关标准，对于论文作者尤为重要。可重点学习和掌握以下标准：GB 7713-87（科学技术报告、学位论文和学术论文的编写格式）、GB 6447-86（文摘编写规则）、GB 3860-1995（文献叙词标引规则）、GB 7714-87（文后参考文献著录规则）、GB 3100-86（国际单位制及其应用）、GB3101-86（有关量、单位和符号的一般原则）以及ISO 4-1984（文献工作——期刊名缩写的国际规则）等。

（二）阅读有关如何撰写医学论文的书籍

这类书籍都是依据国家标准和有关医学期刊的规定编写的，均较详细地介绍了医学论文写作的基本知识和方法。阅读这类书籍，可系统了解医学论文的分类、体裁、结构、基本要求、规范要求、写作格式及具体的写作方法等。

（三）认真阅读杂志的投稿须知

各杂志在每年的第1期或最后年终一期都会刊登该刊的投稿须知（或称稿约），对刊物的宗旨、阅读对象、主要栏目、来稿内容、具体要求等，都有比较详尽的介绍。作者在向某杂志投稿之前，必须认真阅读该杂志的投稿须知。按该杂志的投稿要求撰写文稿，不仅可保证文稿的质量，也有助于编辑人员的工作，被刊登的几率也高。

（四）经常学习

杂志上发表的论文经审稿者审阅和编辑人员的编辑加工，各方面都已符合要求，是比较规范的作品，经常阅读、观摩他人的论文，对提高自己的写作水平，定会有所裨益。另外也建议作者对自己已发表的论文与该文的原稿进行对照，通过比较，可以找出自己的不足，学到一些新东西，对提高今后的写作大有好处。有的作者来稿中存在的问题经编辑修改纠正后文章得以发表，但在以后来稿中依然出现类似的错误，这是一种不认真不负责任的行为，值得引起注意。

总之，提高写作水平，改善来稿质量，并非十分困难，只要作者有认真的态度、善于学习的精神和脚踏实地的作风，从以上几点做起，投稿中存在的问题就会逐渐得到解决。高质量的文稿，必然有较高的命中率。

第三节 投稿

科学论文只有发表了，才能使学术研究和科技成果成为人类的共同财富，才能对后续的科学研究起桥梁作用，才能逐步使科技成果转变为生产力。现就论文发表的有关问题阐述如下。

一、投稿前的准备

（一）了解科技期刊的类型

我国的科技期刊有数万种之多，目前还在不断增加。科技期刊主要有以下分类：

1. 国内医学刊物选择

（1）非法医学期刊。识别非法医学期刊是选刊的第一步。

① 刊号识别。目前判断国内期刊是否正式出版刊物以CN号为准。CN号包括地区号、序号（范围为1000 - 5998）和期刊分类号。期刊分类号即中图分类号。

② 网络查询。登录新闻出版总署的“中国记者网”或出版总署网，分别在“媒体查询”或“新闻机构查询”栏目下查询。若两网查询结果相同，则可以判定为正在出版的正式期刊。如果对个别期刊确实有疑问，还可通过电话向新闻出版总署报刊管理司进一步查询。

（2）中文核心期刊评价工具（简称核心刊）。核心刊是指刊载与某一学科或专业有关的信息较多，水平较高，能反映该学科最新研究成果和研究动态的期刊。目前评价中国出版的医学核心期刊，有以下 3 种工具书和一个系列。

①《中文核心期刊要目总览》(简称《要目总览》)《要目总览》从 1992 年起，每 4 年一版。2008 年第 5 版采用了被索量、被摘量、被引量、他引量、被摘率、影响因子、获国家奖或被国内外重要检索工具收录、基金论文比、Web 下载量等 9 个评价指标。根据对 32 400 余万篇文献（2003—2005 年）的统计，从我国在版中文期刊中评选出 1980 余种核心刊，其中，生物医学期刊 251 种。由于评审参与机构一流（北京大学图书馆等 27 个单位），专家队伍庞大和统计刊源较齐全（涉及数据库及文摘刊物 80 余种，期刊 12 400 余种），《要目总览》被视为目前国内核心刊最权威的评价工具。

②《中国科技期刊引证报告》(简称 CJCR)。由中国科学技术信息研究所编制，所收录的期刊被称为“中国科技论文统计源期刊”。CJCR（2008 年核心版），采用总被引频次等 19 个指标对 8000 种期刊 10 年的引文进行分析和综合评价，最后遴选出 1765 种期刊，其中生物医学期刊 562 种。CJCR 从 1997 年开始每年更新一次，有效弥补了《要目总览》出版周期长的缺憾。其中医学期刊影响因子排名靠前，在国内医学界被广泛应用。

③ 中华医学会期刊（简称“中华刊”)。指由中华医学会主办的医学期刊，包含中华、中国两大系列。目前有 2 个版本，略有差别。一个是北京万方数据公司“中华医学会数字化期刊”所列出的 115 种期刊，另一个是中华医学会 2006 年公布的 113 种期刊。其中《中

华微生物学和免疫学杂志（英文版）》《美国医学会眼科杂志（中文版）》《美国医学会杂志（中文版）》《中原医刊》在记者网和新闻出版总署网均未查到。另外，《中华糖尿病杂志》和《中华临床营养杂志》等在新闻出版总署登记为中华医学会主办的期刊，却未列入上述2个版本。大部分中华刊在国内医疗卫生机构得到认可，各单位对在中华刊上发文作者的奖励往往高于其他中文核心期刊作者。广大医务工作者也以能在中华刊上发文为荣，医学专家、学者更是以能参加中华刊的编审工作感到骄傲。

④ 中国科学引文数据库（简称CSCD）。是中国科学院文献情报中心于1989年推出的第一个引文数据库，被誉为“中国的SCI”。CSCD从1995年起每年评一次，2007年起每两年一次。CSCD（2009—2010年）共遴选了1121种期刊（含英文刊65种），核心库744种，扩展库377种。两库共有中文生物医学期刊260种（含英文版刊10种），其中中华刊61种。

（3）其他评价工具

① 中国学术期刊综合引证报告（简称CAJCCR）。CAJCCR由清华大学图书馆等3个单位联合编制，采用了载文量等11项文献计量指标，自2002年起每年一版。CAJCCR 2008版列出了7913种统计期刊源中有影响因子的6631种中英文期刊（英文164种）的排名。可从中国学术文献网络出版总库进入“数字出版物超市-导航页”，查看被引频次等4项排名。其中“下载频次”从一个侧面客观、动态地反映各学科学术热点。但因为受到不同程度的缺期、缺刊、缺篇等因素影响，反映不够全面。

② 中国期刊方阵。2001年由新闻出版总署组织评审，分“双高”“双奖”“双百”“双效”4个层次（包括军队双奖、双效期刊），但2005年以后不再进行，此处不予赘述。

③ 期刊级别。新闻出版总署从出版管理的角度，按照期刊主管单位的不同将期刊分成国家级期刊和省级期刊，以便对期刊实施有效的行政管理。“国家级”指党中央、国务院及所属各部门，或中国科学院、中国社会科学院、各民主党派和全国性人民团体主办的期刊及国家一级专业学会主办的会刊。“省级”期刊指各省、自治区、直辖市及其所属部委、厅、局主办的期刊及由各本、专科院校主办的学报（刊）。

2. 国际刊物选择

国外著名检索工具选刊十分严格，所收录期刊既能反映刊载论文的水平，又能反映期刊编辑的水平。

（1）《国际生物医学核心期刊要览》。由科学技术文献出版社出版。国际生物医学核心期刊是指同时被MEDLINE，SCI和BP 3种重要数据库收录的核心期刊。该书收录了生物医学65个专业，约2000种核心期刊，对每种核心期刊的主要栏目、期刊特点和影响因子进行了介绍。

（2）科学引文索引（简称SCI）。SCI由美国科学情报研究所（ISI）出版，是一套综合性（包括医学）检索工具，收录60多个国家1945年以后的期刊，1975年开始每年发行上一年的《期刊引证报告》（JCR）。JCR提供了期刊在相关专业领域中的排名和影响因子等数据。

（3）科学评论索引（ISR）。1974年创刊，由ISI出版，是SCI的姊妹篇。选录的评论与评论性文章来自世界2700多种科技（含医学）期刊，以及3000余种专著、丛书中的评述论文。

（4）科学技术会议录索引（ISTP）。创刊于1978年，由ISI编制，主要收录每年召开的约4000个国际会议上发表的科技（含医学）会议文献。目前国内各院校主要用其对国际学术会议进行等级评估。

（5）美国生物医学文献联机数据库（MEDLINE）。由美国国立医学图书馆（NLM）编制，其内容相当于《医学索引》（IM）、《牙科文献索引》《国际护理学索引》3种检索刊物。MEDLINE始创于1907年，截至2007年，收录了1966年（有些杂志追溯到1950年）以来70多个国家和地区出版的5164种生物医学期刊的题录和文摘。

（6）美国《化学文摘》(简称CA)。由美国化学文摘服务社（CAS）编辑出版，周刊，收录29个国家和2个国际组织的16 000余种期刊和会议录、专利、新书等非期刊文献，其中生物医学文献占1/4。CA侧重基础医学、药学方面的文献。CA千种表是CA中引用频率最高的1000种期刊。

（7）《国际生物医学文摘》（BIOSIS Preview，简称BP）。包括美国《生物学文摘》(BA）所收录的5500多种期刊（含医学）以及《BA/RRM（Reports，Review AND Meetings）》所收录的1600多个会议的非期刊文献，涉及1969年以来世界上110多个国家和地区。BA创建于1926年，1972年起为半月刊，其索引1998年开始每年一版。

（8）荷兰《医学文摘》（简称EMBASE）。是一种文摘型医学英文检索工具，1947年创刊，收录110多个国家和地区的4000多种医学期刊，有生理学、外科学、内科学等42个分册。

（9）俄罗斯《文摘杂志》。英文名称Abstract Journal（简称AJ），于1953年创刊，由俄罗斯科学技术情报研究所编辑出版，是一种大型综合性（含医学）检索刊物，收录世界上130多个国家和地区，2.2万余种期刊和非期刊文献。

（二）选择杂志

选择向何处投稿并如何递送稿件是很重要的。在投寄稿件前，要查阅有关的杂志，结合自己论文的内容及水平，查阅投寄的杂志是否设有相关栏目，近来有否类似的论文发表，若有类似的论文，其水平如何，自己的论文是否有新的补充，然后再决定投寄哪一级哪一类杂志。其次还应了解该杂志对稿件的一些具体要求，如格式、篇幅等，如稿件与之有出入，就应先作相应的调整和修改。专业性较强的论文，应选投专业对口的杂志，不要投综合性期刊。

为了了解哪些杂志可以发表你的稿件，你应该作几件事：读一下你正在考虑欲投稿的每一种期刊的刊头说明；再看一下在稿约中所规定的有关该刊物的征稿范围；认真翻阅一下近期目录。如何确定向哪一本刊物投稿，以下几方面情况提供参考。

1. 期刊知名度　根据国家规定，凡是经国家新闻出版总署批准并配发国内统一刊号的期刊，均为正式出版物。新闻出版总署从未就学术水平的高低为科技期刊划分过级别。仅从出版管理角度，按照期刊主管单位的不同，将期刊分为中央期刊和地方期刊，这样的划分是为了按照期刊的主管单位的不同对期刊实施有效行政管理。有的期刊在封面上刊载“国家一级期刊”等字样，不是新闻出版总署组织评选出来的，并非政府行为。有的地方管理部门为了督促期刊不断提高质量搞过一些评比，但由于评比标准不统一，也不是单从学术水平的高低进行评价，而是一种出版质量的综合评价，因此不能完全以此来衡量期刊的学术水平。

我国著名的检索工具书及情报部门从影响因子、被引频次等多方面入手，对我国的近5000本科技期刊进行了调查，从学术角度上确定了一些核心期刊。核心期刊的确定也是动态的，每年都进行一次重新排队，优胜劣汰。

国家新闻出版总署及科技期刊归口管理的国家科技部也进行过优秀科技期刊的评奖活动。应当认为，在这些评奖活动当中获奖的期刊其总体质量是同类期刊中比较好的，相对是优秀期刊。

任何一种科技刊物，都有其相对固定的读者群（专业对口）、作者群及一流的专家审稿队伍。一本期刊的知名度应从以下几方面来考虑：①学术性，发表的论文能代表我国在某一专业领域中的最高或较高水平；②在读者中具有较高的学术威望。应该承认，学术期刊的知名度是由刊物内在的学术质量决定的。中华医学系列杂志因其悠久的历史，著名的专家审稿人队伍来把握学术质量，丰富的稿源可提供选择刊登高质量的文稿，以及高水平的期刊编辑，在我国医学界获得较高的声望。这就是通常所称的“权威杂志”。作者的文稿一经这样的杂志发表，其轰动效应应该是最佳的。

2. 发行量 发行量的大小与载文内容有关。一般专业性科技期刊不以发行量来决定影响度。所发行的期刊量和知名度应以所从事本专业人员的数量来决定。

3. 出版周期　出版周期指发行的频率。受三个条件制约：①期刊刊期越短，发表文稿等待的时间就可能越短；②编辑出版周期：科技期刊编辑出版周期80%需等待1年左右。这是受编辑加工流程制约；③该刊的存稿量多少亦决定了文稿出版周期的延长。但有些杂志对重要文稿开通了"绿色通道"，最快见刊可在4个月之内。

（三）说明信

投寄稿件时最好附有说明信，说明你向哪一刊物投稿。该信应有全体作者签名，其内容必须包括：①说明论文属于首次发表，或是重复发表，或是论文中的一部分已投寄其他期刊；②可能导致权益矛盾的有关经费和其他事宜的声明；③说明原稿已经过全体作者过目，并同意发表；全体作者都符合本要求中提出的作者资格；而且，每位作者都相信原稿中的研究结果是真实的；④注明负责通讯，并能与其他作者取得联系的作者的姓名、地址及电话号码，以便修改和最终核实。信中还应提供一切对编辑有帮助的信息。例如该原稿属于该期刊中哪一类文章，以及作者是否乐意支付制彩色图片的费用等；⑤阐述本研究项目在学科发展中的位置及重要性，以供审者参考。

投寄原稿必须附有制作出版资料的使用插图的许可证明。报道个人的敏感问题时应征得有关人的许可证明。如某人的工作而须提出姓名时，也应得到本人的同意，并出具证明。

二、关于一稿两投和重复发表

一稿多投是指同一作者或同一研究群体不同作者，在期刊编辑和审稿人不知情的情况下，试图或已经在两种或多种期刊同时或相继发表内容相同或相近的论文，国际上也称该种现象为重复发表（repetitive publication），多余发表（redundant publication）或自我剽窃（self-plagiarism）。

典型的相同研究成果的重复发表很少，更常见的是作者就某个较大的课题发表多篇论文。如果资料没有重复且每篇论文所讨论的问题各不相同，这种做法是合理的。重复发表常出现在上述两个极端中间的灰色地带，例如：就同一问题对不同组病人的研究，或针对同一组病人不同侧重点的报道。

可以由对以下问题的回答来判断是重复发表或零碎发表：①用一篇论文更具有信息量，且比多篇文章更为关联和完整；②可以在同一篇论文中表达所有必要的信息而无需增加篇幅；③用多篇论文发表可能会降低研究成果的重要性；④用多篇论文发表时，读者可能阅读其中某一篇论文即已足够。

以下重复投稿或发表不属于一稿两（多）投：①在专业学术会议上做过口头报告，或者以摘要或会议板报形式报道过的研究结果，但不包括以会议文集或类似出版物形式公开发表过的全文；②对首次发表的内容充实了50%或以上数据的学术论文；③有关学术会议或科学发现的新闻报道，但此类报道不应通过附加更多的资料或图表而使内容描述过于详尽。以上再次投稿均应事先向编辑说明，并附上有关材料的复印件，以免可能会被编辑或审稿人误认为是相同或相似成果的重复发表。

二次发表或再次发表（secondary publication）是指使用同一种语言或另外一种语言再次发表，尤其是使用另外一种语言在另外一个国家再次发表。

必须满足以下所有条件：

（1）作者已经征得首次和再次发表期刊编辑的同意，并向再次发表期刊的编辑提供首次发表文章的复印件、抽印本或原稿。

（2）再次发表与首次发表至少有一周以上的时间间隔（双方编辑达成特殊协议的情况除外）。

（3）再次发表的目的是使论文面向不同的读者群，因此以简化版形式发表可能更好。

（4）再次发表应忠实地反映首次发表的数据和论点。

（5）再次发表的论文应在论文首页应用脚注形式说明首次发表的信息，如：本文首次发表于 ×× 期刊，年，卷、期：页码等。

（一）一稿两投及重复刊登的处理

一稿多投是科学界严厉指责的行为，一稿多投行为如果在稿件的同行评议过程中被发现，通常会被简单地退稿，有些期刊编辑部可能会在退稿的同时函告作者所在单位的相关部门。如果一稿多投的文章已经发表，期刊有可能会采取制裁或处罚：①在一定期限内拒绝一稿多投作者向该刊继续投稿；②在刊物上刊登关于该作者一稿多投的声明，并列入目次页，以便被检索系统（如美国国立医学图书馆 Medline 数据库）收录，供同行检索；③可能在某特定专业群体的刊物中对一稿多投的行为进行通报；④可能通知作者所在单位。

（二）作者权力

一经投稿，作者即应遵守与该刊的协议，不得擅自转投他刊。作者在投稿并收到编辑部收稿回执后 3 个月仍未接到退稿时，一般情况下是由于医学期刊的文稿处理流程过长引起，欲改投他刊时，应事先与编辑部联系，征得同意后方可改投他刊。在与编辑部接洽过程中可以尽早知道文稿的处理结果，督促其尽早刊用。

一篇论文，只能在一家期刊上发表，发表后即为社会所公有。如果论文的价值很大，则自然会被收入二次、三次文献，会有人转载、文摘、索引、引用等，从而拥有更多的读者，对社会做出更大的贡献。因此，作者只需在投稿前对期刊进行认真的选择，对自己的论文进行认真的评价，无需一稿多投。

（高　磊）

第十七章 论文的发表

第一节 论文的发表过程

一、审稿过程及如何处理与编辑的关系

审稿工作是决定稿件取舍，保证刊物质量的重要环节。是一种鉴定性的工作。编辑部收到来稿后，要查看来稿是否符合办刊宗旨、是否属于刊登范围、有无同类稿件已经发表和准备发表，从而判断是采用还是退稿等。科技期刊拥有一批高学术水平的专家审稿人队伍和编辑队伍，通常由他们来审查鉴别，区别来稿知识的新旧、科学的真伪、学术或应用价值的大小、文稿质量的优劣。

（一）审稿过程

一般都实行三级审稿制（简称“三审制”），即责任编辑初审（内

审），编委或特约审稿人复审（外审），正副主编（总编）决审。

1. 编辑初审 初审者以社会读者的身份和编辑部成员的身份审读稿件。初审的任务是：①审查来稿是否符合本刊的宗旨、报道范围和主要读者对象的需要；②查看来稿与已经发表和准备刊登的同类文稿比较有无独到之处；③对来稿内容质量和发表价值作初步评价。经过上述分析后，如果都能得到肯定的回答，即来稿符合本刊刊登范围和主要读者对象的需要，与同类文稿比较确有独到之处，在政治质量、学术质量、文字质量和编写格式标准化程度方面都比较好而且有发表价值，则说明此稿已具备了送请编委复审的条件，可以进入第二级审稿阶段。否则，作退稿处理（为慎重起见，作退稿处理，一般要经两位责任编辑审查通过，再送编辑室主任或主编核定）。

初审是三级审稿中的第一级审查，是评审稿件的基础。初审者是最早审理稿件的人，他有选择稿件的优先权并在一定程度上有取舍稿件的决定权。

2. 编委复审 复审工作一般请专业和工作均对口的编委担任（最好请学术上造诣较深的一流专家或学科带头人担任）。有些稿件也可由编辑室主任或正副编审复审。复审的任务是：①评审稿件政治质量、学术水平和实用价值；②评审稿件取材是否可靠、论据是否充分、论点是否正确、内容有无创新、有无发表价值；③对认为基本可用的稿件，指出其中存在的问题，提出具体的修改意见和建议。

复审是三级审稿中决定稿件能否采用的关键一环。编辑部将稿件送编委复审的目的，就是借助专家的学识和技术专长，在评价稿件质量、决定稿件取舍方面，提出权威性的意见和建议。为使评审工作做到比较公正，一篇稿件一般要同时送请2～3位专家评审。

3. 主编决审　决审由正副主编、编委会主任或若干责任编委担任。其主要任务是对初审和复审意见进行核定，解决初审、复审未能解决的问题，在政治质量、学术价值、文字质量和编写格式标准化程度等方面进行全面评价，最后做出取舍决定，故称决审。

三级审稿制度，是中宣部于1980年4月22日转发原国家出版事业管理局制订的《出版社工作暂行条例》(中宣发［1980］6号文)中正式提出来的，“即编辑（或助理编辑）初审、编辑室主任复审、总编辑终审。不同的书稿，可采取不同的审读方法……各级审查都应有书面意见。”

三审制是一种有利于发挥编辑部内外审稿人群体智慧、提高审稿质量、行之有效的审稿制度。这个制度也适用于科技期刊编辑部。

（二）编辑的终审责任

审稿专家将审稿单以电子函件形式发回编辑部以后，责任编辑还需对审稿单及论文原稿做必要的处理主要包括以下工作：

（1）拟定具体修改意见。责任编辑必须仔细研读专家的审稿意见，然后结合本刊的各种规范与要求，拟定编辑部的具体修改意见，经主编审定同意后通过E-mail通知联系（通讯）作者。

（2）审稿单分类存档。审稿单分类存档至少有两方面的意义：一是供责任编辑复核作者是否已按照专家的意见对论文做了修改；二是作为向审稿人支付审稿费的凭证。因此，责任编辑必须对审稿单分类存档，妥善保管，以备作者和财务人员查对。

（3）审稿人信息入库。一个完善的专家数据库是编辑准确选择审稿人、提高审稿效率的关键。在日常工作中，责任编辑应该有意识地搜集与整理专家信息，包括他们的研究方向与研究能力、通信地址、电子信箱等，建立健全审稿专家数据库。

（4）原稿入库。经审定可以录用的作者原稿必须分类存入编辑部管理数据库，并标明相关信息，如收稿日期、修回日期、基金项目及编号、责任编辑意见和主编意见等。特别地，责任编辑必须明确记载与作者有关的重要信息，如作者的电子信箱，是否收取发表费，是否已开具发表费收据，作者是否订购单行本等。这样做，一方面有利于编辑比对、审核修改稿，另一方面，也有利于主编掌握和控制各学科、各专业稿件数量，制订刊发计划。

（三）作者的权力和义务

由于各刊的审稿流程的时间长短不同，作者在投稿3个月以后应及时与编辑进行联系，追踪自己的文稿下落，以避免万一丢失或延误。你也绝不应怕找编辑谈话。除了极个别情况外，通常编辑都是很乐意帮忙的人。作为编辑，他们唯一的目标就是希望你能用通俗易懂的语言发表水平较高的科学文章，编辑是你的坚定同盟者，从他那里你可能获得用钱买不到的忠告和指导。

（四）文稿退修信

当收到一份修改信时，应仔细阅读信件和所附的退修意见。原则上，编辑的修改意见仅供作者在修改时参考，但有些退修意见含有本篇文稿能否录用十分重要的信息，应认真对待。这里可能存在几种情况：

1. 审稿者的意见是正确的，而且你现在也知道了你论文中存在的问题和一些基本缺点。如果是这样，你就应该按他们的意见重新写稿。

2. 审稿人抓住了一两个论点，但是有些批评并不正确。如果是这样，你就要考虑重写方案：综合所有要求修改的地方，将你能合理接受的地方进行修改；同时把你认为是审稿人错误的观点做些补充或予以澄清；最后，你再次送交修改过的稿件时，提出一个附加的说明，表明你是如何逐条处理审稿人的意见的。

3. 完全有可能发生这样的情况：即审稿人或编辑完全看错了或理解错了你的稿件，而且你也认为他们的观点完全是错误的。如果这样，你可有两种选择，一种选择是将你的稿件送到另一家杂志社去，以期得到较公正的评价。另一种是将稿件重新送到原投稿期刊，不过，在这种情况下，你应该充分发挥你的才智，不仅必须对审稿人的意见逐条反驳，同时必须用非敌对的方式做到这一点。要记住编辑是尽他的最大努力做出科学决定的（可能是无报酬的）。因为每一位编辑都知道，任何一位审稿人都可能会出差错。因此，如果你能平心静气的向编辑表明为什么你是正确的，而审稿人是错误的，那时他很可能会接受你的稿件，或者至少将文稿送到另一个或几个审稿人那里做进一步考虑。

如果你已经决定修改并再次送交稿件，那你就应尽量想方设法做到不要超过编辑所规定的截止日期，过了修改日期，在杂志社的记录本上就会注明稿件已退回的字样。

如果你的稿件在编辑指定的截止日期前送到，他可能会立即接受。或者如果你的稿件已做了重大修改，编辑可能会把他送给原来的审稿人。如果你接受了以前的批评，或对其进行了合理而有力的辩护，那你的稿件也可能被接受。

如果你的稿件超过了截止日期，你修改后的稿件就可能被作为新稿件对待而重新进行仔细的审查。这就可能有另一批新的审稿人来完成，其可能的结果可想而知。

（五）退稿

高知名度医学科技期刊的退稿率可达50%～80%不等。造成退稿的原因通常有以下三种情况：

1. 不符合本刊收稿范围。

2. 科学性、实用性、新颖性等方面存在的问题较多。如无新意，仅为众所周知的教科书内容；或方法不科学，无推广价值；或数据及理论上混乱不堪。

3. 经过退修后仍不能提供必备的重要的资料、数据等，而缺乏这些材料则使科学水准大打折扣，造成结果的不真实可靠等。收到退稿时，应从以上三方面去检讨自己的稿件，如你认为这篇论文确实有一定的发表价值，你可以直接与编辑联系，咨询退稿原因，以便使自己对该文稿有一个更清醒的定位，即做出完全放弃改投他刊，或修正后重投该刊的决策。

不管你的稿件是作修改处理，还是遭遇退稿，编辑始终是你和审稿人之间的中间人。这也许是你应该记住的最重要的一点。如果你尊重编辑，并能为你的稿件进行科学的辩护，那么大部分需要修改的稿件，甚至拒绝的稿件，最后也会变成可发表的文章。编辑和审稿人通常是站在你这一边的，他们的主要任务是帮助你能更清楚地阐明问题，并为你的学术论文做出评价。你应尽可能在各方面与他们合作，这对你是有利的。

（附）审稿人准则（美国生物学会，节选）

未发表的稿件是一份享有特权的资料，请保护好它使它不至于被其他人以任何形式利用。在稿件未发表之前审稿人不得引用它，也不得参考它所叙述的工作，并禁止利用稿件中所包含的内容来为自己的研究服务。

作为审稿人，在审稿过程中对稿件应该持积极的、公正的态度，应该把自己置于作者的同盟者的地位，其宗旨应该是促进有效的和准确的科学交流。

审稿人不能和作者一起讨论文章，虽然与作者直接讨论一些难点和分歧之处似乎是很正常和合理的，尤其是审稿人支持文章发表，并不在乎暴露他的身份，但实际上这是不允许的，因为其他审稿人和编辑可能有不同的看法。而且由于审稿人和作者直接接触“解决问题”，也可能会使作者过于乐观。

当你打算对作者提出你的意见时，对于文章能否接受这一点不要做出任何明确的表态。只要在适当的场合将你履行审校手续后的建议告诉编辑就行了，接受或拒绝稿件的职责是由编辑承担的。他不仅根据审稿人的意见，而且还要考虑审稿人以外人员的意见，才能做出决定。所以审稿人关于可否接受稿件的意见，如果与编辑的决定相反，那就可能不被采纳。

审稿中，应考虑以下几个方面的问题：①所研究的问题或课题的重要性；②研究工作的独创性；③所用方法或实验设计的合理性；④实验技术是否适当；⑤结论和推断的可靠性；⑥讨论是否中肯；⑦文章组织（包括摘要）是否合理；⑧与“作者指南”中规定的格式是否一致；⑨认真注意标题；⑩所选杂志是否合理；⑪在准备给作者过目的意见书中，批评要提得平心静气，避免使用无理的语言。

二、审稿现状

国内医学期刊大多采取封闭式审稿制度，沿袭已久。审稿目的是由专家对文稿提出意见，作为编辑或编委会选择稿件的依据。这种过程历来带有神秘的色彩。作者不知道自己的稿件由谁审读过，而审稿人却知道作者是谁、属何地、何单位。这种方法叫单盲审稿。如果审稿人不知道作者是谁，在何单位，作者也不了解审稿人的身份、背景，则为双盲审稿。国内外采取的方法大同小异，这种暗箱操作过程是编辑人员必须执行的行为规范。

审稿是论文发表过程中的重要环节。这一评判制度成为确定科研工作价值、前景、作者学术地位、提升、甚至今后研究资金分配的基础。此外，审稿有确立刊物学术形象的作用，论文一经刊出便赋予论文及作者合法性。

审稿是审稿人、作者、编辑之间发生的社会行为，因涉及科技稿件，其特点是显而易见的，既要保证稿件的学术质量，又要使三者的行为符合社会道德规范，就需要一种公开而且又能起到监督和使当事人自律的机制。

第二节　论文的评价及评价标准

怎样写好一篇论文常常与如何评价一篇论文有关，因为知道了论文的评价标准，实际上也就大致知道了写好一篇论文的方向和要求。一般学术探讨文章俗称“议论文”，是思辨性研究论文。这类医学论文写作的文体结构灵活多变，它主要依据研究者已有的知识经验积累和现成的文献资料就可写成，无须进行系统的专门的研究行动。我国教育期刊上发表的大多是此类论文。思辨性论文以理论分析和逻辑证明为其基本特征，在内容上，注重观点创新、理论深度和学术研讨；在方法上，常用因果分析、矛盾分析、历史分析、比较分析、结构功能分析、归纳与演绎、分析与综合、科学抽象等定性分析法；在行文上，重论述轻叙述、重考证轻实证、重文献注释轻图表统计、重理论推理轻实践检验。

特殊研究报告大多是实证性医学论文写作，这类医学论文写作包括教育实验报告、调查报告、经验总结报告、行动研究报告、观察研究报告、个案研究报告等。之所以称为“特殊论文”，是因为这些研究报告的文体有其独特的结构模式。例如，实验研究报告的结构模式为：①医学论文写作报告的题目；②医学论文写作问题的提出；③医学论文写作研究方法；④医学论文写作实验的结果；⑤医学论文写作讨论与结论；⑥医学论文写作参考资料。

一般而言，实证性研究的文体结构严谨，表述规范，格式相对固定，具有“应用文”文体的某些要求，在大多数情况下，研究者需经历一定的研究行动或研究实践才能完成。这类论文以检验假设、证实理论判断，或获得经验体会为主要特征。在行文上，一般先陈述研究背景、研究价值、研究目的或假设、有关变量、研究过程和方法，然后，重点陈述研究结果，并对所得到的结果进行分析讨论，指出新发现的情况和问题，最后，针对所得的研究结果，回答对理论假设的检验情况和是否达到研究目的、解决了研究问题，或陈述研究者的见解，也可提出进一步探讨的问题和建议。

必须注意的是，对研究问题、变量、过程与方法的陈述，要清晰、准确，简明扼要；对研究结果的描述和解释要客观、平实，条理清楚；讨论问题应以客观事实为依据，采用科学的语体，恰如其分地阐析和评价；作结论应全面归纳、高度概括。虽然上述两类论文的特征有异，但由于医学论文写作过程实质上都是提出问题、陈述问题或分析问题、解决问题或回答问题的过程，两类论文的撰写大致按此过程展开，因此两类论文的评价标准也有共性。

一、医学论文审评

为了保证期刊的质量，每篇论文需经过专家的审评，提出对论文的评价和意见，以决定其能否刊用。有时，这些评价和意见也会反映给作者，作者必须正确对待评价中提出的各种问题，分析和研究所提出的意见，以提高自己的写作能力。因此，文章写成后，作者不必急于投向编辑部，而应进行反复的修改和思考，先进行自我审评，必要时可请别人审读，提出意见和修改，为便于作者自评，现简单介绍一下论文审评的内容和标准。

（一）审评的内容与要求

1. 思想性　论文的思想性主要体现在科研的基本出发点上，评价论文的思想性应从其内容是否符合党和国家的方针、政策和法令；有无政治错误；其研究的课题是否优先考虑对我国人民健康危害最大的常见病、多发病及其在防治工作中的关键问题；在措施上是否遵循国家的法律，伦理道德规范；是否符合我国国情；文中统计全国性资料，应注意包括台湾在内，若其资料暂缺，应予以说明；还应注意论文有无失密、涉外及浮夸的现象。另一方面，应考虑论文在国际上的学术地位及是否具有填补某方面空白的重大意义。也就是说，既不能高估了自己文章的水平，也不应该过分低估自己文章的学术价值。

2. 科学性　科学性是科技论文的灵魂所在。评价科技论文的科学性主要看其内容在科学上是否成熟，有无技术上的错误。例如：取材是否真实可靠；资料是否准确；科研设计是否合理；诊断是否成立；抽样是否随机；随机抽样的方法是否合理；对照研究的组间是否有可比性；空白对照、自身对照或历史对照是否合理；贯彻指标是否客观可靠；数据处理是否恰当；分析逻辑推理是否合理；结论是否可信、恰如其分。论文的科学性应主要表现为设计严密、方法资料准确可靠、数据处理恰当、分析论证合乎逻辑。论文的论证应始终强化全文思想，每一环节应前后呼应，互相说明，结论必须正确和恰当。

3. 先进性 评价论文的先进性主要看其是否有创新性，内容是否反映了该学科最新的发展方向，与国内公开发行书刊中的有关内容相比，有无新的或更深入的实践经验、发展和见解，而不是依照别人的报告简单重复。

4. 实用性 实用性是指论文的内容对基础理论、预防、医疗、教学、科研是否有实际指导意义和参考价值。在评价实用性时，应考虑论文在实践中应用其成果后所取得的社会效益和经济效益，有的成果具有较大的社会效益，但无明显的经济效益，如诊断技术的应用，社会致病因素的消除等。有的经济效益、社会效益都较明显，如新药、新仪器、新器械等。在评议时应注意其经济效益不明显而社会作用大的方面，如有了正确的诊断方法可提高治愈率，减少致死率，救活一人所取得的社会效益是难以估量的，故不能认为没有经济效益。所以，对间接效益应予以特别注意。

5. 写作要求 文题与内容是否贴切、题材和结构是否合适、讨论是否紧紧结合自己的材料、图表设计是否合理清楚、与正文配合是否恰当、叙述是否简洁通顺，整篇文章应严谨自然、顺理成章、层次清楚、段落分明、完整统一、首尾结合，不出现顾此失彼和自相矛盾，专业的规范化名词必须无误，文中前后要统一，造句要合乎语法，相关词语要搭配得当。

（附）论文评分参考标准

医学论文评分标准（引自卫生部科技司1981年全国医药卫生科

研处长会议资料选编）：

1. 创造性

五分：

（1）提出理论上有重大影响并得到国内外学术界肯定和好评的新见解。

（2）发现前人未发现过的重要规律或有规律性的新现象。

（3）有充分的事实依据推翻曾被接受的旧理论。

（4）技术上有重大发明，对引进的国外先进技术有关键性改进，经实践证明达到国际先进水平（技术成果）。

（5）提出新的指导思想及方法，使临床疗效有突破性提高，达到国际先进水平。

四分：

（1）对原有理论增添了新内容（但未有重大关键性突破）。

（2）补充或修正前人发现的规律或现象而对发展和修改有关理论起一定作用。

（3）技术上有所发明或引进国外先进技术或参照其原理自行设计或制造，克服了一定困难而填补了国内空白（技术或成果）。

（4）提出新的指导思想及方法，使临床疗效明显提高达到国内先进水平。

三分：

（1）用充分可靠的事实证明他人的提示，但尚未充分证实的理论。

（2）引进国外先进技术，填补国内空白，但无重要改进。

二分：

（1）一般的临床，实验或现场观察分析，未发现新的规律，无任何新见解。

（2）引进一般技术，无重要改进。

一分：简单重复他人研究课题，没有新的方法及见解。

2. 科学性

五分：科研设计严密，方法资料准确可靠，数据处理恰当。分析论证合乎逻辑。

四分：科研设计严密，方法资料可靠，但处理或分析论证有所不足。

三分：科研设计不很严密，但方法资料可靠，处理其分析论证没有重大缺点。

二分：科研设计不严密，资料不全或数据处理其分析论证逻辑性较差。

一分：科研设计漏洞很大，资料不可靠，不足取信。

3. 理论及实践意义

五分：

（1）理论创见或新发现经实践检验符合客观规律，并对推动理论发展及实践有重要作用。

（2）技术创新或重要引进，经推广后发挥重大经济效益。

四分：

（1）理论创见或新发现有充分的理论依据，估计对指导实践有重要推动作用，但尚未有机会实际应用。

（2）技术创新或引进，估计有重要经济效益，但尚未推广应用。

三分：

（1）引进别人的理论，但实际工作中取得了巨大效益。

（2）技术上一般改进，但使工作取得重大进展。

二分：

（1）一般观察分析，有一定体会但实用价值不明显。

（2）一般技术改进，效益不大明显。

一分：理论或技术上都起不了什么作用。

（二）学位论文的内容要求

第一条：选题有学术意义和社会意义，研究工作有一定难度，并能在论文中得到充分反映。

第二条：研究主题明确、具体，所要解决的问题集中，并与申请学位的学科相关，体现出明显的专门特色。

第三条：硕士论文能反映作者掌握了坚实的基础理论和系统的专门知识。博士论文能反映作者掌握了坚实宽广的基础理论和系统深入的专业知识。

第四条：熟悉与论文有关的学术背景，了解与论文相关的前沿研究动态，明确前人已经解决了哪些问题，留下哪些问题。论文没有遗漏重要文献。硕士论文能反映作者比较熟练地检索、阅读和利用本专业外文资料的能力；博士论文能反映作者熟练检索、阅读、分析、评价和利用本专业外文资料的能力。

第五条：硕士论文有新见解，表明作者具有科学研究的能力；

博士论文有创造性成果，表明作者具有独立科学研究的能力。

（三）学位论文的技术规范要求

第一条：实事求是地表达自己的研究成果。没有发现以下情况：论文或论文的部分由其他文献中的数据、材料和观点拼凑而成；自己的研究结果与他人的数据、材料、观点相混淆；在论文中对自己论文的水平做不实事求是的评价。

第二条：尊重他人成果，严肃对待文献。没有发现以下情况：引用他人数据、材料和观点时未注明来源；注文献来源时未注明具体引用页码；转引文献时只注明原始文献而不注明转引文献出处；只参考了中文译文而未直接阅读外文文献时只注明外文文献出处而略去译文出处；把作者本人没有阅读过的文献列入参考文献。

第三条：独立完成学位论文，但在准备和撰写论文过程中，作者接受导师指导，采纳专家建议，获得同行、合作者、同学的帮助等，应实事求是地表示感谢，没有出现把对学位论文未提供帮助的名人等列入致谢之列的情况。

第四条：论文有严格的逻辑结构和对问题的完整、系统论述。语言精练，主题词得当，摘要与正文相符，能够突出论文的新见解。

第五条：涉及的背景知识、引用的资料和数据准确无误；所用概念、术语、符号、公式等符合学术规范；没有严重错译或使用严重错译的译文。

第六条：语句符合现代汉语规范，无严重病句、错别字、标点符号错误、外文拼写错误、笔误或者校对错误，总计不超过论文的万分之三（按排版篇幅计）。

二、论文评价标准

(一) 理论价值

1. 学术水平高（相当于国际先进水平） 独创性的新发明、新理论、新学术；较高（相当于国内先进水平）：继前人成果的基础上有新发现、革新和创造；一般（相当于区域性一般水平）：具有一定水平的新认识、新见解、新论点。

2. 科学意义重要　对医学科学的发展或指导实践具有普遍意义；一般：对医学科研或临床医疗有借鉴作用；无意义：对医学基础或临床诊疗均无任何意义。

(二) 实用价值

1. 经济价值显著效益　论文成果的推广使用可给社会保健和防治工作提高质量，效果显著，直接保护劳动力，间接创造社会财富；一般效益：社会效益明显，但小于上项；无意义：无推广使用价值。

2. 技术意义重大　对保健和防治工作上的创造发明，新技术，经验正确有显著效果；一般：推广应用效果明显，但小于上项；无意义：无推广使用价值。

3. 文学标准好　论文结构严谨，概念准确，语言精练，文图并茂，令人爱读；中：表达清楚，层次分明，通顺易懂；差：结构松散，层次不清，平淡乏味。

三、科学论文评价的主要形式

科技论文具有很强专业性，因此也为其评价带来了难度，即使是同行，也会因为研究方向的不同、研究方法和手段的差异而成为外行，很难对研究的学术水平做出全面公正的评价。科技类学术期刊长期以来坚持的“同行双向匿名”审稿机制，其评价的结果也并非令人十分满意。为此，人们在完善同行审稿机制的同时也重新认识到“编辑在学术论文审查过程中的主导地位”。其评价形式主要有：

1. 论文题目的准确性和吸引力 一篇科技论文的水平高低题目十分关键：一方面题目表现的是论文的主题，主题确定的准确与否直接影响整篇论文的写作，主题太泛显得论文空洞，主题太窄显得论文的分量不足；另一方面，题目是一篇论文的“眼睛”，审者和读者通过这一窗口来感受整篇论文所要表达的内容，从一篇论文的题目就可以初步判断一篇论文的性质——是理论性、应用性还是普及性的论文。或者说，题目就是一篇学术论文的选题，选题的前沿性、热点程度和重要性一般就可以通过题目来判断出来。

2. 作者以及作者的单位信息 一篇科技学术论文，从作者的信息中也可以看出一些有关论文学术水平的信息，从而影响对论文水平的评价。从作者本身来说，一个人在本学科领域的研究水平、治学态度、学术风格和人品是长期以来所形成的，是一个人甚至一个团队的品牌，只要是署明该研究者的姓名，同行就会有一个初步的评价，产生一定的信任感，虽然这样的评价对具体某一篇论文来说不一定准确，但是却能反映一定的问题，因此常常会有一些知名专家挂名的论文出现，甚至是因一些不端行为而影响知名专家的名誉。随着学术研究风气的端正，作者信息反应的学术水平信息应当具有一定的参考价值。在现今的科学研究中合作是一种趋势，也是一种要求，高水平的研究成果多数是学科交叉、相互协作的结果。因此作者的数量上反映出的合作信息一定程度反映出研究的学术水平。从作者的地区分布来说，不同团队、不同单位、不同地区和不同国家的研究机构之间的合作越来越多，作者的地区分布情况可以一定程度上反映这种合作的情况，进而体现在论文的学术水平和被关注程度。

3．研究项目的基金资助情况　科学研究是个人的兴趣，但更是社会需要也是科学研究的重要推动力。国家和社会团体常常通过对一些社会、政治、经济发展的热点和难点问题给予一定的经济资助，从而来引导科学研究的方向，最大限度地满足社会、经济发展的需要。如果能够将个人的兴趣和社会需要有机地结合起来，将会产生出更高水平的研究成果。社会的资助也会给研究者在研究平台和社会环境方面提供一个良好的条件，而且，受到资助的研究项目在科研选题、研究进展和计划的落实等方面都有一定的审查和监督，一定程度上保证了研究成果的水平。从研究资助的主体上，也可以看出研究项目的性质和水平。一般政府或非赢利性团体资助的项目多为基础理论性研究，往往注重的是长远的社会效益。公司企业或赢利性团体资助的项目多为应用开发性研究，注意解决的是当前或今后一段时期急需要解决的关键性技术问题。另外，从基金的级别和美誉度上，也可以初步判断研究项目的研究水平。

4．论文参考文献的著录情况　科学研究活动是人类社会活动的组成部分，过去的研究成果是今天研究工作的基础，今天的研究成果是未来研究工作的借鉴。人类就是在这样连续不断的研究探索中进步。过去的研究成果，是以参考文献的形式表现在今天的科技论文中。因此科技论文的参考文献的引用情况，一定程度上可以体现出研究选题的前沿性和研究成果的水平。一般来说有这样几个方面：参考文献引用的是否充分？参考文献引用的是否广泛？参考文献引用的新旧程度？参考文献引用的层次？以及参考文献的性质等都可以反映出科技论文的学术水平。

5. 语言表达的规范化程度　科技论文的语言与一般论文的语言有所不同，有其语言表达的特殊性以及内在的要求和规范。通过科技论文的语言表达，可以评价作者的科技论文的写作能力，也能反映出作者的科学研究的态度和学风。语言表达流利通顺、遣词用语严谨、科技符号标准规范的科技论文反映的是作者研究工作的严谨和认真，一定程度上反映了研究成果的可信度。相反，如果作者的写作语句不通、丢字错词、量和单位使用混乱且不规范，很难让人相信这样的作者能够提供给读者真实可信的高水平研究成果，至少是语言表达和材料组织能力不高，论文并不一定能够反映出研究者的研究成果的水平。

6. 材料的组织和逻辑性　论文的语言组织让人无法阅读下去，无法反映出研究的真实水平。尽管是语言流畅，但者是阅读完以后让人感觉到“茫然”，也不会是一篇高水平的学术论文。因为，科技论文的写作需要建立在严密的逻辑论证基础之上的。逻辑上的漏洞将直接影响到研究结果的可信度；逻辑上的混乱也无法正确表达出研究的结果。图表是科技论文用来描述科学发现的重要手段，图表设计、制作的科学性以及图表与研究内容，特别是研究主题的关联度也体现出研究成果的可信度。另外，研究方案和路径设计的合理性、研究材料和手段的选择都可以反映出研究成果的学术水平。

四、科学论文的评价标准

根据科学论文的本质，评价论文主要应看他的贡献（价值）的大小和水平（写作）的高低，可以用一个字来概括——“新”，即看论文是否提出了新观点、是否使用了新材料、是否运用了新方法。

科学论文一般都是由论点、论据、论证三要素组成，而“观点”“材料”“方法”恰好是论文三要素的反映。因此，我们可以把论点、论据、论证三要素的好坏作为评价论文的标准。由此可以产生三个评价系数：论点系数、论据系数、论证系数。在每一系数下设立三级（也可多级）指标（如论点系数设全面创新，部分创新和没有创新三级；论据系数设自有论据，他人新论据和他人原论据三级；论证系数设论证明确，论证有缺陷和论证不当三级）。根据这三级指标系数，把论文分成三类。考虑到论文写作还有一个文笔规范问题，因此可再设一个文笔规范系数（设行文流畅，行文通顺和行文不通顺三级）。现分述如下：

1. 全面创新类（一类） 论点全面创新，全部使用自己调查研究所得或挖掘出的自有论据；论证明确；行文流畅。即在学科理论研究上有较大突破，如解决了国内外尚未解决的问题，对国民经济有重大影响，有普遍意义，有所发明，写作水平高。亦即论文是新观点、新材料、新方法。

2. 部分创新类（二类） 论点部分创新，使用的是他人的新论据，论证有缺陷，行文通顺。即在学科理论研究上有较高或一定的学术水平，在应用技术方面有较大的或一定的经济价值，写作上符合一般要求或无大错。以及论文是部分新观点、部分新材料或部分新方法。

3. 没有创新类（三类） 论点没有创新，使用的是他人原有的论据，论证不当，行文不通顺。即论文仅解决了一个一般性问题，写作上有错误，只可作为一般经验。

4. 交流性质的文章 亦即论文是旧论点、旧材料和旧方法。

如果以十分制为准来分析评价论文，那么：论文分=论点系数分+论据系数分+论证系数分+文笔系数分，其操作程序为：

首先评定论点系数分，然后评定论证系数分，最后评定文笔系数分，如：3 + 3 + 3 + 1 = 10

如果一篇论文在论点上有重大的创新，在论据上有独家掌握的材料，在论证上也逻辑严谨，同时在文字上也纯熟自如，那么他就可以被评为10分。如果一篇论文在论点上没有任何创新，在论据上只会引述前人已被别人引用过的材料，在论证上又无法自圆其说，文字又没那么通顺，那么只能得3分。当然很少有十全十美或一无是处的学术成果，绝大多数可以在4至10分之间找到自己的评分。一篇论点上有部分创新的论文，充其量也只能得9分，而一篇引用自己调查研究所得的论文，至少也可以得5分。依此类推。

五、科学论文的评价方法

评价科学论文，除前面所述的审阅法评分标准外，还可以用讨论法、答辩法、实践检验法等。

（一）审阅法

审阅包括编辑审阅、专家审阅、主编审阅、作者和读者审阅等。编辑审阅论文首先要审查论文选题有无参考价值，并初步决定有无发表价值。其次要审查文章内容是否翔实，是否符合本刊的要求，文章重点是否突出，有无创造性。另外，尚要审查论文是否首次发表，是否“一稿多投”，引用他人工作是否已在文中以参考文献形式注明等。为了避免个人认识的局限性，可采用几个编辑“传阅”的办法，各自写出审稿意见。对倾向于录用的稿件，应提出具体修改或补充意见及具体删节的要求；对不拟发表的论文，则应提出具体理由和意见。

主编对论文的取舍有举足轻重的作用，所以审阅稿件更应持审慎的态度，既要认真听取编辑和专家的意见，充分发挥他们的专长，又要集思广益，统筹兼顾，对刊物全面负责，把好质量关。有些编辑对论文的取舍，一般都尊重专家的意见，而较少考虑作者的看法。作者为了能使论文发表，往往忍痛割爱，甚至委曲求全，这是很有害的学风。其实作者是论文的第一“审稿人”，在论文寄送之前，他必须根据论文的质量和期刊的分类，决定投向哪种期刊，因为这在很大程度上影响发表率。因此，编辑对作者的每一篇论文都必须持慎重态度，必要时听听作者对文章的意见。作者则要了解编辑部审阅论文的一些要求和做法，具备这方面的知识，坚持论文的正确内容，申述自己的观点，修改错误部分，指出审稿人某些肤浅或错误的判断，进行学术争鸣。但态度必须谦虚诚恳。

（二）讨论法

在科学领域，不同学派和学术观点之间的争论是经常发生的，争论的存在本身是好事情，没有争论说明没有创新，这种争论是非常必要的，这就是所谓的“讨论法”。

开展讨论，就是平等的给予不同学派和学术观点之间发表论文的机会，这也是期刊杂志为人类社会进步做贡献的大好机会，我们之所以要办杂志，也正是出于这个目的。可以有意识地开辟争鸣园地，专门刊登不同学派和不同观点的有价值的文章。也可以开辟读者、作者、编者专栏，及时反映不同意见，活跃学术气氛。或就某一专题组织专门学术座谈会或笔谈会，开辟技术讨论专栏。还可以将审阅人对论文的一些不同看法在刊物上发表，与作者开展讨论；可以写短文阐述自己的观点，也可以写大块文章，或以提问的形式请作者回答。

开展讨论是评价论文的一种方法，也是进行学术研究、发展科学研究的重要手段。因此必须保障学术上的自由探索、自由讨论，使人们无所畏惧的去追求真理，提倡各种学派在争鸣中多做建树，使科学技术工作者的智慧和创造精神得到充分发挥。

（三）答辩法

公开答辩是论文评价的一种重要形式。审查委员会（亦称答辩委员）可以就论文中阐述不清楚、不详细、不确切、不完善之处、在答辩会上提出问题，作者当场作答或略做准备后回答，从而进一步考察作者对所述的问题是否有深广的基础、创作性的见解及充分的理由。作者也可以在答辩中集思广益、进一步修改充实论文、提高论文质量。

在答辩过程中，作者要保持严谨的学风与谦虚大度的态度，虚怀若谷、冷静对待、欢迎各方面的不同意见。应认真听取审查委员的评判，进一步思考，总结整篇论文写作的经验教训。而问者应该诚恳温厚，不宜盛气凌人或讽刺刻薄，一切要从团结的愿望出发，尊重作者，平等待人。所提问题，应在论文所涉及学科范围内。如果是学位论文答辩，则应针对作者申请学位的性质，对论文的学术水平有相应的要求，提问应有一定的深度和广度，尤其要重视学科学术问题范畴内带有基本性质的问题或作者应该具备的基础知识。如果对别人的工作有怀疑，或者认为别人的研究工作不正确，结论不恰当，建议不妥善，应该用科学事实和实验数据进行讨论，切忌感情用事。只有这样，才有利于科学技术的发展。

学术会议是科学论文答辩讨论的场所，是各种学派交流的园地。近年来，各国学术会议盛行。作者应尽量利用学术会议使自己的论文得到补益。论文价值的大小可以在学术会议上得到公正的评价。

（四）实践检验法

科学论文只有通过实践的检验，才能真正体现出其价值所在。实践检验就是从生产实践与实验研究来检验论文，从读者和社会的反馈信息来评价论文的学术价值、思想价值、乃至美学价值。

科学论文公开发表后，读者不仅要从中获得科技知识，应用实验结果，而且必然借鉴有关的方法与研究的思想和思路。好的论文会产生好的经济效益和社会效益，同时可以从群众来信来访中收到好的反馈。反之亦然。因此，作者和编者都十分重视读者和从以后的科研工作中反馈回来的信息，并随时做出妥善的相应处理。

群众的智慧、读者的评论，是呕心沥血的作者和编者的一面镜子，它可以给作者提供参考，可以弥补编者埋头苦干时的疏忽。有时读者来信含有某些可取的内容或启示性的问题，有的信提出了典型性、普遍性的问题，有的信本身就是一篇好的论文。对于这些来信，应引起作者和编者的足够重视，甚至全文发表。即使读者信中的评论与论文细节有出入，也应该核实清楚，帮助读者认识事实，不能求全责备。要牢牢记住，实践是检验真理的惟一标准，读者是评价论文的真正权威。

第三节　道德、版权和许可

一、独创的重要性

对任何一种出版物来说，都必须遵守各种法律和道德准则。这些准则所涉及面包括独创性和所有权（版权），它们往往是有联系的。如果他人的研究工作，有时甚至是你本人的研究工作需要发表时，为了避免被控告为剽窃或侵犯版权，必须要遵循许可的若干规定。

在出版科学论文时道德问题是很严重的问题，因为科学上独创性的含义要比其他方面更严谨。例如，一篇短篇小说可以再版许多次而没有违背道德原则。但是一篇原始的科学论文却只能在正式期刊上发表一次，只有得到正式再版许可时，出版两次才算合法。实际上，违反科学道德的行为经常发生。例如，将同样的内容或想法发表在不同的（无论是国内的或是国外的）期刊杂志上，这反映了在科学上缺乏创造性和只图私利，或者为了自我宣传，这也是一种必须考虑的道德问题。这种自我剽窃的做法意味着缺乏科学的客观性和对科学的严谨态度。

每一种正规的期刊都要求它发表的文章有独创性，这通常在《期刊声明》和《作者须知》中已提出。“一篇科学论文（不是评论性的）送到正规期刊上发表，通常暗示这文章提出了以前从未在其他地方发表过的具有独创性的研究成果或某些新的见解，同时意味着作者不考虑把该论文在送往其他地方发表。如果他一旦被接受发表，那么在没有得到编辑同意的情况下它是不能以同样的形式再发表在其他地方的，无论使用本国语还是其他文字”（选自英国皇家学会“撰写科学论文须知”）。

如果你要求将你文章的全部或者其中的主要部分，送到另一家正规的期刊上发表，那也不会得到原期刊编辑同意的，而且即使在这里勉强得到编辑同意，一旦第二家期刊的编辑得知该文章以前曾经发表过，他也会予以拒绝的，并对你的科学作风提出质疑，这样将影响你今后文章的发表。只有在非正规期刊上重新发表时，才能得到编辑（无论谁要求得到版权）的许可。当然文章的一部分，如表格和插图是可以在评论性文章中重新发表的，但是如果这个出版物明显的属于非正规性质，那么整篇文章在该刊物上重新发表也是允许的。例如，能够得到允许再版的刊物有：某研究所单行本的收集册；一个特定主体的论文集；某一位知名科学家的纪念文集等。但是在所有这些例子中，无论是由于道德还是法律的原因都必须得到适当的许可。

二、版权的条件

学位论文在创作过程中凝结了作者智慧的结晶，是具有独创性和较高学术价值的作品。依据《中华人民共和国著作权法》第二条“中国公民、法人或者其他组织的作品，无论是否发表。依照本法享有著作权”和《中华人民共和国著作权法实施条例》第二条“著作权法所称作品，是指文学、艺术和科学领域内具有独创性并能以某种形式复制的智力成果”的规定，我国的学位论文是版权作品，受《中华人民共和国著作权法》和《中华人民共和国著作权法实施条例》的保护。依照《中华人民共和国著作权法》的规定，学位论文的著作权包括发表权、署名权、修改权、保护作品完整权、复制权、发行权、出租权、展览权等十六项。与图书馆馆藏学位论文开发利用密切相关的是署名权、复制权、发行权和信息网络传播权。

（一）学位论文的版权归属问题

学位论文的版权归属，是指学位论文的权利主体问题。明确的权利主体有利于对著作权的保护和权利纠纷的解决，是著作权法的首要问题。对于学位论文权利主体问题，笔者较为认同党跃臣、曹树人在《论学位论文的权利主体》一文中的观点。文中认为学位论文的产生方式决定了其权利主体的最终归属。除普通主体之外，法人和非法人单位也可成为权利主体：在特定条件下还可以作者作为权利主体，而优先使用权归法人或非法人单位。在大多数情况下，学位论文的创作需要由学位申请者独立完成，因此学位申请者即为学位论文最基本的权利主体，享有完整的著作权及著作权法规定的权利主体所应享有的所有权利。论文的指导教师对学位论文完成所起的指导作用，按照《中华人民共和国著作权法实施条例》第三条“为他人创作进行组织工作，提供咨询意见、物质条件，或者进行其他辅助工作，均不视为创作”的规定属于工作职责，不构成创作。也不属于权利主体。除了学位论文作者可作为普通主体之外，在特定条件下，法人或非法人单位也可成为权利主体；还可以采取作者作为权利主体，而优先使用权归法人或法人单位的方式。教育部 1999 年颁布的《高等学校知识产权保护管理规定》第九条规定：“为完成高等学校的工作任务所创作的作品是职务作品，除第十条规定情况外，著作权由完成者享有。高等学校在其业务范围内对职务作品享有优先使用权。”另据第十三条规定：“在高等学校学习、进修或者开展合作项目研究的学生、研究人员，在校期间参与导师承担的本校研究课题或者承担学校安排的任务所完成的发明创造及其他技术成果，除另有协议外，应当归高等学校享有或持有。”尽管这些条款并不直接针对学位论文的创作者，但从法律角度来说，这时的权利主体属于法人或法人单位，而不是学位论文创作者。学位论文的权利归属问题十分复杂，目前尚未有明确的法律法规对其加以界定，但是可以确认的是，未得到学位论文著作权人授权而擅自开发与利用学位论文，是一种侵权行为。

（二）学位论文在文献数字化中的版权问题

文献数字化是指把模拟或原生形态的馆藏文献信息转换为计算机可以读取的数字信息。文献数字化的主要手段是图像扫描和文本识别。由于数字化行为只是改变了原文献的载体形态，而未涉及作品内容本身，因此法律界和图书馆界普遍将馆藏文献数字化视为一种复制行为。依据《中华人民共和国著作权法》第二十二条的规定“图书馆为陈列或保存版本的需要，复制本馆收藏的作品可以不经过著作权人许可，不向其支付报酬，但应当指明作者姓名、作品名称，并且不得侵犯著作权人依照本法享有的其他权利”。尽管在法律体系内，图书馆享有特定条件下的文献复制权，但这种复制权的用途却仅限于陈列或者保存版本，一旦超出这个界限，仍可能会侵犯著作权人的复制权。

（三）学位论文在信息传播中的版权问题

从利用情况来看，学位论文主要通过原件借阅、扫描复印、网络传播三种途径实现文献传递，无论哪种文献传递方式均存在版权难以控制的问题。在绝大多数情况下，学位论文的著作权不属于图书馆，图书馆在未经著作权人允许的情况下擅自出借学位论文，就有可能构成侵权。文献复制方面的情况更为尴尬。以国家图书馆为例，依据《国家图书馆文献利用条例》，针对馆藏学位论文的复制，用户仅可复印全文的1/3，并以一份为限。然而在实际工作中，图书馆很难监控每位用户的具体行为，学位论文的复印数量往往难以控制。这种在没有获得学位论文著作权人授权情况下进行的复制行为无疑也属于侵权行为。网络传播是数字图书馆时代最主要的信息传播方式，依据《信息网络传播权保护条例》第七条规定：“图书馆、档案馆、纪念馆、博物馆、美术馆等可以不经著作权人许可，通过信息网络向本馆馆舍内的服务对象提供本馆收藏的合法出版的数字作品和依法为陈列或者保存版本的需要以数字化形式复制的作品，不向其支付报酬，但不得直接或者间接获得经济利益。”合理使用原则是网络传播权限制的主要形式之一。它指的是在特定条件下，著作权法允许他人自由使用享有著作权的作品而不必征得著作权人的同意，也不必向著作权人支付报酬的制度。国内许多图书馆在开展学位论文网上阅览服务时正是基于此项制度，然而经过仔细推敲不难发现“合理使用原则”应用的对象应是合法出版的作品，而学位论文在大多数情况下属于非正式出版物，因此也就不适用于此项原则。显然，通过网络传播学位论文的行为侵犯了著作权人的信息网络传播权。

三、怎样认识著作权许可使用合同

作品的著作权拥有者和使用人就作品问题达成一致协议，按照以下的格式和程序将其确定下来，形成著作权许可使用合同。根据《著作权法》的规定，签订合同要注意。

（一）国家版权局提供各类合同的标准格式，当事人应当尽量采用。这种标准格式是国家版权局结合理论研究和实践活动所制作的，综合包括各种必需的条款，有利于维护双方当事人的合法权益，避免防止纠纷的产生。

（二）合同内容包括

1. 许可使用作品的方式　即是复制还是表演等。使用的方式有复制、表演、播放、展览、发行、摄制电影、电视、录像或者改编、翻译、注释、编辑等。不同的使用方式，也就有不同的合同，如出版合同、翻译合同、表演合同等。

2. 许可使用的权利性质　即是专有使用权还是非专有使用权。

专有使用权是指著作权人授予使用人使用其作品的排他性权利，著作权人不得在同一范围内再与第三人签订相同的许可使用合同，而且著作权人自己也不得以同样方式使用该作品。使用者如果取得的是非专有使用权，则不仅著作权人自己而且可以与第三人签订合同授权其在相同范围内以同样的方式使用作品。

3. 许可使用的范围　期间是指地域范围，以限制使用者使用作品的地区，根据不同作品和当事人双方的目的来协商确定。期间是指时间范围，使用者取得使用权的时间，由双方商定，但最长不得超过10年，合同期满后还可续订。

4. 付酬标准和办法　这一标准既可按照国务院著作权行政管理部门会同有关部门制定的付酬标准执行，也可由双方按照合同约定的标准执行。

5. 违约责任　合同应规定当事人违反合同应负责任，以备发生纠纷时追究责任。

6. 双方认为需要约定的其他内容　“合同中著作权人未明确许可的权利，未经著作权人许可，另一方当事人不得行使”(《著作权法》25条)。因此，双方应在合同中规定详尽，以免自己的利益遭受损害。

(三)通过合同，使用者取得的仅是作品的使用权

1. 出版者、表演者、录音录像制作者、广播电台、电视台等依照《著作权法》和合同取得他人著作权使用权的，不得侵犯作者署名权、修改权、保护作品完整权和获得报酬权。

2. 使用者即使取得专有使用权，如果许可第三人行使同样权

利，必须取得著作权人的许可，合同另有约定的除外。

（附）著作权法修正案（草案）说明

九届全国人大常委会第十九次会议上就《中华人民共和国著作权法修正案（草案）》作了如下说明：

完善著作权的权利内容

草案现行著作权法第十条第（五）项规定的“使用权和获得报酬权”加以具体化、明确为十一项（复制权、发行权、出租权、展览权、公开表演权、播放权、摄制权、改编权、翻译权、汇编权），并对每项权利的基本内涵作了界定。

数据库等汇编作品

现行著作权法没有将由不构成作品的材料汇集成有独创性的汇编作品如数据库作为保护对象。因此，草案依据知识产权协议的要求，将现行著作权法第十四条修改为：“汇编若干著作权作品的片段或者不构成作品的数据或者其他材料，对其内容的选择或者编排体现独创性的作品，为汇编作品，其著作权由汇编作品的作者享有；但是，汇编人行使著作权时，不得侵犯原作品的著作权。”这样修改，数据即可涵盖在汇编作品中。

对版式设计、装帧设计的保护

草案增加了版面设计、装帧设计保护的内容，规定：“出版者有权许可或者禁止他人使用其出版的图书、报纸、杂志的版式设计、装帧设计。”

合理使用

现行著作权法第二十二条第一款规定了对作品“合理使用”的

十二种情形，使用人可不经著作权人许可，不向其支付报酬。其中，有些规定与知识产权协议尚有一定的差距。根据知识产权协议的规定，草案对现行著作权法规定的十二种“合理使用”情形，做了总的原则性限制，增加规定：“合理使用”作品，“不得影响作品的正常使用，也不得不合理地损害著作权人的合法权利”。

按照现行著作权法第二十二条第一款第（三）项的规定，为报道时事新闻引用已经发表的作品，属于“合理使用”。这样规定，超过了伯尔尼公约规定的“合理使用”范围。根据伯尔尼公约的有关规定，草案将现行著作权法第二十二条第一款第（三）项修改为：“（三）为报道时事新闻，在报纸、期刊、广播电台、电视台等媒体中不可避免地再现或者引用已经发表的作品”。

编写出版教材使用他人作品的法定许可

草案增加规定：“为实施九年制义务教育和国家教育规划而编写的出版教材，可以不经著作权人许可，在教材中编写已经发表的作品片段或者短小的文字作品、音乐作品或者单幅的美术作品、摄影作品，但应当按照规定支付报酬，指明作者姓名、作品名称，并且不得侵犯著作权人依照本法享有的其他权利。”“前款规定适用于对出版者、表演者、录音录像制作者、广播电台、电视台的权利的限制。”

著作权的转让

现行著作权法第三章仅对著作权许可使用合同作了规定，而没对著作权的转让作规定。草案增加规定“转让著作权中的财产权”，应当订立书面合同，并具体规定了合同的主要内容。

四、保密工作

保密法第二十条规定“报刊、书籍、地图、图文资料、声像制品的出版和发行以及广播节目、电影的制作和播放，应当遵守有关的保密规定，不得泄露国家秘密”。本条是关于宣传出版工作中不得泄露国家秘密的禁止性规定。本条规定表明，不管单位还是个人，无论采用何种宣传出版方式进行宣传出版工作，都必须遵守保密规定，不得泄露国家秘密；反之，违法行为要承担一定的法律责任。“有关保密规定”泛指一切与保密工作相关的法律、法规、规章，包括各有关机关单位针对宣传出版工作所指定的各项保密规定。不仅宣传出版专门机构及其工作人员要遵守上述有关保密规定，提供信息，稿件的其他有关机关、单位和人员也负有这种法律义务。

为了搞好保密工作，首先要熟悉保密内容。一般说来涉及医学领域的保密内容有：国家批准的国际水平的应用技术成果；国外保密的产品，在我国的仿制资料；暂时不宜发表的新理论、新发现、新设想；生物品种的自然目录，自然分布和培育技术；未经公布的我国自然疫源地、烈性的人畜疫情、防止病虫害的方法，验方；没有公开发表的中医中药文献、医治手稿、中医经验、中医思路的计算机软件；生物工程技术等。

为了避免出现不必要的问题，撰稿人要注意以下保密措施：没有公开发表的统计数值不要引用；因学术交流需要，涉及发明与专利或可能成为专利的内容，必须争取作者或单位意见，删去作者认为应该删去的关键部分；涉及科研成果的专著论文必须经过研究单位或者作者单位审查后发表；发现稿件泄密或泄密界限不清时，不要强行发表；不得公开引用内部文件及没有公开发表的书刊作为参考资料；不泄露保密的研究生产单位；凡属保密场所、项目，未经主管单位批准不许拍照；文中设计传染病的疫情，未经当地政府批准，不应发表；内部刊物一般不予赠送。

我国的科技发明约一半以上是在国内期刊上发表的，所以增强保密观念，杜绝泄密的事件发生，是执行保密法的重要内容，同时也与撰稿者的利益息息相关。小而言之，稿件得不到发表，给自己及单位造成一定麻烦；大而言之，国家利益受到侵犯，我们的内心也难以获得平静。

第四节 投稿技巧及方法

一、如何提高稿件的刊登率

（一）以质量取胜

稿件录取与否，关键在于稿件的质量，以质量取胜，这是稿件刊登率高的根本所在。一篇文稿的质量标准，主要以它的学术质量为主要方面。学术质量的主要标准是文稿的先进性、科学性和实用性。为达此目的，需从以下几方面着手。

1. 从实验选题上严格把关，坚持创新性、先进性、实用性的选题原则。在有条件的情况下，尽可能采用现代的信息手段，到国际信息联机终端查阅文献资料，了解科研动态，或者通过专家评审论证选题，使科研选题一开始就站在较高的水准上，这是撰写文稿的首要前提条件。

2. 在科学实验设计上，要严格遵守对照原则、随机原则、均衡原则和重复原则。这是科学实验的重要前提，也是稿件质量的重要衡量标准和科学实验的起码条件。

3. 在搞好选题和设计的前提下，通过严格的科学实验和周密的实验观察，以期能够达到一个有所发现、有所发明、有所创新的结果。当然这种发现、创新的结果，应当是别人重复实验也能够得到的。

编审人员对来稿首先是根据文章的内容有没有创新性和科学性而进行取舍判断的。所以抓住文章的科学性，创新性的实质是提高稿件刊用率的关键。

（二）以“巧”取胜

这里所说的“巧”，是文章的逻辑，结构和表达技巧问题。如果一个好的实验结果和结论，却不能用精练的文字去表达，这也会影响稿件的刊登率。所以，文稿的撰写标准是逻辑性强、结构严谨、文字通顺、标点准确、计量单位符合法定要求、字迹清晰。文章的核心要抓住创新性和科学性的内在联系，通过对比提出问题，通过科学的设计、材料和方法去揭示实验的结果，对统计方法和材料也要重点交代和介绍，详述统计学方法从而使有素养的编者能够通过原始资料来核实报告结果的正确性。用可能的、定量所见及其表述给出测量误差或测不准（诸如可信区间）的适当指征。避免单独的依赖统计学假设试验。适宜地讨论试验主题，给出其随机化的细节，对任何隐蔽的观察应描述其实验方法及成功之处。报告治疗的并发症，给出观察的例数。报道观察中的丢失（如临床实验中的丢失）。研究设计和统计学方法所引用的参考文献必须是标准出版物（给出所在页码），如有可能最好引用原始报道该设计和方法的论文，指明需用的任何计算机程序。在文章中通过翔实可靠的统计学方法和数据的交代，以提高文章的严密性、科学性和说服力。

（三）投稿要对路

每种报刊杂志都有自己特定的办报（刊）方针和宗旨，有自己的读者对象，投稿前必须先对此进行了解，搞清它的发行出版周期是双月刊、季刊、月刊还是半月刊、周刊，如果是报纸的话，是日报、周二报、周报还是半月报、月报，接下来要了解各种报刊都开设了哪些栏目，各栏目都发表些什么样的文章，可能的话还应该了解一下报刊的办刊历史，看看近年都发表过什么样的文章，对照一下你研究的问题以及撰写的论文原来有没有人研究过写过，研究现状如何，原来发表过的此类文章是从哪些角度写的，你的文章有无创新发展。此外，还应对报刊的发稿动态和走向以及下一步热点稿件是哪一类进行研究，最后看看你撰写的文章适合于哪些报刊的哪些栏目，投寄时最好在信封上注明栏目名称，以便于编辑人员及时准确地处理稿件。要做到这一点，平时对有关报刊必须多看、多翻阅，至少对近期目录做到心中有数，这样投稿时才能做到有的放矢。

（四）做好说明工作

这里所说的说明工作，是指投稿时作者一定要向期刊社说明多方面情况，这对于提高稿件的采用率是十分重要的。

首先，作者在投稿时应向编辑充分说明全部投寄资料和以前的可能会被认为是首次或重复发表的同一内容和十分类似的著作的报道情况。这些材料的副本应随文稿一并寄给编辑，以助于稿件的处理。这里所指的首次发表的含义是指论文的内容在全省、全国或世界首次发表。如果能够提供计算机查新的检索结果证明，当然是十分有用的。同时还要向编辑人员说明以下的内容：说明该稿是首次或重复发表或是已将其中任何部分投寄到别处；声明文稿可能导致违背公共利益的行为或有关事宜；说明文稿已经全部作者看过并同意投寄；通讯作者的姓名、地址及电话号码。通讯作者负责与其他作者联系文章的修改及校样的最后认可事宜，该信还应提供对编辑有所帮助的任何附加情况，例如原稿属于该刊的哪一类文章，以及作者是否可以支付印刷彩色插图的费用（多数期刊不愿支付彩色图片费用）。

原稿中必须附寄所有重印已出版资料，使用可辨认人员的照片或敏感的个人信息的证明，以及做出贡献的人员同意提名的材料。

在附信说明中，要将伦理道德交代清楚，以人为对象的实验报告，应表明实验过程是否符合相关的道德标准。不得使用患者的姓名、缩写名或医院的各种编号，尤其是任何图片材料中不得使用。实验报告，应说明是否遵守国家法令或遵循了公共机构国家研究委员会有关爱护和使用实验动物的指导。

（五）讲究投稿策略

刚开始投稿的人，将稿子投出后总希望尽快得到编辑部的回音。事实上，由于编辑部每天要处理的稿件无以数计，所以，不少刊物收到稿件后常常连收稿通知都懒得发，这挫伤了不少作者的积极性，甚至有人从此不再写稿。还有个别刊物大量地照顾“关系稿件”，眼睛只盯住几个“名人”，结果使很多新人退避三舍。但应该承认，任何刊物都会考虑自己的信誉，真正有生命力的刊物在用稿上一定会坚持认稿不认人的原则，只要稿件对路时机合适，质量属于上乘之作，任何编辑部都没有舍优求次的道理。

（六）及时调整投稿方向

著作权法规定，著作权人向报社、杂志社投稿后，自稿件发出之日起 30 日内未收到杂志社通知决定刊登的，可以将同一作品向其他报社，杂志社投稿，双方另有约定的除外。所投稿件未被及时采用，不一定是稿件本身的问题，可能是所投期刊新的稿件过多，一时或短时无法对稿件处理，所以及时的调整投稿方向，也是提高刊用率的一种方法。

二、*Nature* 简介及投稿指南

Nature 链接地址：http://www.nature.com/index.html。*Nature* 杂志由 *Nature* 出版集团（The Nature Publishing Group，简称 npg）发行，影响因子稳定在 30 以上，其系列月刊杂志的影响因子也相当高，基本代表了学术最高水平。*Nature* 网站提供 1997 年 6 月到最新出版的 *Nature* 杂志全文，并可以查阅其姊妹刊物——8 种研究月刊、6 种评论月刊，以及 3 种重要的物理与医学方面的参考工具书。自 2004 年，*Nature* 杂志推出“中国之声”系列：链接地址：http://www.natureasia.com/ch/。“中国之声”系列大大地方便了国内学术人员查阅每期的 Nature 最新内容。目前该网站提供每期 Nature 文萃的摘

要翻译，你可以快速地浏览有没有你感兴趣的文章。*Nature* 系列杂志列表：*Nature*、*Nature Biotechnology*、*Nature Cell Biology*、*Nature Genetics*、*Nature Immunology*、*Nature Materials*、*Nature Medicine*、*Nature Neuroscience*、*Nature Reviews Cancer*、*Nature Reviews Drug Discovery*、*Nature Reviews Genetics*、*Nature Reviews Immunology*、*Nature Reviews Molecular Cell Biology*、*Nature Reviews Neuroscience*、*Nature Structural Biology*。

参考工具书列表：*Cancer Handbook*、*Encyclopedia of Astronomy and Astrophysics*、*Encyclopedia of Life Science*、除了 *Nature* 系列杂志之外，NPG 还出版一些其他高水平的刊物：BDJ（*British Dental Journal*）、BJC（*British Journal of Cancer*）、BJP（*British Journal of Pharmacology*）、*Bone Marrow Transplantation*、*Cancer Gene Therapy*、*Cell Death and Differentiation*、EBD（*Evidence-Based Dentistry*）、*EMBO Journal*，*The EMBO reports*、*European Journal of Clinical Nutrition*、*European Journal of Human Genetics*、*Eye*、*Gene Therapy*、*Genes and Immunity*、*Hematology Journal*、*The Heredity*、*International Journal of Impotence Research*、*International Journal of Obesity*、*Journal of Cerebral Blood Flow & Metabolism*、*Journal of Exposure Analysis and Environmental Epidemiology*、*Journal of Human Hypertension*、*Journal of Perinatology*、*Laboratory Investigation*、*Leukemia*、*Modern Pathology*、*Molecular Psychiatry*、*Molecular Systems Biology*、*Nature Archive 1950-1996*、*Neuropsychopharmacology*、*Oncogene and Oncogene Reviews*、*Pharmacogenomics Journal*、*The*

Prostate Cancer and Prostatic Diseases、*Spinal Cord*、*The Nature Biotechnology Directory 2003* 及 *Vital*。

Nature 投稿指南

1.《自然》系列期刊对作者的承诺（保证）《自然》系列期刊的编辑努力为作者提供高效、公正和充满关切的投稿、同行评议及发表经历。作者期望被接受发表的投稿都是经过同行以最严格的专业标准进行过评审，他们也希望编辑是根据其提供深刻和有益分析的能力来挑选同行评审的专家。编辑在选择《自然》期刊的内容需要权衡诸多因素，但他们会在尽可能保持最高决策质量的前提下努力减少做出决定的时间。

经过评审后，编辑会努力提高一篇论文的可读性，因此对读者来说，通过建议和对文章的编辑，所有的研究工作都将这样的形式呈现，对本领域专家来说它是易读的，对直接领域外的科学家来说它是可以理解的。通过我们的高级在线出版系统，研究工作会以在线开工发布而不被延误。在每周举行的新闻发布会上，《自然》系列期刊为3000多位注册记者提供新闻，内容涉及即将出版的所有研究论文。大约80多万注册用户会通过电子邮件收到目录内容，在期刊的主页、目录页及“新闻和观点”栏目中，许多论文都以“亮点方式”突出介绍以方便非专业读者阅读。

在所有的这些工作过程中，《自然》系列期刊的编辑坚守根据相关政策制定的编辑方针、伦理和科学标准，这些政策都刊登在我们期刊的网站上，我们也会周期性地评估这些政策以确保它们能持续地反映科学界的需求。

2. 如何在《自然》系列期刊上发表您的研究工作　《自然》系列期刊是由每周出版的多学科《自然》杂志和8种每月出版的期刊组成。《自然》杂志发表在某一学科内具有最高影响、其他领域的科学家也会感兴趣的研究工作；8种学术期刊的名称是根据其报道领域命名的，它们都发表在其领域中质量最高、影响力显著的论文，这8种期刊的名称分别是：《自然生物技术》《自然细胞生物学》《自然遗传学》《自然免疫学》《自然材料学》《自然医学》《自然方法学》《自然结构和分子生物学》(《自然》杂志的主页有它们的直接链接)。所有的这些期刊都是国际性的，它们在美国和英国出版和印刷。

《自然》杂志和《自然》系列月刊的影响因子位居世界影响因子最高的期刊之列。每种期刊的影响因子都在可以其期刊的主页上找到。期刊的崇高声望让作者受益良多，但也意味着论文发表的竞争异常激烈，因此有许多投稿未经同行评审就被拒绝。

《自然》系列期刊与绝大多数其他期刊的不同之处在于它们均没有编辑委员会，取而代之的是，论文是否出版是由具备深厚专业背景的编辑在与科学界作广泛的商议后决定的。这篇文章只是为您提供这些非凡期刊的常规编辑过程。虽然所有的期刊都基本相似且有共同的编辑方针（http：//npg.nature.com/npg/servlet/Content?data=xml/05_policies.xml&style= xml/05_ policies.xsl），但所有的作者在投稿前都需要参考所投稿期刊的《读者指南》，以获得在该期刊准备和发表论文的至关重要的详细信息，因为期刊间存在差别。

3. 编辑过程　下面的部分概述了期刊的编辑过程，描述了编辑在投稿和发表过程中是怎样如何处理稿件的。您可以通过进入在线投稿系统了解这一过程中的每一个步骤，并了解您的稿件的状态。

4. 投稿前询问 在将论文全文投稿前，研究人员也许可以从编辑处获得非正式的反馈信息。这种服务的目的是节省您的时间——如果编辑认为论文不适合发表，您可以将论文及时投到其他期刊，而不被耽误。如果您希望使用投稿前询问服务，请使用您选择的期刊的在线系统发送一段话，解释您的论文的重要性，以及论文的摘要或概述段和相关的引用目录，以便编辑能够将投稿与其他相关工作进行对比判断。编辑也许会很快邀请您递交完整的论文（这并不意味着发表的任何承诺），或许告诉您这篇论文不适合在该期刊发表。如果接到的是否定的回应，请不要回复。如果您确信自己论文的重要性，那就不要在乎编辑的疑惑，您可以通过期刊的在线投稿系统递交论文的全文。编辑会对您的工作做更详尽的评估。

5. 初次投稿 当您准备投稿时，请根据期刊的要求使用在线投稿系统。当期刊收到您的投稿时，它会为您提供一个编号并安排一位编辑，这位编辑负责阅读论文，征询科学顾问和编辑部同事的非正式建议，并将您的投稿与本领域最近所发表的其他论文进行比较。如果论文看起来新颖、引人注目，所描述的工作即很直接又有深远的意义，那么编辑会将论文送出去作同行评审，通常会送给两个或三个独立的专家。然而，因为期刊只能在某一领域或次领域发表极少数的论文，因此许多论文未经同行评审就被拒绝，即使这些论文描述的可能是可靠的科学结果。

6. 投稿在《自然》系列期刊间的转移 在部分情况下，编辑不能发表您的论文，但他（或她）也许会建议说这篇论文更适合在其他的《自然》系列期刊上发表。如果您愿意将论文重新投到所建议的期刊，那么您只需要简单地链接到编辑提供的网址，将您的论文和审稿意见转给新期刊。这一过程全在您的掌握（控制）之中：您可以选择不使用这种服务，取而代之的是您可以使用期刊常用的在线投稿服务将论文投到其他的《自然》期刊或《自然》出版集团的期刊，而且如果您愿意，您可以选择在投稿中是否包含审稿人的意见。

7. 同行评议　当编辑决定将论文送出去评审时，他会给通讯作者发一封电子邮件告知这一信息。编辑挑选的审稿人的依据是：独立性；对论文做出全面、公正的技术方面评价的能力；目前或最近是否评审过相关投稿；以及在规定的短时间内是否能对投稿做出评审等。您也可为自己的论文推荐审稿人（包括详细的地址信息），只要他们是独立的科学家。尽管编辑不一定会采纳这些信息，但这些信息常常是有用的。编辑会考虑您的要求排除一定数量的指定姓名科学家作为审稿人。

8. 决定和修订　当编辑根据审稿人的意见决定出版您的论文时，他不仅要考虑这篇论文目前是多么好，而且还要考虑修订后它又会怎么样地好。在收到所有审稿人的意见后，编辑会在编辑之间讨论这份投稿，然后再给作者写信。在这封信中，编辑或是拒绝发表您的论文，或是建议您修改后重投，或者说论文不需要进一步的修改就可发表。如果编辑建议您修改论文，他或她会提供特别的建议，并在信中陈述这种修改是大改还是小改，以及是否会与审稿人进一步讨论您再投的修改稿件。

如果编辑邀请您修改您的论文，您应该在重投的稿件中附上一封新的封面信，信中应包括对审稿人和编辑意见的逐一回应，包括您怎样修改您的论文以回应这些评价。

9. 接受以后 您的论文被接受以后，文件编辑（或副编辑）会对这篇论文做出版前的准备，他们会对文章进行推敲、润色，以便文字和图具有可读性，对直接领域外的读者来说也是清晰明白的，并且让论文符合期刊的风格。文件编辑将为英语为非母语的作者提供建议，并且在编辑这些论文时特别小心。

10. 出版后 所有的论文都会在印刷版本的形式出版，在期刊的网站上以 PDF 和 HTML 格式全文刊登。如果编辑和审稿人认为补充信息对于论文的结论至关重要（比如大的数据表格或有关一种方法的详细信息），而且许多专家对此的兴趣甚于论文的其他部分，那么补充信息将随同论文一同在电子网络版发表。许多链接和导航服务会提供给《自然》系列期刊以在线形（HTML）出版的所有论文。

我们的新闻发布服务将包括所有论文和通讯作者的详细联系方式，这意味着您的工作会引起世界上所有主流媒体机构的关注，他们也许会选择在报纸或其他媒体中对您的工作进行特别报道。部分论文会在《自然》杂志、《自然》出版集团的出版物和专门的网站上被突出介绍或概述。

《自然》出版集团出版的期刊不要求作者的版权，但是会要求您签署一份独家的出版许可文件。这允许您可以在您自己或研究所的网站上以 PDF 格式刊登您的论文。

三、*Science* 简介及投稿指南

《科学》是发表最好的原始研究论文、以及综述和分析当前研究和科学政策的同行评议的期刊。该杂志于 1880 年由爱迪生投资 1 万美元创办，于 1894 年成为美国最大的科学团体“美国科学促进会”——American Association for the Advancement of Science（AAAS）的官方刊物。全年共 51 期，为周刊，全球发行量超过 150 万份。多数科技期刊都要向读者收取审稿、评论、发表的相关费用。但《科学》杂志发表来稿是免费的。其杂志的资金来源共有三部分：AAAS 的会员费；印刷版和在线版的订阅费；广告费。《科学》杂志属于综合性科学杂志，它的科学新闻报道、综述、分析、书评等部分，都是权威的科普资料，该杂志也适合一般读者阅读。“发展科学，服务社会”是 AAAS 也是《科学》杂志的宗旨。在全球，《科学》杂志的主要对手为英国伦敦的《自然》杂志，该杂志创办于 1869 年，曾发表了大量的达尔文、赫胥黎等大师的文章。21 世纪的前 4 年中，二者为率先发表人类基因排列的图谱而激烈竞争。《科学》杂志的主编唐纳德·科尼迪毕业于哈佛大学，博士学位，为斯坦福大学第八任校长，著名的环境科学教授。*Nature* 和 *Science* 作为国际顶级综合性刊物，享有极高的声誉。二者的共同特点是特别强调创新，因此它们一直是发表各学科的最前沿文章。生命科学领域在 *Nature* 和 *Science* 中近年来比重越来越大，表明生命科学的地位逐渐受到重视。同时，*Nature* 和 *Science* 上还刊登物理学，化学，考古，天文，生态等内容，这些内容表面似乎与生命科学并无直接关联，然而在内在本质中，却有千丝万缕的关系，作为生命科学工作者，也很有必要

了解一些交叉学科内容，有利于知识体系的完善。

《科学》官方网站链接地址：www.scienceonline.org/。Science Online 即《科学》在线，由 American Association for the Advancement of Science（AAAS，美国科学促进学会）出版，提供《科学》周刊（*Science Magazine*）电子版、《科学此刻》（*Science Now*）、《科学后浪》（*Science Next Wave*）、《科学》知识环境（*Science Knowledge Environment*）、《科学》职业（*Science Careers*）、《科学》电子市场（*Science e-marketplace*）等站点的访问。《科学》周刊电子版是《科学》在线最主要组成部分，每周五与其印刷版同步上网发行。目前《科学》在线包括《科学》周刊 1995 年 10 月以来全部文献内容，读者可以按卷期、主题浏览文献，也可以检索文献；文献全文大多数有 HTML 和 PDF 两种格式。

《科学》中国服务：目前，由国家科技文献中心支持，成立了中文网站，链接地址：http://china.sciencemag.org/。主要内容包括：《科学》周刊内容提要翻译；《科学此刻》选译；有关中国的报道、中国科学家的论文。

《科学》全文获取：1997 年以后的文章可以直接从官方网站获取，通常需要用户名和密码。但是，任何文章的附加文件可以免费获取，具体信息见各文章中的提供的地址。1880~1997 年的全文可以通过 JSTOR 获取。

《科学》是一个周刊，是发表最好的原始研究论文以及综述和分析当前研究和科学政策的同行评议的期刊。争取在《科学》发表文章的竞争很激烈，许多投稿在没有得到进一步的同行评议之前就被退回。该杂志对在有广泛兴趣的领域中有创新的文章优先并对投来的稿件坚定地履行快速评审、快速发表的原则。

下面介绍一下《科学》投稿的具体事项：

1. 署名文章的栏目

报告（Reports）栏目发表新的有广泛意义的重要研究成果。报告长度不超过2500单词或《科学》版面的3页。报告要包括摘要和引言。参考文献应在30条以内。研究文章（Research Articles）栏目发表反映某一领域的重大突破的文章，文章长度不超过4500单词或5页，包括一个摘要、一个引言、和加有简短的小标题的内容部分。参考文献建议最多不超过40条。技术评论（Technical Comments）讨论《科学》周刊过去6个月内发表的论文，长度不超过500单词。原文章作者将被给予答复评论的机会。评论和答复都要得到评议和必要的编辑。讨论的提要刊登在印刷版，全文刊登在电子版。

《科学》指南（*Science's Compass*）栏目为广大读者提供由科学家或其他专家撰写的对当前科学问题的评论。除了读者来信，本栏目的文章都是由编辑们约稿的，但有时对未被邀请的稿件也予以考虑。来信（Letters）一般不超过300单词，讨论《科学》上已发表的内容或普遍感兴趣的问题。来信应该直接投到我们的网站（www.letter2science.org）或以电子信形式投来（science_letters@aaas.org）.编辑不通知作者是否收到来信，而且可能对来信加以修改以求明了或满足版面的限制。来信发表时，编辑一般不再征求作者的意见。政策论坛（Policy Forum）（2000单词以下）讨论科学政策，科学与社会短文（Essays on Science and Society）（2000单词）着重于科学与社会如何交叉的不同看法。书评及其他（Books *et al.*）（1500单词以下）评论《科学》读者感兴趣的书、只读光盘、展览或影片。研究评述（Perspectives）（1000单词以下）评论分析当前研究的发展，但作者不以讨论自己的研究工作为主。综述（Review）文章（一般长度为4页）讨论具有跨学科意义的最新进展，着重于尚未解决的问题以及未来可能的发展方向。文章都要经过审稿。这类文章要求有一个摘要、一个概括主要观点的引言和反映章节主要内容的小标题。参考文献建议不要超过40条。Tech.Views（2000单词以内）介绍当前的试验技术以及新出版的软件。

2. 稿件的选择

稿件首先被分配到在华盛顿或英国剑桥的《科学》周刊的文稿编辑手中，该编辑对稿件中所涉及领域有专业知识。大多数来稿还经一、两名审稿编委会（Board of Reviewing Editors）成员就其是否适合在《科学》周刊发表打分。（审稿编委会成员名单见《科学》印刷版报头.）《科学》周刊的编辑在决定是否送来稿做同行评议时参考审稿编委打的分。编委认为不适合《科学》周刊发表的来稿不再送同行评议，编辑及时通知作者，一般在2个星期左右。在多数情况下，我们只退一部分插图的原件。是否美国科学促进会（AAAS）会员与稿件的选用与否无关。

那些进入同行评议过程的稿件，将被送交两名或几名外部审稿人（outside reviewers）。《科学》的原则是匿名审稿。送审之前，编辑部会通知审稿人，并对大多数稿件要求审稿人在一个星期到10天内将审稿意见返回。对需要快速评审的稿件，我们能够要求在48小时内审完。被选用的稿件还需经过编辑以求准确、明了，有必要时还要缩短。文章被退回后不得因对兴趣或相对优点的评价有异议而再投稿。但是，因严重的审稿错误被退回的稿件，可以考虑其再投稿。

3. 接受稿件的条件

当一篇文章被接受在《科学》发表后，文章作者应该明白：任何索取有关验证报告的试验结果所必需的材料和方法的合理要求必须要满足。文章发表之前，大的数据组，包括蛋白或DNA序列以及晶体结构数据等，必须放进得到同意的数据库中。作者应提供给《科学》该数据在数据库中的识别编号以便在发表的文章中将此编号包括进去。坐标数据必须在文章发表时公开。得到同意的数据库包括GenBank或国际序列数据合作的其他成员、Brookhaven和SWISS-PROT。其他允许以核实和重复实验为目的的公共访问的存放点，经总编批准后也可以考虑。作者同意将其论文（包括其论文电子版）的版权转让给《科学》周刊；在发表之前，稿件是编辑部的特权文件，不得向新闻界或大众公开。在个别情况下，如果确有必要在发表之前公布数据，须与美国科学促进会对外联络办公室（AAAS Office of Communications）联系，电话是：202-326-6440。

4. 文章的署名

向《科学》周刊投稿，意味着该稿件的通讯作者（corresponding author）接受了这样一个责任：他保证所有的作者都同意在稿件上的署名，都看过并同意稿件的内容，也同意将其投给《科学》周刊。任何署名的改变要有全部原作者签名同意的书面意见。

5. 曾经发表的文章

《科学》对于任何已在别处发表或被考虑发表的文章或文章部分不予考虑。在 Internet 上发布的文章可能被作为已发表的材料，可能损害该文章作为《科学》投稿的原始性。同时，一篇文章的主要发现不能已在新闻媒体介绍过。虽然文章作者可以在公开的学术会议上介绍他们的研究结果，他们不应过分地寻求媒体的注意。具体地说，文章作者应拒绝参加新闻发布会，应避免记者采访或避免把有关的数据或图表给记者，除非该记者同意遵守《科学》的新闻限制。如果记者在会议上听到作者对其工作的介绍并仅仅基于该介绍写了报道，这样的报道对《科学》考虑是否发表论文没有影响。

6. 与《科学》联系

电话：美国（1)-202-326-6550；英国（44)-1223-326500

传真：美国（1)-202-289-7562；英国（44)-1223-326501

电子信箱：

关于编辑方面的一般问题：science_editors@aaas.org

读者来信：science_letters@aaas.org

返回审稿意见，science_reviews@aaas.org

与《科学》周刊欧洲办公室联系：science@science-int.co.uk

在线投稿文章，www.submit2science.org

在线投交读者来信：www.letter2science.org

7. 稿件的准备

（1)《科学》周刊的版面：《科学》周刊版面的一页大约有 1000 个单词和一个小图。准备稿件时，所有的正文、图表、参考文献和注释都应隔行打印，两边至少留出 2.5 厘米宽的空间。电子稿件应按美国书信（Letter）纸大小排版。标题和小标题应采用描述性短语，不要用完整的句子。每行最长 30 个字符，报告和研究文章的标题不得超过三行，综述的标题不得超过 100 个字符。摘要向广大读者解释为什么要做这项研究工作、为什么其结果是重要的。摘要应为 100 个单词左右，要反映出论文的主要观点，概括其结果或结论。正文应以描述文章重要性的简短引言开始，引言应让不同学科的读者都看得懂。专业术语应有定义。符号、简略、或首字母缩略词在第一次出现时应有定义。所有的图和表应按文中提到的顺序编号。参考文献和注释（见《科学》周刊参考文献格式中的列子）应按其被引用的次序来编号，先编正文中的，再编图表的图例和说明中的。每个参考文献只能列出一次。不要将多条参考文献列在一起或者将参考文献包括在注释里（注意这和过去的要求不一样）。引用未发表的数据时应在正文中引用处标上编号，并在参考文献或注释中按引用的次序列出。不要使用 op.cit. 或 ibid。

（2）《科学》周刊的图表：《科学》周刊的图表应当是正文内容的补充，而不是正文内容的重复。每个表格应单独放在一页纸上，其说明隔行打印在表格之上。说明的第一行应是简短描述表格内容的题目。表格每个竖栏应有题头包括一个题目以及在括号内的计量单位。单位不应在同一栏内改变。插图的说明应按图的次序单独在另一页纸上隔行打印。任何一个插图的说明不应长于一页。图中所用的术语、缩写、符号和单位应与正文中用的一致。插图的名称应作为说明的第一行。线图（Graphs）应在纵横座标上标出所测的参数或变量、及计量单位和尺度。尺度包括很大和很小的数时，应以10的指数的形式表示。对图中符号的定义应放在图的说明中，而不是图上。简单明了的符号缩小仍可看清。应避免使用浅线或不同的明暗度来表示图的部分，而要用黑白图案、斜线图案或交叉斜线图案。应采用粗线或方框来强调或标出图片中某个部分。如果可能的话，应用表示尺度的线条来代替放大倍数，或者两者兼用。乳胶片（gels）的每一列应有标号，并在图列中给予说明。数字化的彩图应用CMYK（Cyan，Magenta，Yellow，Black）而不是RGB（Red，Green，Blue）。组合图的部分应用A、B、C标记。《科学》周刊对第一幅彩图向作者收取650美元，每增加一幅彩图再加收450美元。在抽印本中，彩图要另收费。插图上的文字最好用海尔维希体（Helvetica font）。座标轴上的标记和组合图上的标记A、B、C......等要用黑体；只有在正文中用斜体时在图片上才用斜体（如变量或基因的名称）。每一条目的第一个字母必须大写；若正文中采用全大写字母时，图片上也要用全大写（如缩略词）。

（3）《科学》周刊的补充信息（Supplementary information）：《科学》周刊的补充信息（Supplementary information）永久存放在《科学在线》，链接到文章，并且是免费访问。补充的文字（比如方法的详细描述）、图片、以及表格应该在正文中适当的地方引用，这些补充的内容必须放在磁盘上，也可提供硬拷贝。发表的图片的高分辨率的和放大版本可以作为补充材料。插图（Figures）应以电子形式投交，或寄磁盘另附上3个硬拷贝。可以接受的格式包括：pdf、ps、eps、prn、doc、wpd（如何准备这些格式的图片的信息见

www.submit2science.org/mtsweb/directions.html）。在被录用后，作者会得到如何以电子方式投寄图片的详细要求。不要将丢掉了就无法补偿的图片寄来。《科学》对大多数插图不再重新编号，插图印出来的宽度为 5.5 厘米（2.25 英寸或杂志的 1 栏宽）或 12 厘米（4.74 英寸或2栏宽）。有些插图（如条线图（bar graphs）、简单的线图（simple line graphs）、乳胶片（gels）等）的宽度可能缩得更小些。图上的符号和字母应足够大，以便缩小后还能看得清。要避免在同一幅图上出现大小差别太大的文字。最终印在杂志里的图，其中字母的高度大致应为 7 点（2 毫米）。我们可以容易地将高分辨率的图片包括进来作为补充材料。基因序列在排版过程中可能会被缩小很多，所以原稿中的文字应当很清楚。占杂志版面全页的序列，一行中大致有 130 个字符和空格；占两栏宽的序列，一行中可有 84 个字符和空格。计量单位要采用公制并遵循 SI 惯例。致谢以及支持研究工作的基金信息，应以一个简短声明的形式放在参考文献和注释的后面，必要时编辑会做修改使其符合《科学》的格式要求。

8. 在线的补充数据

作者可以在投交稿件到《科学》印刷版的同时，附加作为稿件的支持或补充的材料以在《科学在线》发表。将给予考虑的补充材料包括下面几类：与文章的结论有直接关系、但因印刷版版面的限制不能发表的文字（比如有关方法的信息）、表格、示意图、和图片，以及其他超出印刷版力所能及的使内容更丰富的材料，比如录像片段和音响文件。对这些材料的评审和编辑标准和印刷版的一样。作者应该在稿件处理过程中尽可能早地通知《科学》他们希望提供补充数据的打算。带有补充数据的稿件在发表之前，所有的补充数据都必须以能在计算机上看的、如可能、能编辑的形式投交到编辑部。投交补充材料，打算随稿件投交在网上发表的数据的作者应该在投稿附信中表示这个打算，描述补充数据（多少个文件、文件类型、和文件大致的大小），以及简单解释包括这些补充材料的理由。虽然对补充数据没有严格的多少的限制，作者应该努力使文件的大小合理并仔细考虑一下所补充的数据是否真的增加文章的深度。在稿件本身，补充数据应该在适当的文字、图片或表格中被提到。

《科学》现在接受下列格式的补充数据：

（1）文字：最好是 Microsoft Word 文件，也可以是 WordPerfect 文件、纯文本文件、或者是基本的 HTML (不包括 JavaScript 或 CSS)。我们不接受 TeX 或 LaTeX 文件的补充数据。

（2）表格：最好是 Microsoft Excel spreadsheets，或是以 tab 键隔开的纯文本。链接的 HTML 表格也可以接受，但是需是基本的 HTML，请不要用 JavaScript 或 CSS。

（3）示意图和图片：Photoshop，Illustrator，or Freehand 文件，Tagged Image File Format (TIFF）文件，Macintosh PICT 文件，Encapsulated PostScript (EPS）文件，Adobe Portable Document Format (PDF）文件，Graphical Interchange Format (GIF）文件，以及 JPEG 图像文件。

（4）电影或录像片段：QuickTime.（根据质量和大小，Multipart GIFs 也许也可以接受。）

（5）声音文件：WAV，AIFF，或 AU 格式可以接受。

希望投交其他格式的补充数据的作者应通过电子信与网络版副

编辑 Stewart Wills 联系：swills@aaas.org。

用邮寄投稿时，补充数据应与稿件一起存在苹果机或PC机格式的软盘、Zip盘、或Jaz盘上。应该有一个单独的文件伴随补充数据文件，这个文件应包括对补充的图片、表格、或其他数据的简短描述。也应该提供补充数据的硬拷贝，除非数据是录像片段或声音文件。用《科学》的网站 http：//www.submit2science.org/ 以在线形式投稿的作者不要试图与稿件一起上载补充数据。应该将补充数据按上述要求邮寄到电子投稿指南页上给出的地址。《科学》周刊也接受邮寄投稿。请寄一式3份论文以及包括按上述格式的文字和图片的数字文件的磁盘。我们能够阅读苹果机和PC机格式的盘，Zip和Jaz盘，以及CD。请寄到 Science, 1200 New York Ave., NW, Washington, DC 20005, USA，或寄到 AAAS Science International, Inc., Bateman House, 82-88 Hills Rd., Cambridge, CB2 1LQ, UK。

投稿时应附一信，在信中：①给出论文题目及主要观点；②提供为确保审稿过程公正、避免可能的利益冲突所必需的任何信息；③指出已经审阅过你的论文的同事的姓名；④作者在职业或经济隶属关系上是否有可能被认为使其研究带有偏见。

邮寄投稿的作者在附信中还请包括下列信息：①所有作者的姓名、电话和传真号码、邮政与电子信地址；②申明文中所有内容都没有在其他地方发表过，目前也没有考虑在其他地方发表，包括在Internet上发表；③提供5位可能做你的文章审稿人的姓名、邮政与电子信地址、电话和传真号码、以及研究领域；④涉及人体的研究工作时必须提供一个声明，表明在向当事人解释了研究的性质和可能产生的后果后，得到了当事人的知情同意；⑤用实验动物进行研究工作的作者必须声明动物的权益已依据有关规定得到了妥善保护；⑥同时还应提供：一篇（一式3份）你自已的正在其他地方发表（或正在被考虑发表）的论文；⑦如果你在文中引用了某个作者的个人通信、未发表的论文、或正在发表中的论文，而这位作者又不是本文的作者之一，那么你还要提供这位作者允许你引用的书面材料；⑧任何关于《科学》封面用图的建议。

（高　磊　倪建鑫）

附录

附录一　我国医药卫生核心期刊及其被引用索引情况

一、我国医药卫生核心期刊

核心期刊系指刊载与某一学科（或专业）有关的信息较多，且水平较高，能够反映该学科最新成果和动态，受到该专业读者特别关注的那些期刊。有些地区或部门，将是否在核心期刊发表过论文，作为提职、晋升的根据之一。因此，核心期刊的作用和地位正在与日俱增。

《中文核心期刊要目总览》(简称《总览》)，是由北大图书馆和北京高校图书馆期刊工作研究会共同主持，北京地区主要高校和中国科技信息所、中国科学院文献情报中心等单位的200余名专家和期刊工作者参加研制，经过几年时间而完成的一项研究结果。1992年9月出版了第1版，1996年8月出版了第2版，到2014年，已出到第 7 版。《总览》可以作为研究“核心期刊”的权威性和可靠的资料来源。

现将此书中有关我国医药、卫生核心期刊的情况简介如下（附表 1 ～附表 13）:

附表 1　R1 预防医学卫生类核心期刊（27 种）

序号	刊名	序号	刊名	序号	刊名
1	中华流行病学杂志	10	中国卫生统计	19	中国消毒学杂志
2	中华医院感染学杂志	11	中国学校卫生	20	毒理学杂志
3	中国公共卫生	12	环境与职业医学	21	中国食品卫生杂志
4	中华预防医学杂志	13	现代预防医学	22	环境卫生学杂志
5	卫生研究	14	中国卫生经济	23	中国卫生事业管理
6	营养学报	15	工业卫生与职业病	24	中国卫生检验杂志
7	中华劳动卫生职业病杂志	16	中国职业医学	25	中国儿童保健杂志
8	中华医院管理杂志	17	中国工业医学杂志	26	中华疾病控制杂志
9	环境与健康杂志	18	中国妇幼保健	27	中国职业病学

附表 2　R2 中国医学类核心期刊（19 种）

序号	刊名	序号	刊名	序号	刊名
1	中草药	8	中国中西医结合杂志	15	中医杂志
2	中国中药杂志	9	中药新药与临床药理	16	辽宁中医杂志
3	中药材	10	中国针灸	17	中国实验方剂学杂志
4	针刺研究	11	中药药理与临床	18	中国中医基础医学杂志
5	中成药	12	天然产物研究与开发	19	时珍国医国药
6	中华中医药杂志	13	中华中医药学刊		
7	北京中医药大学学报	14	南京中医药大学学报		

附表3 R3基础医学类核心期刊（24种）

序号	刊名	序号	刊名	序号	刊名
1	中国人兽共患病学报	9	免疫学杂志	17	现代免疫学
2	中国寄生虫学与寄生虫病杂志	10	生理学报	18	解剖学杂志
3	中华医学遗传学杂志	11	中华微生物学和免疫学杂志	19	中国病原生物学杂志
4	生物医学工程学杂志	12	中国心理卫生杂志	20	生物医学工程研究
5	中国生物医学工程学报	13	解剖学报	21	寄生虫与医学昆虫学报
6	中国病理生理杂志	14	中国免疫学杂志	22	中国临床心理学杂志
7	医用生物力学	15	病毒学报	23	神经解剖学杂志
8	细胞与分子免疫学杂志	16	中国临床解剖学杂志	24	生理科学进展

附表4 R4，8临床医学、特种医学类核心期刊（30种）

序号	刊名	序号	刊名	序号	刊名
1	中国医学影像技术	11	中华检验医学杂志	21	中国介入影像与治疗学
2	中国康复医学杂志	12	中国康复理论与实践	22	介入放射学杂志
3	中华危重病急救医学	13	中华护理杂志	23	临床放射学杂志
4	中华病理学杂志	14	中国急救医学	24	中国运动医学杂志
5	中华超声影像学杂志	15	中国中西医结合急救杂志	25	实用放射学杂志
6	中国感染与化疗杂志	16	中国医学影像学杂志	26	中华核医学与分子影像杂志
7	中国超声医学杂志	17	中国临床医学影像杂志	27	中国医学计算机成像杂志
8	临床与实验病理学杂志	18	中国输血杂志	28	放射学实践
9	中华物理医学与康复杂志	19	中国组织工程研究	29	中华放射医学与防护杂志
10	中华急诊医学杂志	20	中华放射学杂志	30	航天医学与医学工程

附表5　R5内科学类核心期刊（24种）

序号	刊名	序号	刊名	序号	刊名
1	中华心血管病杂志	9	中国实验血液学杂志	17	中华风湿病学杂志
2	中华结核和呼吸杂志	10	中华肾脏病杂志	18	中国动脉硬化杂志
3	中华内科杂志	11	中国糖尿病杂志	19	中国呼吸与危重监护杂志
4	中华肝脏病杂志	12	中华血液学杂志	20	中华老年医学杂志
5	中华内分泌代谢杂志	13	中国内镜杂志	21	中华消化内镜杂志
6	中华高血压杂志	14	中国老年学杂志	22	中华传染病杂志
7	中国血吸虫病防治杂志	15	临床心血管病杂志	23	中国循环杂志
8	中国实用内科杂志	16	中华消化杂志	24	肠外与肠内营养

附表6　R6外科学类核心期刊（26种）

序号	刊名	序号	刊名	序号	刊名
1	中华外科杂志	10	中华神经外科杂志	19	中华普通外科杂志
2	中华骨科杂志	11	中华消化外科杂志	20	中华肝胆外科杂志
3	中国实用外科杂志	12	中华创伤骨科杂志	21	中国骨质疏松杂志
4	中国矫形外科杂志	13	中国普通外科杂志	22	中华胃肠外科杂志
5	中国修复重建外科杂志	14	中华创伤杂志	23	临床麻醉学杂志
6	中国脊柱脊髓杂志	15	中华手外科杂志	24	肾脏病与透析肾移植杂志
7	中华显微外科杂志	16	中国微创外科杂志	25	中华整形外科杂志
8	中华实验外科杂志	17	中华男科学杂志	26	中华烧伤杂志
9	中华泌尿外科杂志	18	中华麻醉学杂志		

附表7　R71妇产科学、计划生育类核心期刊（6种）

序号	刊名	序号	刊名	序号	刊名
1	中华妇产科杂志	3	实用妇产科杂志	5	中国妇产科临床杂志
2	中国实用妇科与产科杂志	4	现代妇产科进展	6	生殖与避孕

附表8 R72儿科学类核心期刊（6种）

序号	刊名	序号	刊名	序号	刊名
1	中华儿科杂志	3	临床儿科杂志	5	中国当代儿科杂志
2	中国循证儿科杂志	4	中华实用儿科临床杂志	6	中国实用儿科杂志

附表9 R73肿瘤学类核心期刊（9种）

序号	刊名	序号	刊名	序号	刊名
1	中华肿瘤杂志	4	中华放射肿瘤学杂志	7	肿瘤防治研究
2	肿瘤	5	中国肿瘤临床	8	中国肺癌杂志
3	中国肿瘤生物治疗杂志	6	中国癌症杂志	9	中华肿瘤防治杂志

附表10 R74神经病学于精神病学类核心期刊（9种）

序号	刊名	序号	刊名	序号	刊名
1	中华神经科杂志	4	中华精神科杂志	7	中华神经医学杂志
2	中华行为医学与脑科学杂志	5	中国脑血管病杂志	8	临床神经病学杂志
3	中国神经精神疾病杂志	6	中风与神经疾病杂志	9	国际神经病学神经外科学杂志

附表11 R75皮肤病学与性病学类核心期刊（3种）

序号	刊名	序号	刊名	序号	刊名
1	中华皮肤科杂志	2	临床皮肤科杂志	3	中国皮肤性病学杂志

附表12 R76/78五官科学类核心期刊表（14种）

序号	刊名	序号	刊名	序号	刊名
1	中华耳鼻咽喉头颈外科杂志	6	中华眼底病杂志	11	华西口腔医学杂志
2	临床耳鼻咽喉头颈外科杂志	7	中华实验眼科杂志	12	实用口腔医学杂志
3	中华耳科学杂志	8	眼科新进展眼科	13	口腔医学研究
4	听力学及言语疾病杂志	9	眼科	14	国际口腔医学杂志
5	中华眼科杂志	10	中华口腔医学杂志		

附表 13　R9 药学类核心期刊（16 种）

序号	刊名	序号	刊名	序号	刊名
1	药学学报	7	中国医院药学杂志	13	中国新药与临床杂志
2	中国药学杂志	8	中国医药工业杂志	14	国际药学研究杂志
3	中国药理学通报	9	毒理学杂志	15	中国药理学与毒理学杂志
4	中国新药杂志	10	中国抗生素杂志	16	中国药房
5	中国药科大学学报	11	中国临床药理学杂志		
6	药物分析杂志	12	沈阳药科大学学报		

二、关于期刊被引用情况

中国科学引文数据库 2014 年公布了“被引频次最高的中国科技期刊 300 名排行表”，这里仅摘录其中的医学及相关期刊（**附表 14**）。

附表 14　被引频次最高的中国科技期刊 300 名排行表（医学）

（据中国科学引文数据库 2014 年数据统计）

名次	期刊名称	被引次数	名次	期刊名称	被引次数
16	中华医院感染学杂志	6070	107	中成药	2331
20	中国中药杂志	4864	110	中药材	2306
26	中草药	4422	114	药学学报	2264
56	中华医学杂志	3146	120	护理学杂志	2138
78	中国组织工程研究与临床康复	2727	121	中国全科医学	2124
80	中国药房	2695	129	中国药理学通报	2067
92	中华实验外科杂志	2490	130	中国实验方剂学杂志	2050
98	中国老年学杂志	2419	144	中华护理杂志	1972
101	中国公共卫生	2380	148	中国医学影像技术	1937
103	中华医学杂志（英文版）	2371	157	药物分析杂志	1885
104	中国药学杂志	2367	158	中华放射学杂志	1884

续表

名次	期刊名称	被引次数	名次	期刊名称	被引次数
159	中国矫形外科杂志	1874	243	中医杂志	1425
175	中华外科杂志	1750	253	中国实用外科杂志	1365
176	中华流行病学杂志	1728	255	中国医院药学杂志	1351
177	中华中医药杂志	1727	260	实用医学杂志	1331
188	中华心血管病杂志	1659	265	第三军医大学学报	1310
192	中华结核和呼吸杂志	1643	266	中华内科杂志	1304
203	中华儿科杂志	1598	267	环境与健康杂志	1302
209	中国病理生理杂志	1585	270	中国新药杂志	1295
210	微生物学通报	1579	274	现代预防医学	1277
211	重庆医学	1574	283	中国心理卫生杂志	1232
219	中华显微外科杂志	1540	284	中国卫生检验杂志	1226
227	中华神经科杂志	1489	287	实用儿科临床杂志	1200
232	中华骨科杂志	1462	290	中国康复医学杂志	1187
233	山东医药	1457	292	中国临床康复	1180
237	遗传	1435	295	中国修复重建外科杂志	1169
240	微生物学报	1427			

三、被索引情况

作为一个期刊及其发表的论文，能否被国内外著名的检索系统或数据库索引和收录，这是衡量期刊质量的又一重要指标。

一般公认的，目前世界上六大著名检索系统是：

（1）IM（医学索引）及“MEDLINE”、Pubmed 数据库（医学文献分析和联机检索系统）。

（2）EM（荷兰医学文摘及其数据库）。

（3）BA（生物学文摘及其数据库）。

（4）CA（化学文摘及其数据库）。

（5）SCI（科学引文索引及其科学引文数据库）。

（6）ISTP（科学技术会议录索引）。

除此之处，还有：

（1）EI（美国工程索引）。

（2）SCISEARCH（国际联机检索）。

（3）美国（CA）千名表。

（4）SA（英国科学文摘）等。

国内主要索引有：中国生物医学文献分析和检索系统；中国科技资料目录（医学卫生）；中国科学引文索引；中国学术期刊文摘；中国医学文摘等。下面，仅就国外几个著名检索系统收录我国医药、卫生期刊的情况作一简要介绍和分析，同时，介绍一下《中国科学引文索引》部分学科来源期刊简况。

（一）IM（医学索引）

截至 2014 年底，IM 及其相应数据库收录我国生物医学期刊的情况见附表 15。

附表 15　IM 及其相应数据库收录我国生物学期刊情况
（截至 2014 年底）

序号	期刊名称	序号	期刊名称	序号	期刊名称
1	癌症（英文版） 癌症（网络版，英文版）	4	病毒学报	7	东亚神经医学（英文版）
2	癌症生物学与医学（英文版）	5	蛋白质与细胞前沿（英文版）	8	动物学研究（英文版）
3	北京大学学报（医学版）	6	定量生物学（英文版）	9	儿科学与新生儿学（英文版）

续表

序号	期刊名称	序号	期刊名称	序号	期刊名称
10	法医学杂志	28	矫形外科学杂志（英文版）	46	世界儿科杂志（英文版）
11	分子细胞生物学期刊（英文版）	29	结合医学学报（英文版）	47	世界胃肠病学杂志（英文版）
12	分子植物（英文版）	30	昆虫科学（英文版）	48	四川大学学报(医学版)
13	高雄医学杂志（英文版）	31	老化与疾病（英文版）宣武医院	49	台湾妇产科杂志（英文版）
14	光谱学与光谱分析	32	临床耳鼻咽喉头颈外科杂志	50	台湾神经学杂志（英文版）
15	国际风湿病杂志（英文版）	33	麻醉学杂志（英文版）	51	台湾医学会杂志（英文版）
16	国际肝胆胰疾病杂志（英文版）	34	南方医科大学学报	52	糖尿病杂志（英文版）
17	国际口腔科学杂志（英文版）	35	色谱	53	微免与感染杂志（英文版）
18	国际眼科杂志（英文版）	36	上海口腔医学	54	微生物学报
19	国际运动医学研究（英文版）	37	神经科学通报(英文版)	55	卫生研究
20	护理研究杂志（英文版）	38	生理科学进展	56	细胞研究（英文版）
21	护理杂志	39	生理学报	57	细胞与分子免疫学杂志
22	华西口腔医学杂志	40	生物工程学报	58	香港医学杂志(英文版)
23	华中科技大学学报（医学，英德文版）	41	生物化学与生物物理学报（英文版）	59	消化病杂志（英文版）
24	环境科学	42	生物医学工程学杂志	60	亚太热带生物医学杂志（英文版）
25	环境科学学报（英文版）	43	生物医学与环境科学（英文版）	61	亚太热带医药杂志（英文版）
26	基因与疾病（英文版）重庆医科大学	44	生物医学杂志(英文版)	62	亚洲男科学杂志（英文版）
27	基因组蛋白质组与生物信息学报（英文版）	45	生医科学杂志(英文版)	63	亚洲天然产物研究杂志（英文版）

续表

序号	期刊名称	序号	期刊名称	序号	期刊名称
64	亚洲外科杂志（英文版）	82	中国结合医学杂志（英文版）	100	中华儿科杂志
65	眼科学报（英文版）	83	中国科学（生命科学，英文版）	101	中华耳鼻咽喉头颈外科杂志
66	药物食品分析（英文版）	84	中国免疫学杂志（英文版）	102	中华妇产科杂志
67	药学学报	85	中国生理学杂志（英文版）	103	中华肝脏病杂志
68	医学前沿（英文版）	86	中国实验血液学杂志	104	中华结核和呼吸杂志
69	遗传	87	中国天然药物（英文版，在线）	105	中华口腔医学研究（英文版）
70	遗传学报（英文版）	88	中国修复重建外科杂志	106	中华口腔医学杂志
71	应用生态学报	89	中国血吸虫病防治杂志	107	中华劳动卫生职业病杂志
72	应用天然产物（英文版）	90	中国药理学报（英文版）	108	中华流行病学杂志
73	浙江大学学报（B辑生物医学和生物技术，英文版）	91	中国医疗器械杂志	109	中华男科学杂志
74	浙江大学学报（医学版）	92	中国医学科学院学报	110	中华内科杂志
75	针刺研究	93	中国医学科学杂志（英文版）	111	中华烧伤杂志
76	植物学报（英文版）	94	中国应用生理学杂志	112	中华统计学志（英文版）
77	中国病毒学（英文版）	95	中国针灸	113	中华外科杂志
78	中国当代儿科杂志	96	中国中西医结合杂志	114	中华危重病急救医学
79	中国肺癌杂志 ZFZHAG 中国肺癌杂志 101126433	97	中国中药杂志	115	中华胃肠外科杂志
80	中国骨伤 ZGHUB7 中国骨伤 9815790	98	中华病理学杂志	116	中华心血管病杂志
81	中国寄生虫学与寄生虫病杂志	99	中华创伤杂志（英文版）	117	中华血液学杂志

续表

序号	期刊名称	序号	期刊名称	序号	期刊名称
118	中华眼科杂志	123	中华医学杂志（英文版）	128	中枢神经系统神经科学与药物治疗（英文版）
119	中华医史杂志	124	中华预防医学杂志	129	中药材
120	中华医学会杂志（英文版）	125	中华整形外科杂志	130	中医杂志（英文版）
121	中华医学遗传学杂志	126	中华肿瘤杂志		
122	中华医学杂志	127	中南大学学报（医学版）		

（二）BA（生物学文摘）

截至2014年底止，BA及其相应数据库收录我国生物医学期刊的情况如附表16。

附表16 BA及其相应数据库收录我国生物医学期刊的情况
（截至2014年底止）

序号	期刊名称	序号	期刊名称	序号	期刊名称
1	癌症生物学与医学（英文版）	8	动物学报（英文版）	15	复旦学报（医学版）
2	病毒学报	9	动物学研究（旧名）	16	国际农业与生物工程学报（英文版）
3	畜牧与生物技术杂志（英文版）	10	动物学杂志	17	海岸生命医学杂志（英文版）
4	蛋白质与细胞前沿（英文版）	11	动物研究学刊（英文版）	18	海峡预防医学杂志
5	地质学报	12	儿科学与新生儿学（英文版）	19	海洋通报（英文版）
6	东北师大学报（自然科学版）	13	分子细胞生物学期刊（英文版）	20	湖泊科学
7	动物分类学报（英文版）	14	分子植物（英文版）	21	湖南师范大学自然科学学报

续表

序号	期刊名称	序号	期刊名称	序号	期刊名称
22	环境科学	40	农业科学学报（英文版）	58	四川大学学报（自然科学版）
23	环境科学学报（英文版）	41	热带海洋学报	59	收藏与研究（英文版）
24	基因组蛋白质组与生物信息学报（英文版）	42	热带亚热带植物学报	60	台湾昆虫
25	吉首大学学报（自然科学版）	43	厦门大学学报（自然科学版）	61	台湾农业化学与食品科学
26	极地科学进展（英文版）	44	神经科学通报（英文版）	62	台湾兽医学杂志
27	寄生虫与医学昆虫学报	45	生理学报	63	台湾水产学会刊
28	解剖学报	46	生态毒理学报	64	台湾糖业公司研究所研究汇报
29	菌物研究	47	生态学杂志	65	台湾药学杂志（英文版）
30	科学通报（英文版）	48	生态与农村环境学报	66	台湾医学会杂志（英文版）
31	昆虫分类学报	49	生物多样性	67	台湾园艺
32	昆虫科学（英文版）	50	生物化学与生物物理进展	68	台中区农业改良场研究汇报
33	昆虫学报	51	生物化学与生物物理学报（英文版）	69	土壤圈（英文版）
34	老化与疾病（英文版）宣武医院	52	生物加工过程	70	微免与感染杂志（英文版）
35	林业科学研究	53	生物医学与环境科学（英文版）	71	微生物学报
36	林业科学与实践（英文版）	54	生医科学杂志（英文版）	72	微体古生物学报
37	林业研究（英文版）	55	兽类学报	73	武汉大学学报（医学版）
38	南京师大学报（自然科学版）	56	水产研究	74	西北师范大学学报（自然科学版）
39	南京师范大学学报（英文版）	57	水生生物学报	75	西北植物学报

续表

序号	期刊名称	序号	期刊名称	序号	期刊名称
76	细胞研究（英文版）	93	真菌多样性（英文版）	110	中国免疫学杂志（英文版）
77	香港医学杂志（英文版）	94	整合动物学（英文版）	111	中国神经再生研究（英文版）
78	新发现病原体与感染（英文版）	95	植物保护学会会刊	112	中国生理学杂志（英文版）
79	亚太热带生物医学杂志（英文版）	96	植物分类学报（英文版）	113	中国生物化学与分子生物学报
80	亚太热带医药杂志（英文版）	97	植物分类与资源学报	114	中国生物制品学杂志
81	亚洲海洋生物（英文版）	98	植物科学期刊（英文版）	115	中国水稻科学
82	亚洲两栖爬行动物研究（英文版）	99	植物科学学报	116	中国天然药物（英文版）中国天然药物（英文版，在线）
83	亚洲男科学杂志（英文版）	100	植物生态学报	117	中国新药与临床杂志
84	扬州大学学报（自然科学版）	101	植物生态学杂志（英文版）	118	中国药理学报（英文版）
85	药物食品分析（英文版）	102	植物学报（英文版）	119	中国药理学通报
86	药学学报	103	植物研究（2001）	120	中国医科大学学报
87	遗传	104	植物资源与环境学报	121	中国医学科学杂志（英文版）
88	遗传学报（英文版）	105	中国病毒学（英文版）	122	中国医药工业杂志
89	应用昆虫学报	106	中国海洋大学学报（英文版）	123	中国中药杂志 ZZZAE3 中国中药杂志 9211576
90	应用生态学报	107	中国海洋湖沼学报（英文版）	124	中华病理学杂志
91	应用与环境生物学报	108	中国抗生素杂志	125	中华皮肤科杂志
92	浙江大学学报（B辑生物医学和生物技术，英文版）	109	中国科学（生命科学，英文版）	126	中华微生物学和免疫学杂志

续表

序号	期刊名称	序号	期刊名称	序号	期刊名称
127	中华心血管病杂志	130	中华预防医学杂志	133	蛛形学报
128	中华医学遗传学杂志	131	中华肿瘤杂志		
129	中华医学杂志（英文版）	132	中枢神经系统神经科学与药物治疗（英文版）		

（三）EM（荷兰医学文摘）

截止2014年底，EM及其相应数据库收录我国生物医学期刊情况如附表17。

附表17　EM及其相应数据库收录我国生物学期刊情况

（截至2014年底止）

序号	期刊名称	序号	期刊名称	序号	期刊名称
1	癌症（英文版）癌症（网络版，英文版）	10	感染性疾病放射影像学（英文版）	19	急性病杂志（英文版）
2	癌症生物学与医学（英文版）	11	国际肝胆胰疾病杂志（英文版）	20	结合医学学报(英文版)
3	白血病淋巴瘤	12	国际眼科杂志	21	解放军医学杂志
4	超声内镜（电子版，英文版）沈阳盛京医院	13	国际眼科杂志（英文版）	22	解剖学报
5	大连医科大学学报	14	国际药学研究杂志	23	介入放射学杂志
6	蛋白质与细胞前沿（英文版）	15	国际转化医学杂志（英文版）	24	老化与疾病（英文版）宣武医院
7	第二军医大学学报	16	基因与疾病（英文版）重庆医科大学	25	老年心脏病学杂志（英文版）
8	耳科学杂志（英文版）	17	基因组蛋白质组与生物信息学报（英文版）	26	临床皮肤科杂志
9	分子细胞生物学期刊（英文版）	18	吉林大学学报（医学版）	27	临床神经病学杂志

续表

序号	期刊名称	序号	期刊名称	序号	期刊名称
28	泌尿男科转化医学杂志（英文版）	44	细胞免疫治疗杂志（英文版）	60	遗传学报（英文版）
29	上海交通大学学报（医学版）	45	消化病杂志（英文版）	61	运动与健康科学（英文版）
30	神经科学通报（英文版）	46	胸部疾病杂志（英文版）	62	浙江大学学报（B辑生物医学和生物技术，英文版）
31	生物医学研究杂志（英文版）	47	胸部肿瘤（英文版）	63	中草药
32	生殖与避孕（英文版）	48	亚太热带疾病杂志（英文版）	64	中草药（英文版）
33	实用肿瘤杂志	49	亚太热带生物医学杂志（英文版）	65	中国癌症研究（英文版）
34	世界儿科杂志（英文版）	50	亚太热带医药杂志（英文版）	66	中国病毒学（英文版）
35	世界华人消化杂志	51	亚洲泌尿学杂志（英文版）上海	67	中国当代儿科杂志
36	世界急救医学杂志（英文版）	52	亚洲男科学杂志（英文版）	68	中国法医学杂志
37	世界糖尿病杂志（电子版，英文版）	53	亚洲天然产物研究杂志（英文版）	69	中国肺癌杂志 ZFZHAG 中国肺癌杂志 101126433
38	世界胃肠病学杂志（英文版）	54	亚洲药物制剂科学杂志（英文版）	70	中国感染与化疗杂志
39	世界心脏病学杂志（电子版，英文版）	55	药物分析学报（英文版）	71	中国结合医学杂志（英文版）
40	世界针灸杂志（英文版）	56	药物生物技术	72	中国介入影像与治疗学
41	糖尿病杂志（英文版）	57	药学服务与研究	73	中国抗生素杂志
42	胃肠病学	58	药学学报	74	中国免疫学杂志（英文版）
43	西安交通大学学报（医学版）	59	药学学报（B，英文版）	75	中国男科学杂志

续表

序号	期刊名称	序号	期刊名称	序号	期刊名称
76	中国脑血管病杂志	91	中国药学杂志	106	中华实验眼科杂志
77	中国人民解放军军医大学学报（英文版）	92	中国医学科学院学报	107	中华微生物学和免疫学杂志（北京）
78	中国神经再生研究（英文版）	93	中国医学科学杂志（英文版）	108	中华心血管病杂志
79	中国生物医学工程学报	94	中国医学影像技术	109	中华医学遗传学杂志
80	中国生物制品学杂志	95	中国中药杂志	110	中华医学杂志
81	中国天然药物（英文版，在线）	96	中国中医学科学杂志（英文版）清华大学出版社	111	中华医学杂志（英文版）
82	中国危重病急救医学	97	中国肿瘤临床	112	中华肿瘤防治杂志
83	中国现代神经疾病杂志	98	中国肿瘤生物治疗杂志	113	中华肿瘤杂志
84	中国新药杂志	99	中国组织工程研究（旧名中国组织工程研究与临床康复）	114	中医杂志（英文版）
85	中国血吸虫病防治杂志	100	中华创伤杂志（英文版）	115	肿瘤
86	中国循证医学杂志	101	中华地方病学杂志（旧名中国地方病学杂志）	116	肿瘤学与转化医学（英文版）
87	中国药科大学学报	102	中华放射学杂志	117	肿瘤研究与临床
88	中国药理学报（英文版）	103	中华临床营养杂志	118	肿瘤药学
89	中国药理学通报	104	中华烧伤杂志		
90	中国药理学与毒理学杂志	105	中华神经科杂志		

（四）CA（化学文摘）

截止2014年底，CA及其相应数据库收录我国生物医学期刊的情况如附表18。

附表18 CA及其相应数据库收录我国生物学期刊情况

（截至2014年底止）

序号	期刊名称	序号	期刊名称	序号	期刊名称
1	癌症生物学与医学（英文版）	18	第三军医大学学报	35	基因组学与应用生物学
2	安徽医科大学学报	19	国际生物医学工程杂志	36	吉林大学学报(医学版)
3	安徽医药	20	国际生物制品学杂志	37	检验医学
4	安徽中医学院学报	21	国际生殖健康/计划生育杂志	38	检验医学与临床
5	北京大学学报（医学版）	22	国际输血及血液学杂志	39	暨南大学学报（自然科学与医学版）
6	北京口腔医学	23	国际消化病杂志	40	江西医药
7	北京医学	24	国际眼科杂志	41	结合医学学报(英文版)
8	北京中医药大学学报	25	国际眼科杂志（英文版）	42	解放军药学学报
9	标记免疫分析与临床	26	国际药学研究杂志	43	解放军医学院学报
10	表面技术	27	国际医学寄生虫病杂志	44	解放军医学杂志
11	兵工学报	28	国际遗传学杂志	45	解放军医药杂志
12	兵器材料科学与工程	29	国际运动医学研究（英文版）	46	解放军预防医学杂志
13	病毒学报	30	国际肿瘤学杂志	47	解剖学报
14	成都医学院学报	31	华南国防医学杂志	48	解剖学研究
15	川北医学院学报	32	环球中医药	49	解剖学杂志
16	大连医科大学学报	33	吉林医学	50	介入神经病学(英文版)
17	第二军医大学学报	34	基因组蛋白质组与生物信息学报（英文版）	51	今日药学

续表

序号	期刊名称	序号	期刊名称	序号	期刊名称
52	东南大学学报（医学版）	66	国际检验医学杂志	80	湖北医药学院学报
53	儿科药学杂志	67	国际口腔科学杂志（英文版）	81	湖南中医药大学学报
54	复旦学报（医学版）	68	国际口腔医学杂志	82	华西口腔医学杂志
55	肝胆胰外科杂志	69	国际流行病学传染病学杂志	83	华西药学杂志
56	高原医学杂志	70	国际麻醉学与复苏杂志	84	华西医学
57	骨科	71	国际免疫学杂志	85	华夏医学
58	骨研究（英文版）	72	国外医学（医学地理分册）		
59	广东医学	73	国外医药（抗生素分册）	86	华中科技大学学报（医学，英德文版）
60	广州中医药大学学报	74	海峡预防医学杂志	87	华中科技大学学报（医学版）
61	贵州医药	75	河北医科大学学报	88	暨南大学学报（自然科学与医学版）
62	国际病理科学与临床杂志	76	河北医学	89	江苏医药
63	国际妇产科学杂志	77	河北医药	90	江苏预防医学
64	国际肝胆胰疾病杂志（英文版）	78	河南大学学报（医学版）		
65	国际感染杂志（电子版，英文版）	79	黑龙江医药		

（五）SCI（科学引文数据库）

SCI 及其相应数据库收录我国医学期刊目录如附表 19。

附表19 科学引文数据库（SCI）收录我国医学期刊目录

（截至2014年底）

序号	期刊英文名称	期刊中文名称
1	Chinese Medical Journal	《中华医学杂志（英文版）》
2	Acta Pharmacologica Sinica	《中国药理学报》
3	Biomedical And Environmental Science	《生物医学与环境科学》
4	Science In China Series C-Life Science	《中国科学C-生命科学》
5	Chinese Journal Of Physiology	《生理学报》
6	Journal of the Formosan Medical Association	《台湾医学会杂志》
7	Cell Research	《细胞研究》
8	Asian Journal of Andrology	《亚洲男科学杂志》

（SCI-E）美国《科学引文索引（扩展库）》收录我国医学期刊目录如附表20。

附表20 美国《科学引文索引（扩展库）》（SCI-E）收录我国医学期刊目录

（截至2014年底，包含港澳台）

序号	期刊英文名称	期刊中文名称
1	Chinese Journal of Cancer Chinese Journal of Cancer（Online）	癌症（英文版） 癌症（网络版，英文版）
2	Endoscopic Ultrasound Endoscopic Ultrasound（Online）	超声内镜（英文版） 超声内镜（电子版，英文版）
3	Protein & Cell	蛋白质与细胞前沿（英文版）
4	Pediatrics and Neonatology	儿科学与新生儿学（英文版）
5	Journal of Molecular Cell Biology	分子细胞生物学期刊（英文版）
6	Kaohsiung Journal of Medical Sciences	高雄医学杂志（英文版）
7	Bone Research Bone Research（Online）	骨研究（英文版）

续表

序号	期刊英文名称	期刊中文名称
8	International Journal of Rheumatic Diseases	国际风湿病杂志（英文版）
9	Hepatobiliary & Pancreatic Diseases International	国际肝胆胰疾病杂志（英文版）
10	International Journal of Oral Science	国际口腔科学杂志（英文版）
11	International Journal of Gerontology	国际老年学杂志（英文版）
12	International Journal of Ophthalmology	国际眼科杂志（英文版）
13	Research in Sports Medicine	国际运动医学研究（英文版）
14	Journal of Huazhong University of Science and Technology Medical Sciences	华中科技大学学报（医学，英德文版）
15	Aging and Disease	老化与疾病（英文版）
16	Journal of Geriatric Cardiology	老年心脏病学杂志（英文版）
17	Neuroscience Bulletin	神经科学通报（英文版）
18	Biomedical and Environmental Sciences	生物医学与环境科学（英文版）
19	World Journal of Pediatrics	世界儿科杂志（英文版）
20	World Journal of Gastroenterology	世界胃肠病学杂志（英文版）
21	Taiwanese Journal of Obstetrics Gynecology	台湾妇产科杂志（英文版）
22	Journal of Diabetes	糖尿病杂志（英文版）
23	Surgical Practice	外科实践（英文版）
24	Journal of Microbiology,Immunology and Infection	微免与感染杂志（英文版）
25	Hong Kong Journal of Paediatrics	香港儿科学杂志（英文版）
26	Hong Kong Journal of Emergency Medicine	香港急症医学期刊（英文版）
27	Hong Kong Journal of Dermatology & Venereology	香港皮肤与性病学杂志（英文版）
28	Hong Kong Medical Journal Hong Kong Academy of Medicine	香港医学杂志（英文版）
29	Hong Kong Journal of Occupational Therapy	香港职业治疗杂志（英文版）
30	Journal of Digestive Diseases	消化病杂志（英文版）
31	Emerging Microbes & Infections	新发现病原体与感染（英文版）

续表

序号	期刊英文名称	期刊中文名称
32	Journal of Thoracic Disease	胸部疾病杂志（英文版）
33	Thoracic Cancer	胸部肿瘤（英文版）
34	Asian Pacific Journal of Tropical Medicine	亚太热带医药杂志（英文版）
35	Asian Journal of Surgery	亚洲外科杂志（英文版）
36	Journal of Genetics and Genomics	遗传学报（英文版）
37	Journal of Zhejiang University-SCIENCE B	浙江大学学报（B辑 生物医学和生物技术，英文版）
38	Chinese Journal of Cancer Research	中国癌症研究（英文版）
39	Chinese Journal of Integrative Medicine	中国结合医学杂志（英文版）
40	Cellular & Molecular Immunology	中国免疫学杂志（英文版）
41	Neural Regeneration Research	中国神经再生研究（英文版）
42	Chinese Journal of Natural Medicines (Online)	中国天然药物（英文版，在线）
43	Acta Cardiologica Sinica	中华心脏学会杂志（英文版）（台湾）
44	Dermatologica Sinica	中华皮肤科医学杂志（台湾）
45	Journal of Dental Sciences	中华牙医学杂志（英文版）（台湾）
46	Journal of Medical and Biological Engineering	中华医学工程学刊（英文版）（台湾）
47	Journal of the Chinese Medical Association	中华医学会杂志（英文版）（台湾）
48	CNS Neuroscience & Therapeutics	中枢神经系统神经科学与药物治疗（英文版）
49	Chinese Medicine	中医学（英文版）
50	Journal of Traditional Chinese Medicine	中医杂志（英文版）

（六）《中国科学引文索引》部分学科来源期刊简况（附表 21）

附表 21 《中国科学引文索引》生物科学与医学、卫生类来源期刊一览表

遗传	中国血液净化	中国实验方剂学杂志
病毒学报	中华妇产科杂志	中国医药
中华医史杂志	肿瘤	上海中医药大学学报
中国生物医学工程学报	中国修复重建外科杂志	广州中医药大学学报
国际生物医学工程杂志	腹腔镜外科杂志	中国中医基础医学杂志
生物医学工程学杂志	中国矫形外科杂志	中国中西医结合杂志
北京生物医学工程	临床检验杂志	中国中西医结合急救杂志
生物医学工程与临床	中国急救医学	中国中西医结合肾病杂志
生物医学工程研究	中华肾脏病杂志	中西医结合肝病杂志
中华生物医学工程杂志	中华临床感染病杂志	中西医结合心脑血管病杂志
中国病理生理杂志	临床肿瘤学杂志	世界中西医结合杂志
中国寄生虫学与寄生虫病杂志	中华耳鼻咽喉头颈外科杂志	中国中西医结合外科杂志
中国病原生物学杂志	中华创伤杂志	中国中西医结合消化杂志
中华病理学杂志	中华麻醉学杂志	中国药理学通报
国际病毒学杂志	肾脏病与透析肾移植杂志	药学学报
细胞与分子免疫学杂志	中国人兽共患病学报	中国临床药理学杂志
中华放射肿瘤学杂志	世界华人消化杂志	中国抗生素杂志
生理科学进展	中华传染病杂志	中国药物应用与监测
中华医学遗传学杂志	临床神经病学杂志	中国药学杂志
解剖学研究	中国实用儿科杂志	药物评价研究
中国免疫学杂志	中华整形外科杂志	儿科药学

续表

中国临床解剖学杂志	临床儿科杂志	现代药物与临床
解剖学杂志	听力学及言语疾病杂志	中国现代应用药学
中华实验和临床病毒学杂志	中国药物警戒	中国医院用药评价与分析
中华显微外科杂志	中国癌症杂志	药物不良反应杂志
中华消化外科杂志	中国老年学杂志	中国生化药物杂志
中国骨与关节损伤杂志	中华消化杂志	中华放射学杂志
中国临床心理学杂志	中国肺癌杂志	介入放射学杂志
中华医院感染学杂志	中国肿瘤生物治疗杂志	中国医学影像学杂志
中华行为医学与脑科学杂志	实用妇产科杂志	中国医学影像技术
中华高血压杂志	临床泌尿外科杂志	中华超声影像学杂志
中华心血管病杂志	中国实用妇科与产科杂志	中华航海医学与高气压医学杂志
中国防痨杂志	中国临床保健杂志	航天医学与医学工程
中国感染与化疗杂志	中国介入影像与治疗学	法医学杂志
中国循证医学杂志	中华胸心血管外科杂志	中国超声医学杂志
中华骨科杂志	中华糖尿病杂志	中国内镜杂志
心肺血管病杂志	中国脑血管病杂志	中国医学计算机成像杂志
临床心血管病杂志	中华眼科杂志	中国法医学杂志
临床骨科杂志	中国临床医学影像杂志	中华护理杂志
中华胃肠外科杂志	中国妇产科临床杂志	护理学报
中华神经科杂志	中国实验诊断学	现代临床护理
中华内分泌代谢杂志	中风与神经疾病杂志	护理学杂志：外科版
中华骨质疏松和骨矿盐疾病杂志	中华男科学杂志	解放军护理杂志
中华手外科杂志	眼科	护理学杂志：综合版

续表

中国全科医学	内科理论与实践	心理科学进展
中国实用外科杂志	内科急危重症杂志	中国心理卫生杂志
中华检验医学杂志	中国皮肤性病学杂志	中国健康心理学杂志
中国艾滋病性病	中华眼底病杂志	校园心理
中华结核和呼吸杂志	临床皮肤科杂志	中华健康管理学杂志
中国微创外科杂志	实用口腔医学杂志	中国卫生政策研究
中华危重病急救医学	口腔颌面修复学杂志	中国护理管理
中国普通外科杂志	华西口腔医学杂志	中国卫生事业管理
中国循环杂志	中国口腔颌面外科杂志	中国社会医学杂志
中华急诊医学杂志	中华口腔医学杂志	中华医院管理杂志
中华儿科杂志	中华口腔正畸学杂志	中国医院
中国肿瘤	中华预防医学杂志	中国农村卫生事业管理
中国动脉硬化杂志	中华流行病学杂志	中国卫生资源
中华肿瘤杂志	中华疾病控制杂志	中国公共卫生管理
中国脊柱脊髓杂志	中国公共卫生	医学研究生学报
中国呼吸与危重监护杂志	中国卫生统计	华中科技大学学报：医学版
中国康复医学杂志	营养学报	中国医学伦理学
实用药物与临床	中国疫苗和免疫	解放军医学杂志
肠外与肠内营养	疾病监测	北京大学学报：医学版
中国实用内科杂志	中国儿童保健杂志	中华全科医学
临床麻醉学杂志	中国食品卫生杂志	南方医科大学学报
中国输血杂志	中草药	中国医学科学院学报
中国普外基础与临床杂志	中国中药杂志	中南大学学报：医学版
中国神经精神疾病杂志	针刺研究	首都医科大学学报

续表

中华肝脏病杂志	中华中医药杂志	中山大学学报：医学科学版
中华泌尿外科杂志	中国骨伤	中华医学杂志
中国循证心血管医学杂志	中成药	新疆医科大学学报
检验医学	中国针灸	浙江大学学报：医学版
中华内科杂志	中医药信息	第三军医大学学报
中华外科杂志	中医杂志	同济大学学报：医学版
中国新生儿科杂志	上海针灸杂志	江苏大学学报：医学版
中华精神科杂志	中医药学报	上海交通大学学报：医学版
中国循证儿科杂志	中药药理与临床	郑州大学学报：医学版
中国疼痛医学杂志	北京中医药大学学报	西安交通大学学报：医学版
中华烧伤杂志	中药材	中国医科大学学报
中华神经外科杂志	中药新药与临床药理	重庆医科大学学报
中国运动医学杂志	南京中医药大学学报	四川大学学报：医学版
第二军医大学学报	复旦学报：医学版	

附录二　中国科技论文统计源期刊目录（医学类）

中国科技论文统计源期刊目录（医学类）是依据中国科技信息研究所2015年编辑出版的《中国科技期刊引证报告》（CJCR）整理，并按字顺排序编印的。据统计由于本次在确定源期刊的刊种时，采用了目前国际上通用的标准模式，选定的源期刊在国内科技交流体系中具有较高的学术地位和作用。

为适应广大医务工作者科研工作的需要，帮助科研人员客观准确地选择和利用期刊，我们编辑了此目录（附表22）。

附表22　中国科技论文源期刊目录（医学类）（732种）

ACTA BIOCHIMICA ET BIOPHYSICA SINICA	生物骨科材料与临床研究	中国卫生政策研究
ACTA PHARMACOLOGICA SINICA	生物骨科材料与临床研究	中国卫生质量管理

续表

ASIAN JOURNAL OF ANDROLOGY	生物化学与生物物理进展	中国细胞生物学学报
CELL RESEARCH	生物学杂志	中国现代普通外科进展
CHINESE HERBAL MEDICINES	生物医学工程学杂志	中国现代神经疾病杂志
CHINESE JOURNAL OF CANCER	生物医学工程研究	中国现代手术学杂志
CHINESE JOURNAL OF CANCER RESEARCH	生物医学工程与临床	中国现代医学杂志
CHINESE JOURNAL OF TRAUMATOLOGY	生殖医学杂志	中国现代应用药学
CHINESE MEDICAL JOURNAL	生殖与避孕	中国消毒学杂志
CHINESE MEDICAL SCIENCES JOURNAL	实验动物与比较医学	中国小儿急救医学
CT 理论与应用研究	实验室研究与探索	中国小儿血液与肿瘤杂志
CURRENT ZOOLOGY	实用癌症杂志	中国斜视与小儿眼科杂志
JOURNAL OF CHINESE PHARMACEUTICAL SCIENCES	实用儿科临床杂志	中国心理卫生杂志
JOURNAL OF INTEGRATIVE MEDICINE（中西医结合学报）	实用放射学杂志	中国心血管病研究
NEURAL REGENERATION RESEARCH	实用妇产科杂志	中国心血管杂志
NEUROSCIENCE BULLETIN	实用肝脏病杂志	中国心脏起搏与心电生理杂志
THE CHINESE-GERMAN JOURNAL OF CLINICAL ONCOLOGY	实用骨科杂志	中国新生儿科杂志
VIROLOGICA SINICA	实用口腔医学杂志	中国新药与临床杂志

续表

癌变·畸变·突变	实用老年医学	中国新药杂志
癌症进展	实用临床医药杂志	中国性科学
安徽医科大学学报	实用皮肤病学杂志	中国胸心血管外科临床杂志
安徽医学	实用药物与临床	中国修复重建外科杂志
安徽医药	实用医学杂志	中国学校卫生
安徽中医学院学报	实用医院临床杂志	中国血吸虫病防治杂志
白血病·淋巴瘤	实用预防医学	中国血液净化
蚌埠医学院学报	实用肿瘤学杂志	中国循环杂志
北京大学学报医学版	实用肿瘤杂志	中国循证儿科杂志
北京口腔医学	世界科学技术-中医药现代化	中国循证心血管医学杂志
北京生物医学工程	世界临床药物	中国循证医学杂志
北京医学	世界中西医结合杂志	中国眼耳鼻喉科杂志
北京中医药	世界中医药	中国药房
北京中医药大学学报	首都医科大学学报	中国药科大学学报
标记免疫分析与临床	四川大学学报医学版	中国药理学通报
病毒学报	四川医学	中国药理学与毒理学杂志
肠外与肠内营养	四川中医	中国药师
成都医学院学报	苏州大学学报医学版	中国药物化学杂志
成都中医药大学学报	天津医科大学学报	中国药物警戒
畜牧兽医学报	天津医药	中国药物依赖性杂志
畜牧与兽医	天津中医药	中国药物应用与监测
传染病信息	天津中医药大学学报	中国药物与临床
创伤外科杂志	天然产物研究与开发	中国药学杂志
磁共振成像	听力学及言语疾病杂志	中国药业
大连医科大学学报	同济大学学报医学版	中国医刊
第二军医大学学报	同济大学学报自然科学版	中国医科大学学报

续表

第三军医大学学报	外科理论与实践	中国医疗器械杂志
东南大学学报医学版	皖南医学院学报	中国医疗设备
东南国防医学	微生物学报	中国医师进修杂志
毒理学杂志	微生物学通报	中国医师杂志
儿科药学杂志	微生物学杂志	中国医学计算机成像杂志
法医学杂志	微生物与感染	中国医学科学院学报
放射免疫学杂志	微循环学杂志	中国医学伦理学
放射学实践	卫生研究	中国医学前沿杂志电子版
福建医科大学学报	胃肠病学	中国医学物理学杂志
复旦学报医学版	胃肠病学和肝病学杂志	中国医学影像技术
腹部外科	温州医学院学报	中国医学影像学杂志
腹腔镜外科杂志	武汉大学学报医学版	中国医学装备
肝胆外科杂志	武警后勤学院学报医学版	中国医药
肝胆胰外科杂志	武警医学	中国医药导报
肝脏	西安交通大学学报医学版	中国医药导刊
感染·炎症·修复	西北国防医学杂志	中国医药工业杂志
工业卫生与职业病	西北药学杂志	中国医药生物技术
公共卫生与预防医学	西部医学	中国医院
骨科	西部中医药	中国医院管理
广东药学院学报	西南国防医药	中国医院药学杂志
广东医学	细胞与分子免疫学杂志	中国疫苗和免疫
广西医科大学学报	现代妇产科进展	中国应用生理学杂志
广西医学	现代检验医学杂志	中国优生与遗传杂志
广州中医药大学学报	现代口腔医学杂志	中国预防医学杂志
贵阳医学院学报	现代临床护理	中国运动医学杂志
贵州医药	现代泌尿生殖肿瘤杂志	中国针灸
国际病毒学杂志	现代泌尿外科杂志	中国真菌学杂志

续表

国际病理科学与临床杂志	现代免疫学	中国职业医学
国际儿科学杂志	现代生物医学进展	中国中西医结合耳鼻咽喉科杂志
国际耳鼻咽喉头颈外科杂志	现代消化及介入诊疗	中国中西医结合急救杂志
国际妇产科学杂志	现代药物与临床	中国中西医结合皮肤性病学杂志
国际骨科学杂志	现代医学	中国中西医结合肾病杂志
国际呼吸杂志	现代预防医学	中国中西医结合外科杂志
国际护理学杂志	现代中西医结合杂志	中国中西医结合消化杂志
国际精神病学杂志	现代中药研究与实践	中国中西医结合杂志
国际口腔医学杂志	现代肿瘤医学	中国中药杂志
国际流行病学传染病学杂志	心肺血管病杂志	中国中医骨伤科杂志
国际麻醉学与复苏杂志	心理学报	中国中医基础医学杂志
国际泌尿系统杂志	心脑血管病防治	中国中医急症
国际免疫学杂志	心血管病学进展	中国中医眼科杂志
国际脑血管病杂志	心血管康复医学杂志	中国中医药信息杂志
国际内分泌代谢杂志	心脏杂志	中国肿瘤
国际皮肤性病学杂志	新疆医科大学学报	中国肿瘤临床
国际神经病学神经外科学杂志	新乡医学院学报	中国肿瘤临床与康复
国际生物医学工程杂志	新医学	中国肿瘤生物治疗杂志
国际生殖健康/计划生育杂志	徐州医学院学报	中国综合临床
国际输血及血液杂志	血栓与止血学	中国卒中杂志
国际外科学杂志	循证医学	中国组织化学与细胞化学杂志
国际消化病杂志	牙体牙髓牙周病学杂志	中华保健医学杂志
国际心血管病杂志	眼科	中华病理学杂志
国际眼科杂志	眼科新进展	中华超声影像学杂志
国际药学研究杂志	药物不良反应杂志	中华传染病杂志

续表

国际医学放射学杂志	药物分析杂志	中华创伤骨科杂志
国际医学寄生虫杂志	药物服务与研究	中华创伤杂志
国际遗传学杂志	药物流行病学杂志	中华地方病学杂志（中国地方病学杂志）
国际中医中药杂志	药物生物技术	中华儿科杂志
国际肿瘤学杂志	药学服务与研究	中华耳鼻咽喉头颈外科杂志
哈尔滨医科大学学报	药学实践杂志	中华耳科学杂志
海军医学杂志	药学学报	中华放射学杂志
海南医学	药学与临床研究	中华放射医学与防护杂志
海南医学院学报	医疗卫生装备	中华放射肿瘤学杂志
航天医学与医学工程	医学动物防制	中华肺部疾病杂志电子版
河北医科大学学报	医学分子生物学杂志	中华风湿病学杂志
河北医学	医学临床研究	中华妇产科杂志
河北医药	医学信息学杂志	中华妇幼临床医学杂志电子版
河北中医	医学研究生学报	中华肝胆外科杂志
河北中医药学报	医学研究杂志	中华肝脏病杂志
河南中医	医学影像学杂志	中华高血压杂志
湖北中医药大学学报	医学与社会	中华骨科杂志
湖南师范大学学报医学报	医学综述	中华骨质疏松和骨矿盐疾病杂志
湖南中医药大学学报	医药导报	中华关节外科杂志电子版
护理管理杂志	医用生物力学	中华行为医学与脑科学杂志
护理学报	疑难病杂志	中华行为医学与脑科杂志
护理学杂志	营养学报	中华航海医学与高气压医学杂志
护理研究	影像科学与光化学	中华航空航天医学杂志

续表

护士进修杂志	影像诊断与介入放射学	中华核医学与分子影像杂志
华南国防医学杂志	预防医学情报杂志	中华护理杂志
华南预防医学	预防医学情报杂志	中华急诊医学杂志
华西口腔医学杂志	长春中医药大学学报	中华疾病控制杂志
华西药学杂志	浙江大学学报医学版	中华检验医学杂志
华西医学	浙江临床医学	中华结核和呼吸杂志
华中科技大学学报医学版	浙江医学	中华精神科杂志
环境卫生工程	浙江预防医学	中华口腔医学研究杂志电子版
环境与健康杂志	浙江中医药学院学报	中华口腔医学杂志
环境与职业医学	针刺研究	中华口腔正畸学杂志
环球中医药	针灸临床杂志	中华劳动卫生职业病杂志
基础医学与临床	诊断病理学杂志	中华老年多器官疾病杂志
吉林大学学报医学版	诊断学理论与实践	中华老年口腔医学杂志
吉林中医药	郑州大学学报医学版	中华老年心脑血管病杂志
疾病监测	职业与健康	中华老年医学杂志
脊柱外科杂志	中草药	中华临床感染病杂志
寄生虫与医学昆虫学报	中成药	中华临床免疫和变态反应杂志
暨南大学学报自然科学与医学版	中风与神经疾病杂志	中华临床营养杂志
检验医学	中国 CT 和 MRI 杂志	中华流行病学杂志
检验医学与临床	中国癌症杂志	中华麻醉学杂志
江苏大学学报医学版	中国艾滋病性病	中华泌尿外科杂志
江苏医药	中国比较医学杂志	中华男科学杂志
江苏中医药	中国病案	中华内分泌代谢杂志
结直肠肛门外科	中国病毒病杂志	中华内分泌外科杂志
解放军护理杂志	中国病理生理杂志	中华内科杂志
解放军药学学报	中国病原生物学杂志	中华皮肤科杂志

续表

解放军医学院学报（军医进修学院学报）	中国超声医学杂志	中华普通外科杂志
解放军医学杂志	中国当代儿科杂志	中华普外科手术学杂志电子版
解放军医药杂志	中国地方病防治杂志	中华器官移植杂志
解放军医院管理杂志	中国动脉硬化杂志	中华腔镜泌尿外科杂志电子版
解放军预防医学杂志	中国儿童保健杂志	中华腔镜外科杂志电子版
解剖科学进展	中国耳鼻咽喉头颈外科	中华全科医师杂志
解剖学报	中国法医学杂志	中华全科医学
解剖学研究	中国防痨杂志	中华乳腺病杂志电子版
解剖学杂志	中国肺癌杂志	中华疝和腹壁外科杂志电子版
介入放射学杂志	中国分子心脏病学杂志	中华烧伤杂志
精神医学杂志	中国妇产科临床杂志	中华神经科杂志
颈腰痛杂志	中国妇幼保健	中华神经外科疾病研究杂志
局解手术学杂志	中国妇幼健康研究	中华神经外科杂志
军事医学	中国肝脏病杂志电子版	中华神经医学杂志
菌物学报	中国感染控制杂志	中华肾脏病杂志
科学学与科学技术管理	中国感染与化疗杂志	中华实验和临床病毒学杂志
空军医学杂志	中国工业医学杂志	中华实验和临床感染病杂志电子版
口腔材料器械杂志	中国公共卫生	中华实验外科杂志
口腔颌面外科杂志	中国骨伤	中华实验眼科杂志
口腔颌面修复学杂志	中国骨与关节损伤杂志	中华实用诊断与治疗杂志
口腔医学	中国骨与关节外科	中华手外科杂志

续表

口腔医学研究	中国骨与关节杂志	中华损伤与修复杂志电子版
昆明医学院学报	中国骨质疏松杂志	中华糖尿病杂志
兰州大学学报医学版	中国国境卫生检疫杂志	中华外科杂志
老年医学与保健	中国海洋药物	中华危重病急救医学（中国危重病急救医学）
立体定向和功能性神经外科杂志	中国呼吸与危重监护杂志	中华危重症医学杂志电子版
辽宁中医药大学学报	中国护理管理	中华微生物学和免疫学杂志
辽宁中医杂志	中国激光医学杂志	中华围产医学杂志
临床超声医学杂志	中国急救复苏与灾害医学杂志	中华卫生杀虫药械
临床儿科杂志	中国急救医学	中华胃肠外科杂志
临床耳鼻咽喉头颈外科杂志	中国脊柱脊髓杂志	中华物理医学与康复杂志
临床放射学杂志	中国计划生育和妇产科	中华显微外科杂志
临床肺科杂志	中国计划生育学杂志	中华现代护理杂志
临床肝胆病杂志	中国寄生虫学与寄生虫病杂志	中华消化内镜杂志
临床骨科杂志	中国健康教育	中华消化外科杂志
临床和实验医学杂志	中国矫形外科杂志	中华消化杂志
临床荟萃	中国介入心脏病学杂志	中华小儿外科杂志
临床急诊杂志	中国介入影像与治疗学	中华心律失常学杂志
临床检验杂志	中国康复	中华心血管病杂志
临床精神医学杂志	中国康复理论与实践	中华胸心血管外科杂志
临床军医杂志	中国康复医学杂志	中华血液学杂志
临床口腔医学杂志	中国抗生素杂志	中华眼底病杂志
临床麻醉学杂志	中国口腔颌面外科杂志	中华眼科杂志

续表

临床泌尿外科杂志	中国老年学杂志	中华眼视光学与视觉科学杂志
临床内科杂志	中国临床保健杂志	中华医学超声杂志电子版
临床皮肤科杂志	中国临床解剖学杂志	中华医学教育探索杂志
临床神经病学杂志	中国临床神经科学	中华医学教育杂志
临床神经外科杂志	中国临床神经外科杂志	中华医学科研管理杂志
临床肾脏病杂志	中国临床心理学杂志	中华医学美学美容杂志
临床输血与检验	中国临床药理学与治疗学	中华医学图书情报杂志
临床外科杂志	中国临床药理学杂志	中华医学遗传学杂志
临床误诊误治	中国临床药学杂志	中华医学杂志
临床消化病杂志	中国临床医生	中华医院感染学杂志
临床小儿外科杂志	中国临床医学	中华医院管理杂志
临床心血管病杂志	中国临床医学影像杂志	中华胰腺病杂志
临床血液学杂志	中国麻风皮肤病杂志	中华预防医学杂志
临床眼科杂志	中国慢性病预防与控制	中华整形外科杂志
临床药物治疗杂志	中国媒介生物学及控制杂志	中华中医药学刊
临床与实验病理学杂志	中国煤炭工业医学杂志	中华中医药杂志
临床肿瘤学杂志	中国美容整形外科杂志	中华肿瘤防治杂志
岭南心血管病杂志	中国免疫学杂志	中华肿瘤杂志
免疫学杂志	中国男科学杂志	中南大学学报医学版
南昌大学学报医学版	中国脑血管病杂志	中南药学
南方医科大学学报	中国内镜杂志	中日友好医院学报
南京医科大学学报自然科学版	中国皮肤性病学杂志	中山大学学报医学科学版
南京中医药大学学报自然科学版	中国普通外科杂志	中西医结合肝病杂志
脑与神经疾病杂志	中国普外基础与临床杂志	中西医结合心脑血管病杂志
内科急危重症杂志	中国全科医学	中药材

续表

内科理论与实践	中国热带医学	中药新药与临床药理
内蒙古医科大学学报（内蒙古医学院学报）	中国人兽共患病学报	中医学报
宁夏医科大学学报	中国社会医学杂志	中医药导报
齐鲁医学杂志	中国神经精神疾病杂志	中医药信息
器官移植	中国神经免疫学和神经病学杂志	中医药学报
青岛大学医学院学报	中国生物化学与分子生物学报	中医杂志
热带病与寄生虫学	中国生物医学工程学报	肿瘤
热带医学杂志	中国生物制品学杂志	肿瘤防治研究
人民军医	中国生育健康杂志	肿瘤学杂志
山东大学耳鼻喉眼学报	中国实验血液学杂志	肿瘤研究与临床
山东大学学报医学版	中国实验诊断学	肿瘤预防与治疗
山东医药	中国实用儿科杂志	重庆医科大学学报
山东中医药大学学报	中国实用妇科与产科杂志	重庆医学
山东中医杂志	中国实用护理杂志	卒中与神经疾病
山西医科大学学报	中国实用口腔科杂志	组织工程与重建外科杂志
陕西医学杂志	中国实用内科杂志	川北医学院学报
陕西中医	中国实用神经疾病杂志	中华普通外科学文献电子版
上东医药	中国实用外科杂志	现代中医临床
上海护理	中国实用眼科杂志	中国血管外科杂志电子版
上海交通大学学报医学版	中国食品卫生杂志	中国卫生信息管理杂志
上海精神医学	中国输血杂志	中国现代中药
上海口腔医学	中国数字医学	中国临床研究
上海医学	中国糖尿病杂志	药物评价研究
上海中医药大学学报	中国疼痛医学杂志	实用心脑肺血管病杂志

续表

上海中医药杂志	中国体视学与图像分析	微创泌尿外科杂志
神经疾病与精神卫生	中国体外循环杂志	心理科学进展
神经解剖学杂志	中国天然药物	山西医药杂志
神经损伤与功能重建	中国听力语言康复科学杂志	
沈阳药科大学学报	中国微创外科杂志	
肾脏病与透析肾移植杂志	中国微侵袭神经外科杂志	
生理科学进展	中国卫生检验杂志	
生理学报	中国卫生经济	
生命科学研究	中国卫生统计	

附录三　SCI 收录的生物医学期刊名录

2015 年 SCI 收录生物医学类期刊共 4023 种，本附录对 2010 ～ 2015 年平均影响因子大于 5 的期刊进行了收集和整理，共计 465 种，按照字母排序，并标注了期刊 2014 ～ 2015 年的影响因子和近 5 年的平均影响因子，可以使读者更好地了解所投杂志发展动态。具体目录如下（附表 23）：

附表 23　SCI 收录部分生物医学类期刊目录（465 种）

Abbreviated Journal Title	Full Title	IF 2014-2015	5-Year Impact Factor
Accounts Chem Res	Accounts of Chemical Research	22.323	24.373
Acs Catal	Acs Catalysis	9.312	9.174
Acs Chem Biol	Acs Chemical Biology	5.331	5.459
Acs Macro Lett	Acs Macro Letters	5.764	5.875
Acs Synth Biol	Acs Synthetic Biology	4.978	5.037

续表

Abbreviated Journal Title	Full Title	IF 2014-2015	5-Year Impact Factor
Acta Crystallogr D	Acta Crystallographica Section D-Biological Crystallography	2.674	9.574
Acta Neuropathol	Acta Neuropathologica	10.762	9.762
Acta Psychiat Scand	Acta Psychiatrica Scandinavica	5.605	5.256
Addict Biol	Addiction Biology	5.359	5.204
Addiction	Addiction	4.738	5.781
Adv Anat Embryol Cel	Advances in Anatomy Embryology and Cell Biology	17.000	6.923
Adv Cancer Res	Advances in Cancer Research	5.321	5.829
Adv Carbohyd Chem Bi	Advances in Carbohydrate Chemistry and Biochemistry	2.100	5.200
Adv Catal	Advances in Catalysis	10.000	8.053
Adv Colloid Interfac	Advances in Colloid and Interface Science	7.776	10.421
Adv Drug Deliver Rev	Advanced Drug Delivery Reviews	15.038	15.889
Adv Genet	Advances in Genetics	6.760	5.350
Adv Immunol	Advances in Immunology	5.962	6.974
Adv Microb Physiol	Advances in Microbial Physiology	3.250	5.609
Adv Nutr	Advances in Nutrition（Bethesda, Md.）	4.709	5.794
Ageing Res Rev	Ageing Research Reviews	4.940	6.355
Aging Cell	Aging Cell	6.340	6.593
Aids	Aids	5.554	5.785
Aldrichim Acta	Aldrichimica Acta	17.083	13.871
Algal Res	Algal Research-Biomass Biofuels and Bioproducts	5.014	5.027
Aliment Pharm Ther	Alimentary Pharmacology & Therapeutics	5.727	5.273

续表

Abbreviated Journal Title	Full Title	IF 2014-2015	5-Year Impact Factor
Allergy	Allergy	6.028	5.948
Altern Med Rev	Alternative Medicine Review	3.833	6.550
Alzheimers Dement	Alzheimers & Dementia	12.407	13.324
Am J Clin Nutr	American Journal of Clinical Nutrition	6.770	7.328
Am J Epidemiol	American Journal of Epidemiology	5.230	5.632
Am J Gastroenterol	American Journal of Gastroenterology	10.755	9.145
Am J Hum Genet	American Journal of Human Genetics	10.931	11.174
Am J Kidney Dis	American Journal of Kidney Diseases	5.900	5.555
Am J Med	American Journal of Medicine	5.003	5.258
Am J Pathol	American Journal of Pathology	4.591	5.071
Am J Prev Med	American Journal of Preventive Medicine	4.527	5.395
Am J Psychiat	American Journal of Psychiatry	12.295	14.644
Am J Public Health	American Journal of Public Health	4.552	5.101
Am J Resp Crit Care	American Journal of Respiratory and Critical Care Medicine	12.996	11.718
Am J Sport Med	American Journal of Sports Medicine	4.362	5.084
Am J Surg Pathol	American Journal of Surgical Pathology	5.145	5.328
Am J Transplant	American Journal of Transplantation	5.683	5.717
Anal Chem	Analytical Chemistry	5.636	5.794
Anesthesiology	Anesthesiology	5.879	5.794
Angew Chem Int Edit	Angewandte Chemie-International Edition	11.261	12.060
Ann Fam Med	Annals of Family Medicine	5.434	5.886
Ann Intern Med	Annals of Internal Medicine	17.810	17.469
Ann Neurol	Annals of Neurology	9.977	10.792

续表

Abbreviated Journal Title	Full Title	IF 2014-2015	5-Year Impact Factor
Ann Oncol	Annals of Oncology	7.040	6.885
Ann Rheum Dis	Annals of the Rheumatic Diseases	10.377	9.644
Ann Surg	Annals of Surgery	8.327	8.844
Annu Rev Biochem	Annual Review of Biochemistry	30.283	32.360
Annu Rev Biophys	Annual Review of Biophysics	15.436	14.192
Annu Rev Cell Dev Bi	Annual Review of Cell and Developmental Biology	16.660	21.326
Annu Rev Clin Psycho	Annual Review of Clinical Psychology	12.674	14.369
Annu Rev Ecol Evol S	Annual Review of Ecology Evolution and Systematics	10.562	19.826
Annu Rev Genet	Annual Review of Genetics	15.724	21.669
Annu Rev Genom Hum G	Annual Review of Genomics and Human Genetics	8.957	10.660
Annu Rev Immunol	Annual Review of Immunology	39.327	46.694
Annu Rev Med	Annual Review of Medicine	12.928	13.452
Annu Rev Microbiol	Annual Review of Microbiology	12.182	16.132
Annu Rev Neurosci	Annual Review of Neuroscience	19.320	25.920
Annu Rev Nutr	Annual Review of Nutrition	8.359	9.660
Annu Rev Pathol-Mech	Annual Review of Pathology-Mechanisms of Disease	18.750	22.978
Annu Rev Pharmacol	Annual Review of Pharmacology and Toxicology	18.365	19.349
Annu Rev Phys Chem	Annual Review of Physical Chemistry	16.842	16.113
Annu Rev Physiol	Annual Review of Physiology	18.510	19.656
Annu Rev Psychol	Annual Review of Psychology	21.810	26.824

续表

Abbreviated Journal Title	Full Title	IF 2014-2015	5-Year Impact Factor
Annu Rev Publ Health	Annual Review of Public Health	6.469	7.365
Antioxid Redox Sign	Antioxidants & Redox Signaling	7.407	7.920
Arch Gen Psychiat	Archives of General Psychiatry	14.480	15.560
Arch Intern Med	Archives of Internal Medicine	17.333	13.098
Arch Neurol-Chicago	Archives of Neurology	7.419	7.249
Arch Pediat Adol Med	Archives of Pediatrics & Adolescent Medicine	5.731	5.485
Arterioscl Throm Vas	Arteriosclerosis Thrombosis and Vascular Biology	6.000	6.195
Arthritis Rheum-Us	Arthritis & Rheumatism-Arthritis Care & Research	7.764	7.760
Autoimmun Rev	Autoimmunity Reviews	7.933	5.959
Autophagy	Autophagy	11.753	10.698
B World Health Organ	Bulletin of the World Health Organization	5.089	5.714
BBA-Bioenergetics	Biochimica Et Biophysica Acta-Bioenergetics	5.353	5.132
BBA-Gene Regul Mech	Biochimica Et Biophysica Acta-Gene Regulatory Mechanisms	6.332	5.661
BBA-Mol Cell Res	Biochimica Et Biophysica Acta-Molecular Cell Research	5.019	5.203
BBA-Rev Cancer	Biochimica Et Biophysica Acta-Reviews on Cancer	7.845	8.811
Behav Brain Sci	Behavioral and Brain Sciences	20.771	24.308
Best Pract Res Cl En	Best Practice & Research Clinical Endocrinology & Metabolism	4.602	5.026
Bioessays	Bioessays	4.730	5.023
Bioinformatics	Bioinformatics	4.981	8.136
Biol Psychiat	Biological Psychiatry	10.255	10.359

续表

Abbreviated Journal Title	Full Title	IF 2014-2015	5-Year Impact Factor
Biol Rev	Biological Reviews	9.670	11.199
Bioscience	Bioscience	5.377	6.326
Bipolar Disord	Bipolar Disorders	4.965	5.282
Blood	Blood	10.452	9.567
Blood Rev	Blood Reviews	5.565	5.405
BMC Biol	BMC Biology	7.984	7.210
BMC Med	BMC Medicine	7.249	7.705
BMJ-Brit Med J	BMJ-British Medical Journal	17.445	16.814
Brain	Brain	9.196	10.418
Brain Behav Immun	Brain Behavior and Immunity	5.889	5.895
Brain Struct Funct	Brain Structure & Function	5.618	6.935
Breast Cancer Res	Breast Cancer Research	5.490	6.281
Brief Bioinform	Briefings in Bioinformatics	9.617	7.017
Brit J Cancer	British Journal of Cancer	4.836	5.305
Brit J Psychiat	British Journal of Psychiatry	7.991	8.196
Brit J Sport Med	British Journal of Sports Medicine	5.025	5.100
Brit J Surg	British Journal of Surgery	5.542	5.522
Ca-Cancer J Clin	Ca-A Cancer Journal For Clinicians	115.840	119.827
Can Med Assoc J	Canadian Medical Association Journal	5.959	6.912
Cancer Cell	Cancer Cell	23.523	27.252
Cancer Discov	Cancer Discovery	19.453	20.259
Cancer Metast Rev	Cancer and Metastasis Reviews	7.234	9.312
Cancer Res	Cancer Research	9.329	9.115
Cancer Treat Rev	Cancer Treatment Reviews	7.588	6.611

续表

Abbreviated Journal Title	Full Title	IF 2014-2015	5-Year Impact Factor
Cancer-Am Cancer Soc	Cancer	4.889	5.292
Carcinogenesis	Carcinogenesis	5.334	5.698
Cardiovasc Res	Cardiovascular Research	5.940	5.992
Catal Rev	Catalysis Reviews-Science and Engineering	8.471	10.350
Catal Sci Technol	Catalysis Science & Technology	5.426	5.525
Cell	Cell	32.242	35.532
Cell Death Differ	Cell Death and Differentiation	8.184	8.461
Cell Death Dis	Cell Death & Disease	5.014	5.291
Cell Host Microbe	Cell Host & Microbe	12.328	13.126
Cell Metab	Cell Metabolism	17.565	17.608
Cell Mol Life Sci	Cmls-Cellular and Molecular Life Sciences	5.808	6.005
Cell Rep	Cell Reports	8.358	8.361
Cell Res	Cell Research	12.413	11.187
Cell Stem Cell	Cell Stem Cell	22.268	24.565
Cereb Cortex	Cerebral Cortex	8.665	8.335
Chem Biol	Chemistry & Biology	6.645	6.565
Chem Commun	Chemical Communications	6.834	6.779
Chem Rec	Chemical Record	5.492	5.162
Chem Rev	Chemical Reviews	46.568	50.679
Chem Sci	Chemical Science	9.211	9.203
Chem Soc Rev	Chemical Society Reviews	33.383	36.001
Chemcatchem	Chemcatchem	4.556	5.213
Chem-Eur J	Chemistry-A European Journal	5.731	5.635
Chemsuschem	Chemsuschem	7.657	8.653

续表

Abbreviated Journal Title	Full Title	IF 2014-2015	5-Year Impact Factor
Chest	Chest	7.483	6.558
Circ Res	Circulation Research	11.019	10.965
Circ-Arrhythmia Elec	Circulation-Arrhythmia and Electrophysiology	4.513	5.520
Circ-Cardiovasc Gene	Circulation: Cardiovascular Genetics	4.600	5.254
Circ-Cardiovasc Imag	Circulation-Cardiovascular Imaging	5.316	6.000
Circ-Cardiovasc Inte	Circulation: Cardiovascular Interventions	6.218	6.474
Circ-Cardiovasc Qual	Circulation: Cardiovascular Quality and Outcomes	5.656	5.810
Circ-Heart Fail	Circulation-Heart Failure	5.891	6.420
Circulation	Circulation	14.430	15.200
Cladistics	Cladistics-the International Journal of the Willi Hennig Society	6.217	5.532
Clin Cancer Res	Clinical Cancer Research	8.722	8.531
Clin Chem	Clinical Chemistry	7.911	8.144
Clin Gastroenterol H	Clinical Gastroenterology and Hepatology	7.896	7.394
Clin Infect Dis	Clinical Infectious Diseases	8.886	9.206
Clin J Am Soc Nephro	Clinical Journal of the American Society of Nephrology	4.613	5.466
Clin Microbiol Infec	Clinical Microbiology and Infection	5.768	5.059
Clin Microbiol Rev	Clinical Microbiology Reviews	17.406	21.657
Clin Pharmacokinet	Clinical Pharmacokinetics	5.053	5.878
Clin Pharmacol Ther	Clinical Pharmacology & Therapeutics	7.903	6.844
Clin Sci	Clinical Science	5.598	5.348
Cochrane Db Syst Rev	Cochrane Database of Systematic Reviews	6.032	6.536
Cognitive Psychol	Cognitive Psychology	5.064	6.420

续表

Abbreviated Journal Title	Full Title	IF 2014-2015	5-Year Impact Factor
Cortex	Cortex	5.128	5.014
Crit Care	Critical Care	4.476	5.140
Crit Care Med	Critical Care Medicine	6.312	6.289
Crit Rev Biochem Mol	Critical Reviews in Biochemistry and Molecular Biology	7.714	7.086
Crit Rev Cl Lab Sci	Critical Reviews in Clinical Laboratory Sciences	3.692	5.547
Crit Rev Microbiol	Critical Reviews in Microbiology	6.020	6.622
Crit Rev Toxicol	Critical Reviews in Toxicology	5.097	6.110
Csh Perspect Biol	Cold Spring Harbor Perspectives in Biology	8.679	11.319
Csh Perspect Med	Cold Spring Harbor Perspectives in Medicine	9.469	9.808
Curr Biol	Current Biology	9.571	10.134
Curr Opin Cell Biol	Current Opinion in Cell Biology	8.467	10.118
Curr Opin Chem Biol	Current Opinion in Chemical Biology	6.813	8.501
Curr Opin Colloid In	Current Opinion in Colloid & Interface Science	5.840	7.966
Curr Opin Genet Dev	Current Opinion in Genetics & Development	7.574	7.319
Curr Opin Immunol	Current Opinion in Immunology	7.478	7.572
Curr Opin Lipidol	Current Opinion in Lipidology	5.656	5.659
Curr Opin Microbiol	Current Opinion in Microbiology	5.900	6.990
Curr Opin Neurobiol	Current Opinion in Neurobiology	6.628	7.284
Curr Opin Neurol	Current Opinion in Neurology	5.307	5.004
Curr Opin Pharmacol	Current Opinion in Pharmacology	4.595	5.203
Curr Opin Struc Biol	Current Opinion in Structural Biology	7.201	8.077
Curr Opin Virol	Current Opinion in Virology	6.064	6.399
Curr Top Dev Biol	Current Topics in Developmental Biology	4.680	5.816

续表

Abbreviated Journal Title	Full Title	IF 2014-2015	5-Year Impact Factor
Cytokine Growth F R	Cytokine & Growth Factor Reviews	5.357	7.968
Depress Anxiety	Depression and Anxiety	4.407	5.434
Dev Cell	Developmental Cell	9.708	12.437
Development	Development	6.462	6.741
Diabetes	Diabetes	8.095	8.443
Diabetes Care	Diabetes Care	8.420	8.569
Diabetes Obes Metab	Diabetes Obesity & Metabolism	6.360	5.504
Diabetologia	Diabetologia	6.671	6.489
Dis Model Mech	Disease Models & Mechanisms	4.973	5.276
Dna Res	Dna Research	5.477	5.707
Drug Discov Today	Drug Discovery Today	6.691	6.423
Drug Metab Rev	Drug Metabolism Reviews	5.356	5.984
Drug Resist Update	Drug Resistance Updates	9.121	9.312
Elife	Elife	9.322	9.325
Embo J	Embo Journal	10.434	9.837
Embo Mol Med	Embo Molecular Medicine	8.665	9.315
Embo Rep	Embo Reports	9.055	8.043
Emerg Infect Dis	Emerging Infectious Diseases	6.751	6.519
Endocr Rev	Endocrine Reviews	21.059	22.052
Endocr-Relat Cancer	Endocrine-Related Cancer	4.805	5.217
Epidemiol Rev	Epidemiologic Reviews	6.667	9.391
Epidemiology	Epidemiology	6.196	7.052
Epigenetics-Us	Epigenetics	4.780	5.081
Eur Cells Mater	European Cells & Materials	4.886	5.984

续表

Abbreviated Journal Title	Full Title	IF 2014-2015	5-Year Impact Factor
Eur Heart J	European Heart Journal	15.203	13.652
Eur J Cancer	European Journal of Cancer	5.417	5.624
Eur J Epidemiol	European Journal of Epidemiology	5.339	5.452
Eur J Heart Fail	European Journal of Heart Failure	6.526	5.631
Eur J Nucl Med Mol I	European Journal of Nuclear Medicine and Molecular Imaging	5.383	5.090
Eur Respir J	European Respiratory Journal	7.636	6.862
Eur Urol	European Urology	13.938	11.260
Exerc Immunol Rev	Exercise Immunology Review	4.176	6.071
Expert Opin Drug Del	Expert Opinion on Drug Delivery	4.840	5.021
Expert Rev Mol Med	Expert Reviews in Molecular Medicine	5.152	6.703
Faseb J	Faseb Journal	5.043	5.639
Fems Microbiol Rev	Fems Microbiology Reviews	13.244	13.936
Free Radical Bio Med	Free Radical Biology and Medicine	5.736	5.855
Front Neuroendocrin	Frontiers in Neuroendocrinology	7.037	9.656
Fungal Divers	Fungal Diversity	6.221	5.797
Gastroenterology	Gastroenterology	16.716	13.811
Gastrointest Endosc	Gastrointestinal Endoscopy	5.369	5.225
Gene Dev	Genes & Development	10.798	12.305
Genet Med	Genetics in Medicine	7.329	6.397
Genetics	Genetics	5.963	5.241
Genome Biol	Genome Biology	10.810	13.480
Genome Res	Genome Research	14.630	15.567
Glia	Glia	6.031	5.511

续表

Abbreviated Journal Title	Full Title	IF 2014-2015	5-Year Impact Factor
Green Chem	Green Chemistry	8.020	8.294
Gut	Gut	14.660	12.553
Haematologica	Haematologica	5.814	5.653
Health Technol Asses	Health Technology Assessment	5.027	5.342
Hepatology	Hepatology	11.055	12.054
Hum Brain Mapp	Human Brain Mapping	5.969	6.687
Hum Mol Genet	Human Molecular Genetics	6.393	6.850
Hum Mutat	Human Mutation	5.144	5.119
Hum Reprod Update	Human Reproduction Update	10.165	10.818
Hypertension	Hypertension	6.480	7.032
Immunity	Immunity	21.561	21.003
Immunol Rev	Immunological Reviews	10.120	11.151
Inflamm Bowel Dis	Inflammatory Bowel Diseases	4.464	5.216
Int J Behav Nutr Phy	International Journal of Behavioral Nutrition and Physical Activity	4.111	5.596
Int J Cancer	International Journal of Cancer	5.085	5.720
Int J Epidemiol	International Journal of Epidemiology	9.176	8.615
Int J Obesity	International Journal of Obesity	5.004	5.283
Int Rev Phys Chem	International Reviews in Physical Chemistry	7.034	6.282
Intens Care Med	Intensive Care Medicine	7.214	5.793
J Allergy Clin Immun	Journal of Allergy and Clinical Immunology	11.476	10.715
J Am Acad Child Psy	Journal of the American Academy of Child and Adolescent Psychiatry	7.260	8.459
J Am Chem Soc	Journal of the American Chemical Society	12.113	11.726

续表

Abbreviated Journal Title	Full Title	IF 2014-2015	5-Year Impact Factor
J Am Coll Cardiol	Journal of the American College of Cardiology	16.503	14.987
J Am Coll Surgeons	Journal of the American College of Surgeons	5.122	5.263
J Am Soc Nephrol	Journal of the American Society of Nephrology	9.343	9.621
J Autoimmun	Journal of Autoimmunity	8.410	6.330
J Bone Miner Res	Journal of Bone and Mineral Research	6.832	7.015
J Cachexia Sarcopeni	Journal of Cachexia Sarcopenia and Muscle	7.315	7.523
J Cell Biol	Journal of Cell Biology	9.834	10.765
J Cell Sci	Journal of Cell Science	5.432	5.999
J Cerebr Blood F Met	Journal of Cerebral Blood Flow and Metabolismt	5.407	5.455
J Child Psychol Psyc	Journal of Child Psychology and Psychiatry	6.459	6.681
J Clin Endocr Metab	Journal of Clinical Endocrinology and Metabolism	6.209	6.544
J Clin Epidemiol	Journal of Clinical Epidemiology	3.417	6.269
J Clin Invest	Journal of Clinical Investigation	13.215	14.051
J Clin Oncol	Journal of Clinical Oncology	18.428	16.966
J Clin Psychiat	Journal of Clinical Psychiatry	5.498	5.818
J Cognitive Neurosci	Journal of Cognitive Neuroscience	4.085	5.259
J Control Release	Journal of Controlled Release	7.705	8.097
J Crohns Colitis	Journal of Crohns & Colitis	6.234	5.425
J Exp Med	Journal of Experimental Medicine	12.515	13.244
J Gerontol A-Biol	Journals of Gerontology Series A-Biological Sciences and Medical Sciences	5.416	5.406
J Hepatol	Journal of Hepatology	11.336	10.305
J Immunol	Journal of Immunology	4.922	5.264

续表

Abbreviated Journal Title	Full Title	IF 2014-2015	5-Year Impact Factor
J Infect Dis	Journal of Infectious Diseases	5.997	5.862
J Intern Med	Journal of Internal Medicine	6.063	5.622
J Invest Dermatol	Journal of Investigative Dermatology	7.216	6.706
J Lipid Res	Journal of Lipid Research	4.421	5.175
J Mammary Gland Biol	Journal of Mammary Gland Biology and Neoplasia	4.526	6.077
J Med Chem	Journal of Medicinal Chemistry	5.447	5.464
J Med Genet	Journal of Medical Genetics	6.335	5.855
J Mol Cell Biol	Journal of Molecular Cell Biology	6.771	7.543
J Mol Cell Cardiol	Journal of Molecular and Cellular Cardiology	4.655	5.039
J Neuroinflamm	Journal of Neuroinflammation	5.408	5.632
J Neurol Neurosur Ps	Journal of Neurology Neurosurgery and Psychiatry	6.807	5.550
J Neurosci	Journal of Neuroscience	6.344	7.348
J Nucl Med	Journal of Nuclear Medicine	6.160	6.280
J Pathol	Journal of Pathology	7.429	6.941
J Photoch Photobio C	Journal of Photochemistry and Photobiology C-Photochemistry Reviews	16.091	14.824
J Phys Chem C	Journal of Physical Chemistry C	4.772	5.295
J Physiol-London	Journal of Physiology-London	5.037	5.113
J Pineal Res	Journal of Pineal Research	9.600	7.227
J Psychiatr Neurosci	Journal of Psychiatry & Neuroscience	5.861	6.789
J Thromb Haemost	Journal of Thrombosis and Haemostasis	5.720	5.593
Jacc-Cardiovasc Imag	Jacc. Cardiovascular Imaging	7.188	6.754
Jacc-Cardiovasc Inte	Jacc. Cardiovascular Interventions	7.345	7.077

续表

Abbreviated Journal Title	Full Title	IF 2014-2015	5-Year Impact Factor
Jama Intern Med	Jama Internal Medicine	13.116	13.128
Jama Neurol	Jama Neurology	7.271	7.288
Jama Pediatr	Jama Pediatrics	7.148	7.157
Jama Psychiat	Jama Psychiatry	12.008	12.008
Jama-J Am Med Assoc	Jama-Journal of the American Medical Association	35.289	31.026
Jnci-J Natl Cancer I	Jnci-Journal of the National Cancer Institute	12.583	13.584
Kidney Int	Kidney International	8.563	7.891
Kidney Int Suppl	Kidney International Supplements	10.435	7.533
Lancet	Lancet	45.217	42.724
Lancet Diabetes Endo	Lancet Diabetes & Endocrinology	9.185	9.185
Lancet Glob Health	Lancet Global Health	10.042	10.083
Lancet Infect Dis	Lancet Infectious Diseases	22.433	19.094
Lancet Neurol	Lancet Neurology	21.896	24.577
Lancet Oncol	Lancet Oncology	24.690	26.239
Lancet Resp Med	Lancet Respiratory Medicine	9.629	9.661
Leukemia	Leukemia	10.431	9.158
Mayo Clin Proc	Mayo Clinic Proceedings	6.262	6.211
Mbio	Mbio	6.786	6.781
Med Res Rev	Medicinal Research Reviews	8.431	8.226
Med Sci Sport Exer	Medicine and Science in Sports and Exercise	3.983	5.380
Medicine	Medicine	5.723	5.285
Microbiol Mol Biol R	Microbiology and Molecular Biology Reviews	14.611	16.765
Milbank Q	Milbank Quarterly	3.383	6.342

续表

Abbreviated Journal Title	Full Title	IF 2014-2015	5-Year Impact Factor
Modern Pathol	Modern Pathology	6.187	5.609
Mol Aspects Med	Molecular Aspects of Medicine	10.238	11.000
Mol Autism	Molecular Autism	5.413	5.821
Mol Biol Evol	Molecular Biology and Evolution	9.105	11.667
Mol Cancer	Molecular Cancer	4.257	5.220
Mol Cancer Ther	Molecular Cancer Therapeutics	5.683	5.895
Mol Cell	Molecular Cell	14.018	15.052
Mol Cell Biol	Molecular and Cellular Biology	4.777	5.228
Mol Cell Proteomics	Molecular & Cellular Proteomics	6.564	6.886
Mol Ecol	Molecular Ecology	6.494	6.330
Mol Neurobiol	Molecular Neurobiology	5.137	5.460
Mol Neurodegener	Molecular Neurodegeneration	6.563	5.709
Mol Oncol	Molecular Oncology	5.331	5.669
Mol Psychiatr	Molecular Psychiatry	14.496	13.834
Mol Syst Biol	Molecular Systems Biology	10.872	12.019
Mol Ther	Molecular Therapy	6.227	6.211
Mucosal Immunol	Mucosal Immunology	7.374	6.994
Mutat Res-Rev Mutat	Mutation Research-Reviews in Mutation Research	6.213	6.635
Nanomedicine-Uk	Nanomedicine	5.413	5.955
Nanotoxicology	Nanotoxicology	6.411	7.322
Nat Cell Biol	Nature Cell Biology	19.679	20.688
Nat Chem	Nature Chemistry	25.325	26.763
Nat Chem Biol	Nature Chemical Biology	12.996	14.273

续表

Abbreviated Journal Title	Full Title	IF 2014-2015	5-Year Impact Factor
Nat Genet	Nature Genetics	29.352	32.408
Nat Immunol	Nature Immunology	20.004	23.956
Nat Med	Nature Medicine	27.363	27.140
Nat Methods	Nature Methods	32.072	31.232
Nat Neurosci	Nature Neuroscience	16.095	17.154
Nat Prod Rep	Natural Product Reports	10.107	10.545
Nat Protoc	Nature Protocols	9.673	13.469
Nat Rev Cancer	Nature Reviews Cancer	37.400	44.335
Nat Rev Cardiol	Nature Reviews Cardiology	9.183	9.761
Nat Rev Clin Oncol	Nature Reviews Clinical Oncology	14.180	14.916
Nat Rev Drug Discov	Nature Reviews Drug Discovery	41.908	37.825
Nat Rev Endocrinol	Nature Reviews Endocrinology	13.281	12.409
Nat Rev Gastro Hepat	Nature Reviews Gastroenterology & Hepatology	12.610	11.693
Nat Rev Genet	Nature Reviews Genetics	36.978	43.234
Nat Rev Immunol	Nature Reviews Immunology	34.985	37.316
Nat Rev Microbiol	Nature Reviews Microbiology	23.574	26.162
Nat Rev Mol Cell Bio	Nature Reviews Molecular Cell Biology	37.806	41.496
Nat Rev Nephrol	Nature Reviews Nephrology	8.542	7.789
Nat Rev Neurol	Nature Reviews Neurology	15.358	15.380
Nat Rev Neurosci	Nature Reviews Neuroscience	31.427	38.997
Nat Rev Rheumatol	Nature Reviews Rheumatology	9.845	9.892
Nat Struct Mol Biol	Nature Structural & Molecular Biology	13.309	12.479
Nature	Nature	41.456	41.296
Neurobiol Aging	Neurobiology of Aging	5.013	5.224

续表

Abbreviated Journal Title	Full Title	IF 2014-2015	5-Year Impact Factor
Neurobiol Dis	Neurobiology of Disease	5.078	5.298
Neuroimage	Neuroimage	6.357	7.289
Neurology	Neurology	8.286	8.352
Neuron	Neuron	15.054	16.839
Neuro-Oncology	Neuro-Oncology	5.562	5.960
Neuropsychol Rev	Neuropsychology Review	4.592	7.531
Neuropsychopharmacol	Neuropsychopharmacology	7.048	8.168
Neurosci Biobehav R	Neuroscience and Biobehavioral Reviews	8.802	10.528
Neuroscientist	Neuroscientist	6.837	6.675
Neurotherapeutics	Neurotherapeutics	5.054	5.821
New Engl J Med	New England Journal of Medicine	55.873	54.390
Nucleic Acids Res	Nucleic Acids Research	9.112	8.867
Nutr Res Rev	Nutrition Research Reviews	3.912	6.374
Nutr Rev	Nutrition Reviews	6.076	5.708
Obes Rev	Obesity Reviews	7.995	8.532
Obstet Gynecol	Obstetrics and Gynecology	5.175	5.098
Oncogene	Oncogene	8.459	7.632
Oncoimmunology	Oncoimmunology	6.266	6.269
Oncotarget	Oncotarget	6.359	6.368
Open Biol	Open Biology	5.784	5.835
Ophthalmology	Ophthalmology	6.135	6.117
Org Lett	Organic Letters	6.364	5.849
P Natl Acad Sci Usa	Proceedings of the National Academy of Sciences of the United States of Ame	9.674	10.563

续表

Abbreviated Journal Title	Full Title	IF 2014-2015	5-Year Impact Factor
P Roy Soc B-Biol Sci	Proceedings of the Royal Society B-Biological Sciences	5.051	5.648
Pain	Pain	5.213	6.241
Part Fibre Toxicol	Particle and Fibre Toxicology	7.113	9.254
Pediatrics	Pediatrics	5.473	6.169
Persoonia	Persoonia	5.300	5.196
Pharmacol Rev	Pharmacological Reviews	17.099	22.347
Pharmacol Therapeut	Pharmacology & Therapeutics	9.723	8.843
Philos T R Soc B	Philosophical Transactions of the Royal Society of London Series B-Biologic	7.055	7.885
Phys Life Rev	Physics of Life Reviews	7.478	8.559
Physiol Rev	Physiological Reviews	27.324	35.337
Physiology	Physiology	4.857	7.575
Pigm Cell Melanoma R	Pigment Cell & Melanoma Research	4.619	5.055
Plant Biotechnol J	Plant Biotechnology Journal	5.752	5.587
Plant Cell	Plant Cell	9.338	10.529
Plant Cell Physiol	Plant and Cell Physiology	4.931	5.156
Plos Biol	Plos Biology	9.343	11.896
Plos Comput Biol	Plos Computational Biology	4.620	5.279
Plos Genet	Plos Genetics	7.528	8.555
Plos Med	Plos Medicine	14.429	18.047
Plos Pathog	Plos Pathogens	7.562	8.364
Prog Histochem Cyto	Progress in Histochemistry and Cytochemistry	3.636	5.400
Prog Lipid Res	Progress in Lipid Research	10.015	12.204

续表

Abbreviated Journal Title	Full Title	IF 2014-2015	5-Year Impact Factor
Prog Neurobiol	Progress in Neurobiology	9.992	10.487
Prog Retin Eye Res	Progress in Retinal and Eye Research	8.733	10.439
Psychol Bull	Psychological Bulletin	14.756	22.155
Psychol Med	Psychological Medicine	5.938	6.336
Psychol Rev	Psychological Review	7.972	11.398
Psychoneuroendocrino	Psychoneuroendocrinology	4.944	5.659
Psychother Psychosom	Psychotherapy and Psychosomatics	9.196	6.918
Q Rev Biol	Quarterly Review of Biology	4.889	8.854
Q Rev Biophys	Quarterly Reviews of Biophysics	7.810	10.255
Radiology	Radiology	6.867	7.259
Rev Med Virol	Reviews in Medical Virology	5.574	5.985
Rev Physiol Bioch P	Reviews of Physiology Biochemistry and Pharmacology	6.273	5.867
Rna Biol	Rna Biology	4.974	5.237
Schizophrenia Bull	Schizophrenia Bulletin	8.450	8.686
Sci Rep-Uk	Scientific Reports	5.578	5.597
Sci Signal	Science Signaling	6.279	7.137
Sci Transl Med	Science Translational Medicine	15.843	13.845
Science	Science	33.611	35.263
Semin Cancer Biol	Seminars in Cancer Biology	9.330	8.105
Semin Cell Dev Biol	Seminars in Cell & Developmental Biology	6.265	6.211
Semin Immunol	Seminars in Immunology	5.170	5.504
Semin Immunopathol	Seminars in Immunopathology	7.748	7.047
Semin Liver Dis	Seminars in Liver Disease	4.949	6.841

续表

Abbreviated Journal Title	Full Title	IF 2014-2015	5-Year Impact Factor
Sleep	Sleep	4.591	5.753
Sleep Med Rev	Sleep Medicine Reviews	8.513	9.258
Soc Cogn Affect Neur	Social Cognitive and Affective Neuroscience	7.372	7.332
Sports Med	Sports Medicine	5.038	6.829
Stem Cell Rep	Stem Cell Reports	5.365	5.365
Stem Cell Transl Med	Stem Cells Translational Medicine	5.709	5.714
Stem Cells	Stem Cells	6.523	7.532
Stroke	Stroke	5.723	6.560
Structure	Structure	5.618	5.895
Stud Mycol	Studies in Mycology	13.250	11.912
Syst Biol	Systematic Biology	14.387	14.787
Theranostics	Theranostics	8.022	8.005
Thorax	Thorax	8.290	8.046
Thyroid	Thyroid	4.493	5.282
Tob Control	Tobacco Control	5.933	5.352
Top Curr Chem	Topics in Current Chemistry	4.464	5.325
Trac-Trend Anal Chem	Trac-Trends in Analytical Chemistry	6.472	6.927
Transl Psychiat	Translational Psychiatry	5.620	5.681
Trends Biochem Sci	Trends in Biochemical Sciences	11.227	11.810
Trends Cell Biol	Trends in Cell Biology	12.007	12.140
Trends Cogn Sci	Trends in Cognitive Sciences	21.965	22.500
Trends Ecol Evol	Trends in Ecology & Evolution	16.196	19.819
Trends Endocrin Met	Trends in Endocrinology and Metabolism	9.392	9.174
Trends Genet	Trends in Genetics	9.918	9.859

续表

Abbreviated Journal Title	Full Title	IF 2014-2015	5-Year Impact Factor
Trends Immunol	Trends in Immunology	10.399	10.527
Trends Microbiol	Trends in Microbiology	9.186	9.017
Trends Mol Med	Trends in Molecular Medicine	9.453	9.931
Trends Neurosci	Trends in Neurosciences	13.555	14.695
Trends Parasitol	Trends in Parasitology	6.204	5.617
Trends Pharmacol Sci	Trends in Pharmacological Sciences	11.539	10.338
Wires Rna	Wires Rna	6.019	6.164
World Psychiatry	World Psychiatry	14.225	11.188

附录四 美国文摘写作国家标准

American National Standard for Writing Abstracts

(ANSI Z39.14-1971)

1. Scope and Definations

In this standard, the term abstract signifies an abbreviated, accurate representation of a document, without added interpretation or criticism and without distinction as to who wrote the abstract.

An abstract should be as informative as is permitted by the type and style of thc document; that is, it should present as much as possible of the quantitative or qualitative information (or both) contained in the document.Informative abstracts are especially desirable for texts describing experimental work and documents devoted to a single theme. However, some discursive or lengthy texts, such as broad or overviews, review papers, and entire monographs, may permit the preparation of an abstract that is only an indicative or descriptive guide to the type of document and what it is about. A combined informative-indicative abstract must often be prepared when limitations on the length of the abstract or the type and style of the document make it necessary to confine informative statements to the primary elements of the document.

Abstracts should not be confused with the related but distinct terms: annotation, extract, and summary. An annotation is a note added to the title or other bibliographic information of a document by way of comment or explanation. An extract signifies one or more portions of a document selected to represent the whole. A summary is a restatement within a document (usually at the end) of its salient findings and conclusions, and is intended to complete the orientation of a reader who has studied the preceding text. Because other vital portions of the document (for example, purpose, methods) are not usually condensed into this summary, the term should not be used synonymously with "abstract"; That is, an abstract as defined above should not be called a summary.

The following section deals with the use of abstracts in various types of documents. Section 3 defines what an abstract should contain, and Section 4 deals with its presentation and style.

2. Use of Abstracts

A well-prepared abstract enables readers to identify the basic content of a document quickly and accurately, to determine its relevance to their interests, and thus to decide whether they need to read the document in its entirety. Readers for whom the document is of fringe interest often obtain enough information from the abstract to make their reading of the whole document should include a good abstract. Secondary publications and services that provide bibliographic citations of pertinent documents should also include good abstracts if at all possible.

The following recommendations are for authors and editors of specific documents and publications.

2.1 Journals. Include an abstract with every formal item, such as research, methods, and theoretical papers; speculative and hortatory, articles; essays; discussions; and review articles. Notes, short communications, editorials, and "letters to the editor" that have substantial technical or scholarly content should also have brief abstracts.

2.2 Reports and Theses. Include an abstract in every separately published report, pamphlet, or thesis. If a report must receive a Governments security classification, it is highly desirable for documentation purposes "that the abstract be unclassified if the results obtained can be reported in the abstract only in general terms."

2.3 Monographs and Proceedings. A single abstract may suffice in a book or monograph that deals with a homogeneous subject. However, a separate abstract is also necessary for each chapter if the volume covers many different topics or is a collection of articles by different authors (for example, the proceedings of a meeting or symposium).

2.4 Patents. An abstract is now included in every United States patent, and the United States Patent Office has established its own guidelines for them.

2.5 Secondary Publications and Services. Secondary publications and services can often make verbatim use of the abstracts provided in primary documents if these abstracts have been carefully prepared and are free from copyright restrictions. Such authors' abstracts can also provide suitable bases for the secondary service that orients its abstracts to a group of users different from those envisioned by the authors. A completely new abstract usually needs to be written only when brief, subordinated phases of a document are all that fall within the scope of a secondary publication.

3. Treatment of Document Content

Readers in many disciplines have become accustomed to an abstract that states the purpose, methodology, results and conclusions presented in the original document. Most documents describing experimental work can be analyzed according to these elements, but their optimum sequence may depend on the audience for which the abstract is primarily intended. Readers interested in applying new knowledge may gain information more quickly from a lindings-oriented arrangement in which the most important results and conclusions are placed first, followed by supporting details, mother findings, and methodology.

3.1 Purpose. State the primary objectives and scope of the study or the reasons why the document was written unless these are already clear from the title of the document of can be derived from the remainder of the abstract. Refer to earlier literature only if it is an essential part of the purpose.

3.2 Methodology. Describe techniques or approaches only to the degree necessary for comprehension.Identify new techniques clearly, however, and describe the basic methodological principle, the range of operation and the obtainable accuracy. For documents concerned with nonexperimental work describe data sources and data manipulation.

3.3 Results. Describe findings as concisely and informatively as possible. They may be experimental or theoretical results obtained, data collected, relationships and correlations noted, effects observed, etc. Make clear whether numerical values are raw or derived and whether they are the results of a single observation or of repeated measurements. When findings are too numerous for all to be included some of the following should receive priority: new and verified events, findings of long-term value, significant discoveries, findings that contradict previous theories, or findings that the author knows are relevant to a practical problem.Limits of accuracy and reliability and ranges of validity should be indicated.

3.4 Conclusions. Describe the implications of the results and especially how these relate to the purpose of the investigation or document. Conclusions can be associated with recommendations, evaluations, applications, suggestions, new relationships, and hypotheses accepted or rejected. Results and conclusions may be abstracted jointly to avoid redundancy, but conjecture must be differentiated from fact.

3.5 Collateral and other Information. Include findings or information incidental to the main purpose of the document but of value outside its major subject area (for example, modifications of methods, and newly discovered documents or data sources). Report these clearly, but in such a way that they do not distract attention from the main theme. Do not exaggerate their relative importance in the abstracted document.

Secondary services should include (if warranted) further details about the document itself, such as the presence of extensive tables and illustrations and the number of bibliographic citations. Such statements should appear near the end of the abstract and need not be in sentence form.

4. Presentation and Style

4.1 Location of the Abstract. Place the abstract as early as possible in each document. Publish it prominently on the title page of a paper or a separately published report or thesis. In a book or monograph, place the abstract on the back of the title page or on the right-hand page following it; place separate abstracts of chapters on or preceding their first pages.

4.2 Bibliographic information. In primary publications, include a full bibliographic citation of the document on the same page as the abstract. In secondary publications, or whenever the abstract of a document is reproduced separately from it, precede or follow the abstract with the full bibliographic citation of the original document.

4.3 Completeness, Accuracy, and Length. Since an abstract must be intelligible to a knowledgeable reader without reference to the document, make the abstract self-contained. Retain the basic information and tone (balance emphasis) of the original document. Be as concise as possible while still fulfilling requirements as to content, but do not be cryptic of obscure. Cite background information sparingly if at all. Do not include information or claims not contained in the document itself.

For most papers and portions of monographs, an abstract of fewer than 250 words will be adequate. For notes and short communications, fewer than 100 words should suffice. Editorials and "letters to the editor" often will require only a single-sentence abstract. For long documents such as reports and theses, an abstract generally should not exceed 500 words and preferably should appear on a single page.

4.4 Style. Begin the abstract with a topic sentence that is a central statement of the document's major thesis, but avoid repeating the words of the document's title if that is nearby.

In abstracts modified or specifically written for secondary use, state the type of the document early in the abstract when this is not evident from the title or publisher of the document or will not be clear from the remainder of the abstract. Explain either the author's treatment of the subject or the nature of the document. For example, theoretical treatment, case history, state of the-art report, historical review, report of original research, "letter to the editor", literature survey, etc.

4.4.1 Paragraphing: Complete Sentences. Write a short abstract as a single, unified paragraph, but use more than one paragraph for long abstracts, that is, those in reports and theses. Write the abstract in complete sentences and use transitional words and phrases for coherence.

4.4.2 Use of Active Verbs and Personal Pronouns. Use verbs in the active voice whenever possible: they contribute to clear, brief, forceful writing. However, the passive voice may be used for indicative statements and even for informative statements in which the receiver of the action should be stressed. For example:

Say: "Iron-containing bauxites sweeten gasolines in the presence of air."

Not: "Gasolines are sweetened by iron-containing bauxites in the presence of air."

But: "The relative absorption coefficients of ether, water, and acetylene were measured by..."

Use the third person unless use of the first person will avoid cumbersome sentence constructions and lead to greater clarity.

4.4.3 Nomenclature. Avoid unfamiliar terms, acronyms abbreviations, or symbols, or define them the first time they occur in the abstract.

4.4.4 Nontextual Material. Include short tables, equations, structural formulas, and diagrams only when necessary for brevity and clarity and when no acceptable alternative exists.

附录五　科学技术报告、学位论文和学术论文的编写格式

（中华人民共和国国家标准 GB7713 87）

1　引言

1.1　制订本标准的目的是为了统一科学技术报告、学位论文和学术论文（以下简称报告、论文）的撰写和编辑的格式，便于信息系统的收集、存储、处理、加工、检索、利用、交流、传播。

1.2　本标准适用于报告、论文的编写格式，包括形式构成和题录著录，及其撰写、编辑、印刷、出版等。

本标准所指报告、论文可以是手稿，包括手抄本和打字本及其复制品；也可以是印刷本，包括发表在期刊或会议录上的论文及其预印本、抽印本和变异本；作为书中一部分或独立成书的专著；缩微复制品和其他形式。

1.3 本标准全部或部分适用于其他科技文件，如年报、便览、备忘录等，也适用于技术档案。

2 定义

2.1 科学技术报告

科学技术报告是描述一项科学技术研究的结果或进展或一项技术研制试验和评价的结果；或是论述某项科学技术问题的现状和发展的文件。

科学技术报告是为了呈送科学技术工作主管机构或科学基金会等组织或主持研究的人等。科学技术报告中一般应该提供系统的或按工作进程的充分信息，可以包括正反两方面的结果和经验，以便有关人员和读者判断和评价，以及对报告中的结论和建议提出修正意见。

2.2 学位论文

学位论文是表明作者从事科学研究取得创造性的结果或有了新的见解，并以此为内容撰写而成、作为提出申请授予相应的学位时评审用的学术论文。

学士论文应能表明作者确已较好地掌握了本门学科的基础理论、专门知识和基本技能，并具有从事科学研究工作或担负专门技术工作的初步能力。

硕士论文应能表明作者确已在本门学科上掌握了坚实的基础理论和系统的专门知识，并对所研究课题有新的见解，有从事科学研究工作或独立担负专门技术工作的能力。

博士论文应能表明作者确已在本门学科上掌握了坚实宽广的基

础理论和系统深入的专门知识，并具有独立从事科学研究工作的能力，在科学或专门技术上做出了创造性的成果。

2.3 学术论文

学术论文是某一学术课题在实验性、理论性或观测性上具有新的科学研究成果或创新见解和知识的科学记录；或是某种已知原理应用于实际中取得新进展的科学总结，用以提供学术会议上宣读、交流或讨论；或在学术刊物上发表；或作其他用途的书面文件。

学术论文应提供新的科技信息，其内容应有所发现、有所发明、有所创造、有所前进，而不是重复、模仿、抄袭前人的工作。

3 编写要求

报告、论文的中文稿必须用白色稿纸单面缮写或打字；外文稿必须用打字，可以用不褪色的复制本。

报告、论文宜用A4（210mm×297mm）的标准大小的白纸，应便于阅读、复制和拍摄缩微制品。

报告、论文在书写、打字或印刷时，要求纸的四周留足空白边缘，以便装订、复制和读者批注。每一面的上方（天头）和左侧（订口）应分别留边25mm以上，下方（地脚）和右侧（切口）应分别留边20mm以上。

4 编写格式

4.1 报告、论文章和条的编号参照国家标准GB1.1《标准化工作导则标准编写的基本规定》第8章“标准条文的编排”的有关规定，采用阿拉伯数字分级编号。

4.2 报告、论文的构成

前置部分
- 封面、封二（见 5.1，5.2 学术论文不必要）
- 题名页（见 5.3）
- 序或前言（见 5.6 必要时）
- 摘要（见 5.7）
- 关键词（见 5.8）
- 目次页（见 5.9 必要时）
- 插图和附表清单（见 5.10 必要时）
- 符号、标志、缩略词、首字母缩写、单位术语、名词等注释表（见 5.11 必要时）

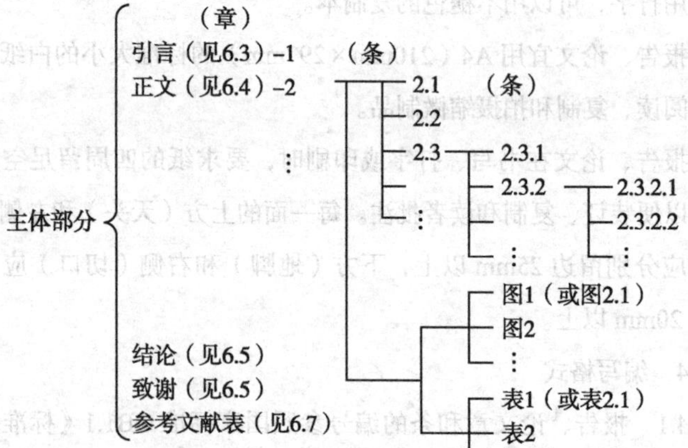

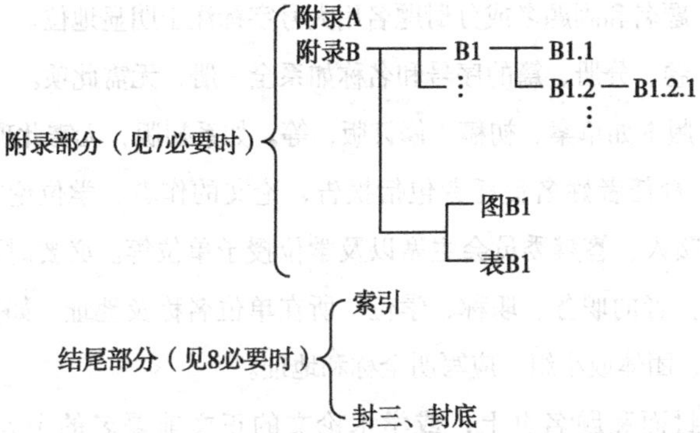

5 前置部分

5.1 封面

5.1.1 封面是报告、论文的外表面，提供应有的信息，并起保护作用。

封面不是必不可少的。学术论文如作为期刊、书或其他出版物的一部分，无需封面；如作为预印本、抽印本等单行本时，可以有封面。

5.1.2 封面上可包括下列内容：

a. 分类号在左上角注明分类号，便于信息交换和处理。一般应注明《中国图书资料分类法》的类号，同时应尽可能注明《国际十进分类法 UDC》的类号。

b. 本单位编号一般标注在右上角。学术论文无必要。

c. 密级视报告、论文的内容，按国家规定的保密条例，在右上角注明密级。如系公开发行，不注密级。

d. 题名和副题名或分册题名用大号字标注于明显地位。

e. 卷、分册、篇的序号和名称如系全一册，无需此项。

f. 版本如草案、初稿、修订版，等。如系初版，无需此项。

g. 责任者姓名责任者包括报告、论文的作者、学位论文的导师、评阅人、答辩委员会主席以及学位授予单位等。必要时可注明个人责任者的职务、职称、学位、所在单位名称及地址；如责任者系单位、团体或小组，应写明全称和地址。

在封面和题名页上，或学术论文的正文前署名的个人作者，只限于那些对于选定研究课题和制订研究方案、直接参加全部或主要部分研究工作并做出主要贡献以及参加撰写论文并能对内容负责的人，按其贡献大小排列名次。至于参加部分工作的合作者、按研究计划分工负责具体小项的工作者、某一项测试的承担者，以及接受委托进行分析检验和观察的辅助人员等，均不列入。这些人可以作为参加工作的人员一一列入致谢部分，或排于脚注。

如责任者姓名有必要附注汉语拼音时，必须遵照国家规定，即姓在名前，名连成一词，不加连字符，不缩写。

h. 申请学位级别应按《中华人民共和国学位条例暂行实施办法》所规定的名称进行标注。

i. 专业名称系指学位论文作者主修专业的名称。

j. 工作完成日期包括报告、论文提交日期，学位论文的答辩日期，学位的授予日期，出版部门收到日期（必要时）。

k. 出版项出版地及出版者名称，出版年、月、日（必要时）。

5.2 封二

报告的封二可标注送发方式，包括免费赠送或购买，以及送发单位和个人；版权规定；其他应注明事项。

5.3 题名页

题名页是对报告、论文进行著录的依据。

学术论文无需题名页。

题名页置于封二和衬页之后，成为另页的右页。

报告、论文如分装两册以上，每一分册均应各有其题名页。在题名页上注明分册名称和序号。

题名页除 5.1 规定封面应有内容并取得一致外，还应包括下列各项：

单位名称和地址，在封面上未列出的责任者职务、职称、学位、单位名称和地址，参加部分工作的合作者姓名。

5.4 变异本

报告、论文有时适应某种需要，除正规的全文正本以外，要求有某种变异本，如：节本、摘录本、为送请评审用的详细摘要本、为摘取所需内容的改写本等。

变异本的封面上必须标明“节本、摘录本或改写本”字样，其余应注明项目，参见 5.1 的规定执行。

5.5 题名

5.5.1 题名是以最恰当、最简明的词语反映报告、论文中最重要的特定内容的逻辑组合。

题名所用每一词语必须考虑到有助于选定关键词和编制题录、

索引第二次文献可以提供检索的特定实用信息。

题名应避免使用不常见的缩略词、首字母缩写字、字符、代号和公式等。

题名一般不宜超过20字。

报告、论文用作国际交流，应有外文（多用英文）题名。外文题名一般不宜超过10个实词。

5.5.2 下列情况可以有副题名：

题名语意未尽，用副题名补充说明报告论文中的特定内容；

报告、论文分册出版，或是一系列工作分几篇报道，或是分阶段的研究结果，各用不同副题名区别其特定内容；

其他有必要用副题名作为引申或说明者。

5.5.3 题名在整本报告、论文中不同地方出现时，应完全相同，但眉题可以节略。

5.6 序或前言

序并非必要。报告、论文的序，一般是作者或他人对本篇基本特征的简介，如说明研究工作缘起、背景、主旨、目的、意义、编写体例，以及资助、支持、协作经过等；也可以评述和对相关问题研究阐发。这些内容也可以在正文引言中说明。

5.7 摘要

5.7.1 摘要是报告、论文的内容，不加注释和评论的简短陈述。

5.7.2 报告、论文一般均应有摘要，为了国际交流，还应用外文（多用英文）摘要。

5.7.3 摘要应具有独立性和自含性，即不阅读报告、论文的全文，就能获得必要的信息。摘要中有数据、有结论，是一篇完整的短文，可以独立使用，可以引用，可以用于工艺推广。摘要的内容应包含与报告、论文同等量的主要信息，供读者确定有无必要阅读全文，也供文摘等二次文献采用。摘要一般应说明研究工作目的、实验方法、结果和最终结论等，而重点是结果和结论。

5.7.4 中文摘要一般不宜超过 200 ～ 300 字；外文摘要不宜超过 250 个实词。如遇特殊需要字数可以略多。

5.7.5 除了实在无变通办法可用以外，摘要中不用图、表、化学结构式、非公知公用的符号和术语。

5.7.6 报告、论文的摘要可以用另页置于题名页之后，学术论文的摘要一般置于题名和作者之后、正文之前。

5.7.7 学位论文为了评审，学术论文为了参加学术会议，可按要求写成变异本式的摘要，不受字数规定的限制。

5.8 关键词

关键词是为了文献标引工作而从报告、论文中选取出来用以表示全文主题内容信息款目的单词或术语。

每篇报告、论文选取 3 ～ 8 个词作为关键词，以显著的字符另起一行，排在摘要的左下方。如有可能，尽量用《汉语主题词表》等词表提供的规范词。

为了国际交流，应标注与中文对应的英文关键词。

5.9 目次页

长篇报告、论文可以有目次页，短文无需目次页。

目次页由报告、论文的篇、章、条、款、附录、题录等的序号、名称和页码组成，另页排在序之后。

整套报告、论文分卷编制时，每一分卷均应有全部报告、论文内容的目次页。

5.10 插图和附表清单

报告、论文中如图表较多，可以分别列出清单置于目次页之后。图的清单应有序号、图题和页码。表的清单应有序号、表题和页码。

5.11 符号、标志、缩略词、首字母缩写、计量单位、名词、术语等的注释表

符号、标志、缩略词、首字母缩写、计量单位、名词、术语等的注释说明汇集表，应置于图表清单之后。

6 主体部分

6.1 格式

主体部分的编写格式可由作者自定，但一般由引言（或绪论）开始，以结论或讨论结束。

主体部分必须另页右面开始。每一篇（或部分）必须另页起。如报告、论文印成书刊等出版物，则按书刊编排格式的规定。

全部报告、论文的每一章、条的格式和版面安排，要求统一，层次清楚。

6.2 序号

6.2.1 如报告、论文在一个总题下装为两卷（或分册）以上，或分为两篇（或部分）以上，各卷或篇应有序号。可以写成：第一卷、第二分册；第一篇、第二部分等。用外文撰写的报告、论文、

其卷（分册）和篇（部分）的序号，用罗马数字编码。

6.2.2 报告、论文中的图、表、附注、参考文献、公式、算式等，一律用阿拉伯数字分别依序连续编排序号。序号可以就全篇报告、论文统一按出现先后顺序编码。对长篇报告、论文也可以分章依序编码。其标注形式应便于互相区别，可以分别为：图 1、图 2.1；表 2、表 3.2；附注（1）；文献［4］；式［5］、式（3.5）等。

6.2.3 报告、论文一律用阿拉伯数字连续编页码。页码由书写、打字或印刷的首页开始，作为第 1 页，并为右页另页。封面、封二、封三和封底不编入页码。可以将题名页、序、目次页等前置部分单独编排页码。页码必须标注在每页的相同位置，便于识别。

力求不出空白页，如有，仍应以右页作为单页页码。

如在一个总题下装成两册以上，应连续编页码。如各册有其副题名，则可分别独立编页码。

6.2.4 报告、论文的附录依序用大写正体 A，B，C……编序号。

附录中的图、表、式、参考文献等另行编序号，与正文分开，也一律用阿拉伯数字编码，但在数码前冠以附录序码，如：图 A1；表 B2；式（B3）；文献［A5］等。

6.3 引言（或绪论）

引言（或绪论）简要说明研究工作的目的、范围、相关领域的前人工作和知识空白、理论基础和分析、研究设想、研究方法和实验设计、预期结果和意义等。应言简意赅，不要与摘要雷同，不要成为摘要的注释。一般教科书中有的知识，在引言中不必赘述。

比较短的论文可以只用小段文字起着引言的效用。

学位论文为了反映出作者确已掌握了坚实的基础理论和系统的专门知识，具有开阔的科学视野，对研究方案做了充分论证，因此，有关历史回顾和前人工作的综合评述，以及理论分析等，可以单独成章，用足够的文字叙述。

6.4 正文

报告、论文的正文是核心部分，占主要篇幅，可以包括：调查对象、实验和观测方法、仪器设备、材料原料、实验和观测结果、计算方法和编程原理、数据资料、经过加工整理的图表、形成的论点和导出的结论等。

由于研究工作涉及学科、选题、研究方法、工作进程、结果表达方式等有很大的差异，对正文内容不能做统一的规定。但是，必须实事求是，客观真切，准确完备，合乎逻辑，层次分明，简练可读。

6.4.1 图

图包括曲线图、构造图、示意图、图解、框图、流程图、记录图、布置图、地图、照片、图版等。

图应具有“自明性”，即只看图、图题和图例，不阅读正文，就可理解图意。

图应编排序号（见 6.2.2）。

每一图应有简短确切的题名，连同图号置于图下。必要时，应将图上的符号、标记、代码，以及实验条件等，用最简练的文字，横排于图题下方，作为图例说明。

曲线图的纵横坐标必须标注“量、标准规定符号、单位”。此三者只有在不必要标明（如无量纲等）的情况下方可省略。坐标上标注的量的符号和缩略词必须与正文中一致。

照片图要求主题和主要显示部分的轮廓鲜明，便于制版。如用放大缩小的复制品。必须清晰，反差适中。照片上应该有表示目的物尺寸的标度。

6.4.2　表

表的编排，一般是内容和测试项目由左至右横读，数据依序竖排。表应有自明性。

表应编排序号（见 6.2.2）

每一表应有简短确切的题名，连同表号置于表上。必要时，应将表中的符号、标记、代码以及需要说明事项，以最简练的文字，横排于表题下，作为表注，也可以附注于表下。附注序号的编排，见 6.2.2。表内附注的序号宜用小号阿拉伯数字并加圆括号置于被标注对象的右上角，如：×××（1），不宜用星号“*”，以免与数学上共轭和物质转移的符号相混。

表的各栏均应标明“量或测试项目、标准规定符号、单位”。只有在无必要标注的情况下方可省略。表中的缩略词和符号，必须与正文中一致。

表内同一栏的数字必须上下对齐，表内不宜用“同上”“同左”“″ ”和类似词，一律填入具体数字或文字。表内“空白”代表未测或无此项，“-”或“…”（因“-”可能与代表阴性反应相混）代表未发现，“0”代表实测结果为零。

如数据已绘成曲线图，可不再列表。

6.4.3 数学、物理和化学式

正文中的公式、算式或方程式等应编排序号（见6.2.2），序号标注于该式所在行（当有续行时，应标注于最后一行）的最右边。

较长的式，另行居中横排。如式必须转行时，只有在+，−，×，÷，<，>处转行。上下尽可能在等号“=”处对齐。

示例1

$$\begin{aligned} W(N_1) &= H_{0.1} + \int_{r^{-1}}^{-r^{-1+1}} L_{ae}^{r^{-2\pi iaN_1}} d_a \\ &= R(N_0) + \int_{r^{-1}}^{-r^{-1}} L_{ae}^{r^{-2\pi iaN_1}} d_a + O(P^{r-n-u}) \end{aligned} \tag{1}$$

示例2

$$\begin{aligned} f(x, y) = {} & f(0,0) + \frac{1}{1!}\left(x\frac{\partial}{\partial x} + y\frac{\partial}{\partial y}\right) f(0,0) \\ & + \frac{1}{2!}\left(x\frac{\partial}{\partial x} + y\frac{\partial}{\partial y}\right)^2 f(0,0) + \cdots \\ & + \frac{1}{n!}\left(x\frac{\partial}{\partial x} + y\frac{\partial}{\partial y}\right)^n f(0,0) + \cdots \end{aligned} \tag{2}$$

示例3

$$\begin{aligned} -\frac{8\mu\partial}{Nz\partial S}\ln Q = {} & -\left[\left(1+\sum_{1}^{4} Zu\right) + \frac{2\mu}{Z}\right]\ln\frac{\theta_\alpha(1-\theta_\beta)}{\theta_\beta(1-\theta_\alpha)} \\ & + \ln\frac{\lambda_\alpha}{\lambda_\beta} - Z_1\ln\frac{\varepsilon_1}{\zeta_1} + \sum Zu\ln\frac{\varepsilon_\mu}{\zeta_\mu} \\ = {} & 0 \end{aligned} \tag{3}$$

小数点用“.”表示。大于999的整数和多于三位数的小数，一律用半个阿拉伯数字符的小间隔分开，不用千位撇。对于纯小数应将0列于小数点之前。

示例：应该写成 94 652.023 567；0.314 325

不应写成 94，652.023，567；.314，325

应注意区别各种字符，如：拉丁文、希腊文、俄文、德文花体、草体；罗马数字和阿拉伯数字；字符的正斜体、黑白体、大小写、上下角标（特别是多层次，如“三踏步”）、上下偏差等。

示例：I，1，l，i；C，c；K，k，κ；O，o，0，°（度）；S，s，5；Z，z，2；B，β；W，w，ω。

6.4.4 计量单位

报告、论文必须采用 1984 年 2 月 27 日国务院发布的《中华人民共和国法定计量单位》，并遵照《中华人民共和国法定计量单位使用方法》执行。使用各种量、单位和符号，必须遵循所列国家标准的规定执行。单位名称和符号的书写方式一律采用国际通用符号。

6.4.5 符号和缩略词

符号和缩略词应遵照国家标准的有关规定执行。如无标准可循，可采纳本学科或本专业的权威性机构或学术团体所公布的规定；也可以采用全国自然科学名词审定委员会编印的各学科词汇的用词。如不得不引用某些不是公知公用的、且又不易为同行读者所理解的、或系作者自定的符号、记号、缩略词、首字母缩写字等时，均应在第一次出现时一一加以说明，给以明确的定义。

6.5 结论

报告、论文的结论是最终的、总体的结论，不是正文中各段的小结简单重复。结论应该准确、完整、明确、精练。

如果不可能导出应有的结论，也可以没有结论而进行必要的讨论。

可以在结论或讨论中提出建议、研究设想，仪器设备改进意见、尚待解决的问题等。

6.6 致谢

可以在正文后对下列方面致谢：

国家科学基金、资助研究工作的奖学金基金、合同单位、资助或支持的企业、组织或个人；

协助完成研究工作和提供便利条件的组织或个人；

在研究工作中提出建议和提供帮助的人；

给予转载和引用权的资料、图片、文献、研究思想和设想的所有者；

其他应感谢的组织和个人。

6.7 参考文献表

按照 GB7714-87《文后参考文献著录规则》的规定执行。

7 附录

附录是作为报告、论文主体的补充项目，并不是必需的。

7.1 下列内容可以作为附录编于报告、论文后，也可以另编成册。

a. 为了整篇报告、论文材料的完整，但编入正文又有损于编排的条理和逻辑性，这一类材料包括比正文更为详尽的信息、研究方法和技术更深入的叙述，建议可以阅读的参考文献题录，对了解正文内容有用的补充信息等。

b. 由于篇幅过大或取材于复制品而不便于编入正文的材料；

c. 不便于编入正文的罕见珍贵资料；

d. 对一般读者并非必要阅读，但对本专业同行有参考价值的资料；

e. 某些重要的原始数据、数学推导、计算程序、框图、结构图、注释、统计表、计算机打印输出件等。

7.2 附录与正文连续编页码。每一附录的各种序号的编排见 4.2 和 6.2.4。

7.3 每一附录均另页起。如报告、论文分装几册，凡属于某一册的附录应置于该册正文之后。

8 结尾部分（必要时）

为了将报告、论文迅速存储到电子计算机，可以提供有关的输入数据。

可以编排分类索引、著者索引、关键词索引等。

封三和封底（包括版权页）。

附录六　中华人民共和国法定计量单位及使用方法

1984 年 6 月 1 日，文化部出版局、国家计量局联合发出了“贯彻《中华人民共和国法定计量单位》的联合通知”。全文如下：

国务院于一九八四年二月二十七日发布了《关于在我国统一实行法定计量单位的命令》。法定计量单位是以国际单位制为基础，结合我国的实际情况增加了一些非国际单位制单位构成的。它具有科学、合理、实用、简明等优点，对于发展我国国民经济、文化教育事业，推动科学技术的进步和扩大国际交流，起重要作用。为此，出版部门应积极贯彻实施。具体要求如下：

一、要结合本单位的实际情况，认真制定法定计量单位的推行计划和实施办法，并指定专人负责这项工作。

二、要组织法定计量单位的宣传贯彻活动，如举办讲座和专业学习班；通过报刊宣传其贯彻实施情况，使编辑、校对、设计、出版、印刷等有关人员，能够正确理解使用法定计量单位。

三、各出版社编的《编辑手册》《校对手册》和《著译者须知》等编辑出版资料中，有关计量单位的内容，应按法定计量单位尽快予以修订。

四、采用多种方式，对广大科技工作者和著译者进行法定计量单位的宣传贯彻工作。

五、从一九八六年起，新出版的科技书刊（除古籍），一律采用法定计量单位。

六、从一九八六年起，再版的出版物（除古籍、文学和翻译书刊）需重新排版时，对其中的计量单位，应按法定计量单位进行修订。

七、翻译书刊中的计量单位，可按原著译出，但要采取各种注释形式注明其换算关系。

八、属于个别科学技术领域的书刊，因特殊需要，可使用某些非法定计量单位，但必须与有关国际组织规定的名称、符号相一致，与法定计量单位的原则不矛盾。

九、表达量值时，在公式图表和文字叙述中，一律使用单位的国际符号，只在通俗出版物中使用单位的中文符号。

十、法定计量单位的使用和印刷，按国家计量局公布的《中华人民共和国法定计量单位使用方法》的规定执行。

以上意见希认真执行，并请与国家计量局单位制办公室取得联系，以便不断总结经验，以利法定计量单位的贯彻实施。

中华人民共和国法定计量单位

我国的法定计量单位（以下简称法定单位）包括：

（1）国际单位制的基本单位（见附表24）。

（2）国际单位制的辅助单位（见附表25）。

（3）国际单位制中具有专门名称的导出单位（见附表26）。

（4）国家选定的非国际单位制单位（见附表27）。

（5）由以上单位构成的组合形式的单位。

（6）由词头和以上单位所构成的十进倍数和分数单位（词头见表28）。

法定单位的定义、使用方法等，由国家计量局另行规定。

附表24 国际单位制的基本单位

量的名称	单位名称	单位符号
长度	米	m
质量	千克（公斤）	kg
时间	秒	s
电流	安［培］	A
热力学温度	开［尔文］	K
物质的量	摩［尔］	mol
发光强度	坎［德拉］	cd

附表25 国际单位制的辅助单位

量的名称	单位名称	单位符号
平面角	弧度	rad
立体角	球面度	Sr

附表 26　国际单位制中具有专门名称的导出单位

量的名称	单位名称	单位符号	其他表示式例
频率	赫［兹］	Hz	s^{-1}
力；重力	牛［顿］	N	$kg \cdot m/s^2$
压力，压强；应力	帕［斯卡］	Pa	N/m^2
能量；功；热	焦［耳］	J	$N \cdot m$
功率；辐射通量	瓦［特］	W	J/s
电荷量	库［仑］	C	$A \cdot s$
电位；电压；电动势	伏［特］	V	W/A
电容	法［拉］	F	C/V
电阻	欧［姆］	Ω	V/A
电导	西［门子］	S	A/V
磁通量	韦［伯］	Wb	$V \cdot s$
磁通量密度，磁感应强度	特［斯拉］	T	Wb/m^2
电感	亨［利］	H	Wb/A
摄氏温度	摄氏度	℃	
光通量	流［明］	Lm	$cd \cdot sr$
光照度	勒［克斯］	Lx	lm/m^2
放射性活度	贝可［勒尔］	Bq	s^{-1}
吸收剂量	戈［瑞］	Gy	J/kg
剂量当量	希［沃特］	Sv	J/kg

附表 27　国家选定的非国际单位制单位

量的名称	单位名称	单位符号	换算关系和说明
时间	分［小］时	Min	1min=60s
	天［日］	h	1h=60min=3600s
		d	1d=24h=86 400s
平面角	［角］秒	（″）	1″=(π/648 000)rad
	［角］分	（′）	（π 为圆周率）
	度	（°）	1′=60″=(π/10 800)rad
			1°=60′=(π/180)rad
旋转速度	转每分	r/min	1 r/min=$(1/60)s^{-1}$
长度	海里	n mile	1n mile=1852m（只用于航程）
速度	节	kn	1kn=1n mile/h=(1 852/3 600)m/s 只用于航行
质量	吨	t	1t=10^3kg
	原子质量单位	u	1u≈1.660 565 5×10^{-27}kg
体积	升	L，(l)	1L=$1dm^2=10^{-3}m^3$
能	电子伏	eV	1eV≈1.602 189 2×10^{-19}J
能差	分贝	dB	
线密度	特［克斯］	tex	1 tex=1g/km

附表 28　用于构成十进倍数和分数单位的词头

所表示的因数	词头名称	词头符号
10^{18}	艾［可萨］	E
10^{15}	拍［它］	P
10^{12}	太［拉］	T
10^{9}	吉［咖］	G
10^{6}	兆	M
10^{3}	千	k

续表

所表示的因数	词头名称	词头符号
10^{2}	百	h
10^{1}	十	da
10^{-1}	分	d
10^{-2}	厘	c
10^{-3}	毫	m
10^{-6}	微	μ
10^{-9}	纳［诺］	n
10^{-12}	皮［可］	p
10^{-15}	飞［母托］	f
10^{-18}	阿［托］	a

注：1. 周、月、年（年的符号为 a），为一般常用时间单位。

2.［ ］内的字，是在不致混淆的情况下，可以省略的字

3.（ ）内的字为前者的同义语。

4. 角度单位度分秒的符号不处于数字后时，用括弧。

5. 升的符号中，小写字母 l 为备用符号。

6. r 为“转”的符号。

7. 人民生活和贸易中，质量习惯称为重量。

8. 公里为千米的俗称，符号为 km。

9. 10^{4} 称为万，10^{8} 称为亿，10^{12} 称为万亿，这类数词的使用不受词头名称的影响，但不应与词头混淆。

中华人民共和国法定计量单位使用方法

一、总则

1. 中华人民共和国法定计量单位（简称法定单位）是以国际单位制单位为基础，同时选用了一些非国际单位制的单位构成的。法定单位的使用方法以本文件为准。

2. 国际单位制是在米制基础上发展起来的单位制。其国际简称为SI。国际单位制包括SI单位、SI词头和SI单位的十进倍数与分数单位三部分。

按国际上的规定，国际单位制的基本单位、辅助单位、具有专门名称的导出单位以及直接由以上单位构成的组合形成的单位（系数为1）都称之为SI单位。它们有主单位的含义，并构成一贯单位制。

3. 国际上规定的表示倍数和分数单位的16个词头，称为SI词头。它们用于构成SI单位的十进倍数和分数单位，但不得单独使用。质量的十进倍数和分数单位由SI词头加在“克”前构成。

4. 本文件涉及的法定单位符号（简称符号），系指国务院1984年2月27日命令中规定的符号，适用于我国各民族文字。

5. 把法定单位名称中方括号里的字省略即成为其简称。没有方括号的名称，全称与简称相同。简称可在不致引起混淆的场合下使用。

二、法定单位的名称

6. 组合单位的中文名称与其符号表示的顺序一致。符号中的乘号没有对应的名称，除号的对应名称为“每”字，无论分母中有几个单位，“每”字只出现一次。

例如：比热容单位的符号是J/（kg·K），其单位名称是“焦耳每千克开尔文”而不是“每千克开尔文焦耳”或“焦耳每千克每开尔文”。

7. 乘方形式的单位名称，其顺序应是指数名称在前，单位名称在后。相应的指数名称由数字加“次方”二字而成。

例如：断面惯性矩的单位 m^4 的名称为“四次方米”。

8. 如果长度的2次和3次幂是表示面积和体积，则相应的指数名称为“平方”和“立方”，并置于长度单位之前，否则应称为“二次方”和“三次方”。

例如：体积单位 dm^3 的名称是“立方分米，而断面系数单位 m^3 的名称是“三次方米”。

9. 书写单位名称时不加任何表示乘或除的符号或其他符号。

例如：电阻率单位 Ω·m 的名称为“欧姆米”而不是“欧姆·米”“欧姆—米”“[欧姆][米]”等。

例如：密度单位 kg/m^3 的名称为“千克每立方米”而不是“千克/立方米”。

三、法定单位和词头的符号

10. 在初中、小学课本和普通书刊中有必要时，可将单位的简称（包括带有词头的单位简称）作为符号使用，这样的符号称为“中文符号”。

11. 法定单位和词头的符号，无论拉丁字母或希腊字母，一律用正体，不附省略点，且无复数形式。

12. 单位符号的字母一般用小写体，若单位名称来源于人名，则其符号的第一个字母用大写体。

例如：时间单位“秒”的符号是 s。

例如：压力、压强的单位“帕斯卡”的符号是 Pa。

13. 词头符号的字母当其所表示的因数小于 10^6 时，一律用小写体，大于或等于 10^6 时用大写体。

14. 由两个以上单位相乘构成的组合单位，其符号有下列两种形式：

$$\mathrm{N \cdot m} \quad \mathrm{Nm}$$

若组合单位符号中某单位的符号同时又是某词头的符号，并有可能发生混淆时，则应尽量将它置于右侧。

例如：力矩单位“牛顿米”的符号应写成Nm，而不宜写成mN，以免误解为“毫牛顿”。

15. 由两个以上单位相乘所构成的组合单位，其中文符号中只用一种形式，即用居中圆点代表乘号。

例如：动力黏度单位“帕斯卡秒”的中文符号是“帕·秒”而不是“帕秒”“[帕][秒]”“帕·[秒]”“帕·[秒]”“帕·[秒]”“帕-秒”“[帕](秒)”“帕斯卡·秒”等。

16. 由两个以上单位相除所构成的组合单位，其符号可用下列三种形式之一：

$$\mathrm{kg/m^3} \quad \mathrm{kg \cdot m^{-3}} \quad \mathrm{kgm^{-3}}$$

当可能发生误解时，应尽量用居中圆点或斜线（/）的形式。

例如：速度单位“米每秒”的法定符号用 $\mathrm{m \cdot s^{-1}}$ 或m/s，而不宜用 $\mathrm{ms^{-1}}$，以免误解为“每毫秒”。

17. 由两个以上单位相除所构成的组合单位，其中文符号可采用以下两种形式之一：千克/米^3，千克·米$^{-3}$

18. 在进行运算时，组合单位中的除号可用水平横线表示。

例如：速度单位可以写成$\frac{m}{s}$或$\frac{米}{秒}$。

19. 分子无量纲而分母有量纲的组合单位即分子为1的组合单位的符号，一般不用分式而用负数幂的形式。

例如：波数单位的符号是m^{-1}，一般不用1/m。

20. 在用斜线表示相除时，单位符号的分子和分母都与斜线处于同一行内。当分母中包含两个以上单位符号时，整个分母一般应加圆括号。在一个组合单位的符号中，除加括号避免混淆外，斜线不得多于一条。

例如：热导率单位的符号是W/（K·m），而不是W/K·m或W/K/m。

21. 词头的符号和单位的符号之间不得有间隙，也不加表示相乘的任何符号。

22. 单位和词头的符号应按其名称或者简称读音，而不得按字母读音。

23. 摄氏温度的单位“摄氏度”的符号℃，可作为中文符号使用，可与其他中文符号构成组合形式的单位。

24. 非物理量的单位（如：件、台、人、圆等）可用汉字与符号构成组合形式的单位。

四、法定单位和词头的使用规则

25. 单位与词头的名称，一般只宜在叙述性文字中使用。单位和词头的符号，在公式、数据表、曲线图、刻度盘和产品铭牌等需要简单明了表示的地方使用，也可用于叙述性文字中。

应优先采用符号。

26. 单位的名称或符号必须作为一个整体使用，不得拆开。

例如：摄氏温度单位“摄氏度”表示的量值应写成并读成“20摄氏度”，不得写成并读成“摄氏20度”。

例如：30kg/h应读成“三十千米每小时”。

27. 选用SI单位的倍数单位或分数单位，一般应使量的数值处于0.1～1000范围内。

例如：1.2×10^4N可以写成12kN。

0.00394m可以写成3.94mm。

11401Pa可以写成11.401kPa。

3.1×10^{-8}s可以写成31ns。

某些场合习惯使用的单位可以不受上述限制。

例如：大部分机械制图使用的长度单位可以用“mm（毫米）”；导线截面积使用的面积单位可以用“mm^2（平方毫米）”。

在同一个量的数值表中或叙述同一个量的文章中，为对照方便而使用相同的单位时，数值不受限制。

词头h,da,d,c（百、十、分、厘），一般用于某些长度、面积和体积的单位中，但根据习惯和方便也可用于其他场合。

28. 有些非法定单位，可以按习惯用SI词头构成倍数单位或分数单位。

例如：mCi，mGal，mR等。

法定单位中的摄氏度以及非十进制的单位，如平面角单位“度”“［角］分”“［角］秒”与时间单位“分”“时”“日”等，不得用 SI 词头构成倍数单位或分数单位。

29. 不得使用重叠的词头。

例如：应该用 nm，不应该用 mμm；应该用 am，不应该用 μμm，也不应该用 nnm。

30. 亿（10^8）、万（10^4）等是我国习惯用的数词，仍可使用，但不是词头。习惯使用的统计单位，如万公里可记为“万 km”或“10^4km”；万吨公里可记为“万 t・km”或“10^4t・km”。

31. 只是通过相乘构成的组合单位在加词头时，词头通常加在组合单位中的第一个单位之前。

例如：力矩的单位 kN・m，不宜写成 N・km。

32. 只通过相除构成的组合单位或通过乘和除构成的组合单位在加词头时，词头一般应加在分子中的第一个单位之前，分母中一般不用词头。但质量的 SI 单位 kg，这里不作为有词头的单位对待。

例如：摩尔内能单位 KJ/mol 不宜写成 J/mmol。

33. 当组合单位分母是长度、面积和体积单位时，按习惯与方便、分母中可以选用词头构成倍数单位或分数单位。

例如：密度的单位可以选用 g/cm^2。

34. 一般不在组合单位的分子分母中同时采用词头，但质量单位 kg 这里不作为有词头对待。

例如：电场强度的单位不宜用 kV/mm，而用 MV/m；质量摩尔浓度可以用 mmol/kg。

35. 倍数单位和分数单位的指数，指包括词头在内的单位的幂。

例如：$1cm^2=1(10^{-2}m)^2=1\times10^{-4}m^2$。

而 $1cm^2\neq10^{-2}m^2$ • $1\mu s^{-1}=1(10^{-6}s)^{-1}=10^6s^{-1}$

36. 在计算中，建议所有量值都采用SI单位表示，词头应以相应的10的幂代替（kg本身是SI单位，故不应换成10^3g）。

37. 将SI词头的部分中文名称置于单位名称的简称之前构成中文符号时，应注意避免与中文数词混淆，必要时应使用圆括号。

例如：旋转频率的量值不得写成3千秒$^{-1}$。

如表示“三每千秒”，则应写成“3(千秒)$^{-1}$”(此处“千”为词头)。

如表示“三千每秒”，则应写成“3千(秒)$^{-1}$”(此处“千”为数词)。

例如：体积的量值不得写为“2千米^3”。

如表示“二立方千米”，则应写为“2(千米)^3”(此处“千”为词头)。

如表示“二千立方米”，则应写为“2千(米)^3”(此处“千”为数词)。